午青文

让我们一起追寻

Ben Macintyre

封底有甲骨文防伪标签者为正版授权

双十行动

DOUBLE
CROSS

〔英〕本·麦金泰尔 著

张炜晨 译

诺曼底登陆背后的间谍故事

The True Story of the D-Day Spies

社会科学文献出版社
SOCIAL SCIENCES ACADEMIC PRESS (CHINA)

我最欣赏的间谍故事。

——马克斯·黑斯廷斯，《星期日泰晤士报》

麦金泰尔是一流的历史叙事作家……他的作品精彩绝伦，像惊悚小说一样，读来畅快无比。

——《星期日电讯报》

1944 年，我们究竟是怎么骗过柏林的，居然使德国人彻底误判，以为我们会在另一个地方攻击法国海岸？这是一个拯救了成千上万盟军将士生命的骗局。本·麦金泰尔在《双十行动》中巧妙地阐述了我们是如何做到的。

——弗·福赛斯

不忍释卷……本书如此令人着迷，我甚至在电梯里还在读，不时发出难以置信的惊叹。它提醒我们，即使在最不可能的地方，也闪烁着英雄主义的光辉。

——《伦敦旗帜晚报》

本书引人入胜，以鲜活生动、充满人性的方式讲述了我们历史上最伟大的时刻之一。

——《每日邮报》

这个惊心动魄的故事来自一群看似乌合之众的间谍。他们在诺曼底登陆行动中凭借高超手段欺骗纳粹，其精彩程度让其他间谍故事相形见绌。

——《人物》

毫无疑问，麦金泰尔极具天赋，很会讲故事。这是一个令人难以置信的奇谈。本书非常有趣，我为他的机智幽默所折服。麦金泰尔描写了一群或粗鲁不堪，或衣冠楚楚，或放浪形骸的男男女女成为双面间谍的故事，带领我们进入那个刺激的世界。

——《波士顿环球报》

本书情节曲折复杂，引人入胜，是麦金泰尔关于第二次世界大战的间谍三部曲的最后一部……他是讲故事的大师，凭借自身的诙谐幽默和对细节的敏锐洞察力，将一个充满欧式阴谋诡计的故事讲得惊心动魄。亦正亦邪的战争英雄们最终取得了胜利。

——《旧金山纪事报》

这是一个关于欺骗和诡计的精彩故事……麦金泰尔早前有关第二次世界大战间谍斗争的作品一直是畅销书，这本也不例外。

——《基督教科学箴言报》

麦金泰尔用一种轻松愉快，几乎是戏谑的风格描述了这个故事中超现实的一面。但作者也善于向读者生动介绍隐秘工作的严肃性和蕴含的风险……读来让人既神经紧张，又不时会咯咯发笑。

——《哥伦布快讯》

又一个关于第二次世界大战的故事，精彩纷呈，构思新颖……《双十行动》立意高远，振奋人心，最重要的是，还很有趣。麦金泰尔进行了深入研究，将各自独立发生的事件整合为一本令人爱不释手的著作……书中充满扣人心弦的悬念，偶尔还描写了腐败堕落的纳粹（和反复无常的情妇）。在麦金泰尔的引导下，读者阅读这本历史书一定会像阅读一本间谍小说。

——《里士满时讯报》

一个关于智慧、个人勇气的故事，即便已经知晓 1944 年 6 月 6 日发生了什么，读来依然悬念重重。如果这群麻烦缠身、性格古怪、无所顾忌的角色不知道如何撒谎，或没能把谎话说圆满，历史可能就会有所不同。

——《西雅图时报》

本·麦金泰尔在这本引人入胜的书中描绘了一群不可思议的角色，他们完成了一项惊天壮举，在被称为"双十系统"的骗局中实施欺骗手段，为诺曼底登陆成功发挥了至关重要的作用。而且他们在盟军登陆海滩后很长一段时间内，还继续误导德国人。正如麦金泰尔的故事让人目不暇接一样，间谍们上演了一场精彩绝伦的演出。

首次披露第二次世界大战诺曼底登陆行动前的情报工作。本·麦金泰尔的这本书非常出色，内幕故事引人入胜。

献给

卡勒姆、巴勃罗、明妮和维尔夫

纷乱中的纷乱，阴谋中的阴谋，诡计和背叛，欺骗与出卖，真特工，假卧底，双面间谍，金钱和武器，炸弹、匕首与行刑队，这一切盘根错节，扑朔迷离，令人难以置信，但又千真万确。[1]

——温斯顿·丘吉尔

吾所与战之地不可知，不可知，则敌所备者多；敌所备者多，则吾所与战者寡矣。……无所不备，则无所不寡。[2]

——孙子

目 录

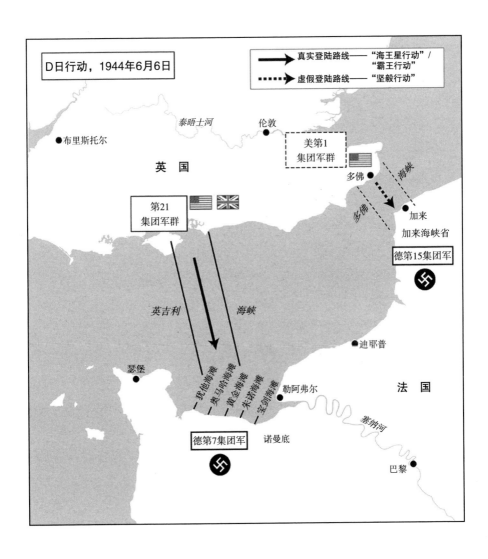

主要特工及其负责人

杜赞·"达斯科"·波波夫（Dusan "Dusko" Popov）

军情五处代号："三轮车"（Tricycle）、"斯科特"（Skoot）

军情五处专案官员：威廉·比利·卢克（William Billy Luke）、伊恩·戴维·威尔逊（Ian David Wilson）

阿勃维尔代号："伊万"（Ivan）

阿勃维尔专案官员：卢多维科·冯·卡斯特霍夫（Ludovico von Karsthoff）、约翰·"约翰尼"·耶布森（Johann "Johnny" Jebsen）

罗曼·切尔尼亚夫斯基（Roman Czerniawski）

军情五处代号："布鲁图斯"（Brutus）、"阿曼德·博尔尼"（Armand Borni）、"瓦伦蒂"（Walenty）

军情五处专案官员：克里斯托弗·哈默（Christopher Harmer）、休·阿斯特（Hugh Astor）

阿勃维尔代号："休伯特"（Hubert）

阿勃维尔专案官员：奥斯卡·赖尔（Oscar Reile）

莉莉·谢尔盖耶夫（Lily Sergeyev）

军情五处代号："珍宝"（Treasure）

军情五处专案官员：玛丽·科里·谢勒（Mary Corrie Sherer）

阿勃维尔代号："索朗热"（Solange）、"特兰珀"（Tramp）

阿勃维尔专案官员：埃米尔·克利曼（Emile Kliemann）

胡安·普霍尔·加西亚（Juan Pujol García）

军情五处代号："嘉宝"（Garbo）、"肉汁"（Bovril）

军情五处专案官员：托马斯·"汤米"·哈里斯（Tomás "Tommy" Harris）

阿勃维尔代号："阿拉贝尔"（Arabel）

阿勃维尔专案官员：卡尔-埃里希·库伦塔尔（Karl-Erich Kühlenthal）

埃尔薇拉·康塞普西翁·约瑟菲娜·德·拉·富恩特·肖杜瓦（Elvira Concepcion Josefina de la Fuente Chaudoir）

军情五处代号："布朗克斯"（Bronx）、"西里尔"（Cyril）

军情五处专案官员：克里斯托弗·哈默、休·阿斯特

阿勃维尔代号："多雷特"（Dorette）

阿勃维尔专案官员：赫尔穆特·"比比"·布莱尔（Helmut "Bibi" Bleil）、贝恩特·施吕特（Berndt Schluetter）

前　言

　　1943 年夏，一名穿着格子呢长裤，叼着烟斗，言谈举止温文尔
雅的情报官员对一种他已经研究了三年多的秘密武器进行最后的打
磨。这种武器威力无穷，射程无限，与以往和今后的任何武器都截
然不同。它是如此神秘，甚至发明者在一段时间内也没有意识到拥
有它，更不知道该如何使用。这种武器不能杀戮，也不会伤人。它
不依赖科学、工程或暴力。它不能摧毁城市，炸沉 U 型潜艇或击穿
坦克装甲。它的作用远比这些更加微妙——不是夺取性命，而是控
制敌人大脑，让纳粹思考英国人想让他们思考的东西，进而做英国
人想让他们做的事。

　　军情五处的塔尔·罗伯逊（Tar Robertson）制造了一件用来欺
骗希特勒的武器。在第二次世界大战最关键的时刻，他力促温斯
顿·丘吉尔启用它。

　　盟国军事指挥部门正计划对纳粹占领下的欧洲沦陷区发动大举
进攻。人们期待已久的登陆将决定战争胜负，双方对此都心知肚
明。如果盟军能够横渡英吉利海峡，突破德军那道被称为"大西洋
壁垒"（Atlantic Wall）的庞大海岸防御工事，那么他们就可以将纳
粹赶出巴黎，占领布鲁塞尔，然后穿过莱茵河，一路打到柏林。然
而，希特勒确信，倘若德军在最初阶段就成功抵御登陆者，哪怕只
有一天，盟军的进攻都会失败。盟军必将士气大挫，要过好几个月

才能再次卷土重来。在此期间，希特勒可集中精力消灭东线的红军。头 24 小时，用埃尔温·隆美尔的话来说，将是"最长的一天"；这一天将如何结束，彼时还无人知晓。

对今人而言，诺曼底登陆是不朽的胜利，也是历史的必然；而在当时看来，却并非如此。两栖攻击是战争中最艰难的军事行动类型之一。德国人沿法国海岸线建造了一片纵深超过 5 英里的"死亡地带"，里面布满了带刺铁丝网、混凝土拒马、600 多万颗地雷等致命障碍物，后面还设置了重炮炮台、机枪阵地和碉堡工事。大英帝国总参谋长阿兰·布鲁克（Alan Brooke）元帅在诺曼底登陆日前的一篇日记中悲观地写道："这可能是整场战争中最可怕的灾难。"[1]

在影响战争走向的变数中，没有什么比出其不意更重要，也更难以控制。假如能迷惑德国人，甚至主动引导他们得出错误的登陆地点和时间，那么成功的概率就会大大增加。法国沦陷区内的德军兵力远超盟国登陆部队，但倘若能在正确的时间让德军滞留在错误地域，人员数量上的差距就显得不那么可怕了。到 1944 年，这场战争已平均每年夺去约 1000 万人的生命。赌注不可能再高，犯错的余地也无法更小。

1943 年 11 月，丘吉尔、罗斯福和斯大林在德黑兰召开第一次"三巨头"会议。盟国在会上制订了代号为"霸王行动"（Operation Overlord）的欧洲登陆计划。行动将于 1944 年 5 月实施（后推迟一

3 个月），由德怀特·艾森豪威尔将军担任盟军最高指挥官，伯纳德·蒙哥马利将军为盟军地面部队指挥官，负责这次跨海峡进攻行动。会议期间，温斯顿·丘吉尔对约瑟夫·斯大林说了句经典的丘

吉尔式论述，后来成为人们津津乐道的名言："战争中的真相如此宝贵，它始终需要谎言来守护。"①²斯大林对这类文绉绉的隐喻没有什么兴趣，他回答说："这就是我们所说的军事欺骗。"³一场全球性、全方位的庞大骗局将为诺曼底登陆行动保驾护航，用众多谎言来掩盖真相：为了向丘吉尔的名言致敬，它的代号正是"保镖"（Bodyguard）。

"保镖行动"的核心目标就是让德国人误以为盟军将在根本不会登陆的地方登陆，而把真正的登陆地点排除在外。除此之外，为了确保那些准备用来击退虚假部队的德军不会赶往事发地点，对真正的登陆大军发起反攻，欺骗行动必须一直延续到登陆日，也就是D日**之后**。歌利亚只有在不知道大卫的弹弓从何处射来，一直处于猜测揣摩的情况下，才有可能被打倒。然而，盟军可选的跨海峡登陆地段极其有限。德国人肯定能发觉大军正在英国集结，而登陆地点又必定在战斗机航程以内，因此只有少数几个适合大规模登陆的地点。用一名行动策划者的话来说，"主要进攻将发生在瑟堡半岛（Cherbourg Peninsula）和敦刻尔克（Dunkirk）之间的某个地方，这个事实根本无法掩盖"。⁴

最明显的目标是法国西北部最靠近英国海岸的加来海峡地区（Pas de Calais）。盟军一旦夺取加来和布洛涅（Boulogne）的深水港，就能轻易得到补给和援兵；而且从加来桥头堡出发，盟军还可

---

① 此处原文为"In wartime, the truth is so precious that she should always be attended by a bodyguard of lies"。（本书页下注均为译者注。）

以一路直取巴黎和德国的工业中心鲁尔。德国战略家们当然不会忽视这样的常规逻辑。希特勒本人就判断加来是最有可能的目标：4 "那里是敌军必须且将要袭击的地方。除非所有迹象都在误导我们，否则加来将是我军与登陆部队的决战之地。"[5] 希特勒曾经在盟军登陆北非和西西里岛时被打得手忙脚乱，因此提起十二万分警惕，以防盟国故技重施。这次要骗过他可谓难上加难。

到 1943 年 7 月，盟国军事决策层已得出结论，"尽管加来海峡靠近我方海岸，具备明显优势"，但卡昂（Caen）以北的诺曼底海岸则是更佳目标。诺曼底海滩绵长宽阔，坡度平缓，沙丘之间有适当的空隙，便于登陆部队迅速向内陆展开。缺乏深水锚地的问题可通过建造代号"桑葚"（Mulberry）的巨大人工港得到巧妙解决。

1943 年，盟军关于登陆西西里岛的骗局大获成功，让德国人相信最有可能的目标**并非**真正的目标。现在，任务正好相反：必须让希特勒认为最合理的目标确实**就是**真目标。在宏大的大西洋壁垒防御体系中，诺曼底地区是最薄弱的环节，正是可发动雷霆一击的地方。不过，为了让登陆行动实现最好效果，盟国需要一群"骗子"担任"保镖"，牢牢守护真相。这就是塔尔·罗伯逊所创建的机构要做的工作。

罗伯逊和他指挥的小型谍报团队专注于将德国特工转变为双面间谍。这个项目名为"双十系统"（Double Cross System），由高度机密的"双十委员会"（Twenty Committee）协调控制。后者之所以叫这个名字，是因为罗马数字的"20"（XX）正好由两个十字（cross）组成。截至此时，英方这几十名双面间谍一直被用于防御：

抓捕更多间谍，获取德国军事情报，并诱使敌人相信，有一个庞大且高效的间谍网络正在英国运转，而这压根就是子虚乌有。1943 年6 月，罗伯逊得出一个惊人结论：每个潜伏在英国的德国特工实际上都在他的掌控之下。不是一些，不是大部分，而是**全部**。这意味着罗伯逊的双面间谍团队现在不仅可以向德国人提供零零散散的假情报，还能够编织一个足以改变战争进程的弥天大谎。

围绕登陆行动设置的骗局涉及战争机器的每一个秘密分支：科学家留下错误的线索，工程师搭建坦克模型，无线电报务员发送大量虚假信号，冒牌将军指挥无中生有的大军去威胁绝不会攻击的目标。虽然"保镖行动"是总体上的全球欺敌行动，但专门负责掩盖跨英吉利海峡登陆作战的"坚毅行动"（Fortitude Operation）才是关键部分，决定着最终成败。"坚毅行动"的目的是将德军限制在加来海峡地区，使之不敢动弹。这套诡计需要集体付出艰苦努力，但其核心则依赖罗伯逊的间谍和一张无比复杂、强大的欺骗网。这张网将让希特勒的大军落入圈套，帮助成千上万的盟军官兵安全穿越英吉利海峡。

有关诺曼底登陆的战争传奇故事人们已经耳熟能详。尽管"坚毅行动"在那场胜利中所起的作用长期以来一直处于保密之中，但自战争结束后还是开始慢慢浮出水面。不过，罗伯逊的秘密武器"双十系统"的核心——五名间谍的故事，以前从未被完整披露。间谍们自己也一直希望隐姓埋名。如果不是英国安全局（著名的军情五处）近年来解密战争期间的情报档案，他们的经历将依旧不为人知。事实上，如果当时有人讲述他们的故事，只会被视作无稽

5

之谈。

　　毫无疑问，D 日间谍们组成了有史以来最奇怪的军事单位。这些人包括一个来自秘鲁的双性恋花花女郎，一个矮小的波兰战斗机飞行员，一个反复无常的法国女人，一个塞尔维亚骗子，以及一个拥有养鸡专业文凭的古怪西班牙人。在罗伯逊的指导下，他们发送了大量看似不起眼的小谎言，最后形成一出惊天大骗局。英德两国间谍与间谍负责人之间的关系脆弱而又相互猜疑，这恰恰是他们成功的基础。

6　　这是一个关于战争的故事，但也讲述了人类微妙的心理、性格和个性，讲述了忠诚和背叛、真相和谎言之间的一念之差，以及间谍们的奇怪动机。这群双面间谍性格各异，或勇敢无畏，或奸猾狡诈，或反复无常，或贪得无厌，或能力出众。他们不是那种显而易见的常规英雄，他们的组织还曾被内部一名苏联间谍出卖。有人一直把关注点放在她自己的宠物狗身上，以致差点破坏了整个登陆行动。在某种程度上，他们所有人都是天马行空的幻想家，这也正是间谍所必备的基本特质。这些人中有两人品行不端，一人是三重甚或四重间谍，还有一人的间谍生涯将以酷刑、监禁和死亡告终。

　　所有武器，包括这样的秘密武器，都可能反噬其主。罗伯逊和他的特工们非常清楚，如果骗局被识破，他们不仅不会把德国人的注意力从诺曼底转移开来，引诱德军留在加来海峡地区，反而会让敌人找出真相，导致灾难性后果。

　　为 D 日工作的间谍不是传统意义上的战士。他们不携带武器，但在 1944 年 6 月突袭诺曼底海滩的所有士兵都在无意识中受益于他们的贡献。这些秘密特工只用虚构的文字和假象来战斗。他们的故事始于战争爆发前，但随后相互重叠、关联，最后在登陆日交织在一起，组成有史以来最伟大的欺骗行动。他们的真名很是拗口，好像出自同时代小说里的欧洲姓名大杂烩：埃尔薇拉·康塞普西翁·约瑟菲娜·德·拉·富恩特·肖杜瓦，罗曼·切尔尼亚夫斯基，莉莉·谢尔盖耶夫，杜赞·"达斯科"·波波夫，胡安·普霍尔·加西亚。他们的代号则相当直白，每一个都经过精心挑选："布朗克斯"、"布鲁图斯"、"珍宝"、"三轮车"和"嘉宝"。

　　本书就是讲述他们的故事。

第一章

新手上路

杜赞·"达斯科"·波波夫和约翰·"约翰尼"·耶布森是 7
一对好朋友。尽管他们的友谊建立在对金钱、豪车、派对和女人的
共同嗜好上（以上排名不分先后，最好同时拥有），但这种轻浮关
系将对世界历史产生深远影响。

波波夫和耶布森于 1936 年在德国南部的弗赖堡大学（University
of Freiburg）首次相遇。波波夫是杜布罗夫尼克（Dubrovnik）一个富
有实业家的儿子，时年 24 岁。耶布森是一家大型航运公司的继承
人，比波波夫年轻 5 岁。两人都是娇生惯养、很有魅力的富家子
弟，同时看上去也没啥出息。波波夫驾驶宝马汽车；耶布森则拥有
一辆奔驰 540K 敞篷车。这两个来自不同国家的花花公子形影不离，
整日在弗赖堡喧哗闹事，行为不检。波波夫是法律专业的学生，耶
布森为了将来能够更好地管理家族企业，正在攻读经济学学位。不
过，这两人压根就没把心思放在学
习上。"我们都认为自己天赋异
禀，才智超群"，波波夫写道，但
"我们沉迷于跑车和妓女，而且有
足够的钱维持这两个喜好"。[1]

波波夫长着一张宽阔的圆脸，
高高的额头上梳着大背头。人们
对他的长相看法不一。一个同时
代的男士写道："他放肆大笑时
会露出满嘴牙齿；尽管肯定谈不
上英俊，但不闹腾的时候，面容

达斯科·波波夫

倒也过得去。"[2] "他长着典型的斯拉夫式扁鼻子，面色蜡黄，肩膀宽阔，体格健壮，短粗的双手却很白皙，保养得很好"，他经常手舞足蹈，动作夸张。[3]波波夫举止从容大方，"说话随和，嘴唇性感"，厚厚的眼皮下一双绿色的明眸，射出"意乱情迷"的目光，让女人们无法抗拒。[4]事实上，卧室正是他最有兴趣的地方。波波夫是个永不停止猎艳的好色之徒。耶布森的形象则截然不同。他身材消瘦，一头深色的金发，颧骨高耸，鼻子上翘。波波夫吵吵嚷嚷爱交际，耶布森则小心警觉。"他冷漠高傲，令人有点望而却步，但每个人都会被他迷住，"波波夫写道，"他也很热情，脸庞上映着睿智，铁青色眼睛里透露出敏锐。他说话生硬，简短有力，几乎不用形容词，最重要的是，嘲讽味十足。"[5]耶布森走起路来一瘸一拐，不知情的人会以为这是他惹是生非而受的伤，而事实上却是由静脉曲张带来的痛苦导致的。这样看来，他还是一个善于掩盖秘密的隐忍之人。他喜欢编故事，不惜"为了看热闹而故意挑起事端"。[6]但他也喜欢充当中间人斡旋调解。有一次，波波夫为了得到一个姑娘，应情敌之邀拔剑决斗。耶布森作为他的副手，悄无声息地安排好了和平解决方案。这让波波夫长松一口气，"真不敢想象，

约翰尼·耶布森

我脸上若增加一道鲜红的伤疤会看起来如何"。[7]

　　耶布森的双亲出生在丹麦，但在家族航运公司迁往汉堡后都获得了德国国籍。当耶布森来到弗赖堡时，其父母均已去世。耶布森于 1917 年出生在汉堡，不过总喜欢开玩笑说他其实是丹麦人，德国公民身份只不过是出于商业目的打出的"方便旗"①。"我之所以热爱我现在的国家，很大程度上是因为它关系到我的切身利益。"[8] 作为一名富有且漂泊在外的孤儿，耶布森曾在青少年时期访问英国，回来后就变成了彻头彻尾的亲英分子。他模仿英国人的举止，喜欢说英语更胜德语，自认为穿着上"就像年轻时的安东尼·艾登（Anthony Eden），有着传统的英伦范"。[9] 波波夫评述说："就算是不穿裤子，他也必须带着伞出门。"

　　这两个学生朋友虽然只顾着纵情狂欢，但也不能完全无视德国政局在 20 世纪 30 年代发生的险恶变化。他们还故意取笑那些"亲纳粹的学生知识分子"。[10] 然而，嘲弄中其实隐含着他们的坚定信念。"在势利和愤世嫉俗的面具下，在花天酒地的举止背后"，耶布森对纳粹主义越来越深恶痛绝。[11] 波波夫则认为装腔作势的纳粹冲锋队既荒谬可笑又令人厌恶。

　　毕业后，波波夫回到南斯拉夫，从事进出口生意，四处游历。耶布森则前往英国，打算在牛津大学学习，并撰写有关哲学方面的书籍，不过他两样都没做成（尽管他后来声称都做了）。当他们在

---

　　①　方便旗，指一国商船出于逃避本国法令管制或避税等原因而悬挂的他国国旗。按照商业惯例，商船可不在本国而在他国注册，不悬挂本国国旗而悬挂注册国国旗。

三年后再次见面时，世界已处于战争之中。

1940 年初，定居在杜布罗夫尼克的波波夫开了家自己的律师事务所，至少和四个女人有染。这时，他收到了老朋友的电报，叫他去贝尔格莱德（Belgrade）："急需见你。"[12]重逢充满了喜悦，必须用大量烈酒庆贺。他们在贝尔格莱德的夜总会肆意作乐，还从"一家俱乐部的合唱队中找了两个姑娘"。[13]黎明时分，四人坐下来吃牛排，喝香槟，以此当作早餐。耶布森告诉波波夫，这几年中，他结识了伟大的英国作家 P. G. 伍德豪斯（P. G. Wodehouse）。耶布森戴着单片眼镜，扎着丝绸领带，看起来就像日耳曼版的伯蒂·伍斯特（Bertie Wooster），别提有多古怪。① 波波夫端详着他的老朋友。耶布森同以往一样，表情依然"机敏睿智，愤世嫉俗，带着一丝黑色幽默"，不过他也显得很紧张，好像有什么事压在心头。[14]他一根接一根地抽着烟，"时不时点一杯不加冰的双份威士忌。他的着衣风格仍可与艾登相媲美，但金发不再修剪得那么整齐，胡子疏于打理，被烟草熏成了暗红色"。[15]

几天后，这对朋友在贝尔格莱德一家饭店的酒吧里独处。耶布森压低嗓门，狐疑地环顾四周后，对波波夫透露说，他已经加入了德国军事情报局，也就是阿勃维尔（Abwehr）。"因为这能让他免于入伍服役。耶布森患有严重的静脉曲张，所以十分害怕参军。"[16]

---

① P. G. 伍德豪斯（1881—1975），英国著名作家、编剧；二战期间滞留在德国占领区，受纳粹恩惠，写了些幽默广播剧，结果被英国人视为叛国，而伍德豪斯本人则认为自己是清白的。战后，伍德豪斯移居美国。伯蒂·伍斯特是伍德豪斯的系列小说《万能管家吉夫斯》（*Jeeves & Wooster*）中的人物，他是一位和蔼可亲的英国绅士和一个游手好闲的富人，同管家吉夫斯（Jeeves）发生了一系列令人忍俊不禁的故事。

招募耶布森的是他家族的一个朋友，汉斯·奥斯特（Hans Oster）上校，此人是阿勃维尔局长威廉·卡纳里斯（Wilhelm Canaris）海军上将的副手。耶布森现在有一个正式但含义模糊的情报局头衔"Forscher"，意思是"调研员"或"猎头"，被授予技术二等兵军衔，编制上隶属于勃兰登堡团的一支 400 人特别分遣队。这支部队实际上是"卡纳里斯策划的一个诡计，目的是帮助某些年轻人摆脱兵役"。[17]耶布森是拥有自由行动权的间谍，因此根本不用进兵营。卡纳里斯向他保证，永远不用穿军装，永远不必接受军事训练，也永远不会被送上战场。"只要他保证在接到阿勃维尔召唤时为之效力"，便可以随心所欲地"在欧洲四处旅行，打理私人生意和金融业务"。[18]

"希特勒是欧洲无可争议的主人，"耶布森宣称，"几个月后，他就可能干掉英国，接着美国和俄国就会很乐意与他达成协议。"[19] 这是十足的纳粹宣传，但耶布森一如既往地流露出讽刺的神情。他突然问道："你愿意和我的一位朋友共进晚餐吗？他是德国大使馆的工作人员。"[20]事实证明，耶布森说的这位朋友是明青格尔（Müntzinger）少校，一个身材臃肿的巴伐利亚人，也是阿勃维尔在巴尔干地区的最高长官。喝完白兰地，抽过雪茄烟后，明青格尔直截了当地游说波波夫："没有哪个国家能抵挡得住德国军队。再过几个月，我们就要进攻英国了。为了推进这一过程，让最终登陆行动不那么血腥，你可以做些事情。"[21]明青格尔转而又说了一大堆奉承话，诸如波波夫人脉广泛，他的生意可以为前往不列颠提供理想的掩护，他一定认识很多重要且有影响力的头面人物等。对于为什么这么说，明青格尔反问道，难道他不认识肯特公爵（Duke of Kent）本人吗？波波夫肯定地点点头。［他没有承认自己这辈子只去过英国一次，仅在杜布罗夫尼克的大帆船俱乐部见过公爵几分钟。］明青格尔继续说："我们在英国有很多特工，都非常出色。但凭你的人脉，你可以打通很多关节，能为我们提供十分有用的帮助。而我们同样也会给你带去帮助。帝国知道如何表达感激。"[22]耶布森喝着威士忌，一言不发。至于需要波波夫搜集的情报类别，明青格尔有些含糊其词："总体上的，政治方面的。"然后停顿了一下，说："还有军事。如果你接受的话，约翰尼会把你介绍给适当的人。"[23]波波夫要求先考虑一下，到第二天早上便接受了邀请。他是耶布森为德国情报机构招募的第一个，也是唯一一个间谍。

与此同时，波波夫也开始谋划所谓"自己的小算盘"。[24]

1941 年，"行际盟友"（Interallié）是英国在法国沦陷区最重要的间谍网络。事实上，正如一位英国情报官员所言，它是战争初期"我们从法国获取情报的唯一来源"。[25]这个谍报网由数十名线人、特工和下线组成，但归根结底，"行际盟友"是一名间谍个人的产物。此人将阴谋和诡计视为第二天性，把刺探工作奉为天职。法国线人称其为"阿曼德·博尔尼"，他也用过"瓦伦蒂"或"瓦伦丁"（Valentine）为代号。这位真名叫罗曼·切尔尼亚夫斯基的特工充满激情，意志坚定，高度认同自己的工作价值，因此在很短的时间内就成为潜伏在法国境内最有价值的英国间谍。

切尔尼亚夫斯基是波兰爱国者，但用这个词来描述他远不足以概括他的爱国热诚和他对祖国的深深眷恋。他为波兰而生，也做好了为波兰而死的充分准备（有时甚至是迫不及待）。他的一名特工同事写道："他完全忠于自己的国家，他关心的每一个问题都与波兰人民的命运息息相关。"[26]苏德瓜分了波兰，他对这两个国家都非常厌恶，一门心思梦想着波兰复国。至于对其他事物的忠诚、对其他事物的考虑，都是次要的。他身高仅 5 英尺 6 英寸（约 1.68 米），面容消瘦，双目炯炯有神，紧蹙在一起。他随时会开怀大笑，说起话来像机关枪一样快。

切尔尼亚夫斯基出生于华沙一个做金融业务的富裕家庭。战前他曾接受战斗机飞行员训练，但因一次严重的坠机事故而失去部分视力，从此只能从事一般性的事务工作。他是军事情报专家，还写了本广受好评的反间谍专著。1939 年 9 月德国入侵波兰期间，切尔尼亚夫斯基上尉在华沙的空军司令部工作。正如一位同事所言，切尔尼亚夫斯基是专业人士，"按照特工的方式生活和思考"。[27]他将间谍工作

罗曼·切尔尼亚夫斯基

视为一种"建立在努力实现人类最高理想基础之上"的光荣职业。[28]当波兰军队在德军猛攻下溃败时，切尔尼亚夫斯基逃到了罗马尼亚，然后利用伪造的证件去往法国。波军正在那里重新集结。

1940 年法国沦陷后，他所在的部队被解散，但切尔尼亚夫斯基没有
13　跟随同袍前往英国继续战斗，而是转入地下斗争。他说服年轻的法
国寡妇勒妮·博尔尼（Renée Borni），借用其已故丈夫的身份潜伏
下来。在德军占领期间，一个身份证件上标注为"阿曼德·博尔
尼"的农民总是骑着借来的自行车，摇摇晃晃地从德军身边经过，
心里暗记下各种信息，为自己加油鼓劲。"在我眼里，每一个路标，
卡车上每一个标记，任何一种特殊符号，都远比它们在旁人眼中重要
得多。"[29]从这时开始，他便撒播下后来他称之为伟大"理想"的种
子。[30]当设立在伦敦的波兰流亡政府打一场传统战争时，他则做着另
一番斗争。他幻想着"抵抗运动成员如微小的细胞，以极快的速度繁
殖，然后结合在一起，形成一面由无数只眼睛构成的监视网"。[31]

切尔尼亚夫斯基前往南法非占领区，在那里与波兰秘密情报部
门取得联系，并正式获准在沦陷区组建间谍网络。几天后，他独自
在图卢兹（Toulouse）一家名为"护卫舰"的餐厅吃晚餐时，一名
年轻女子过来询问是否可以坐在他旁边的空位上。"她身材娇小，
30 多岁；脸色苍白，面容瘦削，嘴唇很薄，明亮的眼睛令脸庞神
采奕奕。"[32]玛蒂尔德·卡雷（Mathilde Carré）同时也在打量这位碰
巧与之用餐的矮小男士。"消瘦但有肌肉，脸又瘦又长，长着大鼻
子，绿眼睛上伤痕累累——如果不是因为飞行事故，原本一定清澈
14　迷人。"[33]切尔尼亚夫斯基首先用"糟糕透顶的法语口音"自我介
绍，然后他们开始交谈。[34]晚餐后，他送玛蒂尔德回家。

玛蒂尔德·卡雷天资不错，但情绪不稳。就在偶遇切尔尼亚夫
斯基的那一刻，她正在精神崩溃的边缘徘徊。她出身于巴黎中产阶

级，过去在索邦大学求学，曾为一家保险公司短暂工作了一段时间，接受过教师培训；后来她嫁给了儿时的朋友，但很快就发现无法忍受他。她借口战争爆发而离开了丈夫。随着法军连连撤退，她找到一份急救站的工作，帮忙救助伤员。她在那里遇到了一名来自法国外籍军团的中尉，两人在加龙河畔卡泽尔（Cazères sur Garonne）神学院的主教房间里，"于巨大的耶稣受难像的注视下"做爱。[35]第二天早上，中尉不辞而别，她却怀孕了。她打算留下这个孩子，结果又不幸流产。某天晚上，她站在高桥上，准备自杀，但接着改变了主意："与其跳入加龙河，我还不如投身于这场战争。如果我真的想自杀，那么为有意义的事业而死更明智。"[36]为了庆祝这一决定，她来到护卫舰餐厅犒劳自己。

自信满满的切尔尼亚夫斯基立即让玛蒂尔德感到很可靠。"每当他谈及战争时，眼睛就会放光。他不愿接受波兰已被击败的事实。他浑身散发着年轻人的信心和热情，有时像个被宠坏了的任性孩子，有时则显得充满睿智，意志坚强。"[37]第二天晚上，他们又见面了；第三天亦是如此。"深厚的友谊很快就建立起来。"[38]两人后来都否认彼此曾是恋人，但他们如此激情似火，这番话显然不是实情。

第一次见面后过了三周，切尔尼亚夫斯基坦承自己是间谍，并请求玛蒂尔德帮助他实现建立一个多节点情报网的"理想"。她说他可以信任自己；只要两人齐心协力，就能"成就一番大事业"。[39]这时，切尔尼亚夫斯基用夸张的语气宣布，他已经为这位新伙伴取了一个代号：La Chatte，意思是"母猫"，因为"你穿着软底鞋，

15

走路如此安静，就像猫一样".[40]她举起纤纤玉手做猫爪状说："如果我愿意，也可以挠你。"[41]这也许是个不祥的预兆。

罗曼·切尔尼亚夫斯基和玛蒂尔德·卡雷的谍报工作十分高效。他们在巴黎蒙马特区租了间房，着手构建一张完整的间谍网络。切尔尼亚夫斯基宣布说："它的成员将从盟国产生。首领是波兰人，特工大部分由法国人组成，所有人都为盟国效力。"[42]"行际盟友"谍报网就此诞生。

玛蒂尔德承担招募下线的任务（因为一些法国人拒绝为波兰人工作），罗曼则负责搜集、整理情报材料，将它们打印好后送往伦敦。第一批成员有莫妮克·德尚（Monique Deschamps），代号"蚊子"（Moustique），一个身材娇小、烟不离手的女人；还有勒内·奥贝坦（René Aubertin），曾任法国陆军坦克指挥官。这个网络逐渐扩大，其成员有铁路工人、警察、渔民、罪犯和家庭主妇。他们把搜集到的所有情报送到遍布巴黎的众多"邮箱"那里，如调色板餐厅的洗手间侍者、位于歌剧院旁的贝利茨语言学校，以及拉马克街上的一个门卫——此人"在德军进入巴黎时，屁股被刺刀戳了一下，因此理所当然地仇视德国"。[43]然后，玛蒂尔德再从他们手上取走情报。切尔尼亚夫斯基写道："她穿着黑色皮大衣，头戴红帽，脚踏红色小平底鞋，从一个接头地点迅速赶往下一个。她认识了新联系人，带来新的可能性，让我可以集中精力研究特工们获取的信息，并浓缩到我们的报告中。"[44]

切尔尼亚夫斯基的目标是绘制一张德军在法国沦陷区内的完整作战序列表，包括部队方位和机动情况、军火库、海军基地、雷达

设施等信息。他写道："要打败敌人，就必须知道他们在哪里；越 16
清楚这些，就越容易战胜他们。"[45]他把精简后的报告打印在薄纸
上。每隔几周，就有一名代号"拉皮德"（Rapide）的信使在上午
11 点从巴黎里昂火车站登上开往波尔多的"马赛"号列车。他是
"瘦高个波兰人，年龄不详，面色晦暗，留着一撮黑色小胡子"。[46]
发车前十分钟，他把自己锁进头等车厢的厕所里。抽水马桶上方有
一个金属铭牌，上面写着："用后请盖上马桶盖子。"[47]为了避免产
生划痕，"拉皮德"在螺丝刀和螺丝之间塞了一块手帕，小心翼翼
地松开铭牌，将报告插到铭牌后的缝隙中，再把螺丝拧回去。火车
越过边境线，进入法国非占领区后，一名波兰特工执行相反流程，
取出报告，再塞进回复纸条，待火车返回巴黎后便可以将其取出。
波兰情报部门派遣交通员，将这些报告从法国非占领区经中立的
伊比利亚半岛传递到位于伦敦的波兰流亡政府，后者再将情报转
送至英国特工部门。切尔尼亚夫斯基的每一份报告最后都被送到
军情六处，也就是英国的对外情报机构。该部门更为正式的名称
是秘密情报局。

　　这个被称为"大家族"（La Famille）的间谍网络开始急速扩
张。他们将一台便携打字机大小的电台从维希法国偷运过边境，安
装在特罗卡德罗广场附近的顶层公寓里，用来发送加密情报。为切
尔尼亚夫斯基提供假身份的寡妇勒妮·博尔尼搬到巴黎，从事无线
电报编码及解码工作。切尔尼亚夫斯基给她起的代号是"紫罗兰"
（Violette）。他们随后成了情人。至 1941 年中，切尔尼亚夫斯基可
以自豪地说，他一手打造的这张"由法国爱国者组成，受波兰人指

挥，为英国工作的大网现在是盟国抵抗德国的最后据点"。[48]他后来又建立了三个地下无线电台。他写的报告有些长达 400 页，里面还包括地图和图表。由于无法通过电台发送，"大家族"的特工只好用相机把它们拍摄下来，然后将未冲洗的胶卷偷运过西班牙边境。"胶卷经过精心包装，一旦被外人贸然打开，便会曝光而彻底报废。"[49]

"行际盟友"搜集的情报源源不断地涌入伦敦，内容越来越详细，越来越精准；有时频率太快，就连接收者也来不及消化。一次，一名间谍探听到德国空军司令赫尔曼·戈林私人专列的行驶计划，切尔尼亚夫斯基立即向伦敦发报通知这一消息。可是列车并未遭到攻击，令其大失所望。次日，他收到回复："很抱歉，我们得到消息时太晚了，无法安排皇家空军空袭。"[50]

团队内部的关系也不可避免地变得紧张起来。玛蒂尔德十分厌恶勒妮，认为她是个"典型的乡下小妇人，穿着很没品位"。[51]切尔尼亚夫斯基坚持说组织内"不存在任何嫉妒问题"，[52]不过他也反映玛蒂尔德是个"奇怪的女人，充满理想主义，但又冷酷无情，野心勃勃，精神总是紧绷着，非常神经质"。[53]

1941 年秋，切尔尼亚夫斯基奉命到贡比涅（Compiègne）附近的一座机场报到，然后乘坐飞机去伦敦汇报工作。10 月 1 日，英国皇家空军一架"莱桑德式"（Lysander）轻型飞机腾空而起，飞行员是留着小胡子的 J."威比"·内斯比特-杜福特（J. "Whippy" Nesbitt-Dufort）少校。他唯一会说的法国问候语是"这就是生活"（C'est la vie）。[54]一到英国，切尔尼亚夫斯基就受到波兰情报部门负责人斯坦尼斯瓦夫·加诺（Stanisław Gano）上校的接见。加诺说：
"你让我们这边的人都忙得不可开交啊！"[55]切尔尼亚夫斯基觉得他
看上去像"某个商业公司的头儿"。[56]在接下来的24小时内，切尔
尼亚夫斯基回答了有关"行际盟友"间谍网方方面面的问题。加诺
似乎对玛蒂尔德·卡雷特别关注。切尔尼亚夫斯基向他保证说：
"我们是完美搭档。"[57]让切尔尼亚夫斯基吃惊的是，他又被带到波
兰总理瓦迪斯瓦夫·西科尔斯基（Wladisław Sikorski）将军面前。
西科尔斯基郑重宣布，授予切尔尼亚夫斯基波兰军队最高荣誉——
军事十字勋章（Virtuti Militari，也作军事功勋勋章）。切尔尼亚夫
斯基后来写道："实在太突然，太意外了。在这庄严时刻，我呆住 18
了，不知道如何是好。"[58]不久，他便跳伞回到法国继续工作。这个
小个子波兰间谍很自豪，但喜悦之中也掺杂了一丝说不清道不明的
疑虑："我在潜意识里感到有些不安。"[59]

　　埃尔薇拉·德·拉·富恩特·肖杜瓦混迹于伦敦上流社会，夜
复一夜地耗在梅费尔区（Mayfair）①的汉密尔顿俱乐部或克罗克福
德赌场。她虽然不时能赢些钱，但最后总是输。这是最令人懊恼的
事情。不过，埃尔薇拉若不赌博，又会觉得无聊得要死。这就是她
会同意与一名男士共进午餐的原因。她被告知，此人可能会给她提
供一份很有意思、收入也很高的工作。
　　无聊像诅咒一样老是缠着埃尔薇拉·肖杜瓦。她的父亲是秘鲁外

---

① 梅费尔区是伦敦市中心的一个区域，集中了很多豪华酒店和高档会所。

埃尔薇拉·德·拉·富恩特·肖杜瓦

交官，靠着海鸟、蝙蝠、海豹的粪便发了大财。人们在海岸边收集这种资源，然后作为农肥出口。埃尔薇拉在巴黎长大，接受的是贵族教育，得万千宠爱于一身。1934 年，23 岁的埃尔薇拉为了逃避乏味的生活，一头扑进让·肖杜瓦（Jean Chaudoir）的怀抱。此人是一家金矿公司在比利时证券交易所的代表。事实证明，他相当令人讨厌，布鲁塞尔的生活也"极度枯燥"。[60]经过四年的婚姻生活，以及与一些男男女女不尽如人意的风流韵事后，埃尔薇拉得出结论，"她和丈夫之间没有任何共同语言"，于是便和闺蜜罗米·吉尔比（Romy Gilbey）一起跑到戛纳。[61]这位朋友嫁给了生产杜松子酒的吉尔比家族的子嗣，非常有钱。埃尔薇拉和吉尔比夫人在戛纳赌场里开开心心地挥霍着从杜松子酒业务中赚来的钱。这时传来德军入侵法国的消息，于是她们马上开着一辆敞篷雷诺轿车逃到圣马洛（St Malo），然后乘船前往英国。

埃尔薇拉搬到伦敦斯隆大街的一套公寓里，然而生活的单调无趣很快就再次袭来。夜晚，她穿梭于丽兹酒店的吧台和牌桌之间，输掉的金额早已超出她支付能力。她本可以向父母借钱，可惜他们被困在了法国。流亡中的戴高乐正在为自由法国运动招兵买马。她试图加入这支部队，却被告知不合适。她为英国广播公司做了一点翻译工作，又觉得枯燥无比。只要有人愿意听，她就会抱怨说找不到有趣的工作，只因自己是秘鲁人。某天晚上，碰巧有位英国皇家空军军官在汉密尔顿俱乐部听到她发泄不满，便把她的情况告诉了在军事情报部门工作的朋友，后者又将埃尔薇拉的名字提交到军情六处。就这样，29 岁的埃尔薇拉·肖杜瓦坐在了康诺特酒店的小餐厅里，桌子对面是一个穿着皱巴巴西装，留着浓密白胡子，眼睛像雪貂一样动个不停的中年男子。他自称"梅斯菲尔德先生"（Mr Masefield）。不过，其真实身份是克劳德·爱德华·马乔里班克斯·丹西（Claude Edward Marjoribanks Dansey）中校，也有人称他为"海伍德"（Haywood）、"克劳德叔叔"（Uncle Claude）或"Z上校"（Colonel Z）。他是军情六处的副处长。

克劳德·丹西为人狡猾刻毒，同事们普遍不喜欢他。在战时情报部门工作的历史学家休·特雷弗-罗珀（Hugh Trevor-Roper）尖酸地认为他"是个彻头彻尾的废物，腐化无能却卑鄙狡诈"。[62]丹西虽然极不受人欢迎，却是一名经验丰富的间谍。这两人坐在一起，看起来很奇怪：埃尔薇拉，身材高挑，衣冠楚楚，长着一张可爱而又相当天真的脸庞，红褐色头发在前额梳成一个问号；丹西，矮小秃顶，戴着眼镜，神情严肃。埃尔薇拉很喜欢这个充满力量的小个子男人。随着谈话深入，情况变得愈加明显：他对她了如指掌。丹西知道她和吉尔比太太在赌桌上夜夜输钱；知道她的父亲已经被任命为秘鲁驻法国维希傀儡政权的临时代办；还知道她的银行账户里有多少资产。她后来回忆说："我意识到他一定在窃听我的电话，否则他不可能知道这么多有关我和朋友们的事。"[63]

丹西向她推荐了一份工作。他解释说，持有秘鲁护照意味着可以相对方便地在欧洲沦陷区旅行，而且她父亲的外交官身份可以为她在维希法国长期访问提供掩护。她需要向英国方面报告政治情报，但更重要的是，德国人可能会招募她为特工。这是一种被称为"引蛇出洞"的谍报战术，即故意将适合被招募的潜在特工置于敌人面前，寄希望于一旦他们被对手纳入麾下，就能成为双面间谍为己所用。她会因此得到丰厚的报酬。埃尔薇拉没有丝毫犹豫便接受了邀请。

军情六处对这位新成员的评价可谓直截了当："外表迷人，能说流利的法语、英语和西班牙语。她充满智慧，反应敏捷，但可能懒于动脑筋。她是精明的国际赌徒，伦敦任何一家精英荟萃的桥牌俱乐部里，都能找到她的朋友。"[64]监控显示，她的"品位似乎越来越'高调'"。[65]警方报告说，斯隆大街的公寓里经常举办"喧闹的派对"，"里面的人行为粗鲁，深夜里又是唱歌又是喊叫，还有醉醺醺的男男女女三更半夜前来"。[66]副警长约瑟夫·古尔德（Joseph Goulder）不以为然地指出，肖杜瓦夫人"喜欢与那些不太在意自身名誉的女人为伍"。[67]尽管埃尔薇拉看起来可能像个傻乎乎的社会名媛，可实际上她相当聪明机智，披着旁人难以察觉的伪装，让人以为她只是"一个喜欢寻欢作乐的女孩，除了鸡尾酒、床伴和赌局之外，对什么都不感兴趣"。她对男性和女性都颇具吸引力，而且渴望金钱，这些特质日后都会派上用场。特工经验丰富的丹西知道，即使是最聪明、最谨慎的人，如果自以为在和一个头脑愚蠢、性感十足的女人说话，往往也会放松警惕。

在骑士桥①的一间公寓里，埃尔薇拉学会了如何用含有某种化学粉剂的火柴头来制作隐形墨水。一到法国，她就要往里斯本的一个掩护地址寄去看起来"显然无关痛痒的信件"。[68] "在这些信的行与行间，我要利用无法检测到的液体写上搜集到的情报。这种液体是丹西的技术人员开发的。"[69] 埃尔薇拉学得很快。她的指导教练报告说："她非常聪明，很快便掌握了要领。"[70]

不过，她的间谍生涯刚刚开始，就几乎要提前结束。来自皇家海军志愿后备队的伯内特（Burnett）中尉报告说，有天晚上他在克罗克福德赌场无意中听到埃尔薇拉·肖杜瓦吹嘘，"她正在圣詹姆斯街区学习使用电文密码，不久就将被派往维希法国执行任务"。[71] 埃尔薇拉遭到严厉训斥，并被告知"绝不能泄漏所知晓的信息"。[72] 她十分内疚，保证会更加谨慎，但此事件暴露出她一个史令人恼火（也更讨人喜欢）的性格：像许多间谍一样，她发现自己很难保守秘密。

奇怪的是，埃尔薇拉得到了一个相当男性化的代号"西里尔"，并收到命令，做好准备动身去法国。她的战争即将变得妙趣横生。

胡安·普霍尔·加西亚当时的年纪不大，但已经从事过很多职业：电影院老板、商人、骑兵军官（尽管他害怕马）和不情不愿的士兵。西班牙内战的大部分时间里，他在躲避佛朗哥的军队。尽管讨厌鸡，但作为皇家家禽学校（Royal Poulty School）的毕业生，他

---

① 伦敦市中心西部的一个住宅和商业区域，位于海德公园的西南角。

还是在巴塞罗那郊外经营了一家养鸡场。这所位于滨海阿雷尼斯（Arenys de Mar）的学院拥有西班牙最负盛名的养鸡专业。普霍尔22没有数字头脑，生意以破产告终。他健壮结实，精神饱满，额头高耸，"充满热忱的棕色眼睛里略带一丝调皮的浅色"，看起来就像一只好斗的矮脚鸡。第二次世界大战爆发后，普霍尔决定为英国做间谍。他自忖："我必须做点什么，一些实打实的事情；必须为人类福祉做出贡献。"[73] 普霍尔的结论是，希特勒就是个"精神病"，所以他必须支持盟国。[74] "我希望为他们工作，为他们提供无论是政治上还是军事上，能够帮助盟国事业的机密情报。"[75]

胡安·普霍尔

至于从哪里以及如何获得这样的情报，他还没有头绪。普霍尔后来承认："我的计划相当混乱。"[76] 他在多年后撰写的回忆录中表明，能够抱有堂吉诃德式不切实际的决心，坚定与希特勒对抗，源于其强烈的反战主义，以及在任何时候，对任何形式的政治极端主义都持有的怀疑。他的内心极其温和，以从未开过枪为荣；他计划采取不同的方式与纳粹主义斗争。"我对词语的起源很着迷，"他在多年后写道，"笔比剑更有力量，我对此深信不疑。我把生命中的大部分时间献给了这个理想，毫无保留地投入才智、信念，用上了一切可能的方案、诡计和谋略。"[77] 普霍尔要打一场不同寻常的战争，文字是他唯一的武器。

1941年1月，这位29岁的加泰罗尼亚人来到英国驻马德里大使馆，提出愿意从事针对德国的间谍活动。英国人礼貌但坚决地把他赶走了。套用格劳乔·马克斯（Groucho Marx）① 的话来说，英国不希望任何想成为会员的人进入"俱乐部"。普霍尔接下来又去德国人那里碰运气。他假装是个狂热的法西斯分子，表示愿意刺探英国情报，希望一旦被招募，就能背叛他们，投奔到英国一方。结果德国人告诉他，他们"非常忙"。[78]但这个眼神异常坚定的加泰罗尼亚小个子继续纠缠派驻在西班牙的德国人，并且自学民族社会主义（National Socialism）相关内容，直到"能够像忠诚的纳粹分子那样大声咆哮"。[79]最后（主要是为了让他闭嘴），德国人说，如果他能借道里斯本去英国，就可以考虑让他从事情报工作。这对普霍尔而言已经足够了。从那一刻起，他便千方百计骗取德国人的信任，尤其是阿勃维尔马德里分站的卡尔-埃里希·库伦塔尔少校的信任。

这个德国军官工作效率很高，有些偏执妄想，而且非常容易上当受骗。在盟国后来策划的"肉糜行动"中，一具尸体被安排漂上西班牙海岸，其所携带的伪造文件表明盟军将在希腊而不是西西里岛登陆。结果库伦塔尔彻底被骗了。在普霍尔眼里，他是理想的直接上级。库伦塔尔为普霍尔及时配备了隐形墨水、现金，选择"阿拉贝尔"为他的特工代号，还建议说"他应该小心，不要低估英国

①　格劳乔·马克斯（1890—1977），美国著名喜剧演员与电影明星。

人，他们是强大的敌人"。[80]抵达里斯本后，普霍尔再次与英方联系，结果又一次遭到拒绝。这让他左右为难，因为他需要尽快给德国人投喂些情报。1941 年 7 月 19 日，他给库伦塔尔发报，宣称自己已安全抵达英国。

然而，普霍尔根本不在那里，而是留在了葡萄牙。由于没有机会为二者任何一方搜集真正的情报，他决定利用里斯本公共图书馆、二手书籍和从新闻片中得到的素材来胡编乱造。他搜索出真正的英国军火公司的名称和地址，查阅《英国蓝皮指南》（*Blue Guide to England*）以了解相关地名，还参考了一本在葡萄牙出版的名为《英国舰队》（*The British Fleet*）的海军入门读物。普霍尔此前从未去过不列颠，只是凭借想象，把自己认为在那里可能看到的东西添油加醋一番，写成长篇大论的报告寄回马德里。普霍尔的文风极其冗长，充斥着错综复杂的分句和从句，大量堆砌形容词，热衷过于考究的句式，把语法玩出了花。他后来声称，这种奇怪的写作风格是为了把信纸填满而不必说太多。虽然他喜欢玩弄文字，但报告里面随处可见明显的错误。他从未搞懂英国的军事术语和文化。他想象格拉斯哥人的饮酒习惯一定与西班牙人相似，于是写道："这里的人为了 1 升葡萄酒，什么都愿意去做。"①[81]结果德国上司不仅没有发现错误，反而对特工"阿拉贝尔"大加赞赏，特别是当他声称在英国招募到两名下线特工后，对他更是另眼相待。当然，这两名下线特工纯属虚构。在长达九个月的时间内，普霍尔一直待在里斯本，做着间谍

---

① 格拉斯哥人确实喜欢喝酒，但该城在苏格兰，当地人更喜欢喝威士忌。

们在无法获取真实情报时经常做的事情：编造他认为间谍头目希望听到的东西。在战争余下的时间里，他还会继续如此，其程度令人叹为观止。

　　战争对阿勃维尔的埃米尔·克利曼少校而言，可谓轻松惬意。德军占领下的巴黎是一座特别宜人的城市，如果你碰巧是占领者的话。他在香榭丽舍大街有一间办公室，在布洛涅森林附近有一套舒适的公寓，金库里有大量现金可供支配，而且还无所事事。最重要的是，他找到一个新情妇，名叫伊冯娜·德利代斯（Yvonne Delidaise）。伊冯娜是法国人，母亲来自德国。这个小情人比他年轻 20 岁，欲壑难填，花钱大手大脚。克利曼那矮胖的奥地利妻子还待在维也纳，而且肯定不会到巴黎来。这也让他甚为满意。克利曼的任务是招募告密者，揪出法国间谍。他有个工作起来不知疲倦的同僚胡戈·布莱谢尔（Hugo Bleicher），此人似乎很愿意干这项又费力又繁重的活，他也乐见其成。克利曼原来在维也纳经商，1940 年 6 月被派驻巴黎，对纳粹没啥好感。事实上，他"和普通德国人不太一样"，反而希望德国不要赢得太快，这样他才能继续在巴黎过着新生活，与伊冯娜厮混，并在他最中意的瓦莱丽餐馆会见各式各样古怪的人物。[82]克利曼身材魁梧，肩膀宽阔，蓄着整齐的小胡子，左手无名指上戴着一枚刻有"EK"首字母缩写的金戒指。他自认为穿着低调而优雅，鬓角染了色，头发被仔细梳理分开，还抹着发油。他喜欢拉小提琴，收集古董瓷器。43 岁的埃米尔·克利曼少校为人虚荣、浪漫，聪明机灵又懒惰得不可救药，而且一贯不守时。作为间谍头

25

目，他拥有一大串化名，如"希尔贝里"（Killberg）、"冯·卡施泰特"（von Carstaedt）、"波洛"（Polo）、"奥克塔夫"（Octave）、"让先生"（Monsieur Jean）等，尽管他自己绝非合格的间谍。

1941 年 10 月 13 日，经同事推荐和安排，克利曼不情不愿地同一名可能即将加入的特工会面。这位候选人名叫莉莉·谢尔盖耶夫，29 岁，是俄罗斯裔法国人。

莉莉·谢尔盖耶夫

© British Security Service, from The National Archives (United Kingdom)

克利曼迟到了两小时才来到会面地点圆点咖啡馆。坐在角落那张桌子旁边的年轻女子虽然不算漂亮，但看上去落落大方。她头上是棕色卷发，有明亮的蓝眼睛和棱角分明的下巴。莉莉·谢尔盖耶夫用流利的德语介绍自己说，她是一名记者兼画家，父亲曾是沙俄政府官员，不过在十月革命后，也是莉莉 5 岁时，全家移民到了巴黎。她自豪地宣称，祖父是沙俄最后一任驻塞尔维亚大使。她的叔叔叶夫根尼·米勒（Yevgeni Miller）将军曾在第一次世界大战中指挥俄第 5 集团军，1937 年失踪，两年后在莫斯科被处决。她的父亲现在在卖汽车，母亲做裁缝。她认为自己是法国人，想当德国间谍。克利曼被她迷住了。莉莉看起来生气勃勃，很有智慧，最重要的是，她对克利曼也很感兴趣。他邀请莉莉到布洛涅森林附近的卡斯卡德餐厅

26

吃饭，并解释说他的"秘书"伊冯娜会在那儿等他们。这位年轻的女士坚持要带她的宠物一起去，它对她来说显然很重要。这是一只梗犬和贵宾犬杂交的白色公狗，名叫巴布斯（Babs）。

他们在餐厅坐定后，莉莉便开始讲述她的故事。她生性不安现状，早年曾骑自行车和徒步穿越欧洲，完成了多次漫长而艰辛的旅程，有一次还到过希特勒统治下的德国。她对纳粹政权的高效率留下了深刻印象，并为此写了一系列赞扬德国的文章刊登在法国媒体上。莉莉甚至还采访过戈林，后者"答应为她争取与希特勒私人会谈的机会"，但并未如愿。[83] 1937 年，她在旅行途中遇到了一位名叫费利克斯·达塞尔（Felix Dassel）的德国记者，他说自己为德国情报机构服务，并问莉莉是否想要一份工作。她当时拒绝了。不过德军进入巴黎后，达塞尔再次现身。两人在马克西姆餐厅吃饭时，莉莉告诉他，英国"让法国人民很失望，她对英国人没有丝毫好感"。[84] 达塞尔再次问她是否准备为德国人工作；这一次，她欣然接受。建议克利曼安排这次会面的正是达塞尔。

莉莉的故事讲到这儿时，伊冯娜已经打起了哈欠，不过克利曼依然兴致勃勃。尽管有些紧张，但她看上去对这份工作很看重，也很认真。"对我来说，去葡萄牙、澳大利亚或英国应该会十分容易，"她说，"我在这些地方都有亲戚。如果我要离开法国，没有人会为此大惊小怪。"[85]

克利曼沉思了一会儿，最后说："我对你的计划很感兴趣。我想我们会派你去葡萄牙。不过，我觉得你很难去英国。"[86]

接着，克利曼突然抓住莉莉的手腕，用他自以为可以洞察一切的目光盯着她问："你**为什么**想为我们工作?"[87]

一阵长时间令人不安的沉默后，她给出了相当奇怪的回答。

"少校，你是个聪明人：我的答案对你来说有多大价值呢？我可以告诉你说，这是出于信念，或者说是一种道义，因为我爱德国或恨英国。但如果你是敌人，我来这里是为了监视你、背叛你的，你觉得我的回答会有什么不同吗？既然这样，那么你能允许我不回答吗?"[88]

他笑着说："当然，你是对的。"

克利曼把莉莉和她的小狗送到她父母在特罗卡德罗广场附近的公寓。少校说："我很快会再联系你的。"[89]然后，他像往常一样，什么也没做。

莉莉在日记中写道："巴布斯抬起他那毛茸茸的，像松露一样的鼻子，好奇地看着我。"①[90]（日记行文全部是现在时态，其中大部分内容是关于她的狗。）"我坐在客厅的沙发里，把巴布斯放在膝盖上，对着他粉红色的耳朵说：'这是场精彩的竞赛，宏大的竞赛，但是如果我们输了，你要知道，我们就会丧命……或者至少是我的命。'"[91]然而，巴布斯将是这场竞赛中的第一个牺牲品。

---

① 莉莉在说话和行文中，经常用"他"而非"它"来指代巴布斯。后文有大量这样的情况。

第二章

谜样男子

塞尔维亚花花公子达斯科·波波夫并非看上去的那样轻浮，对 28
政治毫不关心。老朋友约翰尼·耶布森提出的为德国情报部门工作
的邀请颇有吸引力。1940 年，德国军队席卷欧洲，令世人惶恐不
安。自 1939 年 9 月，波兰便处于德国占领之下；1940 年 4 月，德
军入侵丹麦，接着是挪威；比利时和荷兰在 5 月投降；法国在 6 月
沦陷；南斯拉夫很可能是下一个受害者。这个在欧洲各地都有切身
利益的塞尔维亚商人需要德国朋友，而且波波夫告诉耶布森，他渴
望"过上闲适的生活"。[1]

但就在接受明青格尔少校的提议后没几天，波波夫便开始执行
他自己的计划。尽管现在依然稚嫩和浅薄，但他已经在内心中播下
了一颗小小的勇气种子。与明青格尔共进晚餐后过了几天，他设法
在使馆聚会上遇见英国驻贝尔格莱德大使馆的一等秘书约翰·迪尤
（John Dew）。他把迪尤拉到阳台僻静处，说自己有个大学密友，现
在是阿勃维尔官员，准备招募自己入伙。"有意思，"迪尤（他私
下里怀疑波波夫是个"可怕的骗子"[2]）说，"你和那家伙保持联系
是件好事。"[3]于是，迪尤介绍波波夫与军情六处驻南斯拉夫首都分
部负责人联系。英国人建议波波夫："继续与德国人周旋，要显得
友好，但不能过度。争取些时间来准备你的旅行。"[4]

约翰尼·耶布森代表德国情报部门给波波夫布置任务：他要伪 29
装成从南斯拉夫向英国出口原料的商人，经由中立的葡萄牙前往伦
敦。一旦抵达目的地，他就要用隐形墨水记录情报，再以信件的形
式发回来。这是当年特工之间秘密交流的主要手段，到 1940 年时
甚至发展成了一门谍报艺术。耶布森教波波夫如何把氨基比林药片

（一种治疗头痛的常用药物）溶解在白杜松子酒中制作这种隐形墨水。当波波夫有情报要报告时，他首先在信纸的一面"用打字机打一封无关紧要的信"，然后用削尖的火柴棍蘸上隐形墨水，在另一面书写看不见的内容。[5]这封信要寄给住在里斯本的玛丽亚·埃莱拉（Maria Elera），阿勃维尔再从她那里把信取走。最后，只要把显影剂涂在纸上，秘密情报就会显现。

耶布森形容玛丽亚·埃莱拉是个"黑白混血的年轻女孩，大约22岁，记者身份，将伪装成波波夫的女友"。[6]不过，这对男女很快就假戏真做了。波波夫直接向阿勃维尔里斯本站汇报。"你的主管是卢多维科·冯·卡斯特霍夫少校，"约翰尼说，"你会喜欢他的。"[7]最后，波波夫收到一份问题清单，内容包括英国的海岸防御、军队部署、民众士气、政治局势等："丘吉尔的敌人有谁？谁赞成与德国进行和平谈判？"[8]波波夫立即将调查问卷交给军情六处。到11月，代号"伊万"的波波夫已经准备好出发了。

波波夫和耶布森在贝尔格莱德的塞尔维亚国王饭店喝了一顿告别酒。耶布森说："现在我们为共同的事业效力。"[9]他的笑容让波波夫有些踌躇了。这是个疯狂喜爱英国作家 P. G. 伍德豪斯的德国间谍；是纳粹宣传机构的代言人，声称自己害怕战争，却显然十分享受间谍世界中的冒险经历，他知道如何制作隐形墨水，并自诩为"坚定的亲英分子"。[10]耶布森甚至雇用了一名叫梅布尔·哈博特尔（Mabel Harbottle）的英国秘书，她是古板的英国老处女，好像从伍德豪斯小说中走出来的人物一般。哈博特尔小姐曾为希特勒的外交部长约阿希姆·冯·里宾特洛甫（Joachim von Ribbentrop）工作，虽然是德国公民，但仍有着一颗"英国心"。[11]除非耶布森为德国做的一切工作"不会损害到英国利益"，否则她就会断然拒绝为老板打字。耶布森欣然同意——这位德意志第三帝国专门雇来损害英国利益的人竟然做出这样奇怪的承诺。正如波波夫所言，约翰尼是个"谜"。[12]

耶布森的新老板，卡纳里斯将军也是如此。他是第二次世界大战中最令人困惑的人物之一。卡纳里斯老奸巨猾，长于随机应变，是个玩弄间谍游戏的"大师"。第三帝国的其他领导人，包括希特勒，都对他有些忌惮。希姆莱和里宾特洛甫很厌恶卡纳里斯，而且也不信任他。卡纳里斯决心为德国赢得间谍大战，却不断改变其效忠对象，让人分不清他到底持怎样的信念。他公开对犹太人释放善意，后来还帮助许多人从毒气室中逃出生天。对于纳粹歇斯底里的暴力行为，他毫不掩饰地表示鄙视。他管理着庞杂的德国情报机构，将其视为个人领地，很少跟国防军最高统帅部（OKW）扯上关系。但那时，军事情报局阿勃维尔本身，在纳粹军事体系中就是个异类。军官们往往来自德国上层阶级，有着老式军人的作风，对纳粹主义的粗鄙意识形态嗤之以鼻。他们中虽然有些人是专业人士，但大部分既懒惰又腐败，还有一些高级军官密谋反对希特勒政权。

"这人怎样？"波波夫问他的老朋友。[13]耶布森慎重回答道："他是个很敏锐的人，不显山露水，但绝顶聪明，而且非常风趣幽默，给人的印象是宁可听而不愿说。"[14]约翰尼·耶布森可能是在描述他自己。

31　　　　波波夫后来坚持认为，耶布森从一开始就知道他会跟英国人接触，并希望如此。耶布森是秘密的反纳粹分子、忠实的亲英派，当时已经开始玩这样一个微妙而危险的双面游戏。波波夫只是假装为德国人工作，而耶布森似乎也只是假装相信他果真如此。两人都在撒谎，也都心知肚明，但谁也不承认。波波夫写道："鉴于当时所处的局面，我们的友谊奇怪而模糊。你试图说服自己，朋友会站在正确的一方，但为了避免暴露，你不敢相信这种友谊。"15

　　　　一周后，波波夫抵达里斯本。一名司机开着欧宝轿车送他到海滨度假胜地埃什托里尔（Estoril），驶入一幢用灰泥粉刷的大型摩尔风格别墅。在托基安娜别墅门口，一个绅士模样的人出来迎接。他带着热情的微笑，"手背上长着一大团黑毛"。16波波夫正在训练自己找出别人的突出特征。

　　　　别墅主人说："我接到指示，尽全力协助你的工作。提尔皮茨弗（Tirpitzufer，又作提尔皮茨河岸，柏林的阿勃维尔总部所在地）十分看好你，他们为你制订了一套雄心勃勃的计划。"17约翰尼说得对，波波夫立刻就被卢多维科·冯·卡斯特霍夫所吸引："他身材高大，皮肤黝黑，动起来就像一只大猫。"18冯·卡斯特霍夫给了波波夫另一个在伦敦潜伏的德国特工的名字——捷克斯洛伐克人乔治斯·格拉夫（Georges Graf），紧急情况下可以与之联系。晚上，他们共饮香槟，吃了顿丰盛的晚餐。不过，波波夫永远不会知道，冯·卡斯特霍夫的真名是克雷默·冯·奥恩罗德（Kremer von Auenrode），这是一位来自的里雅斯特、受过良好教育的世俗贵族。他的主要目标就是寻求最大的快乐，以最小的危险来熬过这场战争。

1940 年 12 月 20 日黎明，南斯拉夫商人达斯科·波波夫在布里斯托尔附近的惠特彻奇（Whitchurch）机场下机。在那里迎接他的是乔克·霍斯福尔（Jock Horsfall），此人在战前是赛车手，目前是军情五处最信任的司机。随着他们接近首都，波波夫看到伦敦上空笼罩着恐怖的玫瑰色光芒：德国空军的轰炸机已经飞离，但大火仍在熊熊燃烧。

在萨沃伊酒店大堂，一个高个子军官穿着醒目的锡福斯高地兵团（Seaforth Highlanders）格子呢长裤①阔步走来，伸出手说："你好，波波夫。我是罗伯逊。"[19]波波夫暗想，他看起来"就像好莱坞电影中风度翩翩的英国军人"。波波夫本能地喜欢上了又一个间谍首脑，只是这位属于另一边。"让我们先相互熟悉一下。"这位英国绅士说着，把他领到酒吧。"我们明天再谈正事。"[20]

这位穿着与众不同的裤子、彬彬有礼的英国上流社会人士似乎是在欢迎一名新成员加入伦敦最排外的"俱乐部"。在某种程度上，他也确实如此。

明青格尔少校夸口说"有很多德国特工潜伏在英国"，这一点没错。[21]但是，他们中的大多数人不仅谈不上"出色"，简直就是糟糕透顶，许多人首鼠两端，部分已经转变为双面间谍来对抗德国了。[22]

军情五处的反间谍部门，即 B 科，由盖伊·利德尔（Guy Liddell）

---

① 锡福斯高地兵团的传统装束是格子呢短裙，此处的长裤可能是一种较少穿着的制服。

领导。他是一名喜欢拉大提琴、性格腼腆的间谍猎手。他写的大量日记让人们得以深入了解这个秘密组织在战时的非凡工作。在打击德国间谍活动过程中，利德尔面临着两个压倒一切且相互关联的问题：一大批根本就是子虚乌有的间谍，以及另一群规模小得多，但肯定存在的秘密特工。

随着战争爆发，英国人普遍患上了利德尔所说的"第五纵队神经症"。[23]他们偏执地相信这个国家内充斥着敌方间谍，只要希特勒发动入侵，这些间谍就准备里应外合搞破坏。英国人本来就热衷于充当业余侦探，加之间谍小说的影响，以及容易一惊一乍的媒体煽风点火，这种恐惧与日俱增。温斯顿·丘吉尔写道："有一类人很容易患上间谍躁狂症。"其实，他自己就是如此。在人们的想象中，这些间谍伪装成修女、屠夫之子、教堂执事和旅行推销员，看起来都是值得尊敬的体面人。本土部队负责人坚持认为，"那些行为举止最完美、最时髦阔气的绅士正是为敌人效力的臭虫。我们对任何人都不能相信"。[24]间谍可能看起来像你的银行经理。事实上，他可能**就是**你的银行经理。原童子军领袖罗伯特·巴登-鲍威尔（Robert Baden-Powell）坚持认为可以从走路方式判断一个人是不是德国间谍，但只能从背后看。各种报告潮水般涌入军情五处，描述了这支幽灵间谍军的邪恶行径：他们在冰激凌中投毒，在电线杆上留下标记引导入侵部队，在香烟中下药，把精神病院的囚犯训练成自杀小队。当苏格兰赫布里底群岛（Hebrides）的莫尔岛（Eilean Mor）上发生六头奶牛狂奔惊跑的事件时，人们立即将其归结为是敌人在秘密破坏。虽然没人看到间谍，但这正好证明了他们多么善于伪装。甚至连鸽子也受到怀疑，因为人们普遍相信，敌方特工在全国各地秘密设立了信鸽巢，利用鸽子给德国发送情报。英　34国人对间谍鸽的恐惧最终会以不可思议的方式让他们自食其果。

正如利德尔所说，所有这些宣称发现间谍的报告都是"垃圾"，但怀疑德国在英国实施间谍活动则是完全正确的。[25]1940 年 7 月，阿勃维尔召集德国最高情报官员在基尔（Kiel）举行会议。会上制订了一项计划［"莉娜行动"（Operation Lena），得名于一位情报局高级军官的妻子］，旨在招募、训练几十名间谍，然后派往英国开展破坏活动，对当地社会进行渗透，搜集有关部队、机场、民众士气及其他任何有助于德军入侵的情报。随后，德国间谍开始用各种方式潜入英国：乘船、利用潜水艇或跳伞；有些人，如波波夫，则通过合法渠道或伪装成难民登陆英国。从 1940 年 9 月至 11 月，德国往英国部署了大约 24 名间谍，其中有 5 名德国人，其他人来自荷兰、斯堪的纳维亚地区、古巴、瑞士、比利时、西班牙和捷克斯洛伐克。这群人与紧张不安的英国公众所想象的超级间谍相去甚远。他们大多没接受过训练，行事呆板；有些人根本不会说英语，对他们即将混入的国家只有粗略的概念。他们看起来不像你的隔壁邻居，而是看上去就像个间谍。只有少数人是真正的纳粹分子。其余则是出于贪婪、热衷冒险、恐惧、愚蠢或遭到胁迫等不同动机来到英国。里面还包括几个罪犯、堕落者和酒鬼。军情五处的一份报告写道："有很大一部分人患有性病。"[26]一些投机分子虽然是自愿到英国当间谍的，但他们本来就怀有变节之心。有些人从一开始就是反纳粹主义者。这群乱七八糟的入侵间谍只有一个共同点：所有人都暴露了。

位于白金汉郡的布莱切利园（Bletchley Park）是英国密码破译中心所在地。其密码分析人员破解了阿勃维尔的无线电密码后，可以阅读到德国最为机密的信息，从而令拦截敌方间谍的任务变得如探囊取物般容易。成功破解德国密码机恩尼格玛（Enigma）是这场战争甚至有史以来最重要的情报战胜利。整个项目就是一座信息金矿，被称为"超级机密"（Ultra），其保密程度无出其右。由于能够接触到柏林与阿勃维尔各分站之间的无线电通信，从 1940 年底开始，英方便能从头到尾追踪德国的间谍行动，并制定相应对策。有了布莱切利园破译员的预先警告，这些不称职的间谍彻底暴露，无一例外都成了"待宰的羔羊"。他们一旦被拘押，就会被带到里士满（Richmond）的拉奇米尔别墅。那里是战时秘密审讯中心第020 营地，由罗宾·斯蒂芬斯上尉（Robin Stephens，后升为上校）负责。

斯蒂芬斯绰号"锡眼"（Tin-eye），因为他的右眼上永远固定着一副单片眼镜。他十分排外，举止粗鲁，善于摆布他人，内心冷酷无情，却也才华横溢。德国间谍们会受到严厉审讯。英方用尽各种方法来获取真相，但没有动用酷刑。那些被认为不适合做双面间谍的人要么被监禁，要么经审判后被处决。其余的少数人可以选择为英国工作，对抗德国，或者上绞架。"锡眼"总是这样说："你已经没命了，但还有个办法可以挽救。"[27] 不出所料，这番话很有说服力。在 1940 年 9 月 3 日至 11 月 12 日期间，被派往英国的 25 名德国间谍中，除一人之外，其他所有人全部落网（唯一没有被捕的人开枪自杀了）。5 人被处死，15 人遭监禁，4 人投诚。这几个双面间谍成为后来那支骗子大军的第一批成员。

指挥这支新生部队的是托马斯·阿盖尔·罗伯逊（Thomas Argyll Robertson），又叫"汤米"（Tommy），但更多时候人们根据他姓名的首字母缩写，称他为"塔尔"（Tar）。人们总是认为间谍首脑的形象应该是严肃紧张、绝顶聪明，而又带有一丝邪恶的。从表面上看，塔尔·罗伯逊完全不是这样。他是苏格兰银行家的儿子，性格开朗，和蔼可亲，风趣幽默，还善于自嘲。此人从不读书，不学无术。据塔尔的某个亲戚说，他年轻时"无比疯狂，彻夜参加派对，追逐漂亮女人，还飙车"。[28] 这些嗜好令他花钱如流水，终于囊中空空如也，他在锡福斯高地兵团的军旅前程也因此断送。在伦敦度过了一段平凡时光后，1933 年他通过校友的关系加入军情五处。他依然保留了一副军人派头，总是穿在身上的格子呢军裤让他获得了"热裤"（Passion Pants）的外号。从行为举止上看，他是"完美的军官，有着友善的眼光和坚定自信的神态"，[29] 完全可以让"著名的英国演员罗纳德·科尔曼（Ronald Colman）来饰演他"。[30] 他的家人认为他"没有出息"。[31] 然而，一进入军情五处，塔尔就表现出了善于在酒吧里闲逛，收集小道消息的天赋。据一位同事说，他"很有亲和力，并且非常帅，有融化冰山的魅力"，[32] 还有一双足以让人敞开心扉的"闪闪发光的眼睛"。[33] 但在亲切的态度和"愉悦的笑容"之下，他有的是铁石般的心肠和无情的个性。[34] 休·特雷弗–罗珀认为他的那些特工同事"大多相当愚笨，有些甚至愚不可及"。[35] 不过，他觉得塔尔是"真正的天才"，

36

拥有不可思议的解读人心的本领；如果有人欺骗他，塔尔也能凭直觉拆穿。[36]罗伯逊比英国情报部门中的任何人都更善于发现谎言，因此也更清楚如何说谎。

37

塔尔·罗伯逊

英国情报部门传统上并不看好双面间谍，认为利用变节特工来误导敌人的做法有点胜之不武。他们还专门用法语把这类人定义为"双面特工"（agents doubles），似乎是为了强调只有大陆国家才会耍两面派。战前，军情五处只招募了一名真正有价值的双面间谍，而这一项目几乎以灾难告终。阿瑟·欧文斯（Arthur Owens）是出生于威尔士的电气工程师，"长得贼眉鼠眼"。[37]他在参观完德国造船厂后，便开始了自己为军情六处提供情报的间谍生涯。欧文斯还与阿勃维尔取得了联系，后者给他布置的任务是招募激进的威尔士民族主义者进行破坏行动。（阿勃维尔在早期曾奇怪而坚定地认为，威尔士山谷中遍布着崇尚暴力的分离主义者，他们受到纳粹鼓动，正等待时机奋起反抗英国压迫。）他就此变成了双面间谍，并同意与英方合作对抗德国。塔尔被任命为欧文斯［代号"斯诺"（Snow），由"欧文斯"这个姓氏进行局部变形而来］的专案官员。他最终得出结论，这个"傻头傻脑的小个子男人总在奇怪的时候做些愚蠢的事情"，试图首鼠两端，游走于英德两方，但没有取得成效。[38] 欧文斯最终还是停止了行动，很大程度上因为他本就是个夸夸其谈的家伙，思维"不遵循逻辑"。[39] 但是，"斯诺"帮助布莱切利园破解了阿勃维尔的密码，为追踪其他德国间谍提供了有效线索。用利德尔副手迪克·怀特（Dick White）的话说，他"为我们揭开了德国谍报网的一角，让我们免于一无所知"。[40] 这也让罗伯逊很早就体会到双面间谍无常善变的特点，他们麻烦棘手，却有着无可估量的价值。

正是塔尔指出，简单地抓捕、处决或拘押敌方间谍，无论作为战争行为多么合理有效，长远看来都收益寥寥。把德国间谍从绞刑架上救下来绝非塔尔大发慈悲，而是他精心算计的结果。德国情报主管询问间谍的问题清单暴露出他们尚不知道哪些信息，这对英方来说是有用的线索。而且，如果德国人相信他们在英国有一张运作良好的间谍网络，他们可能会觉得没有必要派遣更多特工了；倘若阿勃维尔以为自己的间谍都还活蹦乱跳、行动自由，能够正常工作，那么就有可能通过他们向德国人传递虚假情报。活间谍比死特工更有用，尽管会带来更多麻烦。于是利德尔的 B 科成立了一个新部门 B1A 组，由塔尔·罗伯逊全权负责。

第一批被选为双面间谍的德国特工都以失败告终。乔治斯·格拉夫［代号"长颈鹿"（Giraffe），一语双关①］是捷克斯洛伐克公民，在由阿勃维尔派往英国之前，曾在法国军队服役。冯·卡斯特

---

① "Graf"和"Giraffe"是谐音。

霍夫显然很信任此人，因此才会把他设为紧急联络人，将其姓名告诉波波夫。波波夫并不知晓格拉夫已经被策反，又主动把这个名字告知英国方面，从而证明自己是值得信赖的。库尔特·戈泽［Kurt Goose，自然获得代号"公鹅"（Gander）①］在 10 月时仅带着一台无线电发报机伞降到英国；由于无法接收来自德国上线的信息，他的作用很有限。于是就跟"长颈鹿"一样，"公鹅"很快便停止工作。更让人感兴趣的是两个曾在阿勃维尔汉堡分站一起受训的斯堪的纳维亚人：戈斯塔·卡罗利（Gösta Caroli），瑞典记者，曾在瑞典东南部城市乌普萨拉（Uppsala）的银狐养殖场损失了一大笔钱；武尔夫·施密特（Wulf Schmidt），丹麦法西斯分子。1940 年 9 月 6 日晚，卡罗利携带一台无线电发射器、200 英镑和一把上膛的手枪在北安普敦郡乡村地带跳伞，结果重重摔到地上造成了脑震荡。他跟跟跄跄地躲进干沟里，期望睡一觉后能有所缓解。不料他把一只脚伸到树篱外，被一名农夫发现，抓了个正着。施密特于两周后抵达，着陆时扭伤了脚踝，一瘸一拐地走进剑桥郡的威灵厄姆村（Willingham）。他穿着整洁的蓝色西装，但操着明显的外国口音，很快就被逮捕了。

　　尽管在"锡眼"斯蒂芬斯看来，卡罗利是个"狂热的纳粹分子"，但后者同意投诚，只要他们留下施密特的性命。[41]英国人使出一番残酷但卓有成效的心理操控把戏，告诉施密特，他的朋友已经叛变了。施密特勃然大怒，把秘密和盘托出，同意改弦更张。卡罗

39

---

　　①　"Goose"和"Gander"都有"鹅"的含义。

利从英国人那里得到的代号是"夏天"（Summer），不过他另有图谋。他住在剑桥附近欣克斯顿（Hinxton）的一所安全屋里。一天夜里，卡罗利趁看守正在玩单人纸牌游戏之际，蹑手蹑脚地走到他的背后，企图用绳子勒死他。卡罗利没能得手，道过歉后把看守绑在椅子上，然后带着一听沙丁鱼罐头、一个菠萝和一只大帆布独木舟逃窜。他接着偷了一辆摩托车，把独木舟顶在头上，非常缓慢地朝海岸驶去。他打算划船去荷兰。一名养路工人向警方报告说，在潘皮斯福德（Pampisford）公路上，有个携带独木舟的人从摩托车上摔下来，"他帮助此人把独木舟扔过了树篱丛"。[42]卡罗利在伊利（Ely）城外被捕。这个瑞典人显然不可靠，因此不适合双面间谍工作，在战争的剩余时间里一直身陷囹圄。施密特虽然一开始拒不就范，但后来反而更为合作。他的英国代号是"泰特"（Tate），因为罗伯逊认为他的长相很像音乐喜剧演员哈里·泰特（Harry Tatc）。他是这群双面间谍中任职时间最长的一个。

塔尔终于得出结论，管理双面间谍必须相当警觉。"双面间谍都是诡计多端的家伙，需要小心监管。对于他们的情绪变化，必须严防戒备。"[43]这些反复无常的人随时会改换门庭。罗伯逊设想，如果他们中有任何一个成功逃脱并与德国人取得联系，那么"我们的整场演出就搞砸了"。[44]假如德军入侵，双面间谍面临落入敌军之手的危险，那届时"他们将被强制清理掉"。[45]虽然罗伯逊越来越乐于同这一大群双面间谍合作，但如有必要，他也会毫不犹豫地杀死他们。

* * *

40

　　塔尔·罗伯逊面带微笑，在萨沃伊酒店大堂欢迎达斯科·波波夫到来。他即将加入的便是这家刚刚成立的间谍"俱乐部"。这位新双面间谍的代号是"斯科特"。这是故意用他的名字作趣，暗示波波夫可能随时会"不辞而别"（pop off）或"溜走"（scoot）①。（根据战时规定，间谍代号或假名不能跟他的真实身份有关联。不过罗伯逊一如既往地无视这一指令，并建立了自己的命名规则：每名间谍的代号必须包含玩笑、双关语、某种暗示或文字趣味。）塔尔已经对这名新队员的生活模式了若指掌，知道无论是把波波夫投进第020营地的小单间里还是请"锡眼"斯蒂芬斯盘问他，都既无必要也不明智。相反，波波夫被安排住进萨沃伊酒店舒适的客房，接受罗伯逊及其同事们的讯问：他受约翰尼·耶布森招募的过程，与明青格尔的会谈，在里斯本与温文尔雅、手上多毛的冯·卡斯特霍夫的碰面，以及他收到的问卷调查表和制作隐形墨水的方法。

　　波波夫给质询者留下了开诚布公的印象，他的话也得到了"超级机密"的证实。他不要求金钱回报，仅仅出于反纳粹的信念和对冒险的追求而希望成为双面间谍，为英国效劳。塔尔被波波夫打动了："我有一种强烈的感觉，我们的事业会成功。"[46]作为一名来自中立国的商人，波波夫可以在伦敦和里斯本之间自由往来，并与德方负责人保持紧密的个人联系。德国人似乎"鬼迷心窍，以为他在英国有着广泛的朋友圈和商业关系"，殊不知他实际上在

---

①　"Popov"可拆分为"pop off"，而"Skoot"与"scoot"有谐音之效。

英国几乎不认识任何人。[47]因此，"有必要给他提供一些假朋友的名字"。[48]

　　和团队一起工作四天后，塔尔确信这个漫不经心的塞尔维亚年轻人是可靠的，并准备拿自己的生命去冒险。"'斯科特'给大家留下了非常好的第一印象。他非常坦率，我们都毫不怀疑他说的是实话。"[49]塔尔知道"斯科特"真正想要的奖赏是什么，于是为他准备好了感谢礼物：1940 年圣诞前夜，军情五处在伦敦举办了空袭期间最为奢侈的派对。

　　B 科一名低级别军官考特内·扬（Courtnay Young）被指定为波波夫的狂欢搭档，两人一起去寻欢作乐。首先，他们在 Quaglino's 餐厅与罗伯逊共进丰盛的午餐。下午，两人在兰斯顿俱乐部一边打台球，一边狂饮啤酒。傍晚时分，他们到大学俱乐部喝雪利酒，然后返回萨沃伊酒店吃晚饭。接着，扬建议去苏韦俱乐部。他们在那里遇到了两个迷人的女孩，便一起整夜跳舞。她们其实也是军情五处事先安排好的。扬发现自己要跟上波波夫的疯狂节奏殊为不易，他在报告中写道："两个姑娘表现出对'斯科特'很有兴趣，这显然让他十分高兴。"[50]"他喝着香槟酒，尽情作乐，〔并且〕还胡闹了一番。这种事在圣诞之夜时有发生，无伤大雅。"[51]到了凌晨时分，波波夫和他的"看守"才醉醺醺地回到萨沃伊酒店。"在这两人眼里，啥事都不成问题了。"[52]

　　为了稳住德国人的信心，特工"斯科特"需要给他的联络人提供一些真实但无害的情报——用间谍的行话来说，就像"家禽饲料"那样，量大可口，但就是没有营养。他还需要一个令人信服的"头条故事"。塔尔为此找尤恩·蒙塔古（Ewen Montagu）求助，此人是海军情报官员，后来策划了"肉糜行动"。蒙塔古家境殷实，人脉广泛，爱好游艇——正是德国人希望达斯科·波波夫去结交的那种人。他们在萨沃伊酒店的酒吧见面。蒙塔古拿出了一些真实、低层级的海军情报，可以传递给德国人而不会产生危害。此外，还有几条小谎言，如有人建议将来至少要部署一艘潜艇为英国商船队护航等。这可能会让德国 U 艇"群狼们"短暂停下来思考应对之策。分手之前，蒙塔古给了波波夫一张手写便条，可以作为证据向德国人证明他确实遇到过这位友好而不够慎重的海军军官。蒙塔古写道："很高兴见到你。在这艰难时刻，能够遇见和我一样痴迷于航海的人真是太好了。"[53] 在回答有哪些英国人反对丘吉尔时，波波夫被告知提交布罗克特（Brocket）、利明顿（Lymington）、伦敦德里（Londonderry）三位勋爵的名字，就说他们"无疑准备接受德国的和平条款"。[54] 当时人们普遍怀疑这三人有亲德倾向，所以把德国人肯定已经知道的事情再证实一遍也不会有什么坏处。

蒙塔古对波波夫颇有好感，告诉塔尔说："我发现他非常有魅力。假如他没有跟我们说实话，我会万分惊讶。他与我见了面，还奠定了进一步搜集情报的基础，我希望这能让他的老板满意。我可以想象得到，对首次来到这个国家的人来说，这些成果就足够炫耀了。"[55]

1941 年 1 月 2 日，"双十委员会"成立，以监督"双十系统"

运行。它是第一个，也是唯一一个用罗马数字双关语命名的政府机构。成立该委员会的目的是协调双面间谍工作，向这些特工源源不断地输送"饲料情报"，帮助他们在德方建立良好的信誉。牛津大学历史教师、业余侦探小说家兼运动员约翰·马斯特曼（John Masterman）被任命为"双十委员会"主席。"双十委员会"旗下包括陆军、海军和皇家空军的情报主管，以及军情五处、军情六处、本土部队和国土防卫军（Home Defence）的代表。虽然是罗伯逊和 B1A 组的专案官员负责双面间谍的日常运作，但"双十委员会"将制定总体战略，提供一套无害的真话、半真半假的情报，以及无法核实的谎言供敌人"食用"。直至战争结束，委员会都会在每周四下午前往位于圣詹姆斯街 58 号的军情五处总部开会。马斯特曼认为，"'长颈鹿'项目夭折，主要原因是缺乏'营养'"。[56]双面间谍们再也不会因没有信息而嗷嗷待哺了。

在"双十委员会"成员口中，这个团队就是"俱乐部"。[57]马斯特曼则在心中默默地把它当作特殊的板球俱乐部来运作。他写道："管理双面间谍团队就如同经营板球俱乐部。"[58]作为一流的板球运动员，他对待这项任务的态度好比组建"一支训练有素、值得信赖的板球队"。[59]马斯特曼为人冷漠，不论对男人还是女人都没有兴趣，但板球是他的挚爱。他写道："板球是我最早也最持久的爱好。"他把间谍活动看作板球运动，只是不存在实体的球，没有回合，也不会计分，认为间谍是"运动员"，有些人"需要大量练习才能真正适应比赛"。[60]板球（最具英国特色的体育运动）和间谍（英国人一直擅长的活动）之间的关系可谓根深蒂固又独一无二。有些人被充满欺骗与反欺骗的隐秘世界所吸引——那是一场事关大脑和肌肉的复杂测试，也是一场荣誉与诡计交织在一起的游戏，双方的争斗残酷无情而又彬彬有礼，虽然胜负就在行动和心理上的毫厘之间，但仍有中场茶歇——板球比赛中的某些东西也让他们陶醉其中。一些最著名的英国间谍就曾经是板球运动员或爱好者。希特勒也玩过板球，但只有一次。第一次世界大战期间，这个纳粹党魁在德国南部看过英国战俘比赛，1930 年时他还宣称要"了解英国这项神秘的国民运动"。[61]与英国进行了一场 11 人制比赛后，希特勒宣布板球应该改改规则，"取消护垫"，并使用"更大、更硬的球"。[62]希特勒无法理解板球这类游戏的微妙之处；他只关心速度、暴力和激烈的场面。板球是一项理想的运动，人们可以模仿它成立一个组织，把元首彻底打出局。

　　塔尔·罗伯逊本人作为板球队员，也不是等闲之辈。他惯用左臂投掷旋转球，尤其善于"看似缓慢，实则精妙的旋球"。当塔尔还在招兵买马时，马斯特曼已经在幻想"他们准备好上阵，与德国情报部门进行一场决定性比赛了"。[63]"最大的困难是，我们永远不知道这场事关生死的比赛什么时候举行。"[64]距离"双十"队员们准备上场还有好多个月，但马斯特曼从达斯科·波波夫身上看到了一个才华横溢的开场击球手。

　　"双十委员会"成立那天，塔尔带着他的新门徒吃午饭，把要告诉德国人的故事再详细演练一遍。24 小时后，"斯科特"乘飞机返回里斯本。"他是一名优秀的新特工。"塔尔报告说，并深信波波夫的人格魅力会保护他自己安全无虞。[65]如果塔尔是对的，那么特工"斯科特"就有可能帮助英国人赢得战争；如果错了，达斯科·波波夫就已经与死人无异。

第三章

罗曼和猫

1941 年 11 月 8 日拂晓时分，身材矮小的波兰间谍罗曼·切尔　45
尼亚夫斯基跳伞返回法国沦陷区。他冒雨降落在离图尔（Tours）
不远的瓜田里，然后戴上贝雷帽，穿着雨衣，挤上人满为患的公共
汽车回到巴黎，心中暗想："在这儿可能没人能想象得到，我昨晚
是在英国吃的晚餐。"[1]

切尔尼亚夫斯基安全返回他的间谍之家后，宣布大伙要庆祝一
下。11 月 16 日是"行际盟友"间谍网成立一周年纪念日，值得骄
傲的成就很多：组织已拥有约 50 名特工，每人还都发展了两到三
个下线；到目前为止，他们向英国发送了不少于 97 份报告，描绘
出"德军战斗序列的全貌"。[2]

这张网络的几个领导——罗曼、玛蒂尔德·卡雷、勒妮·博尔
尼、莫里斯·沃达尔奇克（Maurice Wlodarczyk），最后这个人是负
责发报机工作的前波兰海军无线电操作员——聚集在蒙马特区的公
寓里。他们一边吃着三明治，一边啜饮切尔尼亚夫斯基从黑市搜寻
来的香槟酒。晚上 8 点，他们聚集在收音机旁，听英国广播公司的
广播。"行际盟友"的每个部门主管都接到指令，收听 8 点 15 分的
节目。播音员首先播放了一小段法国爱国音乐，然后动情地说：
"值此周年纪念日之际，向我们的法国家人致以庆贺。"[3]他们相互碰
杯道贺。莫里斯向伦敦发了一份回电："我们始终不渝地对抗德国。　46
自由万岁！"[4]

众人散去。切尔尼亚夫斯基有点微醺，他认为他们为地下工作
付出了很大代价，尤其是玛蒂尔德，她"劳累过度，显然很疲
倦"。[5]尽管她也是组织的联合创始人，但贡献却未得到认可，这让

她对切尔尼亚夫斯基获得军事十字勋章颇有怨气。第二天晚上，罗曼和勒妮在他们最心仪的餐厅用餐。他让乐队演奏了一曲比莉·哈乐黛（Billie Holiday）当年演唱的热门歌曲《忧郁的星期天》（"Gloomy Sunday"），也被称为《匈牙利自杀之歌》。勒妮问："为什么点这首？""因为它听起来很伤感。"[6]当他们步行回家的时候，罗曼注意到雨巷中有一个穿着雨衣的男人，脸被雨伞遮住了。他试图回忆在哪儿见过这张模糊的面孔。"我一定是累了。"他心想。[7]

当切尔尼亚夫斯基正在熟睡时，突然一声枪响，盖世太保冲进了卧室。勒妮发出大声尖叫。"灯亮起，我看到面前站着一个穿雨衣、戴贝雷帽的人，手里握着左轮手枪。"[8]现在，罗曼认出他了：胡戈·布莱谢尔，巴黎地区最令人畏惧的德国反间谍官员。罗曼回忆说，他看到一张"睿智的脸庞"，目光"锐利，但并不暴虐"。[9]他被塞进一辆正在等候的汽车，直接被带往爱德华七世饭店——秘密警察总部。罗曼心想："要是有人能警告玛蒂尔德就好了。"[10]

玛蒂尔德·卡雷早上散步回来时，发现房门被踢烂了，挂在铰链上。她还没有反应过来，就有个魁梧的盖世太保军官出现在她身边，然后把她带走。玛蒂尔德异常平静地说："这是一场豪赌，今天我输了。但我依然是个优秀的赌徒。"[11]

煞费苦心构建的"行际盟友"在短时间内就土崩瓦解。组织从内部被摧毁，原因平淡无奇：有人"出于私人怨恨而告密"。[12]

47　　　雨果·凯费尔（Hugo Keiffer）以前是飞行员，有着"无赖"的恶名。[13]他曾利用诺曼底地区的渔船，从英国偷偷传送消息回法国。告密者肯定是他的线人当比耶夫人（Madame Denbié），据说是因为他拒绝与之上床。严刑拷打下，凯费尔透露了他在间谍网中联络人的名字：波兰人克罗特基（Krotki）。把盖世太保带到蒙马特区的公寓的正是此人。当布莱谢尔冲进罗曼·切尔尼亚夫斯基的卧室时，这个德国军官甚至还不知道自己要逮捕的是谁。

玛蒂尔德·卡雷也被押到爱德华七世饭店，当即便崩溃了。她回忆说："我当时就像一只被汽车头灯照瞎了眼的动物。"[14]胡戈·布莱谢尔给她开出条件，欺骗她说，这个网络其他高级成员都已经认罪，并把她供了出来。"你犯下的罪行足以被枪决好几次。"[15]布莱谢尔让她在合作和死刑之间选择，并警告说："如果敢跟我耍花招，我马上就毙了你，不需要什么审判了。"[16]他隔着桌子把一杯代用咖啡推到她面前，表示若愿意合作，他每月会付给她6000法郎，还阴阳怪气地补充说："大不列颠让别人为自己辛苦工作，却不给他们体面的报酬。"[17]第一次世界大战期间，布莱谢尔曾经穿着英军制服，越境执行间谍任务，最后被俘。他被囚禁了两年，声称受到英国"不人道的"待遇，"不仅手腕上戴着手铐，脚踝上也有镣铐"。[18]布莱谢尔"对英国恨之入骨"。

只用了十分钟，玛蒂尔德就投到胡戈·布莱谢尔旗下。后来回顾这个决定，她说这是"我一生中最懦弱的行为"。[19]然而，如此反应"纯粹是动物的"[20]生存本能："为了有朝一日能够逃离魔掌，赢得布莱谢尔的信任似乎是最可靠的手段。"[21]那天早上，玛蒂尔德和一名特工已经约好在帕姆帕姆餐厅接头。布莱谢尔告诉她会面计划不变："你必须举止如常。这关系到你的小命和自由。"[22]那名特工一进入餐厅就被逮捕了。

48

之后，布莱谢尔带玛蒂尔德去吃午饭。他说："你看，这简直易如反掌。"[23]她吃不下东西，从镜子里面看到自己"流露出惶恐不安的眼神"。[24]她开始把以前同志们的名字"一个接一个地"告诉布莱谢尔：调色板餐厅的加比太太（Madame Gaby），无线电报务员莫里斯，通信员"拉皮德"。[25]他们都被抓获，并遭到审讯。有些人投降了，又把其他人牵连进来。切尔尼亚夫斯基后来写道："有几个男人证明了他们的勇气，但相比之下，女人更加勇敢。"[26]第一批人被捕一周后，有60多名"行际盟友"特工和下线落网。玛蒂尔德把她参与建设的谍报网事无巨细、毫无保留地交代出来。根据这些证据材料，罗曼·切尔尼亚夫斯基足以被判处很多次死刑。

布莱谢尔很满意。如果是别人，也许会简单地摧毁网络并杀死所有成员，但布莱谢尔要聪明得多。他在雅致的巴黎郊区圣日耳曼昂莱（Saint Germain en Laye）有一幢大宅邸，于是以保护玛蒂尔德的安全为名，让她搬到自己家里。"我们决定继续通过'行际盟友'发送信息，"布莱谢尔对她说，"我们要同英国人玩一些精巧的把戏。我们将通知他们，'阿曼德'［罗曼·切尔尼亚夫斯基］和'紫罗兰'［勒妮·博尔尼］已经被捕，但你要在发给伦敦的信息中强调，你设法保住了第三台［无线电］发报机，并将与骨干特工们一起继续工作。这个谍报网中还没人知道你落到我们手里了。"[27]这便是德国版的"双十系统"。

玛蒂尔德承认，布莱谢尔在这几周内对她非常殷勤。他彬彬有礼，滴酒不沾，晚上还为她弹奏钢琴。很快，他们就成了情侣。玛蒂尔德后来在文章中用矫情的文字千方百计地解释她为何如此：

"我感受到了死亡的冰冷气息，但突然间，在一双臂膀里又一次找到了温暖。我恨自己软弱，我因自己蒙受屈辱而更痛恨德国人。"[28]

在爱德华七世饭店，德国人对罗曼·切尔尼亚夫斯基轮番审讯，令他精疲力竭，但他们没有使用暴力。他一个字也没告诉胡戈·布莱谢尔。最让罗曼恼火的是，当他被带进来时，这个又矮又胖的盖世太保军官高兴地搓着手，"心满意足地笑了起来"。[29]波兰人罗曼本以为会遭到严刑拷打，然后被处死。可是相反，他被转移到巴黎南部的弗雷讷（Fresnes）监狱，然后被扔进一间阴暗潮湿的牢房。

切尔尼亚夫斯基在监狱里关押了六个星期。当得知玛蒂尔德叛变后，他惊讶地感叹自己居然还活着。这些德国人对待他"相当严厉，但并不残暴"，他被多次提审，不得放风，只能吃残羹剩饭，不过没有人碰过他一根指头。[30]牢房里塞进德国和维希傀儡政府发行的报纸，上面都是鼓吹纳粹即将胜利的文章。布莱谢尔不时出现，但他没有威胁罗曼而是满口恭维，说什么他对"行际盟友"组织以及"在其总部发现的完整记录"十分钦佩。[31]

罗曼不知道该如何评价这个戴着厚眼镜的红脸男人，他尽管"聪明敏锐"，却总是在"自吹自擂"。[32]看到这个德国人穿着从**自己**公寓搜来的套头衫，他很是恼火。不过罗曼也承认，阿勃维尔反间谍官员身上还是有一些值得佩服的地方。他说："他非常有能力，绝顶聪明，是操控双面间谍的专家，也是一个有远大抱负的人。"[33]

一天早上，狱卒领着勒妮·博尔尼来到罗曼·切尔尼亚夫斯基的牢房。罗曼对这位情人的最后印象是她被人架着带离蒙马特公寓时的"惊恐眼神"。[34] 勒妮很快把狱卒告诉她的话向他阐述了一遍：玛蒂尔德"把什么都交代了"；"行际盟友"组织被彻底摧毁了。[35] 她继续说，即便如此，"德国人还是对我们的方法手段相当敬佩"，建议罗曼"可以利用这一有利条件"。[36] 无论是自愿还是被迫，勒妮肯定是说客，来削弱他的决心。罗曼在下意识中试图弄清玛蒂尔德为什么背叛，并合理推断"她有可能是在德国人的胁迫下才不得不如此。在谍报这一领域干活，就不能将工作准则建立在对个人的信任上。特工仅有的价值是其性格和在危急时刻的抵抗力，以及他对理念的忠诚"。[37] 多年之后，他依然还在思索她和自己的行为。

勒妮来访之后，罗曼的精神面貌为之一振。由于害怕敌人动用"严刑"拷问，他一直在考虑自杀，但切尔尼亚夫斯基现在又开始做他最喜爱的事情——密谋了。[38] 他的一名上级说："他认为自己的命运宏大而充满戏剧性，不会倒在行刑队的枪口之下。"[39] 勒妮的探视给他摆脱当前困境打开了一条出路。当然，这正是布莱谢尔的意图。

11 月 29 日，罗曼·切尔尼亚夫斯基委托狱卒给驻法德军指挥官奥托·冯·施蒂尔普纳格尔（Otto von Stülpnagel）将军递交了一封信。信的内容即便以切尔尼亚夫斯基的标准来看也胆大包天："除非我能确信自己是在为波兰的国家利益而工作，否则说服我合作绝无可能。只有在德国愿意重新承认波兰国家权利的情况下，我才会讨论合作事宜。我必须与了解这些情况，并得到授权的总参谋部军官讨论此类问题。"[40]

事实上到目前为止，居然还没人**要求**切尔尼亚夫斯基合作。这是他自己提出的建议，但听上去似乎他才是被动接受的一方。

次日，一名身穿上校制服的人走进牢房，行了个礼。切尔尼亚夫斯基鞠躬回礼。这个中年人"下巴突出，长着一头浓密的灰发，看上去很精明"。[41]他自我介绍名叫奥斯卡·赖尔，是阿勃维尔巴黎分站的反间谍主管。罗曼注意到他的指甲"修剪得整整齐齐"。[42]此人是谈判专家、调停人，但并非战士。

51

赖尔没有寒暄，当即就长篇大论，讲了一通纳粹历史。他解释说，民族社会主义者是新时代的罗马人。元首并无压迫波兰之意，只要求波兰支持他们反击来自东方的布尔什维克威胁。"我们不否认波兰建国的权利，但它必须与我们合作。"[43]像切尔尼亚夫斯基这样的波兰人反抗德国，是逆历史潮流而动。上校接着说："你们一方面把自己和犹太资本主义当道的英国绑在一起，另一方面又和布尔什维克俄国搅在一块。加入我们，你就能为我们的计划做出贡献，进而毕其功于一役，推动欧洲快速前进。"[44]他说，西科尔斯基将军上错了船，"波兰与大不列颠同流合污只会有利于英国的一己私利。总而言之，最好的解决方案是接受德国的文化保护，因为日耳曼文明比蛮族文化更优越"。[45]

这是一场卓越的表演，展现出赖尔对"波兰历史了如指掌"，并完美地吸引了这个波兰爱国人士。[46]他因饥饿而身体虚弱，但被灌饱了纳粹宣传之词，还担心自己的国家可能会落入苏联之手。最重要的，这番说辞利用了罗曼·切尔尼亚夫斯基膨胀的虚荣心，暗示他仅凭其一己之力就能"让波兰站在德国一边，重新崛起"。[47]

就这样，切尔尼亚夫斯基所描述的"心理战"拉开了帷幕。[48]他后来声称，自己只是逢场作戏，假装与德国人讨论合作问题，

"就好像我真的认可了他们的宣传"。[49] 其实他根本不可能有这样的意图。然而，他决心继续为波兰而战，为了做到这一点，就必须出狱。当德国军官起身准备离开时，切尔尼亚夫斯基抛出一个过于明显的暗示："在我看来，英国正把我们波兰人引入歧途……"[50]

52　　　几天后，奥斯卡·赖尔身着便装又来到监狱，继续宣传鼓噪。"德军已经兵临莫斯科城下……对英战争必将胜利。"[51] 如果罗曼·切尔尼亚夫斯基能站在德国一边，并说服他的同胞们效仿，那么他就是"在为波兰民族的利益而努力"。[52] 波兰人切尔尼亚夫斯基激动地回应说："他在任何情况下都不会与同胞作对。"[53] 赖尔上校开怀大笑起来。

切尔尼亚夫斯基又写了一封信。"波兰的未来掌握在德国手中，英国人不会为我们做任何事，只会把我们交给俄国人，"他写道，"我准备考虑听命于德国，同时也为我的祖国波兰效劳。"[54] 他说，如果德国人能把他偷渡到英国，他便为德国做间谍。一旦就位，他就可以搜集英国飞机坦克生产、军队部署，以及最重要的，"关于开辟第二战场的准备工作和可能性方面"的情报。[55] 简而言之，他要"为德国做的，就是当初在法国对抗德国时所做的事"。[56] 他承诺的目标相当宏大："我要把那些对英国不满的人聚集在我周围，建立一支强大的第五纵队，当德军进攻英国时就发动起义。"[57] 切尔尼亚夫斯基只提出两个要求："不能处死'行际盟友'中被抓获的特工，战争结束后将其全部释放；德国赢得战争后，要依据他取得的重要成就——这毫无疑问——以相称的方式帮助他的国家和人民。"[58]

信中大部分内容是在胡言乱语，但肯定也有一些真心诚意。切尔尼亚夫斯基再次燃起自信，确信他可以代表波兰讨价还价，改变战争进程。赖尔承认："当前局面非常怪异，提条件的竟然是一名被俘间谍。"[59]

这封信的效果立竿见影。两名新面孔的德国军官来到牢房，"态度特别礼貌友好，因为我终于认识到民族社会主义对'新欧洲'将大有裨益。他们为此十分满意"。[60]假如罗曼·切尔尼亚夫斯基能够兑现所有承诺，那么他就会发现德国也将"满怀感激"。[61]但是，他们问道，如何才能确保他不会背叛呢？波兰人愤然反驳："我告诉你们，只有得到绝对信任，我才能成功完成任务。"[62]不过赖尔心里一清二楚，万万不可相信一个已经充分证明了自身才华的骗子。他指出，切尔尼亚夫斯基的母亲在波兰沦陷区；兄弟被关押在德国战俘营；情人就蹲在隔壁牢房，几十个手下特工也被羁押在案。"你的同伴都在监狱里，"赖尔一针见血地说，"如果法庭不得不对战时间谍行为进行惩罚，你自己知道会是什么结果。"[63]

切尔尼亚夫斯基激动地答道："我为你工作，是出于意识形态方面的原因。没有必要进行报复。"[64]其实德国人不需要挑明威胁：倘若他背叛了德国人，他的朋友、同事和家人就会统统被杀掉。

这个波兰人长期以来一直把自己看作随时可能牺牲的殉道者，但现在，受到威胁的不仅仅是他自己的生命。他想："如果我失败了，德国人一定会大动肝火。前同事们的命运都还在意料之中，但现在我把母亲和兄弟也牵扯进来了。这一次，我没有资格犯错。"[65]

1942年7月14日下午，两名盖世太保士官进入切尔尼亚夫斯基的牢房，命令他穿上鞋子。他们一个身材矮小，体态臃肿；另一个看起来强壮而狡猾，像个"聪明的拳击手"。[66]切尔尼亚夫斯基有一瞬间怀疑自己就要遇害了。他被带出监狱大门，送往迪弗勒努瓦街的一所公寓，奥斯卡·赖尔上校正在那里等着他。赖尔给他一套便服，把逮捕他时从其身上搜出的假证件还给他，还给他1万法郎的配给券和一些钱，"让他去找个理发师刮刮胡子"。[67]赖尔指示切尔尼亚夫斯基前往法国非沦陷区，与波兰地下组织重新建立联系，并设法偷渡到英国。布莱谢尔将在维希政府控制地区尾随其后，以防出现差池。切尔尼亚夫斯基要告诉波兰情报部门，他是在移监时溜走的。"监狱方面会接到通知，说我在被押上车的途中逃跑了。"[68]德国人给他起的新代号是"休伯特"。

卡纳里斯批准了切尔尼亚夫斯基的投诚计划，打算利用他的爱国精神，招募他加入阿勃维尔，然后将其送往不列颠，不过赖尔完全明白其中危机四伏。"英国人知道'阿曼德'已经落入我们手中，"他后来写道，"我们的英国对手显然会假设他身怀秘密任务，是我们故意从监狱里放出来的。敌方情报部门有可能会试图向我们传递带有误导性的信息。"[69]但赖尔很自信，如果切尔尼亚夫斯基向他提供虚假情报，他定能揭穿骗局，并通过"反向"解读切尔尼亚夫斯基的信息来找出关键线索，破解英国人的真实意图。"假若敌人企图欺骗我们，在某些情况下，我们也能搜集到重要情报。"[70]切尔尼亚夫斯基简直不敢相信自己交上了"神奇"的好运。[71]他去皮加勒街的一家理发店剃掉了在监狱中长出的大胡子，然后吃了顿俄式大餐。在回公寓途中，他不时停下看看身后是否有人尾随。似乎没人跟踪。在某种程度上，他算是自由了。

第四章

引蛇出洞

埃尔薇拉·德·拉·富恩特·肖杜瓦喜欢纵情享乐，又总是感 55
到生活无聊，还是个有抱负的间谍。当她坐在戛纳一家赌场的轮盘
桌前时，一个名叫亨利·肖韦尔（Henri Chauvel）的法国人走过
来，邀请她共进晚餐，后者是个富有的通敌者。她毫不犹豫地接
受了。

埃尔薇拉花了好几周时间在南法布置陷阱，"引蛇出洞"。她在
赌场和昂贵的餐馆里消磨时间，同时展现自己"混迹于顶层社交
圈，见多识广的社会名媛形象"。[1]德国情报部门丝毫没有发现破绽。
戛纳是人们可以自我放纵的绿洲。埃尔薇拉在日记中形容这里生活
着"一小群无所忌惮的百万富翁"，当战争肆虐时，他们却在南法
逍遥快活。[2]"这些人吃着山珍海味，穿着华服，尽管即便是他们也
不得跳舞，晚上却可以在赌场里一掷千金。"[3]没有什么比跳舞和赌
博更让她欢喜了。然而，在花光了军情六处提供的活动经费后，她
几乎又濒临破产。她的生活"总的来说比在伦敦忍受大轰炸要愉快
得多"，但埃尔薇拉还是有些内疚了。[4]"我觉得自己一无所成，没
法向丹西证明他对我的投资决定是正确的。"[5]她急需有人来咬钩，
亨利·肖韦尔似乎是个不错的开始。

1941年春，那些在南法享受生活的百万富翁中，肖韦尔是最寡
廉鲜耻的一个。他拥有大量资产和企业，发现讨好德国人才能高效 56
赚钱。他带埃尔薇拉到他拥有的卡尔顿酒店吃晚饭，还点了香槟。
肖韦尔"显然是大款"。[6]一群男人在酒吧里喝得烂醉如泥，吵吵嚷
嚷。其中一个人在他们中间很突出，"个子很高，头发乌黑"。[7]他操
着法语，但埃尔薇拉即使从很远的地方也能听出浓重的德国口音。

她写道："那个年轻英俊的德国人似乎对我很感兴趣，一直盯着我。"[8]她问肖韦尔是否认识他。

"我可以为你介绍，但他和其他人一样，只是一头猪罢了。"[9]这个法国人因为埃尔薇拉关注另一个男人而恼火。她逼着他说出名字。肖韦尔耸耸肩说："这人是戈林的密探，每天都换名字。"[10]

几天后，埃尔薇拉在米拉马尔饭店的酒吧里喝着威士忌，那个德国人出现在她身边，鞠了一躬，介绍自己名叫"比比"。他的本名是赫尔穆特·布莱尔。1940 年，他作为执行法德停战协议的委员会成员来到法国非占领区，但他的经济专家身份只是个幌子。同约翰尼·耶布森一样，他也是可以自由行动的间谍。但与耶布森不同的是，他在阿勃维尔没有正式职位，是"戈林私人招募来的"。[11]比比又给埃尔薇拉买了杯酒，然后邀请她去"一家最昂贵的黑市餐馆"吃饭。[12]他似乎有些古怪，但也比较有趣。他双手颤抖，在饭桌上喝得酩酊大醉，但"步伐优雅，无疑是个绅士"。[13]比比看上去非常焦虑。埃尔薇拉怀疑他可能有点"自卑情结"。[14]不过比比后来承认，他是害怕"暴露出自己是德国人"，被抵抗分子在街头开枪打死。[15]

比比一开始"装作只想聊些平常话题"。[16]当她问他是做什么的时候，"他笑了，说自己是'经济学家'，为德国驻马德里大使馆工作"。[17]他没有继续详细说明。埃尔薇拉解释自己来维希政府的地盘是因为与丈夫分手了，所以到这里探望父母。她随口说她的钱已经花完了，很快就要返回英国。晚饭后，比比说想带她去赌场。尽管他身上有一种融合了趾高气扬和偏执的气质，但埃尔薇拉还是觉得他"很讨人喜欢"。[18]

第二天晚上，接着第三天，埃尔薇拉和比比又多次见面。比比前一刻还笑声连连，"像个孩子一样享受着一切"，下一刻又会沉浸在酒精的阴霾中。[19]他告诉她："这场战争愚不可及，也很可悲。俄国人太可怕了。如果英德两国能联合起来对付俄国，那才明智得多。"[20]

"你为什么要回英国呢？"他问道，"你可以在巴黎过得更好，伦敦正在遭到轰炸，情况只会越来越糟。"

比比终于试探性地采取行动了。他突然没来由地说："在葡萄牙帮忙打理资金的银行经理告诉我，目前在英国有很多钱可以赚。"之后是一阵沉默。"我们可以一起做点小生意。"埃尔薇拉意识到，终于"有机会证明我没白拿军情六处的薪水了。于是我竖起了耳朵"。

德国人问："像你这样的女人需要多少钱才能在伦敦过上舒坦日子？"

埃尔薇拉告诉他，"一个月若能有 100 英镑"就很满意了。

"并不多嘛，"比比看上去松了一口气，"而且这份工作挣钱很容易。"

埃尔薇拉问道："怎么做？"[21]

他们坐在空无一人的戛纳海滨上一直聊到凌晨 3 点。比比解释说，他有一些"朋友"愿意为获取有关英国的政治、金融和工业信息而慷慨付费。"战争结束后，大家都会很穷，所以现在我们每个人都得设法赚些钱。毕竟，这才是唯一重要的事情。"[22]对于该如何

获得这些信息，他却"含糊其词"。[23]布莱尔凝视着漆黑一片的地中
海，严肃地说道："你必须非常小心，千万不要告诉任何人，否则
你就是第一个为此付出代价的人。"[24]这句话既是警告，也是威胁。

不到 48 小时，比比就回复埃尔薇拉，他的"朋友们"同意支
付其每月 100 英镑，"这是刚开始的费用，如果情报出色，还有额
外奖励"。[25]这笔钱将伪装成她前夫的赡养费，通过设在瑞士和葡萄
牙的账户支付给她。她的代号是"多雷特"，需要使用隐形墨水传
递信息。用比比的话说，这是"奇妙的技法"，她可以利用这种方
法神不知鬼不觉地给他们写信。[26]信件应寄到住在蒙特卡洛（Monte
Carlo）巴黎大饭店的肖韦尔那里，或位于里斯本的一个掩护地址。
"我们只需要事实，而不是人们的观点或反应……"[27]

埃尔薇拉打断他的话，说道："这跟我们原先商议的'小生
意'完全不一样。"

"但这要有趣多了，而且如果获得成功，这就是你的终身
事业。"[28]

十天后临近中午时分，布莱尔喝得醉醺醺的，兴奋地来到戛
纳一座公园内与埃尔薇拉见面。"他紧张地环顾四周，问我是否
确定没被跟踪。"[29]然后，他把手伸进口袋，递给她一小瓶无色液
体。"德国人是世界上最伟大的化学家，这个是他们最棒的新发
明。"[30]埃尔薇拉并没有说她的手提包里已经有一瓶英国产的隐形墨
水了。他们来到宏伟酒店空荡荡的酒吧，布莱尔点了两杯香槟。

"我总是凭直觉行事，"布莱尔说，"我觉得可以信任你。如果
错了，我的整个职业生涯就全毁了。"[31]

埃尔薇拉感到一阵悔恨。比比可能是个烂醉如泥的纳粹间谍，但性格上仍然像个孩子，而且这项任务似乎完全超出了他的能力范围。"我为他感到难过。坦率地说，我希望自己没有卷入这一切，但转念一想，既然开始做了，就必须全力以赴，把所有软弱都拒之门外，于是我又振作起来。"[32]

布莱尔的手一直在颤抖。他伸手去拿随身携带的小酒壶。"你绝不能向任何人吐露一个字。"[33]他说着，又喝了一大口酒。

埃尔薇拉只说了一句话："我不想在监狱里度过余下的战争时间。"[34]

莉莉·谢尔盖耶夫在等待中几乎要急疯了。她自愿为德国人做间谍，而德国人却稳坐钓鱼台。就连她的杂交贵宾犬巴布斯也感到了压力。她在巴黎游荡了将近一年，可是埃米尔·克利曼少校，这个名义上的阿勃维尔专案负责人虽然安排了几次会面，却从来没有准时抵达过。当他出现后，他便满腔热情地讨论莉莉可能为第三帝国执行哪些任务，然后就没了下文。派遣她去叙利亚、澳大利亚和达喀尔做间谍的计划都无疾而终。克利曼对探索巴黎乐事和讨论自己的爱情生活更有兴趣。他依然迷恋着伊冯娜·德利代斯。在莉莉看来，"她是个好姑娘，但没什么原则"。[35]伊冯娜有一头金色长发，蓝眼睛，翘鼻子，穿着百褶裙，克利曼就喜欢给她买这样的衣服。莉莉在日记中形容伊冯娜"相当漂亮，但身材偏胖，屁股很大"。[36]不过她只有 26 岁，克利曼则年近五旬，被她迷得神魂颠倒。他给她拉小提琴，直到自己痛哭流涕。一天晚上，他告诉莉莉，他决定离婚，跟伊冯娜结合，但还没来得及告诉自己的妻子或伊冯娜。

　　克利曼每月付给莉莉 3000 法郎薪水。伊冯娜的兄弟理查德·德利代斯（Richard Delidaise）教她使用莫尔斯电码。他是在勒布尔歇（Le Bourget）机场工作的酒保，支持纳粹，战前就考取了无线电教练资格。莉莉一掌握莫尔斯电码基本原理，他便开始教授她加密编码的奥秘。接下来，她在歌剧院附近的一间公寓里向两个
60 "看起来有点像猛禽"[37]的秃头男人学习制作隐形墨水：熔化一种特殊的不明物质，用牙签蘸起后在普通信纸上书写。"这种信纸用干棉絮擦过，纤维略微凸起。"[38]

　　不过，莉莉觉得现在这种情况同她第一次与克利曼见面时相比，依然没有离被派去执行间谍任务的目标更近。她的耐心很快就要耗尽了。莉莉的动机很复杂，既难以琢磨又野心勃勃。她后来声称，自己受到最纯粹的爱国主义驱使，并一直在打算尽快转换立场。然而她也渴望冒险，坚信命运注定会让她在自己的大剧中扮演主角。她开始喜欢上和蔼、浪漫、工作效率极差的克利曼，但又觉得他很烦人。莉莉可不是一个有耐心的女人。更糟糕的是，她患有肾结石，这使她饱受病痛折磨。她在日记里抱怨道："这事拖得太久。我还没来得及做什么，战争就该结束了。"[39]

　　克利曼又一次爽约后，莉莉·谢尔盖耶夫终于怒不可遏，打电话给伊冯娜·德利代斯，把她当成了出气筒。"我再也忍受不了了，"莉莉吼道，"我讨厌被愚弄。结果总是一样：他要么不在，要么刚走，要么在开会。一年多来什么进展也没有。那就到此为止吧……"[40]然后，她砰的一声把电话挂断。

第二天，克利曼找到莉莉，试图安抚她的情绪，但被莉莉狠狠斥责了一顿。"你不能继续这样对待我，把我当作一只旧靴子一样打发。我不会再听你花言巧语了。我受够了，你另请高明吧。"[41]

也许正是这番戏剧性的表演促使克利曼行动起来。不过更有可能的是，少校意识到，除非向上级展示切实的工作成绩，否则他在巴黎的闲适生活就将不保。但不管出于什么原因，迟钝的德国间谍机器运转起来了。

克利曼安排与莉莉会面。让莉莉大吃一惊的是，这次他居然守约了。她写道："这是少校第一次准时赴约。"[42]他突然变成了干净利落、行事高效的模范官员。柏林向他发来命令，要求莉莉伪装成难民，借道马德里前往英国，并要表现出迫切想"用一切手段为盟国服务"的架势。[43]她的代号是"索朗热"，克利曼发给她的信息则落款"奥克塔大"。在马德里，一名当地的阿勃维尔特工会与之接头。"由于你坚持要带上巴布斯，所以他可以通过小狗认出你。"[44]克利曼将在几周后到马德里与她会合，并给她带来一套藏在留声机里的无线电发射器。他以相当夸张的口吻给莉莉打气说："我对你有信心。一定不要怀疑，你**一定**会成功。"[45]

当火车驶离奥斯特里茨车站（Gare d'Austerlitz）时，莉莉——特工"索朗热"——在日记中写道："我朝站在月台上的妈妈挥着手帕。巴布斯满意地吸了吸鼻子。我拉上窗户，把巴布斯安顿好。我离开法国，是为了帮助那些渴望它恢复自由的人。"[46]

第五章

间谍俱乐部

在圣詹姆斯街军情五处办公室里，约翰·马斯特曼像往常一 **62**
样，思考着间谍和板球。"双十"团队正成长为一支像模像样的队
伍，不断有新的竞争者出现，为加入首发阵容而努力。一些新人天
生就是做间谍的料，渴望参加比赛，因此几乎当即就报名加入；其
他没有天赋或不配合的德国间谍也得到了相应处理。

2 月初，43 岁的德国牙医约瑟夫·雅各布斯（Josef Jakobs）在
剑桥郡的田野里被人发现。由于脚踝骨折无法移动，他只好开枪以
引起注意。雅各布斯在第 020 营地接受审讯后，"锡眼"斯蒂芬斯
很快断定他是"卑鄙的纳粹分子"，[1]他没有表现出合作意愿，"显然
不适合做双面间谍"。[2]经过审判，他被执行枪决。"锡眼"写道：
"他死在伦敦塔刑场，相当勇敢。他说的最后一句话是给行刑队发
开枪指令。"[3]

更有发展前途的是两个挪威年轻人：约翰·穆厄（John Moc）
和托尔·格拉（Tör Glad）。他们乘坐德国水上飞机空降到苏格兰近
岸海域，然后划橡皮艇前往班夫郡岩石密布的海岸，艇上装有破坏
设备、一套无线电收发设备和两辆自行车。他们立即向惊讶的苏格
兰警方自首。布莱切利园的"超级机密"证实了他们所言不虚，于 **63**
是两人正式加入"双十系统"，其代号分别取自美国畅销漫画中两
个不相配，又有点蠢的赌徒——"马特"（Mutt）和"杰夫"（Jeff）。
这样的代号很不公正，因为"马特"和"杰夫"将成为不那么起
眼，但忠实可靠的全能型选手。

丹麦法西斯分子武尔夫·施密特，代号"泰特"，也是骨干队
员。不过，英方不允许他操作他自己的那台无线电发报机，因为他

们不确信他对"这个国家的忠诚能否经受住真正考验"。[4]但是，"泰特"发送给德国的"饲料情报"似乎很受欢迎，他总有一天会成为——用马斯特曼的话说——"特工中的佼佼者"，创下与德国方面保持无线电联系时间最长的纪录。[5]

到目前为止，早期成员中最有才华的人是达斯科·波波夫——特工"斯科特"。这个好色的塞尔维亚花花公子表现得不仅出色，而且有点过了头，看起来不像真的了。最初他加入一方，然后另一方也信任他，接着双方都开始怀疑也许不该轻信他。第一个提出疑虑的是军情五处负责与波波夫配合的专案官员威廉·比利·卢克。卢克是来自格拉斯哥的实业家，拥有一家亚麻线公司。他的性格与波波夫并无二致，眼睛色眯眯的，热衷奢华生活。这正是塔尔·罗伯逊挑选他做这份工作的原因。无论是喝酒还是追求女孩，他都能跟波波夫一较高下。但比利·卢克很担心："我不禁对他产生了很大怀疑。这只是大致感觉，他可能是最老练的骗子。"[6]那么，波波夫对军情五处撒谎了吗？他可能是卧底吗？

在里斯本待了一个月后，波波夫飞回伦敦。英方对他进

64

比利·卢克

行了比第一次更为严厉深入的审问。波波夫告诉罗伯逊和卢克，他在里斯本波尔特拉（Portela）机场受到冯·卡斯特霍夫本人的热烈欢迎。回到托基安娜别墅后，他向冯·卡斯特霍夫详细背诵了事先排练好的故事，描述了与尤恩·蒙塔古的会面情形，以及他收集到的所谓信息片段。冯·卡斯特霍夫随后飞往巴黎，向阿勃维尔上司汇报。德方的结论是，尽管他们对波波夫的工作"不是特别满意，认为他的回答太过笼统"，但相信他会成为一名优秀的特工。[7]德国人没有丝毫怀疑波波夫的迹象。事实上，他们似乎对特工"伊万""盲目自信"，并希望尽快将他派回英国搜集更多情报。[8]冯·卡斯特霍夫给波波夫一种新开发的隐形墨水，还有一份新的调查问卷，内容很长，包括士气、军事和政治等问题。波波夫说："你们很快就会想知道丘吉尔晚餐吃了什么。"[9]

　　冯·卡斯特霍夫说，阿勃维尔对"他的第二次访英寄予厚望"。[10]如果波波夫努力工作，并提高情报质量，就能获得巨大回报。他还暗示可能会派波波夫去美国执行任务。波波夫在里斯本愉快地度过了余下的几个星期，用冯·卡斯特霍夫的钱吃喝玩乐，建立商务联系，还跟一个离婚的法国侯爵夫人有了一段风流韵事。波波夫确信：里斯本之行取得了巨大成功。

　　头一年圣诞节给波波夫安排的娱乐活动让他体验到了伦敦战时的奢华生活。他有点失望地发现，如今只能自娱自乐了。"伦敦是一个相当沉闷的地方，"他用隐形墨水给约翰尼·耶布森写信说，"多数好女孩去了乡下，威士忌要 16 先令一瓶。这会让你很不开心。"[11]波波夫没有要求报酬——德国人已经给了他丰厚的回报——

65

不过军情五处很快就发现，他其实很想得到他自己定义的生活必需品，也就是佳酿、美女和歌声，尤其是美女。塔尔·罗伯逊也算是见过世面的，但当波波夫暗示"最好能跟来自上流社会的女性搞点社交活动"时，连他也有点吃惊。[12]以前从未有人要求罗伯逊去拉皮条，但他知道到哪里去找专家。他征询伦敦警察厅刑警队的刘易斯（Lewis）警官，是否"有认识的女性可以培训为特工"。[13]罗伯逊坚持说，军情五处不是要找妓女，而"纯粹是为了能找一个取悦'斯科特'的女人，以免他惹是生非，同时让我们可以追踪他在这个国家建立的各种奇怪的社会关系"。[14]刘易斯说他有一个人选。

军情五处涉及波波夫的档案中包括某个女人写给波波夫的若干封情书，落款是"格温妮"（Gwennie）。她白天为红十字会工作，丈夫叫"查尔斯"（Charles）。（一封典型的情书内容是这样的："明天我终究还是不能见你，因为查尔斯要来伦敦，太意外了!! 他不会在这里待很久，所以我会尽快给你打电话! 我已经为你准备好了，但发生这样的事，我很抱歉! 爱你的格温妮。"[15]）几乎可以肯定，这个女人就是军情五处的特工；也几乎可以肯定，波波夫知道这一点，而且一定不会介意。"格温妮"的全名已经被小心翼翼地从记录中擦去。她仍然是个无名女英雄，在战时为她的国家做出了不同寻常但十分重要的贡献。

冯·卡斯特霍夫新编制的调查问卷显示，德国人对苏格兰的海岸防卫很有兴趣。于是英国人决定由比利·卢克带着波波夫访问他的故乡。这样波波夫就可以向冯·卡斯特霍夫准确描述他所看到的景象，同时在英国人的引导下远离他不应该接触的东西。这同样是卢克考验波波夫是否忠诚的机会，还能给予波波夫一段美好时光。
波波夫到底有多开心，可以通过面色来衡量。塔尔·罗伯逊冷冰冰
地写道："气色取决于他前一天晚上的活动。如果这一夜过得很高
兴——从波波夫的角度来看——那么他的面色就会苍白，带有一些
斑点。"[16]

他们的北方之旅变成了一场漫长的酒吧徐行。白天，他们行进在
"典型的苏格兰风景"中；晚上，"和意气相投的伙伴一起享受各种娱
乐"。[17]他们参观了洛蒙德湖（Loch Lomond）和盖尔湖（Gareloch），经
常停下来吃茶点，然后前往爱丁堡。波波夫后来回忆说："当时有
一条法律规定，只有在走过 5 英里路程后才能喝酒。于是我的专案
官员作为一个真正的苏格兰人，把这解释为每走 5 英里就**必须**停下
来喝一杯。"[18]在爱丁堡，他们住进中央酒店，在名为美国酒吧和皮
卡迪利俱乐部的两家店里狂饮，并在马尔边松餐厅和米拉贝尔餐厅
用餐。卢克报告说，波波夫显然没有为德国从事间谍活动，因为
"他根本就没去费心搜集任何种类的情报，也没有问任何可能与间
谍活动有关的问题"。[19]但在他们愉快的夜生活期间，波波夫的确流
露出一个特别有趣的暗示，是关于他的朋友约翰尼·耶布森的。
"他认为说服耶布森并不困难，要让他明白，他是在为错误的一边
作战。耶布森本质上还是个亲英派。"[20]波波夫甚至暗示说，他也许
能够为军情五处招募这个曾经招募自己进入德国情报部门的人，
"特别是如果他能在马德里与耶布森见面，为他介绍活泼美丽的社
交女郎，并在打牌时输钱给他，那么成功的概率会大大增加"。[21]这
是一个诱人的目标：引诱一名阿勃维尔成员加入"双十"团队。卢

克写道："也许应该玩把大的。"[22]

三天的狂欢作乐和观光旅行后，卢克返回伦敦，他的脸色也变得苍白还长出斑点了。他对波波夫的耐力相当钦佩，而且完全相信67他并没有脚踏两只船。"他绝对是在为我们，而不是在为德国人工作，"卢克写道，"他绝顶聪明、多才多艺、目标坚定，他个性突出、魅力十足，混迹于欧洲或美国任何一座中心城市的社交圈都游刃有余，是那种国际上典型的花花公子类型。他不放过任何贬低德国人和纳粹领导人的机会，对戈培尔深恶痛绝。他由衷佩服和尊敬英国人，坚信英国将赢得战争。"[23]卢克预言，他荒淫好色的脾性最终可能会酿成大麻烦："他喜欢与有魅力的女人交往。杜布罗夫尼克显然有很多这样的女人。在那里，美德的标准似乎被打了折扣。他的风流韵事完全可以成为法国色情小说家莫里斯·德·科布拉（Maurice de Kobra）的写作素材。"[24]不过，卢克现在确信，波波夫是可靠的并且准备再次冒生命危险返回里斯本。"'斯科特'是一个聪明、开朗且有趣的伙伴。我个人对他的真挚和忠诚感到满意。"[25]波波夫还不知道，他的哥哥伊沃（Ivo），一名在贝尔格莱德行医的医生也找到军情六处，表示愿意做间谍来对抗德国：波波夫家族成员坚定地站在了同一边。

塔尔放心了，开始提供一些最好的"饲料情报"来"培养"波波夫，用可证实，但又无害的回答填充他的调查问卷，从而让他的阿勃维尔主管确信波波夫是名积极活跃的高效间谍。冯·卡斯特霍夫曾建议，如果波波夫能找到合适人选，就应该招募一些下线特工。这个工作由军情五处为波波夫代劳：第一个下线特工是前陆军情报官员迪基·梅特卡夫（Dickie Metcalfe）。在冯·卡斯特霍夫的心目中，梅特卡夫被描绘成心怀不满、破罐子破摔的赌徒。他曾在一家军火公司工作，因传递假支票而被革职。由于"憎恨他们所有人"，他愿意监视以前的同事。[26]真正的梅特卡夫则是个胖子［所以代号叫"气球"（Balloon）］。第二个下线特工是身材苗条的弗里德尔·格特纳（Friedl Gaertner），时年34岁的奥地利歌厅歌手，在伦敦社交圈人脉很广，早前就为军情五处工作过。她的父亲是纳粹党员，所以英国人希望若德国人调查其背景，会认为她十分可靠。格特纳"与这个国家的上流社会有联系"，因此"一旦那些政府和外交界地位显赫的朋友出言不慎时，她就能获得有用信息"。[27]格特纳的代号是"果冻"（Gelatine），因为B1A组认为她是个"快乐的小家伙"。波波夫也这样看待她。毫无疑问，他们成了一对恋人。

现在，没人会认为他要"溜走"了。波波夫还得到 个新代号，更适合他作为最有前途的双面间谍的身份——"三轮车"。这个代号可能在某种程度上暗指波波夫贪得无厌的欲望，以及他喜欢玩三人性爱的癖好——尽管大家都这么传言，但这不足为信。它还表示"三轮车"网络如今由一个大车轮——波波夫，以及两个小车轮——特工"气球"和"果冻"组成。

塔尔·罗伯逊用间谍们的假名玩文字游戏时，波波夫也把前者的绰号调侃了一番。他曾请求军情五处帮他成立一家自己的进出口公司，这样不仅能提供绝佳掩护，还能有不菲的收入。塔尔写道："他们提议可以买卖市面上的任何商品。"[28]他将波波夫的经营场地安排到摄政街80号的帝国大厦内。军情五处甚至还派遣一个迷人

68

的兼职秘书来处理波波夫的往来信函，管理业务。为了向上司致敬，波波夫把新公司命名为"塔莱尔有限公司"（Tarlair Ltd）①。

　　当波波夫准备再次返回葡萄牙时，他有点担心"我们给他的问卷答案缺乏细节，会危及他作为一名优秀间谍的应有地位"。[29]他对"自己所扮演的角色也有一点道德上的顾虑"，因为既要与冯·卡斯特霍夫交好，同时还要背叛他。[30]马斯特曼绕来绕去，说了一通冠冕堂皇的安慰话："考虑到他的动机，即使经过最为严格的道德审查，他的行为也无可指责。"[31]波波夫的英语水平还没有达到牛剑②的标准，肯定不明白他在说什么。卢克的解释则言简意赅，告诉波波夫"他所从事的工作对这个国家非常有价值"。[32]这次谈话似乎让波波夫安心了。他给这位专案官员写了封告别信，展现出这个贪图享乐的年轻人也有令人意想不到的思想深度。"我难以用言语描述我即将离开你们这个勇敢国度的感受。此刻我的内心充满希望。我亲爱的卢克，你有着典型的英国式冷静，显示了英国最强大的武器——'保持人性'。正是这样的品质将摧毁希特勒的纳粹机器。"[33]

　　波波夫离开的那天，卢克带他到萨沃伊酒店吃午饭，发现他兴致很高，但"有些疲惫"，脸色苍白，上面还有斑点。[34]他刚刚度过了一个"奢侈之夜"。[35]此前一周的活动也足以令其精疲力竭，他与弗里德尔、格温妮在四百俱乐部、椰林等娱乐场所花天酒地，还在匈牙利餐厅多次用餐。波波夫要求配备"一把小型自动左轮手枪以

---

　　①　"Tarlair"可以拆分为"Tar"和"lair"两个单词，合起来的意思就是"塔尔的巢穴"。
　　②　原文为"Oxbridge"，是英国牛津大学和剑桥大学的合称。

备不时之需"。[36]当卢克解释说这可能很棘手且不明智时，他似乎完全不在乎。波波夫正重新踏入极度危险的敌巢，他们俩都深知这一点。"如果出了差错，我们只能眼睁睁地看着，束手无策。"[37]特工"三轮车"慢慢悠悠地登上前往里斯本的飞机，步伐"轻微摇晃，一点也不像个军人"。[38]他留下了巨额酒店账单等着军情五处去处理。

卢克和波波夫气味相投。塔尔观察到他们之间的关系越来越密切，十分满意。在变幻莫测、危机四伏的"双十"世界中，特工和上线主管之间的关系是任务成功的关键："专案官员应该亲自负责每个特工的情况。从早到晚，他的手都得搭在特工的脉搏上，专注于特工思想的每一个变化。"[39]军情五处处长戴维·皮特里（David Petrie）曾下令将"天赋最佳、经验最丰富的人才"划归 B 科，但要找到既能是朋友，又能当心理学家，还乐意做保姆的人并不容易。[40]几乎可以确定，这群双面间谍个个都情绪飘忽不定，经常让人恼火，而且很可能心怀二意。

B1A 组的规模正在扩大，"双十"项目刚开始只是实验性质，后来很快就成为一项主要业务。马斯特曼写道："管理和控制双面间谍是非常漫长、费力又极其复杂的任务，也是需要协调、筹备和进行症结分析的艰巨工作。"[41]每名双面间谍都必须配备"一名全职专案官员控制其行动并布置任务；一名无线电报务员负责监听，有可能也会执行发报任务；至少两名警卫。除此之外，还须酌情安排一名配有车辆的人员收集该间谍的资料；大概还会雇用一个管家来处理后勤事务，照顾整个团队，让他们吃好睡好".[42]圣詹姆斯街的军情五处办公室明显变得拥挤起来。塔尔·罗伯逊坐在第一间办公室里，隔壁房间则由马斯特曼和塔尔的首席助理兼副手约翰·马里奥特（John Marriott）共用。马里奥特没有参军前是名律师，在B1A组的工作是"收集事实"，并严格执行规章制度，严格控制经费开销。[43]同大手大脚、热情洋溢的塔尔完全不同，他性格枯燥，吹毛求疵，总是透过跟瓶盖一样厚的眼镜，狐疑地凝视着这个世界。专案官员如今已有五人，全部坐在最大的办公室里，此外还有两名档案员和一名负责传递专案情报的官员。

　　每名成员都由罗伯逊亲自挑选，他们组成了一个显然不那么正统的团队：除了比利·卢克外，还包括马戏团兼职演员西里尔·米尔斯（Cyril Mills），《泰晤士报》（*The Times*）老板阿斯特勋爵的儿子休·阿斯特，以及两位性格截然不同的律师——做事有条不紊、沉默寡言的伊恩·戴维·威尔逊，风趣诙谐、直觉敏锐、浑身上下透出一股子聪明劲的克里斯托弗·哈默。从那些费尽心机选择的代号就可以看出，这群特工背后的管理者喜欢玩文字游戏。圣詹姆斯街58号的工作氛围很轻松，常常充满欢声笑语。这是一个特别年轻的团队：战争伊始，塔尔只有30岁；休·阿斯特加入团队时年仅23岁。比塔尔小一岁的哈默形容B1A组是一群"大男孩，玩着小学生读物和冒险故事里面的那种勇敢者游戏".[44]团队中还有个"女学生"，不过只有胆子很大的男人才敢这样称呼她。

　　吉塞拉·阿什莉（Gisela Ashley）的特工代号是"苏珊·巴顿"（Susan Barton），她当时是该部门唯一的女性，也是最令人钦佩的情报人员。吉塞拉出生在德国，积极反纳粹，由于害怕德国法西斯崛起，在 20 世纪 20 年代离开德国。她后来嫁给一个英国人，发现他是同性恋后便离婚了。不过，吉塞拉保留了英国国籍，进入军情五处工作，并与另一名情报官员吉尔伯特·伦诺克斯（Gilbert Lennox）建立了终身伙伴关系，两人一起创作了多部成功的舞台剧。战前几年，"巴顿夫人"做过"临时特工"，为英国报告有关德国人社区的情况。[45]她的戏剧《第三方风险》（*Third Party Risk*）于 1939 年在圣马丁剧院上演。此后不久，她便以外交身份移居海牙，对德国展开间谍活动。德国海军武官秘书对她产生了好感。就在吉塞拉正准备打入德国公使馆时，灾难却降临了。1939 年 11 月，两名军情六处特工被诱骗到位于荷兰边境的芬洛（Venlo），以为要与一名反纳粹军官会面，结果遭到绑架。令人猝不及防的是，其中一人的口袋里居然装着一份英国特工名单，上面恐怕就有吉塞拉·阿什莉的名字。她被紧急召回英国，分配到罗伯逊的部门工作。吉塞拉的兄弟现在已是德国 U 型潜艇艇长，但"巴顿夫人"的忠诚毋庸置疑。凭借对"德国和纳粹思维方式的深刻理解"，她在男性当道的 B1A 组发挥了至关重要的作用。[46]作为该部门唯一的女性，她也纠正了身边某些人的极端大男子主义思想。马斯特曼几乎视女性为无物；马里奥特认为异性令人厌烦，难以捉摸；威尔逊拒绝让女性律师进入他的律师事务所。但是，他们都不能忽视吉塞拉·阿什莉。正是活泼的"巴顿夫人"，这位特别探员，被精心安排在波波夫身边，监视着他的一举一动，并负责拆阅他的信件，处理塔莱尔有限公司的事务。

克里斯托弗·哈默后来说："感谢上帝，我们有塔尔。他允许我们自由发挥，鼓励我们。如果我们做了傻事，他就好言相劝，让我们意识到错误，而不是发布粗暴的命令。"[47]据马斯特曼说，塔尔·罗伯逊是"天生的领导者"，拥有"独立判断的天赋"，但也顽固地把工作和娱乐混为一谈。[48]事实上，他看不出这两者之间有何区别，并认为花三小时来吃一顿午餐才是享受。在 B1A 组，级别无关紧要。罗伯逊当时是少校，在战争结束时还只是中校，B1A 组的大部分工作人员则根本就没有军衔。这支队伍虽然在表面上开着校园玩笑，说着俏皮话，彼此揶揄打趣，但在轻松的氛围下，每个人都被秘密灼烧，承受着不确定性的煎熬和深深的焦虑。每个专案官员都敏锐地意识到，一个小小的失误就可能导致整个项目崩盘，带来灾难性后果。"超级机密"显示，德国人会不断地评估他们的特工，一会儿信任一会儿怀疑。反过来，B1A 团队也必须反复分析德国人的判断。塔尔说："在这场游戏中，我们虽然尽了自己最大的努力去猜测，但永远也不知道对手会怎么行动。"[49]

他推断，德国人一定会假定他们的一些特工已被抓获，并肯定会怀疑至少有部分人已经转变为双面间谍。也许可以利用他们的疑心：如果让某个双面特工以"明显虚假的方式"运作，那么德国人就可能认为英国人普遍无能，从而忽略真正的危险。[50] 1941 年初，比利时船舶乘务员阿方斯·蒂默曼（Alphonse Timmerman）以间谍罪被逮捕，但他拒绝合作。当蒂默曼［代号"邋遢"（Scruffy）］身陷囹圄时，B1A 组以他的名义用隐形墨水给德国上线主管写信。这些信件包含不少明显的错误，足以表明蒂默曼已经被英方控制。

这是一个绝妙的计划，体现出"双十"团队擅长运用横向思维，而 73
它却彻底失败了。德国人从未发现这些故意的错误，而且"似乎压
根就没能意识到'邋遢'显然被控制了"。他们对自己的间谍有着
不可动摇的信心，这也得到了"超级机密"的证实。于是"邋遢"
项目只好终止。这让 B1A 组相当沮丧，对遭处决的阿方斯·蒂默
曼来说更是如此。阿勃维尔甚至没有注意到刊登在《泰晤士报》上
的死亡通知。渐渐地，塔尔·罗伯逊意识到阿勃维尔可能真的就像
他们看起来的那样容易上当受骗。不过，塔尔仍然相信一定还有其
他间谍在英国逍遥法外，甚至就隐藏在军情五处。他是对的。

　　1941 年 2 月，B 科负责人盖伊·利德尔新招募了一名个人助
理。他瘦高个，相貌英俊，是个同性恋；还是名才华横溢的艺术史
学家和语言学家，有着良好的社会关系。此人名叫安东尼·布伦特
（Anthony Blunt），他还有一个身份是苏联间谍。布伦特是秘密的共
产党员，对共产主义无比忠诚，四年前即加入苏联内务人民委员部
（NKVD，即克格勃的前身）。招募人是代号"奥托"（Otto）的阿
诺德·多伊奇博士（Dr Arnold Deutsch）。这位学识渊博的伯乐独
具慧眼，发掘间谍人才，一手打造了所谓的"剑桥间谍帮"
（Cambridge spy ring）。在苏联主管的催促下，布伦特申请加入情报
机构，到 1941 年便已进入英国秘密战争机器的核心部门。利德尔
基本上不需要助手，"因为他总是自己做所有工作"，于是布伦特很
快便转而做 B 科的其他事情。[51] 他参与了许多最机密的任务，从事
反德国间谍活动，管理 B 科监视部门，拦截中立国的外交包裹等。
布伦特博学多才，有些慵懒且异想天开，在圣詹姆斯街大楼的走廊

里成了一道独特的风景线：他一边啜饮鱼肝油和麦芽酒，一边引用
《小熊维尼》中的话说"这是跳跳虎最喜欢的早餐"，此外还喜欢
在食堂玩跳背游戏。[52]

尽管布伦特很有魅力，但并不是所有人都喜欢他，只不过很多
敌意是后见之明罢了。利德尔的副手迪克·怀特回忆说："他为人
非常和善，很有教养，但他背叛了我们所有人。"[53]塔尔·罗伯逊很
讨厌布伦特，不过他的态度并非源于对其忠诚的怀疑，而是因为当
时人们普遍憎恶同性恋。"我无法忍受那个人。大家都知道他是个
同性恋。要是在战前，他根本就不能接近办公室。"[54]尽管塔尔十分
反感布伦特的性取向，但这并没有影响他们讨论秘密工作。按照当
时公立学校对同性恋的看法，同性恋中一方"通常会去讨好另一
方"；不过，他讨好对方的方式令军情五处内部任何人都没想到，
而且他还因此取得了非凡的成绩。

1941年1月，布伦特首次向他的苏联主管阿纳托利·戈尔斯基
（Anatoli Gorsky）发送机密情报。在当时，私自向苏联传递军事情
报是一种叛国行为。在战争余下的时间里，布伦特将持续向莫斯科
提供大量机密信息。苏联人给他起的代号是"托尼"（Tony）——
战时唯一一个与特工真实姓名有关联的代号——这要么是相当精明
的双重诈术，要么则愚蠢得惊人了。布伦特每周与上线会晤一次，
交接原件和复印件材料。他记住了大量信息，查阅军情五处的档案
来回答莫斯科的特殊问题，并利用午餐时间翻寻同事们的办公桌。
他提供给苏联的情报包括个人档案、作战信息、情报摘要、布莱切
利园截获的电文、外交无线电通信，以及军情五处的谍报技术细节

（如监视和审讯技术）。很少有情报机构遭到如此全面的渗透。"'托尼'是缜密认真、勤勤恳恳、高效的特工，"他的苏联主管向莫斯科报告说，"他尽可能认真地按时完成我们布置的所有任务。"[55] 尽管英国和苏联后来将成为共同对抗希特勒的盟友，但布伦特向莫斯科泄露的大量情报仍然是"双十"行动面临的最大的威胁。如果苏联情报机构被德国人侵入，那么他发送给莫斯科的情报最终也会传到柏林。在接下来的四年里，布伦特交给苏联人的文件达到了惊人的 1771 份。

　　但是，"双十"团队根本就没有怀疑他们中间也潜伏着双面间谍。

第六章

"嘉宝"登台

1941 年冬，布莱切利园破译小组在解码马德里和柏林之间的阿勃维尔无线电通信时有了一项惊人发现。塔尔·罗伯逊之前的担心绝非杞人忧天，德国人确实在英国安插了一名活跃的特工，正通过隐形墨水给位于马德里的主管传递情报。他的代号是"阿拉贝尔"。此人似乎消息灵通，精力充沛，足智多谋，并且至少招募了两名下线。"超级机密"揭示的信息显示，柏林对他的工作甚为满意。

此人有可能造成灾难性影响。这个神秘的"阿拉贝尔"会让"双十"特工提供的虚假情报原形毕露。在这种情况下，所有军情五处的双面间谍都可能暴露。一个不受控制，特别是像他这样优秀的特工不仅可以瓦解整个英国情报网，还会让英方间谍，尤其是波波夫，面临致命的危险。"这个'阿拉贝尔'是谁？他如何进入英国的？他从哪里冒出来的？又从何处得到的这些信息？"[1]

军情五处 B1B 组，又称"特别调研组"，负责通过分析截获的通信内容来进行反间谍活动。领导人是年轻的犹太律师赫伯特·莱昂内尔·阿道弗斯·哈特（Herbert Lionel Adolphus Hart），后来他成为牛津大学法学教授。哈特和他的团队越是仔细研究"阿拉贝尔"的信息，就越是觉得匪夷所思。他的报告极其冗长，似乎出自慢性失语症患者之手。不仅如此，"阿拉贝尔"提供的情报常常错误百出，有时甚至荒谬可笑。

例如，"阿拉贝尔"报告说，利物浦人"在娱乐场所沉溺于纵酒狂欢，道德败坏"。[2]他似乎认为伦敦夏天非常热，迫使外交使团集体跑到布莱顿（Brighton）避暑。他汇报英军在温德米尔湖（Lake Windermere，内陆湖）进行大规模演习，装备中还包括一辆

76

77

美国制造的两栖坦克（当时还尚未发明）。他提供的部队细节都来自并不存在的陆战团，甚至还唆使德国人去拦截一支从马耳他驶来的虚构舰队。"阿拉贝尔"向柏林提交了细心编制的月度开支，然而其形式却非常奇怪。例如，他声称乘坐火车访问格拉斯哥，花费了"87 先令 10 便士"（正确的表述形式应该是 4 英镑 7 先令 10 便士）。[3] 英国的非十进制货币体系固然令人困惑，可一个已经在此生活了九个月的人还不至于依然糊里糊涂。这种错误没有引起阿勃维尔的注意，不过由马德里转发来的"非常疯狂的信息"给军情五处出了一道奇特的谜题：这个捣蛋的间谍要么是个不懂算数的怪人，要么就是个骗子或疯子。[4]

在里斯本，前养鸡场场主胡安·普霍尔·加西亚尽管被英国人拒之门外，但还是不依不饶，继续纠缠对方要求为英国效力。虽然他拿出证据表明德国人现在已经雇用了他，可还是一再被拒。他妻子阿拉切利（Aracelli）一开始就参与了这项工作，并与美国驻里斯本的海军武官接触，再通过此人与英国大使馆的海军武官取得了联系。后者适时（但非常缓慢地）给伦敦送去一份报告。终于，军情六处察觉到发送假消息的德国特工一定是在里斯本多次接近他们的西班牙人胡安·普霍尔·加西亚。由于英国不同部门之间传统上长期存在毫无意义的竞争，军情六处（负责海外情报）仍然没有把普霍尔的情况通知给军情五处（负责英国国内的反间谍活动）。在塔尔·罗伯逊和一位来自里斯本的军情六处官员一次偶然谈话后，B1A 组才意识到是怎么回事。即便如此，军情六处还是不愿意让普霍尔加入"双十"团队。据盖伊·利德尔说，军情六处反间谍部门负责人的态度是，"我不明白为什么我找到的特工要交给你们"。[5]利德尔写道："整件事情办得就是如此狭隘小气，我真的非常愤怒。"[6]

在间谍行话中，"不速之客"是指没有收到邀请就主动与情报组织联系，想要提供信息的线人或特工。普霍尔一次又一次不请自来，却被告知不需要，他只好再次离开。他被迫依靠二手资料和一流的想象力工作，时刻面临着暴露的危险。比如，他参考的旅游指南书将布莱顿类比为西班牙的圣塞瓦斯蒂安镇（San Sebastián）。既然外交官们为了躲避马德里的高温而搬到圣塞瓦斯蒂安避暑，普霍尔就顺理成章地推断布莱顿肯定也是这样的情况，但事实上这一推断是错误的。军情五处认为，"他能活这么久简直就是个奇迹"。[7]

关于由谁控制普霍尔的争论终于以塔尔·罗伯逊的胜利而告终，后者很高兴这个富有创造力的新成员加入他的团队。加泰罗尼亚人普霍尔乘坐汽船从里斯本偷渡至直布罗陀，然后搭乘军用飞机，于1942年4月24日抵达普利茅斯。经过两周审讯，军情五处宣布，尽管他"有着无穷无尽的丰富想象力"，不过说的都是实话。[8]"双十委员会"起初怀疑他可能是卧底，但来自"超级机密"的证据（军情六处虽然不情不愿，但还是同意与"双十"团队分享全部资料）表明他的故事完全属实。普霍尔的妻子及年幼的儿子被带离里斯本，一家人在伦敦北部郊区亨登镇（Hendon）克雷斯皮尼街35号一个安全屋团聚。普霍尔有一个管家负责日常生活，还得到了一份在英国广播公司做翻译的工作，用来掩护身份。最重要的是，他有了一名自己的专案官员。

79　　塔尔的选择再一次被证明是神来之笔。时年34岁的托马斯·"汤米"·哈里斯是名艺术家，有一半西班牙血统，想象力和普霍尔一样丰富，但也有着脚踏实地的办事风格。哈里斯是伦敦梅费尔区富有的艺术品经销商的儿子，活跃于放荡不羁的社交圈子，并与苏联间谍"三人组"金·菲尔比（Kim Philby）、安东尼·布伦特、盖伊·伯吉斯（Guy Burgess）交好。这层关系后来导致有人声称（尽管毫无根据）哈里斯也是双面间谍。在所有管理双面间谍的官员中，马斯特曼认为哈里斯"在某些方面是最出色的"。有个同事这样描述他："一双凶悍的黑眼睛，鹰钩鼻，浓密的头发油光水滑，从低前额向后梳着，看上去就像选角导演心目中的沙漠酋长或动作敏捷的狡猾蜥蜴。"[9]哈里斯和普霍尔堪称绝佳组合。无论在字面意义还是隐喻意义上，他们都说着相同的语言；哈里斯的艺术细胞和普霍尔的卓越独创力相结合，届时将编织出一张欺骗之网，一件由间谍活动创造的完美艺术品。普霍尔喜欢舞文弄墨：在接下来的三年里，他和哈里斯将创作出几十万文字、315封用隐形墨水写的信件，以及1200条无线电信息来"轰炸"德国人。普霍尔以与其他双面特工不一样的方式，漂亮地赢得了这一局。马斯特曼写道，"他凭借精湛技艺加入这场竞赛"，并将其比喻为"双十"团队中的"布莱德曼"——历史上最伟大的击球手、澳大利亚板球运动员唐纳德·布莱德曼（Donald Bradman）。[10]

　　军情六处给普霍尔起的代号是"肉汁"，一种又浓稠又咸的肉羹汤。它有点类似马麦酱，只适合英国人，而且仅仅是一部分英国人的口味。这可能是在恭维他，因为这种肉汁被视为"战争食品"，在上一次战争中帮助堑壕里的士兵们熬了下来。军情五处给他换了个代号，部分原因是为了跟军情六处对着干，另一部分原因则是在他于里斯本上演了一出戏剧性的骗局后，他理应得到一个更响亮、更适合"间谍界最佳演员"的称号。胡安·普霍尔·加西亚就此成为特工"嘉宝"。

"嘉宝"是从里斯本秘密偷渡到伦敦的，而"三轮车"则以塔莱尔有限公司董事的身份为掩护，公开穿梭于这两座首都之间，实际上是向英德双方的间谍首脑证明自己的价值。英国当局为他的"神秘生意"提供了必要文件，[11]同时指出："我们要仔细盯着波波夫。"[12]里斯本和伦敦之间的民用航班座位很抢手，但英方总是为波波夫留出一个位子，这又引发了另一个担忧。"战争时期，只有外交官、记者和间谍可以自由旅行，而所有人都知道'三轮车'不属于前两类。"[13]波波夫确信冯·卡斯特霍夫没有起疑心，不过卢克不那么肯定。"德国人也许知道他变节了，但与其让他消失，还不如要他继续演下去，反而能得到更多信息。我并不是说'三轮车'知道德国人已经意识到他是双面间谍了。"[14]达斯科·波波夫说不定是精明的德国人布下的棋子，只是他一直被蒙在鼓里。

波波夫从里斯本向军情五处毫无保留地报告了他的爱情生活。他现在的伴侣名叫玛丽亚·埃莱拉，22岁的巴西记者，住在里斯本由冯·卡斯特霍夫提供的公寓内，该处也是收取秘密信件的掩护地点。波波夫寄回来玛丽亚站在飞机舷梯上拍摄的性感照片。这些照片被编入他的档案中，标签上写着"他最近的女朋友"。[15]不过，他也没有忘记格温妮："亲爱的，我非常想念你。我爱你，希望你很快回来。"[16]军情五处很想知道，一个对爱情如此不忠，甚至可以说有些病态的人，是怎么能够忠诚于一项事业的呢？

到1941年夏，波波夫向德国人传递了大量信息，其中一些是真实且无害的内容，还有很大一部分只会引发困惑。他描述了各种新式军事发明：因气味难闻而遭到部队厌恶的防毒作战服、静音飞机引擎、高速机枪子弹，以及由焦油衍生物制成的燃烧弹。他在报告中还插入一些政治八卦，如被关押的英国法西斯分子奥斯瓦尔德·莫斯利（Oswald Mosley）① 在"狱中堕落，不再坚守个人理想"。[17]波波夫的副手迪基·梅特卡夫也开始传递信息，其口吻明显带有退伍军人的语气。"气球"报告说，英国步兵收到一种7英寸长的新式刺刀，"可以很容易地从德国佬的身体里拔出来"。②[18]军情六处被这个玩笑吓坏了："我怀疑'气球'根本就没意识到他是在为德国人工作。"[19]

"双十委员会"调制的"鸡尾酒"混合着真相和骗局，越来越带劲，"双十"团队发往德国的情报也随之变得越来越复杂。"鸡尾酒"的成分包含无中生有的谎言、半真半假的信息，以及经相关军事当局批准且可核实的真实信息。吉塞拉·阿什莉负责对收到的信息进行分析，塔尔开始"把所有来自德国的原始电文交由她去处

---

① 奥斯瓦尔德·莫斯利（1896—1980），英国法西斯联盟的创立者和领导人，该组织于1940年被英国政府取缔。

② 这里"德国佬"的原文为Huns，该词本意是匈人，后引申为对德国人的蔑称。梅特卡夫在此处用这个词显然暴露了自己的身份。

理，并逐渐形成了惯例"。[20] 正是她首先提出，双面间谍不仅能够用来蒙骗几个德国情报首脑，还应该影响德国人的思维。"我们是欺骗部门，我们向德国人发送的信息要么带有误导性，要么是希望他们知晓的。在我看来，这个部门可以涉及的工作范围要广得多。难道不可以用于宣传造势，或者把我们希望德国人产生的想法灌输给他们吗？"[21] "双十"团队的男士们只顾着从军事角度思考问题，吉塞拉却建议他们通过夸大反犹情绪、国内法西斯主义势力和工业生产动荡形势，来描绘一幅与实际情况迥然不同的英国面貌。"毕竟，任何一名合格的间谍理所当然都会关注潜伏地的国内新闻，并着力找出其中的预示和线索。"[22]

波波夫收集到的信息设定是来自英国高层，所以为了让伪装更可信，他被介绍给一些大人物认识。联合情报委员会主席维克托·卡文迪什-本廷克（Victor Cavendish-Bentinck）会见了这位年轻的间谍，并记录下自己的印象："他本性就是冒险家，贪图世间的物质诱惑。他很清楚，像他这样的人在民主国家比在极权社会更能享受奢侈生活。"[23] 这一冷嘲热讽式的评价有一定道理，不过波波夫不只是逸乐之徒。他不要报酬，但曾经暗示希望自己在战后被任命为英国驻杜布罗夫尼克领事，并凭借自己的贡献获得"某种勋章"。[24] 尽管他看起来吊儿郎当的，却是在玩一场致命游戏，特别是在 1941 年 4 月德军占领南斯拉夫后，他的家人都处于纳粹的直接威胁下。德国人曾向他保证，其亲属都会受到保护。"我一点也不喜欢这种'保护'，"他告诉塔尔，"对我来说，自己的生命远不如家人的重要。"[25] 勇敢无畏、放纵不羁、尽心尽力、唯利是图、用情不专都是

82

波波夫的标签，他有着最为奇特的荣誉感和道德观。卢克向"双十委员会"报告说："我很欣慰他依然对我们开诚布公。"[26]

波波夫在里斯本的时候，下榻于帕拉西奥酒店，经常由冯·卡斯特霍夫陪同，在埃什托里尔赌场豪赌，在城内周旋于一个又一个女人之间，而他其实已经彻底背叛了这个朋友兼上司。卢多维科·冯·卡斯特霍夫对工作不上心，对娱乐消遣倒是看得很重，表示自己"非常满意波波夫提供的情报"。[27]他一般午后才起床，大部分时间在别墅花园里与宠物猴"西蒙"以及一对双胞胎腊肠犬"伊凡"和"伊万"一起玩耍。他相信波波夫跟他一样自我放纵，并可以借助此人提升自己在阿勃维尔的地位，或许还能赚点外快。一天晚上，在喝完干邑白兰地后，他宣布，柏林希望波波夫去美国。德国人在美国的间谍工作一团乱麻；联邦调查局搜捕德国间谍手到擒来，就像在"绳索街①抓妓女"一样。[28]波波夫应该去纽约，复制他在伦敦的工作模式，从零开始建立一张间谍网。这样，当美国最终参战时，德国就能做好准备。波波夫也会得到一大笔报酬。

83　　　波波夫回到伦敦，报告了德国人的要求。塔尔·罗伯逊最初持反对意见，认为他太有价值，不能被放走。"三轮车"行事稳当，在柏林很受尊敬，可以与敌人直接接触。但如果他拒绝，则可能会引起德国人怀疑。波波夫本人也很想去。他从未去过美国，而且纽约听起来就像是那种合乎自己胃口的城市。如果联邦调查局出牌精妙，这便是创造美国版"双十系统"的良机。冯·卡斯特霍夫对他

---

① 绳索街位于德国汉堡，为德国最大的红灯区。

很通融，也没有起疑心。波波夫还可以指望最好的朋友和庇护人约翰尼·耶布森在背后支持自己。

　　只要波波夫回到里斯本，约翰尼就会来见他。尽管两人都还做不到坦诚相待，但他们的友谊一如既往地牢固。令波波夫惊讶的是，尽管耶布森在巴黎和都柏林仍各有一个情妇，但他透露自己最近结婚了，妻子是法兰克福剧院首席舞蹈演员埃莱奥诺雷·博蒂尔德·彼得森（Eleonore Bothilde Petersen），又名"洛雷"（Lore）。耶布森看上去可以自由旅行，但他作为商人和不受拘束的间谍，活动非常神秘：他告诉波波夫，自己最近走访了芬兰、瑞典、希腊、伊朗，还去了意大利海岸，为日本情报部门起草了一份关于意大利防御的报告。虽然日本尚未卷入战争，但东京对海岸防御的秘密兴趣是不祥之兆。这件事的意义在珍珠港事件之后才昭然若揭。

　　耶布森的任务本应该是招募间谍，但他高兴地承认，招收波波夫是目前为止他在"这一行"取得的唯一成果。[29]他显然是德国情报部门中的重要人物。当话题转到他们都反感的弗赖堡大学的米勒教授（Professor Miller），一个纳粹分子身上时，约翰尼半开玩笑地说："我还不够残忍，但现在我有能力铲除任何我讨厌的人。如果我想干掉那家伙，只需上报米勒教授说这说那，他们就会毫不犹豫地立刻杀了他。"[30]然后他又补充说："如果有什么人你特别想让他重获自由，我也许能安排。"[31]

　　耶布森报告说，德国局势正在恶化。飞机产量下降，食物匮乏，甚至连衣服都供应不足。衣冠楚楚的耶布森依然把自己打扮成

84

安东尼·艾登的派头，但维持衣橱里的储备越来越难了。他抱怨说："我愿意花 600 英镑买一套英国正装，但就是买不到。"[32]更耐人寻味的是，耶布森讲述了德国情报部门内部各派系之间的明争暗斗，其中还有些人秘密反对希特勒。阿勃维尔和帝国保安部（简称SD，党卫队和纳粹党所属情报机构）的地盘争斗尤为激烈，而且愈演愈烈。约翰尼说："他们就像猫狗那样厮打。"[33]

这类信息都是重要情报，说明耶布森要么异常轻率，要么经过了精心算计。他毫不掩饰对希特勒的蔑视，并暗示自己触犯了一些权贵人物。他们不赞成他这种奢侈颓废的生活方式。他说："每次去德国，我都不知道还能不能活着出来。"[34]耶布森看起来比以前更消瘦，更憔悴。他的腿瘸得更厉害了，牙齿也因为没完没了地抽烟而被染成了棕色。耶布森有充分的理由害怕回到德国，不过他没有向波波夫透露真正原因：盖世太保正在追捕他。一年多前，帝国保安部有个叫海因茨·约斯特（Heinz Jost）的高级官员曾找他，说手上有些伪造的英国银行票据，想把它们换成美元。耶布森谨慎地指出，德意志帝国银行"认定伪造货币是违反国际法的"。[35]此事就这样搁置了一段时间。约斯特后来又带着几捆 5 镑和 10 镑面额的钞票来找耶布森，告诉他说，这些都是在巴黎缴获的英国现钞。耶布森选择相信他的话，于是通过希腊银行瑞士分部一个叫阿夫拉梅德斯（Avramedes）的联络人，将这些纸币兑换成美元，在给自己留下一笔丰厚的佣金后，再把大部分转给约斯特。一些盖世太保高级官员也开始把英国现金交给他去兑换。九个月内，耶布森处理的钱越来越多，大家都很满意。

　　耶布森把自己的那部分佣金花在了妻子、情妇、他本人身上，还有部分不义之财最终落入他最喜欢的小说家 P. G. 伍德豪斯手中。战争爆发时，这位英国作家留在了法国，后来被当作盟国侨民而被扣押在上西里西亚。（他写道："如果这是上西里西亚，人们不禁要问下西里西亚会是什么样子……"[36]）1941 年 6 月，根据《日内瓦公约》的规定，这位即将年满六旬的老人被德国人释放（当听说自己重获自由时，他正在营地里玩板球）。伍德豪斯和妻子埃塞尔（Ethel）最终在德军占领下的巴黎定居。不过由于著作版权收入被冻结，他们的生活非常拮据。耶布森给了这位老朋友一些钱。伍德豪斯获释后，通过德国宣传机构做了一系列异想天开并且极其愚蠢的广播节目，天真地以为自己在拘押期间保持"坚定立场"，理应受到人们钦佩。可是恰恰相反，他成了英国人的仇视对象，被指责与德国人勾结。如果知道这位喜剧天才得到一名德国间谍的资助，而且这些非法资金涉及盖世太保、帝国保安部，与伪造英国货币有关，可想而知那些抨击伍德豪斯的人还会说些什么。

　　这套造假的把戏在九个月内一直运转良好，但突然间被戳破了。一家瑞士银行发现了这些假钞，于是耶布森的希腊中间人拒绝继续交易。耶布森后来声称，他曾经真心以为那些都是合法货币，当发现造假时，便向上级报告此事，"尽其所能阻止事态发展"。更有可能的情况是，他一直都知道自己在做假币买卖，发觉骗局被揭穿后，才停止交易止损。事后，海因茨·约斯特受到斥责，被解除了在帝国保安部外国情报局的舒适岗位，调往东线，负责指挥一支行刑队——特别行动队 A 大队，这支部队杀害了成千上万的犹太人。约斯特现在成了耶布森的死敌，前者在纳粹政权内的朋友们决心"为他复仇"。[37]耶布森也有盟友，最有权势的便是阿勃维尔首脑卡纳里斯。他向波波夫坦言，他已经初步准备了一条后路自保："见不得人的脏事我知道得太多了。我把一些文件存在一家外国银行，如果某天银行没有收到我的电报，他们就会把文件寄给出版商。"[38]

耶布森的反纳粹言论，以及他主动讨论德国情报部门最隐秘的内幕，只能说明一件事：耶布森知道波波夫正在为英国情报机构工作，也晓得自己随意提及的秘密信息将直接传回伦敦。事实上也的确如此。波波夫确信他的老朋友很清楚他在做什么，尤其是在耶布森说了下面一番话后，波波夫更坚定了自己的判断："如果你被英国人抓住了，你可以告诉他们，我能转换门庭到英国这边来，要我干什么都可以。"[39]正如波波夫不是真正的德国特工，耶布森也不再是忠诚的阿勃维尔官员。两人都在向对方撒谎，而且也都知道对方在撒谎。他们跳着诡异的欺骗之舞，彼此都不敢承认事实。

波波夫再次敦促军情五处在某个中立国与约翰尼·耶布森接触，招他入伙。"他非常亲英。我想如果他能确定自身安全的话，就会投奔到我们这边来。他本质上是反纳粹的，而且因为那些奢侈嗜好，他总是和上级不对付。"[40]波波夫催促说，如果耶布森偷偷进入英国，他会把所知的一切和盘托出，然后"在某个度假胜地体面地退休"。[41]

比利·卢克则表示怀疑。"我完全不确定我们把他吸纳进来能得到什么好处。他看上去很像个花花公子。"[42]军情六处也不相信波波夫对他朋友的描述，更不相信"耶布森是反纳粹分子"。[43]最好还是盯着耶布森，看看他还能抖出什么料来。

像所有经历快速扩张、新员工涌入和管理费用激增的初创企业一样，"双十"团队也面临着现金流问题。所有双面间谍的运作费用都不便宜；而像达斯科·波波夫这样挥霍无度的，花销更是高得惊人。不过，阿勃维尔方面的经费问题甚至更加严重。军情五处必须确保阿勃维尔找到给间谍支付报酬的方式，否则德国人很快就会不再信任他们了：如果一个间谍愿意持续无偿工作，那么肯定有其他人在付钱。派往英国的间谍总是缺现金。阿勃维尔通过各种方式，甚至包括空投，试图把钱送到他们的特工手中，但收效甚微。

想通这一点后，B1A 组让双面间谍提出了更迫切的现金要求。武尔夫·施密特（特工"泰特"）连续不断地抱怨，电文语气用马斯特曼的话说，颇具"男子汉气概"。[44]当德国方面未能提供资金时，他对位于汉堡的主管说："我开始觉得你就是一坨屎。德国和它整个该死的特工部门都是屎。"[45]"泰特"终于收到通知，在维多利亚车站等候，然后跟着一名手拿《泰晤士报》的日本男子登上一辆双层巴士。当日本人把报纸留在座位上时，他就捡起来带走。整个过程都被军情五处暗中拍摄下来。英国人在报纸中找到 200 张 1 英镑纸币，日本外交人员、海军助理武官吉井通纪（Mitinori Yosii）也就此暴露，被发现为德国情报部门工作。这种行为违背了日本的中立国立场。然而，靠对方在巴士上留下现金是根本不能维持整个间谍团队的开销的。阿勃维尔需要找到更佳的方式把钱送到其特工手中，这同时也成了军情五处的任务。

88　　　　只有像达斯科·波波夫这样脑子灵活的人才想得出点石成金的"迈达斯计划"（Plan Midas）①。波波夫向冯·卡斯特霍夫解释说，下线特工格特纳和梅特卡夫需要报酬，但假如他携带大量现金进入英国，肯定会引起怀疑。为什么不在伦敦找一个中间人，让他先把钱给德国特工，然后再由德国人在另外的国家还钱给他呢？如此一来，德国人便可放宽心，他们的特工终于得到了适当报酬；军情五处则可以把钱收入囊中。敌人以为是在为自己的特工提供资金，殊不知最后是为这些双面间谍买单。

　　英国人选择的中间人名叫埃里克·格拉斯（Eric Glass），是个成功而富有的犹太裔戏剧经纪人。格拉斯假装害怕德军入侵英国，为了保住性命和财产，准备不择手段地向美国转移资金。波波夫告诉德国人，格拉斯愿意把钱交给武尔夫·施密特，后者再将钱留在预先安排好的地方，让其他潜伏在英国的特工提取。德国人向格拉斯的纽约银行账户汇款后，军情五处就可以挪用这笔资金了。

　　埃里克·格拉斯是个喜欢出风头的人，拥有一半奥地利血统和一半英国血统："他热衷于做生意，眼光独到。这一点在演艺界人尽皆知。"看过军情五处提供的剧本后，他对自己担任的角色很满

---

　　① 传说中，古希腊国王迈达斯向神提出要求，希望自己碰到的任何东西都能变成金子，结果他的食品、衣物，甚至连女儿也变成了黄金。

意，于是双方达成协议。"迈达斯计划"随后也付诸实施。不过，格拉斯渐渐产生疑虑，对自己所参与的事想得越多，就越感到害怕。如果德国人识破了阴谋怎么办？会杀了他吗？格拉斯摆出一副夸张的姿态，郑重宣布，他退出，只想离开舞台。

其实他已经没有利用价值了。军情五处可以直接进入以他的名字设立的纽约账户。没有他，演出也可以照样进行。但格拉斯对"迈达斯计划"了解太多，足以威胁到整个项目。与军情五处合作的警察厅政治保安处出马解决问题，派遣乔治·莱昂诺（George Leanore）警司去恐吓这个戏剧经纪人。他似乎是带着恶劣的反犹情绪来执行这项差事的。莱昂诺报告说："他完全不知所措，几乎被吓破了胆。"他警告格拉斯"不要多嘴"，否则后果自负。[46]"我说得够多了，足以让他觉得要保住小命就必须如此。可以确信他不会告诉任何人。在这种情况下，唯一能真正依赖的手段只有纯粹的恐惧。很抱歉我这么做显得有些无情，但我们身处战争中，我认为没有理由因为一个微不足道的犹太人感到害怕，就使我们偏离正轨。"[47]

"迈达斯计划"是二战中最有利可图又最不为人知的行动之一。在德国方面，该计划得到了阿勃维尔高级财务官员的批准，首次便被授权 2 万英镑的转账。阿勃维尔把资金汇入埃里克·格拉斯名下的纽约一家银行的账户，以为用于资助在英国的间谍活动，其实军情五处马上就将钱直接转到了自己的金库。波波夫拿了 10% 的分成。冯·卡斯特霍夫也得到一笔佣金。当武尔夫·施密特报告收到格拉斯的第一笔现金时，德国人欣喜若狂，给他发电报说："衷心祝贺！千万不要一下子把所有的钱都用来喝酒，要等我们来英国，邀请我们一起庆祝。"[48] "双十系统"现在不仅可以自给自足，还能赢利。马斯特曼高兴地写道："1940 年至 1945 年，德国人为维持他们和我们的系统运转，实际提供的资金达 8.5 万英镑——相当于今天的 450 多万英镑。"[49]

第七章

波波夫大血拼

1941 年 8 月一个炎热的下午，达斯科·波波夫在里斯本波尔特 **90**
拉机场登上了一架前往美国的飞机。他随身带着 7 万美元现金和一
份电报，德国人用最新式的间谍技术在电报上印有 11 张肉眼几乎
看不见的微缩照片。在高倍显微镜下，这些微小的斑点将显示出
冯·卡斯特霍夫新起草的一套调查表。波波夫被德国人招募来刺探
英国情况，接着反过来监视德国，如今他又一次华丽转身，在英国
的许可下，接受了德国人的要求，去美国搜集情报。

军情五处给波波夫布置的任务是在美国建立一个与"双十系
统"类似的虚假双面间谍网络。军情五处给联邦调查局发去了一份
不吝溢美之词的推荐信："波波夫是一个聪明、迷人、勇敢的年轻
小伙，其真挚和忠诚值得信赖。他头脑敏锐，但对工作不太上心。
他爱女人，划艇是他主要的消遣方式。他有个性，有魅力，不论在
社会哪个地方活动，都能游刃有余。他拒绝我们任何形式的报酬，
因为他已经从德国情报机构获得了足够的金钱。我们希望这种愉快
的状态继续下去。"[1] 塔尔·罗伯逊一直不希望波波夫去大西洋彼岸。
"我们可以让你暂时离开"，他说，不过"在不远的将来，我们可
能会请你再回来"。[2] 其实塔尔心里明白，在美国复制"双十系统"
的机会实在太好了，不容错失。波波夫的美国使命本应以胜利告 **91**
终，不料却是一场彻头彻尾的灾难。

问题部分出在文化分歧上。联邦调查局局长 J. 埃德加·胡佛
（J. Edgar Hoover）为人独断专行，事必躬亲。在他的领导下，美国
人采取了一种截然不同的反间谍策略。在胡佛看来，外国间谍只不
过是某类特殊的犯罪分子罢了，就是应该将其逮捕、审判，然后大

张旗鼓地进行处决。1941 年，联邦调查局取得了突破性进展，以一名间谍为诱饵，一举抓获了不少于 33 名德国间谍。胡佛称这是美国历史上"最伟大的间谍围捕行动"。[3] 随着时间推移，联邦调查局会逐渐意识到双面间谍的价值，但这次成功促使胡佛坚信，那些被捕间谍的唯一用处是帮助抓捕更多的间谍。和往常一样，军情五处以板球来比喻美国人所处的局势："他的第一局赢得太容易了，就自以为德国佬不会从中吸取教训。"[4] 联邦调查局无论是在心理准备还是在实践操作上，都不具备经营双面间谍的条件。马斯特曼写道："这真是相当遗憾。"[5] 达斯科·波波夫恰巧就是胡佛厌恶的那种人：放荡不羁、奢侈挥霍、贪恋女色，还是个外国佬。正如尤恩·蒙塔古所说，"胡佛显然只是把'三轮车'视作潜在的捕蝇纸"，虽然能够用来捕捉害虫，处理起来却相当恶心。[6] 波波夫和他的联邦调查局上线主管之间的关系一开始就磕磕绊绊，后来更是逐渐恶化。

　　波波夫带到美国的微缩调查表为洞悉德国人的想法提供了一个重要视角。波波夫的任务是建立一张谍报网，搜集有关原子武器研究、军事备战、护航舰队、工业产出，以及政治士气方面的信息。事后看来，这份调查表中最关键的部分是关于夏威夷海军基地珍珠港的：要求提供它的锚地、潜艇码头、浮动船坞和水雷布置等方面的情报。波波夫后来声称，他（就这一点而言，还包括约翰尼·耶布森）从一开始就意识到，这份调查问卷表明日本即将对珍珠港发起攻击。其实这不太可能。在波波夫的档案中，没有任何迹象表明他察觉到这些问题的重要性，更不用说警告别人了。波波夫抵达美国四个月后，日本偷袭珍珠港，将美国拖入战争。盟军是否错过了一个可能改写历史的重要情报呢？

当然，军情五处有些人持同样看法，并指责联邦调查局没有重视这条线索。"我们犯的错误是没有把珍珠港的情报单独呈送罗斯福，"塔尔·罗伯逊多年后说，"谁也没想到胡佛竟会是这样一个该死的大傻瓜。"[7]马斯特曼也提出类似的批评："调查表非常清楚地表明，如果美国处于战争状态，珍珠港将是第一个被攻击的地点，而且这一攻击计划在 1941 年 8 月就已经相当完善了。"[8]实际上，调查表并没有表明有计划进行空袭，更谈不到暗示日本人的进攻迫在眉睫。它仅仅说明德国人对珍珠港非常感兴趣，鉴于那里是美国太平洋舰队的基地，这一点也不足为奇。事实很简单，直到珍珠港事件发生后，波波夫、耶布森或军情五处都没有把这份调查表看作袭击珍珠港的预兆。

波波夫本以为会受到联邦调查局的欢迎，就像早前军情五处接纳他那样，然而，他没有感受到类似于塔尔团队带给他的那种意气相投，反而只有深深的猜疑。从住进华尔道夫酒店那一刻起，波波夫就被置于监视之下。联邦调查局的特工们甚至不屑于掩饰。他开始向里斯本的冯·卡斯特霍夫发送用隐形墨水写的秘密邮件，但一举一动均受到该局控制，美国军方也拒绝为撰写报告提供任何真实信息。美国人不允许他去夏威夷调查那里的防御设施。波波夫的任务之一是与里斯本和里约热内卢（阿勃维尔在该城拥有一个活跃的间谍小组）建立无线电通信联系，而当联邦调查局终于在长岛北岸 93 建立了一个无线电发射台时，他们却不允许波波夫知晓以他名义发送的信息内容。联邦调查局没有心情给他起诙谐的代号，随随便便给了他个"秘密情报员 ND63"。这个严肃的称呼正好反映出该局的冷淡态度。

联邦调查局把波波夫拒于千里之外，还阻止他主动进行任何间谍活动。波波夫无奈之下只好掀起了一场史无前例的消费狂潮。胡佛开始担心这个纨绔间谍的臭习惯会让"该局感到尴尬"，而他的开支规模似乎正是为了达到这个目的。⁹波波夫在很短的时间内便在公园大道上置办了一套公寓，在长岛时尚的蝗虫谷（Locust Valley）买了一栋避暑别墅，购置了一辆红色别克敞篷车，还又找了一个女友——法国电影明星西蒙娜·西蒙（Simone Simon），早在战前他俩就认识了。若有人质疑他挥霍无度，波波夫就轻描淡写地坚持说，他需要维持自己富家子弟的掩护身份。为此，他还"装备"了一个叫布鲁克斯的管家、一个叫陈彦（音译）的半聋中国男仆，以及一组园丁；他让室内设计师翻新公寓，花了 12000 美元购买家具、古董和几百张留声机唱片；他在斯托克俱乐部喝酒跳舞，在爱达荷州太阳谷（Sun Valley，又作森瓦利）滑雪，驱车南下到阳光明媚的佛罗里达享受假期。他还和一个叫特里·理查森（Terry Richardson）的英国女人有了一段风流韵事，这个女人挥霍无度，很快就要离婚了。当他带她去度假时，波波夫又在联邦调查局内部引起新一轮对他的诟病，因为根据可笑的《曼恩法案》，"出于不道德的目的"，跨州运送妇女是违法行为。联邦调查局一开始怀疑理查森夫人可能是德国间谍，但最后断定她只是个"拜金女"罢了。¹⁰

然而，波波夫的钱包却日渐干瘪。他把从里斯本带来的钱留下一半没上交，不过很快就用光了。阿勃维尔又给了他 1 万美元，他也花得一分不剩。收不到德国人的钱，他便要求联邦调查局借钱给他，以支付裁缝、衬衫商家、花店老板的账单以及自己手下雇员的工资。波波夫简直把联邦调查局当成了他的私家银行。该局极不情愿地资助其奢侈生活，双方关系进一步恶化。尽管波波夫的"迈达斯计划"带来了源源不断的现金，但即便军情五处也对波波夫的支出表示不可理解。"波波夫在美国的开销极不合理。"[11]约翰·马里奥特如此写道，并指出波波夫每个月要挥霍 5000 多美元。"我分不清他这样做算不算是贪污。"[12]军情六处的沃尔特·"雀斑"·雷恩（Walter "Freckles" Wren）上校收到了一个棘手任务，负责约束波波夫肆意挥霍的行为。上级要雷恩"同'三轮车'好好谈谈，让他把开销调整到合理水平"。[13]但这显然只是徒劳。

　　虽然波波夫过着盖茨比①式的生活，不过他一点也不快乐。尤恩·蒙塔古在为巩固盟国情报部门之间的关系而赴美访问时，"发现他心情低落，忧心忡忡，原先浑身上下散发出来的那种欢快情绪完全不见踪迹"。[14]波波夫的家人目前在纳粹统治下的南斯拉夫，而联邦调查局却如此不恰当地处理他的事务，削弱了他在德国人心目中的可信度，将其家人置于极端危险的境地。蒙塔古说："就算是胡佛坐下来仔细谋划，蓄意恶劣对待'三轮车'，他的管理方式对波波夫的打击也不可能比现在更沉重了。"[15]为了提升士气，蒙塔古

---

　　① 盖茨比是美国作家 F. 斯科特·菲茨杰拉德（F. Scott Fitzgerald）作品《了不起的盖茨比》中的主人翁，他原本是穷小子，经过个人奋斗，成为百万富翁，过着整日花天酒地的生活，最后以悲剧收场。

还说："依然有人相信他。我们已经准备好不惜一切代价，让他得以继续冒着生命危险，作为双面间谍与纳粹对抗。"[16]

波波夫担心德国人会对他失去信心并非没有理由。1942 年 3 月，布莱切利园破译了一份阿勃维尔密电，揭示波波夫在德国人心目中的地位大幅下降。"柏林怀疑'三轮车'在为双方工作，建议与他接触时要格外谨慎。"[17]不过，没有人告知波波夫德国人已经起了疑心。有趣的是，截获的情报还显示，"有一大笔美元应付给他"，但里斯本的负责人没有转交：似乎是冯·卡斯特霍夫和约翰尼·耶布森窃取了本属于波波夫的资金。[18]他的间谍主管和朋友正利用他来欺骗他们自己的上司。

95

到 1942 年夏，波波夫和联邦调查局已经受够了对方。波波夫写道："我无法再在这种压力下继续了。"[19]联邦调查局甚至开始干涉他的爱情生活，拦截他给西蒙娜·西蒙的电报，从而导致两人最终决裂。军情五处指出："'三轮车'怀疑联邦调查局的邪恶之手管得太宽。"[20]他想退出，联邦调查局也乐于让他滚蛋。到了 7 月，波波夫已经欠下联邦调查局 17500 美元债务，后者宣布不准备再掏钱"维持他目前的生活状态"。[21]尽管波波夫紧急要求援助，但德国人也没有送来更多资金，这再次表明他们的信心正在减弱。一份联邦调查局的内部报告指出："波波夫在美国就是游手好闲，既没有发展任何对德间谍活动，也没有执行其他破坏行为，而且他挥霍无度，总是令人厌烦……因此，建议让其返回英国，由伦敦那边接管。"[22]

塔尔·罗伯逊十分乐意再度接纳"三轮车"，但要他重新融入

"双十系统"颇为棘手。德国人对他起了疑心，波波夫要想重获信任困难重重。如果他没能成功，那么他的下线特工，以及所有其他通过"迈达斯计划"获得报酬的双面间谍都会受到怀疑。塔尔写道："我不需要重复对我们来说，保持德国人对'三轮车'的信心有多重要，因为他与其他 B1A 组的特工都有联系。"[23]波波夫现在面临两个选择："他可以带着我们的感激之情结束其双面间谍的生涯，或者回到里斯本，尽力解释为何在美国惨遭失败，并重新赢得阿勃维尔主管的信任。"[24]他选择返回里斯本。

波波夫还有债务问题需要解决。军情五处计算，他在短短九个月内就花费了 8.6 万美元，其中 2.6 万美元用于"娱乐、社交等活动"。[25]38 岁的伦敦律师伊恩·戴维·威尔逊现在接替了比利·卢克，担任波波夫的专案负责人。他被派往纽约去处理波波夫留下的烂摊子，并和他一起准备迎接截至目前最为严峻的考验。威尔逊是个有趣的家伙：长着一对招风耳，举止笨拙，头脑却如"剃刀一样敏锐"。[26]他恪守传统，故步自封，一生都在同一家律师事务所工作，从不搬家，能不闲聊就绝不多嘴。"他性格文静且内向，在谈话中很少发言。"[27]然而，他有着非凡的专注力和发现细节的能力。每天早上，他都能在几分钟内完成《泰晤士报》的填字游戏，从不会遗漏任何线索。他无比快乐地沉浸在这个专案的细节中，记住了所有点点滴滴，可以说他经历了波波夫所经历的一切。

威尔逊需要找出波波夫应该向德国人提供哪些信息，并解释从何处得来。他还得发明一套说辞，以解释为何波波夫在美国工作效率低下。最后，威尔逊必须拿出一些诱人的新情报，让冯·卡斯特霍夫认为此人依然值得相信。所有这些都需要美方配合，但用威尔逊的话说，联邦调查局"没有给'三轮车'提供任何有价值的信息"。[28]于是，威尔逊和波波夫只好编造出一大批美国线人来解释"他是怎样在美国获得这些特定情报的"。[29]这些虚假的信息提供者都是真实存在的，包括苏联记者伊戈尔·卡西尼（Igor Cassini），以及"非常亲英的美国国会议员、众议院外交委员会主席"索尔·布鲁姆（Sol Bloom），后者从未与波波夫说过一句话。[30]胡佛被英国人的做法激怒了，谴责这套把戏"极其令人反感"。[31]

对于美方处理此项目的做法，威尔逊在报告中尖刻地写道："联邦调查局已经对'三轮车'失去了全部兴趣。他们要么无能、权限不够、满不在乎，要么缺乏善意、无所作为，让我们失望透顶。"[32]他建议，波波夫欠联邦调查局的债务应该还清，"以防止两国关系进一步恶化……尽管联邦调查局处理此项目的方式根本就不值得我们来偿还"。[33]塔尔·罗伯逊饶有兴趣地读着伊恩·威尔逊的长篇报告："这份报告直言不讳，但我看不出有什么理由在联邦调查局这样的机构面前吞吞吐吐。"[34]

现在，波波夫重新回到了"双十"团队，他的热情也再次被激发。经过威尔逊和雷恩数周指导后，他自信可以向冯·卡斯特霍夫讲述一个令人信服的故事了。但是，威尔逊依然很担心。为了重拾德国人的信任，波波夫不得不无中生有，编造情报，而且其来源还是一群他素未谋面的人。"'三轮车'倒是信心十足，认为自己可以在里斯本骗过对手。他的故事其实很单薄，缺乏说服力，不能指望通过审讯，但他相信能够凭借与约翰尼·耶布森，以及冯·卡斯特霍夫的私人关系，帮助自己过关。"[35]

在美国的行动一败涂地后，把波波夫送回疑窦丛生的德国人手中是截至目前罗伯逊掷下的最大赌注，而且他也知道，"成功机会不到一半，被戳穿的概率至少是三分之二。倘若谎言真的被识破，德国人很有可能对波波夫实施严刑逼供，以从他身上榨取关于我们系统的所有信息，而且最后等着他的还是死刑"。[36]

达斯科·波波夫于 1942 年 10 月 12 日从纽约起飞，留下了"大量留声机唱片"、若干颗破碎的心和一大堆将跟随他度过剩余战争时间的未付账单。[37]蒙塔古认为，"三轮车"决定返回里斯本是他所遇到的"最冷静、最大胆的壮举"。[38]

离开纽约之前，波波夫给冯·卡斯特霍夫发去一封电报，通知自己将在 1942 年 10 月 14 日抵达里斯本。"到达后将致电办公室。希望约翰尼届时会在那儿等我。"[39]

让人意外的是，冯·卡斯特霍夫在葡萄牙面带微笑，欢迎波波夫回来。他身边还有一个胡子刮得干干净净的黑发男子，波波夫从未见过他。波波夫后来描述说，这个新来的中尉叫卡姆勒（Kammler），大约 28 岁，"举止严厉"，操着一口"似乎从书本上学来的"英语。[40]此人真名叫奥托·库雷尔（Otto Kurrer），任职于阿勃维尔间谍部门，后来参与审讯了这个放荡不羁的特工。德国人的态度颇为友好，但一丝不苟，波波夫能感觉到自己受到了"一些猜疑"。[41]

在贝尔纳大道一间舒适公寓的会客厅里安顿下来后，冯·卡斯特霍夫直奔主题，给波波夫看了一份类似成绩单的奇怪文件。去美国之前，他在英国的工作"非常出色"；一开始在美国，也"很好"；然后是"中等"；接下来，在最后三个月，"极其糟糕"。[42]冯·卡斯特霍夫用锐利的眼神盯着他说："现在你知道柏林对你的看法了。"[43]

波波夫则回应冯·卡斯特霍夫他对柏林的意见。他猛烈抨击阿勃维尔在既无后援也无资金的情况下派他去美国。他现在负债累累，都是冯·卡斯特霍夫这个负责人的错。"我被你扔到那里，孤立无援，没有联系人，只有几张少得可怜的美元，竟然还希望我能很快做出成绩来……"[44]这是一场精彩绝伦的表演，冯·卡斯特霍夫完全处于守势："我们尽了全力。都是柏林的错。"[45]这位阿勃维尔官员不关心为何波波夫从美国带回的情报如此贫乏，也没有试图从他的故事中挑出破绽，甚至没有讨论**此前**发送回来的那点信息。冯·卡斯特霍夫似乎不仅愿意相信波波夫的陈述，而且不打算询问任何相关问题来削弱自己的信心。他如此热心地为波波夫摆脱嫌疑，既有个人原因，也有工作乃至金钱方面的考虑。波波夫长期来就觉得这几个德方负责人在从他身上揩油，把本来拨给他的经费据为己有。卡姆勒含含糊糊地指出，波波夫之所以在美国没有收到足够资金，是因为耶布森"贪污"了至少 1 万美元。[46]冯·卡斯特霍夫、耶布森，甚至似乎还有卡姆勒，他们都非法从间谍波波夫的薪水中攫取好处。

"柏林尽是些蠢蛋，"卡姆勒说，"他们坐在办公桌后面，不知道缺钱有多么困难。今后请努力工作，否则我们都会有麻烦的。我保证，你会得到丰厚的奖金。"[47]波波夫在他的德国负责人眼中已不仅仅是间谍了，他还是一个赚钱的门路。冯·卡斯特霍夫和卡姆勒显然很害怕波波夫"会跟柏林方面大闹一场"，因此他在谈判中居于有利地位。[48]现在波波夫要求德方全额支付他所声称的欠款。财务纠纷持续了好几天，最终波波夫占了上风。"卡姆勒恳求他不要在金钱问题上制造麻烦，这可能会导致上级把卡姆勒调离里斯本，送到苏联前线去。"[49]如果波波夫能像以前那样继续工作，那么他们都能赚钱，柏林方面也会很高兴。如果不行，他们就会惹上大麻烦，所以千万不能让他出现问题。

波波夫绝对相信自己巧舌如簧，能够把德国人骗得团团转。果不其然，三天后，伦敦截获了冯·卡斯特霍夫发给柏林的电报。他报告说，波波夫受到了"严厉的"审讯，没有证据表明他在从事"两面三刀的勾当"——波波夫是清白的。[50]塔尔在报告中写道："里斯本似乎对'三轮车'没有背叛他们很满意。"[51]

波波夫在里斯本花了一周时间讨论钱的问题，他们最终达成协议：德国将付给他 2.5 万美元，外加 6000 葡萄牙埃斯库多，另根据其表现，每月还发放 2500 美元薪酬。从波波夫的角度来看，这真是一项了不起的交易：他获得了一笔一次性付清的款项来偿债，而他在美国压根就没有为第三帝国做出任何贡献；一笔未来支付的薪俸，以酬劳他继续背叛德国人，给他们提供无用或虚假的情报。这些钱的来源和耶布森在交易中扮演的角色都还不清楚，但波波夫的老朋友肯定就在幕后操纵，中饱私囊。

按照威尔逊设计的剧本，波波夫宣布他打算返回伦敦，继续像以前那样从事间谍活动。冯·卡斯特霍夫告诉波波夫："柏林需要

100

能直接用于军事目的的情报。"[52] 关于民众士气、工业产出和政治方面的小道消息固然也不错，但"我们并不太关心民众的感受或生产情况，只对纯粹的军事情报感兴趣"。[53] 具体来说，柏林希望提前得知盟国的军事计划。现在美国已经参战了，他们肯定会在北非、法国、挪威或其他某个地方发动反击，试图把德军逐出占领区。冯·卡斯特霍夫需要"盟军反攻方面的情报。他们会向哪儿进攻？他们接受怎样的训练和指导？他们是否正在学习某门外语？他们在什么样的海滩上训练？"[54] 波波夫须尽可能多地发来关于军事准备的情报，由德国人自己负责推演判断。

波波夫带着这项新任务返回英国，口袋里揣着 2.5 万美元现金，外套垫肩里还缝有 5 根浸泡了新型隐形墨水的火柴棒。英方已经为他在凯莱奇酒店安排好了一个房间，但塔尔·罗伯逊让军情五处的司机乔克·霍斯福尔接到波波夫后，从机场直接开车送他到塔尔位于西伦敦①的私宅，"这样既可以满足我的好奇心，同时还能欢迎他回家"。[55]

波波夫似乎"很健谈，但东一茬西一茬讲得相当混乱"，他对"美国之行含混不清地表达了很多愤恨和委屈"。[56] 不过，他站在哪一边则毋庸置疑。"他肯定是我们的人，我毫不怀疑他的忠诚。"[57]

101　在第二天早上的报告会上，波波夫当着罗伯逊、马斯特曼和威尔逊的面，在几个口袋里到处翻找冯·卡斯特霍夫给他的现金，最后从大衣口袋中掏出一沓纸币，把它们全都扔在桌子上。马斯特曼震惊

---

① 西伦敦是所谓英国上流社会的聚居地。

于"他对金钱如此漫不经心",并说:"很有可能这笔钱就算丢了或被抢了,他也不会太在意。"[58]波波夫解释说,他的那几个德方负责人在搞欺诈,"既通过汇兑获利,又从柏林提供的经费中大肆揩油"。[59]不过他一点也不生气,似乎认为这就是正常的商业惯例。"我被约翰尼欺骗,我被冯·卡斯特霍夫欺骗,"他说,"我想卡姆勒也从外汇兑换中赚了不少钱。"[60]波波夫再次敦促军情五处招募他口中那个"极其反纳粹"的耶布森。[61]如果处理得当,"约翰尼会提供很多信息"。[62]

他坚持认为德国人已经不再怀疑他的忠诚度了:"任何针对我的质疑在第一天就已一扫而空。"[63]塔尔指出,波波夫的个人魅力是他最强大的防御武器。"当他与德国人对质时",这种不可思议的"能力便能将其观点强加于人,洗清自己的嫌疑"。[64]冯·卡斯特霍夫"丝毫没有怀疑",答应寄一封信到萨沃伊酒店,里面隐藏着三张印有新任务调查表的微缩照片。[65]军情五处总算松了一口气:"冯·卡斯特霍夫把'三轮车'视作自己的特工,为他辩护,还从这项业务中捞了不少好处。"[66]这是胁迫和操纵这个德国人的大好机会。不过,正是德国人渴望得到关于盟军登陆计划的情报,这才让塔尔冒出了一个新想法。冯·卡斯特霍夫迫切希望搜集到尽可能多未经分析的原始军事情报,他曾对波波夫说:"我们会据此自己推导出结论。"[67]

塔尔敏锐地注意到了这一点,意识到只要经过仔细谋划,就有可能误导德国人的判断,得出"双十"团队希望其得出的结论。

第八章

生死博弈

1942 年 8 月 15 日，罗曼·切尔尼亚夫斯基在里昂乔治啤酒馆 102
的洗手间里与他的专案负责人胡戈·布莱谢尔接头。在这几周内，
这个波兰间谍学会了如何组装无线电发报机，牢牢记住了他的密码
表。经历了数月牢狱之灾后，他还在迪弗勒努瓦街安全屋隔壁的中
餐馆"胡吃海喝"，重新恢复了体力。[1]他的鞋跟中隐藏着两个发射
晶体元件。切尔尼亚夫斯基悄悄越过边境进入法国维希政府管辖区
域，并遵照奥斯卡·赖尔上校的指示，同波兰情报部门取得联系，
说他成功越狱出逃，现在需要尽快前往英国。他没有透露自己与上
校的交易内容。波兰谍报机构联系军情六处，计划让这位"行际盟
友"领导人撤离。尽管该谍报网已经被彻底破坏，他却奇迹般地逃
脱了德国人的魔掌。切尔尼亚夫斯基将沿着转移越狱战俘的秘密路
线首先偷渡到中立国西班牙，然后乘坐最近一班飞机前往英国。

布莱谢尔一直在暗中跟踪他，同时也在南法尽情享受自己的
"自由假期"。他甚至从众多法国情妇中选了一个随行。自罗曼·切
尔尼亚夫斯基"逃跑"以来，这是两人第一次碰面。他们在乔治啤
酒馆洗手间的谈话很简短，也相当奇怪。

布莱谢尔略带尴尬地说，尽管"意识到他们之间若存在任何不 103
信任的迹象都将危及这一任务"，但根据德国的官僚程序，切尔尼
亚夫斯基需要签署一份忠诚"保证书"。[2]"不过是走走形式而已。"[3]
布莱谢尔递给他一份文件，上面用德语声明，切尔尼亚夫斯基"将
以军人身份为纳粹德国效劳，并自愿履行使命；如未尽其职，德国
有权采取报复行动"。[4]这看上去是例行公事，实际上却是赤裸裸的
威胁，就是让他明白，如果胆敢食言，那么他所爱的人便会被杀

死。只有像第三帝国这样凶残和官僚的国家才会要求一个人在自己家人的死刑判决书上签字，还真的认为这有约束力。切尔尼亚夫斯基签了字。

次日，布莱谢尔在奥尔良酒店收到一封信。上面写道："新欧洲的伟大缔造者希特勒万岁！"[5]此刻，切尔尼亚夫斯基正在前往英国的路上。

在伦敦，罗曼·切尔尼亚夫斯基被波兰团体视为归来的英雄，受到普遍欢迎：一个爱国的"超级间谍"在德军占领下的巴黎奋起反抗，然后不可思议地成功摆脱了敌人。[6]1942 年 10 月，英国和波兰情报官员对他进行了"最彻底、最详尽"的审问。不过，没有人嗅到阴谋的气味。这位波兰飞行员因其创建"行际盟友"网络所展现出的"巨大勇气和主动精神"而饱受赞誉。[7]军情五处记录道："他是天生的领导者，有很强的组织能力。"[8]波兰情报部门的斯坦尼斯瓦夫·加诺上校一年前就在伦敦会见过切尔尼亚夫斯基，他张开双臂热情迎接切尔尼亚夫斯基回来。切尔尼亚夫斯基从德国监狱逃出来的故事"令人惊异"，不过"每个人都相信是真的"。[9]几乎所有人都如此。但有些人觉得切尔尼亚夫斯基描述的内容太过英勇，反而不可信。于是流言四起，说"他的逃跑故事有些离奇"。[10]

104 切尔尼亚夫斯基并非唯一重现英国的法国谍报网成员。莫妮克·德尚（"蚊子"）是"行际盟友"南区负责人，"个子娇小，活泼而富有魅力"。[11]她也从盖世太保手中逃脱，设法穿过了英吉利海峡。玛蒂尔德·卡雷亦是如此。同切尔尼亚夫斯基一样，她同意前往英国，为德国人做双面间谍。在布莱谢尔的指导下，她使用被德国人收缴的"行际盟友"无线电设备发报，以维持她逃脱了搜捕，继续为盟国做特工的假象。1942年春，布莱谢尔让她给伦敦发送信息，以担心自己即将被逮捕为由，请求撤离法国。英方同意派小艇到法国海岸接她。"按计划，我应该在伦敦尽可能探听正在法国为盟国工作的特工名字……之后，就是大围捕。他们答应给我一笔巨款，让我去德国旅行，还承诺在纳粹发行量最大的报纸上刊发我的回忆录。"[12]玛蒂尔德被她的德国情人深深迷住而不能自拔。她保证从伦敦鞋店给布莱谢尔"捎几双鞋"回来。[13]布莱谢尔也许憎恶英国，但他对英国的手工鞋情有独钟。

　　在布列塔尼海岸拉尼永镇（Lannion）附近的比伊角（Bihit point），玛蒂尔德·卡雷登上了一艘英军快速炮艇（布莱谢尔已经做好安排，确保不会出现德军巡逻队打断这次接头）。在伦敦，一名穿着制服的英国军官审问了玛蒂尔德。他的举止无可挑剔，神情坚毅如钢。她后来说："盎格鲁－撒克逊人那种装腔作势的范儿往往比高卢人的激情冲动更讨人喜欢。"[14]再一次，她几乎立刻就被搞定，把自己已被阿勃维尔招募为间谍的事情和盘托出，却又坚持说她一开始就打算一旦踏上英国土地，便立即弃暗投明。然而，她并没有交代自己与胡戈·布莱谢尔的关系，也没有坦白她在德国人破坏"行际盟友"过程中所扮演的角色。英国人一时还拿不定主意该如何处置玛蒂尔德·卡雷，只好把她安置在安全屋，对其严密监视。

　　切尔尼亚夫斯基来到伦敦后，她的下场便注定了。他证明玛蒂尔德背叛了所有人："尽管她肯定充分意识到了灾难的严重程度，但她还是为虎作伥，因此罪行更为恶劣。"[15]布莱谢尔无疑对她施加了巨大的压力，"不过她也没有任何理由叛国，在明知战友将会被枪决的情况下而背叛他们"。[16]切尔尼亚夫斯基当然没有供述他也被德国情报部门招募的事情。

玛蒂尔德被捕后被关进艾尔斯伯里（Aylesbury）监狱，在那里度过了余下的战争岁月。

切尔尼亚夫斯基这位被授予了勋章的战争英雄，得到了一份波兰流亡政府指派的案头工作。他和莫妮克·德尚搬进布朗普顿（Brompton）的一套公寓，在一起同居。自战争开始以来，切尔尼亚夫斯基的生活第一次显得那么风平浪静。然后，他抛出了军情五处称之为"重磅炸弹"的东西。[17]

抵达英国六周后，切尔尼亚夫斯基向波兰情报部门的斯坦尼斯瓦夫·加诺上校提交了一份 64 页的英文打字文件，标题是《生死博弈》。开头写道："德国正进入输掉这场博弈的最后关头。以宏大的方式结束这一切正是我的抱负……"[18]切尔尼亚夫斯基接着详细描述了他被德国情报机构招募的经过：在弗雷讷监狱牢房的谈话，与布莱谢尔和赖尔达成的协议，他的具体任务，以及伪装逃脱德国监禁的情况。作为证据，他拿出了"一直藏在鞋跟里的无线电发射晶体元件"。[19]他说，他只是在演戏，"执行精心制订的计划来愚弄德国人"。[20]他还坚称："在同德国人'合作'的整个过程中，他们没有从我这里得到任何线索，来帮助他们打击我们或盟国在欧洲大陆的组织。"[21]

这名双面间谍现在主动提出转为三重特工，并指出他的位置举
足轻重，可以通过无线电向德军最高统帅部报告任何盟国情报机构
想要告诉他们的事情。这个游戏的规则由切尔尼亚夫斯基制定：
"我要亲自与英国人，或者更确切地说，与一个可以单独掌控整个
计划，并对计划全权负责的英国官员讨论所有资料……我将作为专
家参与其中。"[22]他逃离法国的真实情况应该对波兰情报部门的其他
人保密："为了正义事业，我的逃跑故事必须继续被视为真相。"[23]

这份非同寻常的文件以一种他特有的宏大叙述风格收尾："我
确信，如果现在就制订一套精密的计划，并按条理执行，严格落
实，那么这场生死博弈必定成功，结出丰硕成果。如果我在组织行
动中犯了错误，那么就宣布我在空难中丧生了。这条消息可以挽救
我的家人和同事。"[24]

加诺上校读完这份报告，抬起头，满脸错愕，就在他开口前，
切尔尼亚夫斯基摆出一副终场时的戏剧性姿态，说"如果他的请求
被拒绝，德国人又发现他未能履行军职，那么就请给他一把左轮手
枪自尽"。[25]

加诺的第一反应是震惊，接着便是狂怒。切尔尼亚夫斯基竟然
对长官撒谎，故意隐瞒逃亡真相。他与敌人达成协议，而且来到英
国数周后还继续隐瞒。他让加诺看起来像个傻瓜。切尔尼亚夫斯基
回答说，之所以现在才透露实情，是因为他"不确定德国人在多大
程度上渗透到了伦敦的波兰流亡政府总部"。[26]关于内部可能窝藏敌
方间谍的暗示更是让加诺怒不可遏。他命令切尔尼亚夫斯基回到公
寓等待进一步命令，并宣称他坚信（且对此从未动摇）切尔尼亚夫

106

斯基是个活该被枪毙的"恶棍"。[27]

切尔尼亚夫斯基的论述（他本人称之为"他的册子"）被转送到了B1A组的塔尔·罗伯逊手中。如果切尔尼亚夫斯基说的是

107 实话，那么他就可以为"双十"团队所用。假如他像玛蒂尔德·卡雷一样，是在撒谎，则应该把他关起来，必要时进行审判并处决。英国人必须迅速下定决心，因为如果切尔尼亚夫斯基要向德国人证明自己的价值，就得尽快与后者取得无线电联系。克里斯托弗·哈默再次受命找出这名潜在的双面间谍的行为动机，并决定其最终命运。

哈默花了好几天时间审问切尔尼亚夫斯基。凭借对间谍心智的卓越洞察力，他的最终分析报告成为一篇心理学上的杰作。哈默的结论是，切尔尼亚夫斯基说的是事实，但没有说出全部事实，只是说出了符合他目的的那部分事实。他声称阿勃维尔招募了他，而他显然是自愿为他们做间谍；他坚称自己是在逢场作戏，但德国人确实成功地给他描绘了一个美好前景，安抚了他的虚荣心；他来英国是为了摸清战争走向，只不过是在评估了形势之后才决定坦白。

哈默写道："对于他是否诚实，必须打一个大大的问号。他有可能正着手进行某种形式的三重欺骗。"[28]但是，切尔尼亚夫斯基在一个重要方面是可靠的：

> 他对自己的国家忠心耿耿，而且……他关注的每一个问题都与波兰民族的命运息息相关。他天性自负，喜欢出风头。这很可能是源于他的（矮小）体型。我们对待他的方式决不能陷入他的预设模式。他很有个性，表现欲极强，因从事间谍工作

而形成了自尊自大的性格特点。他在某种程度上把自己当作了波兰的圣女贞德，夸大和高估了他所扮演的角色的重要性。[29]

哈默试图想象切尔尼亚夫斯基在弗雷讷监狱里的样子——"一个忠诚、有着炽热爱国情操的波兰人，身体和精神都很虚弱"。[30]他在脑海中重现了这样一幅场景：108

> 随着身体每况愈下，他更加容易亲信德国人的鼓动，也更为迫切地希望实现自己的宏图大愿。德国人对他的信心与日俱增。当他提议自己或许也可以为他们充当间谍时，德方认真地考虑了这个建议。他本人确实认为波兰和德国之间有可能达成协议。[31]

但当切尔尼亚夫斯基一抵达英国，哈默猜测说，他便洞悉德国人歪曲了当前的政治形势。

> 他发现这里的波兰官员到目前为止不但不想同德国合作，反而决心继续与之对抗。他恢复了健康、体力和判断力，意识到作为一个忠诚爱国的波兰人，不可能完成德国人赋予自己的使命。于是，他以极具戏剧性的方式把自己的册子呈交给上司。[32]

切尔尼亚夫斯基是否忠诚，完全取决于他如何判断什么才是波兰的最大利益。哈默写道："我不认为他要以这个故事来掩盖其间谍行径。没有证据表明他来这儿有损英国利益或有利于英国的敌人，而且也无此可能性。"[33]他"为英国做出过巨大贡献"，[34]如果这件事处理得当，他还可以继续如此：

> 德国人只要觉得能将他控制于股掌，就会对他有信心。我们没有理由让他的发报机停止工作。凭借想象力和他独到的思维方式，我们也许能在很大程度上迷惑和骗过德国人，[不过]能否成功利用这个机会有赖于其合作意愿。[35]

然而，B1A组的一些高级别成员仍然顾虑重重。对规则一丝不苟的马里奥特指出，他们已经达成一致，"在任何情况下都决不容忍任何为我们服务的人又去为德国人工作"。[36]马斯特曼主张说："德国人放他走什么损失也没有。他们已经将其组织斩草除根，唯一剩下的事情就是处决掉他，而这只是没有意义的自我满足罢了。"[37]德国人很可能故意把切尔尼亚夫斯基送到英国来做卧底，"因为他们很清楚他会跟我们联手"。[38]如果是这样，那么他们从一开始就会知道他发来的情报都是假的。布莱谢尔和奥斯卡·赖尔只是单纯利用这个波兰人来找出英国人希望误导德国人去相信什么吗？盖伊·利德尔在日记中写道："我们还不能完全确认他的诚意。"[39]

关于如何处置切尔尼亚夫斯基的分歧，在谨慎的保守派马斯特曼和年轻的克里斯托弗·哈默之间引发了激烈争吵。后者激情万丈，渴望同这个波兰间谍合作。哈默认为，马斯特曼几乎"决意要把他砍了"，甚至"还想背着我"这么干。[40]就在哈默和秘书佩吉（Peggy）结婚的前一天，他给马斯特曼寄了一封"曾写过的最粗鲁的信"。[41]后来他们和好如初。"我珍视这个老家伙,"哈默写道,"我想他只是在做他自己的工作,明智且理性地阻止心血来潮的年轻人做出不负责任的事。"[42]但这个头脑发热的年轻人对自己的立场毫不动摇,坚持认为他们不应该"放弃这个机会"。[43]塔尔·罗伯逊表示同意。阿勃维尔设在巴黎的电台数周来一直试图进行无线电联络。英方最后决定,切尔尼亚夫斯基可以开始给他的德国主管发报,但只能是"在严密监视下"进行临时性行动。[44]波兰当局又疑又怒,召集了一个军事调查法庭对切尔尼亚夫斯基进行严厉训斥,并把他降级到"闲职"岗位。[45]

110

切尔尼亚夫斯基对事态发展很满意。"新游戏开始了,"他写信给哈默,"德国人输掉了上一局,现在肯定也赢不了。在我看来,这是一场艰难的博弈,但它可能会带来巨大的优势,尤其是在即将到来的决定性时刻。"[46]现在,他带着新使命和新代号,无比自负地踏上了其非凡特工生涯的第三阶段。在法国沦陷区,他选定的代号是"瓦伦蒂"(或"瓦伦丁");为德国人工作时,他是"休伯特";现在作为"双十"团队的双面间谍,他再次改换面目。从今以后,他就是特工"布鲁图斯"。

想出这个假名的人是接受过古典文学教育的哈默。"罗曼·切尔尼亚夫斯基曾被德国人策反,接着又倒向我们。所以我脑海中浮现出那句话——'也有你吗,布鲁图斯?(Et tu, Brute?)'①当

---

① 恺撒在罗马元老院前遇刺时,看到自己信任的布鲁图斯也是刺客之一,惊愕中说出这句话。

然，在德军占领的第一年，他曾非常勇敢地在巴黎执行危险任务，因此我想到了《尤利乌斯·恺撒》（*Julius Caesar*）中布鲁图斯的最后演讲，它开头便说'他是最高贵的罗马人'。①"⁴⁷ "也有你吗，布鲁图斯?"这句话既是文学史上对背叛行径最著名的谴责，也是一位英雄被所信任的朋友从背后捅刀子的控诉。哈默确信，与莎士比亚笔下那个著名的罗马人不同，罗曼·切尔尼亚夫斯基不会背叛他，不过他选择这个带有戏谑意味的代号显然表明他还是很忧虑。

---

① 罗曼·切尔尼亚夫斯基名字中的"Roman"正好又是"罗马人"的意思。所以，"布鲁图斯"这个代号兼具发音和内涵两方面的意义。

第九章

间谍与鸽子

特工"西里尔"是"双十"团队潜在的招募对象，不过并非军 111
情五处热切期待的那种类型。哈默后来回忆说，埃尔薇拉·德·拉·
富恩特·肖杜瓦是"我见过的最优雅的女人"。[1]她戴着一顶钟形女帽。
当她坐定摘下丝绸手套时，她露出"涂了指甲油的漂亮指甲"。[2]克里
斯托弗·哈默一时竟说不出话来。"她真的非常妩媚动人。"[3]

军情六处在埃尔薇拉从法国回来后，对其进行了盘问，认为她
"已尽其最大努力来完成任务"，然后把她交给塔尔·罗伯逊，建议
可将她转为双面间谍。[4]

哈默的任务是评估她的利用价值。他自我介绍是"帕尔默先
生"，而旁听的约翰·马斯特曼则自称"马斯特森"。[5]（专案官员使
用——并一直使用——尽可能与其真名近似的假称呼。这样，如果
有同事不小心叫出他们的真名，不明真相的旁人就会以为自己听错
了。）在接下来的一小时里，埃尔薇拉讲述了一个名叫比比的德国
特工在戛纳招募她，并答应每个月支付 100 英镑以获取政治和军事
方面的情报。哈默认为她"给人留下了良好印象"。[6]

塔尔·罗伯逊持谨慎意见。"我们还不清楚她是否毫无保留。"[7]
对她私生活的进一步调查表明，她可能因"女同性恋倾向"而受到 112
胁迫。[8]〔出于某种原因，军情五处在文件中经常大写"lesbian"一
词的首字母。这可能是传统教育的结果，因为这个词与莱斯博斯岛
（Lesbos）① 有关；又或者长官们认为，对女同性恋这样一个怪异物

---

① Lesbian 原指莱斯博斯岛居民。出生于莱斯博斯岛的古希腊女诗人萨福（Sappho）
的诗中有很多篇幅直白陈述作为一名女性对其他女性的爱欲，后世的西方便用"lesbian"
一词代指女同性恋者。

种，理应进行特殊的语法处理。］她以前就曾因言行不检点而受到过训斥。虽然"她显然接受了教训，放聪明了些，但若将她接纳为双面间谍，则必须考虑到这一点"。[9]英国人也不清楚招募她的那个德国人有何来头。截至目前，英国军情五处和军情六处搜集了大量德国情报人员的信息。这些数据被写到穿孔卡片中，然后输进"霍勒瑞斯机"（Hollerith Machine）接受处理，这是一种最初发明来处理美国人口普查数据的电子制表器。① 埃尔薇拉对赫尔穆特·布莱尔（比比）的详细描述被输进该设备中运行，但英国人"没有找到此人的任何信息"。[10]这个紧张焦虑、嗜酒如命的业余间谍似乎是在半独立行动。"我们以前从未有过这个人的记录。"[11]

马斯特曼的疑心最重。他不希望有女性加入团队，并指出一个轻率、囊中羞涩、好赌的"女同性恋"就意味着相当严重的安全风险。"我们**不**应该介入这件事，"他写道，"我不禁觉得，除非德国人有相当确凿的证据表明'西里尔'对他们很重要，否则不会给她这么多隐形墨水及其他装备。所以我又开始害怕她可能真的欺骗了军情六处。"[12]埃尔薇拉毫不掩饰对金钱的渴望。马斯特曼指出："她的开销不菲。要知道，军情六处已经为她花了一大笔钱。"[13]

哈默最终赢得了胜利。"我认为这个女人说的是实话，"他坚持说，"布莱尔把她视作可信赖的特工，并将其介绍给了自己的上

---

① 赫尔曼·霍勒瑞斯（Herman Hollerith）于 1889 年发明了一种用于人口统计的穿孔卡片和配套的读卡机，可以编程方式对数据进行统计、制表。美国在 1890 年人口普查中推广使用这一设备，大大提高了工作效率。霍勒瑞斯成立的公司后来更名为"国际商业机器公司"，即著名的 IBM。

级。"[14] "她在很多国家吃得开"，凭借这样的社会关系，埃尔薇拉就能从伦敦赌桌上和沙龙里打探消息，编造各种政治或社会流言来误导德国人。[15] 英国人要求埃尔薇拉解释为什么要当双面间谍，她的回答可谓过于直白。"她说自己根本没有这种想法，不过如果确实有什么用处的话，她也会这么做。"[16] 不管马斯特曼是如何怀疑的，她这样做并不仅仅是为了钱。1942 年 10 月 28 日，埃尔薇拉正式加入"双十"团队。哈默是她的专案官员，"向她再三强调这项工作必须绝对保密"。[17] 同"嘉宝"一样，她在英国广播公司干着一份掩护身份的工作，每月薪水与她从德国人那里得到的相当。在军情五处的监控下，她立即开始给布莱尔发送秘密信件。如果遇到困难，她可以联系格罗夫纳街 3171 号的"帕尔默先生"。作为预防措施，她的信件会被拦截，电话也会被窃听。

　　她现在只需要一个合适的新代号，这个代号必须精致、生动、令人陶醉，与这位打扮得漂漂亮亮的间谍相得益彰。哈默后来回忆说："我选择了一种以朗姆酒为基酒的鸡尾酒名称。"[18]（这是一种称为布朗克斯的马提尼酒，通常用杜松子酒调制，但在战时，海德公园酒店的酒保用朗姆酒、橙汁和苦艾酒来配制。）"当时杜松子酒供应不足，所以这是战争期间能买到的极少数鸡尾酒之一，"哈默说，"它简短的名字非常适合这位杰出的女性。"[19]

　　埃尔薇拉就此成为特工"布朗克斯"。

　　据说那位搬入亨登镇克雷斯皮尼街 35 号的小个子绅士是来自佛朗哥统治下的西班牙难民，在英国广播公司从事翻译工作。每天早上，普霍尔先生都要乘坐地铁到伦敦市中心上班，晚上回家与家人团聚。他几乎不会说英语，看上去颇有教养，有些腼腆，而且相当木讷。确实，从邻居们的角度来看，这对新来的夫妇唯一有趣的地方就是他们的婚姻状况。他们每晚都用谁也听不懂的西班牙语大声争吵，成为克雷斯皮尼街的乐趣来源。如果邻居们知道普霍尔夫妇正在就如何更好地从事间谍活动而争执，一定会大吃一惊。若他们发现这个矮小的西班牙人竟然不是在英国广播公司工作，而是整天待在杰明街的一间小办公室里，编造一支子虚乌有的间谍部队，恐怕要惊掉下巴了。

胡安·普霍尔的专案官员托马斯·哈里斯称他拥有"非凡的欺骗才能"。[20]哈里斯在这方面其实也不算差，不过特工"嘉宝"则是出类拔萃。这位欺骗大师善于无中生有，他"生活的全部意义就是专注于此，继续取得成功"。[21]与其他双面间谍不同，普霍尔"绝对忠诚"，从未受到质疑。[22]无论在哪个方面，他都是个疯狂追求极致的人。他和哈里斯两人整天窝在距离"双十"总部很近，也很方便的杰明街办公室里，创造出一个间谍世界。他们构思阴谋诡计，烹制"饲料情报"，甚至凭空捏造信息。他们把在加里波第意大利餐厅吃午饭当作休息，然后下午继续工作。有时，他们编造情报的工作会一直持续到深夜。

到1942年底，"嘉宝"的间谍网络包括了一名航空公司雇员，其任务是将"嘉宝"的信件偷运到里斯本；一个名叫卡洛斯（Carlos），住在格拉斯哥的委内瑞拉富家学生，以及他在阿伯丁（Aberdeen）的兄弟；一个在奇斯尔赫斯特（Chislehurst）工作的直布罗陀侍者，

114

此人有着强烈的反英情绪，因为"肯特郡的气候非常令人讨厌"；一位新闻部（Ministry of Information）西班牙科的高级官员；一个反苏的南非人；一名住在斯旺西（Swansea）的前威尔士海员，在普霍尔的描述下，他是个"完全不受待见的人"。[23]每个间谍的个性、活动内容和传来的信息都经过仔细构想、完善，并被记录在工作日志中。普霍尔设定有些下线特工知道自己在跟德国人合作，有些则是被蒙在鼓里的秘密情报源。他给一些人起了名字，其他人则保持匿名。他们提供的所谓信息都用隐形墨水写在看似无关紧要的信件上。德国人以为这些信件要么由信使传送，要么通过航空邮件寄往中立国西班牙和葡萄牙的多个掩护地址。事实上，它们都是装在外交邮袋里运来的。普霍尔得到授权为"下线特工"提供隐形墨水后，他们就能独立同德国人联系了；这些"下线特工"随后也开始招募他们自己的"下线"。于是这个网络开始自我复制、扩散。普霍尔和哈里斯的工作变成了一部永无止境、角色众多、不断扩展的小说。

用哈里斯的话说，"嘉宝"间谍网的早期目标是"提供大量或真或假的信息，以及各种问题，让德国人疲于应对"。[24]这些情报无论真实与否，都要经过"双十委员会"审核。甩给德国人的问题来源于纯粹的创造力，都带有普霍尔的夸张写作风格。"在这封信的最后，我必须为我们正在苏联作战，消灭布尔什维克的英勇军队送上一句'胜利万岁'。"[25]如果能利用大量虚构的间谍发出"尽可能多的令人困惑的情报"，将德国人淹没在如洪水般涌来的信息中，那么至少可以让他们觉得不必再派更多间谍过来了。[26]"我们让敌人在'嘉宝'项目上投入的精力越多，他们就越会意识到特工'嘉宝'对他们的重要性。"[27]通过不断强调普霍尔本人的"狂热忠诚、堂吉诃德式的气质和坚持不懈的精神"，[28]德国人将越发依赖这个每时每刻都需要被安抚和恭维的"喜怒无常的天才"。[29]他们送来金钱、鼓励，甚至对他工作的言过其实的"高度赞赏"。[30]

作为回应，胡安·普霍尔时不时就发通脾气，语气像一个暴躁而苛刻的情人。"为什么要让我遭罪？"[31]他的抱怨冗长而乏味，"我想让你们知道，我必须以朋友的身份真诚地告诉你们，如果不是因为我对你们心存尊敬，觉得你们会报答我；如果不是我在战争中心甘情愿为我们的事业奋斗了三年之久，并愿意继续为之而战；如果不是为了终结红色浪潮的那份使命感，我早就回西班牙了。"[32]普霍尔和他的德国负责人卡尔-埃里希·库伦塔尔的关系开始变得像一桩由施虐者和受虐者结合的婚姻，其中一方要让另一方谦卑地屈服于自己。普霍尔总是说些啰里啰唆的长篇大论来敲打库伦塔尔。"我们提出的条件越多，他们就越配合；'嘉宝'越是傲慢无礼、喜怒无常，他们的回应就越体贴恭顺。"

"嘉宝"间谍网提供的信息数量巨大，价值却相当有限，尽是些低级别军事情报、政治流言、公众舆论的反应等，偶尔也会出现百分百的假信息和必要的实物证据，比如他们曾把防毒面具内的晶体颗粒塞进安德鲁斯肝盐（Andrew's Liver Salts）① 罐子中，寄往西班牙。若"嘉宝"必须发送重要且真实的信息，则时机都经过精心

---

① 安德鲁斯肝盐是一种用来治疗轻度胃部不适的药物，呈粉末状。

安排，确保德国人来不及加以利用。库伦塔尔从来没有怀疑，为什么像防毒面具晶体颗粒这样不甚重要的物品能及时送达，关键情报却总是因邮政系统问题而延迟。罗伯逊的副手约翰·马里奥特当然也想到了这一点，他很想知道德国人为什么会看不出他们的特工"很少或从来不说谎话，但也同样从不说新鲜内容"。[33]在热恋中，受支配的一方往往会忽视，有时是故意无视对方不忠的蛛丝马迹。在德国人眼里，"嘉宝"未能及时提供高质量情报不是他的错，而是他们的责任。他越是努力尝试越是失败，他们就越珍爱他。

随着这群双面间谍陆续进入军情五处，塔尔·罗伯逊开始谋划打击德国间谍活动的新方法，并利用敌方间谍为盟军谋利。他逐渐把目标转移到信鸽身上。

一段时间以来，罗伯逊收到多份关于鸽子的长篇详尽报告，它们"从谍报工作的角度来讨论鸽子的可能用途和实际使用方法"。[34]（就像"女同性恋"一样，"鸽子"的首个英文字母在档案中也通常大写。）这些报告的撰稿人是空军上尉理查德·梅尔维尔·沃克（Richard Melville Walker），他领导着军情五处最秘密，也最奇特的部门之一：B3C 信鸽特勤组。该机构负责干扰敌人使用鸽子，同时部署盟国鸽子来传递秘密情报。

把沃克上尉说成"养鸽爱好者"并不能完全反映他对鸽子的热爱之情。他崇拜鸽子，为鸽子而活。他的长篇报告如鸽子般咕咕低语，宛若爱的诗篇。他告诉塔尔："多年饲养已使他的信鸽成为优良品种。"[35]它们拥有一种"神奇"能力，可以在方圆 700 英里内找到回家之路。[36]沃克介绍信鸽的方式同罗伯逊描述他最有价值的特工简直如出一辙。"在数百只同一品种的鸽子中，也许有一只会成为育种者梦寐以求的那种类型——个性十足、机智勇敢。这在很大程度上取决于鸟的个体素质，尤其是其性格和才智。"[37]

英国在第一次世界大战后撤销了军用信鸽部门。不过，鸽子仍然是一种传递信息的重要方式。它们可以快速、可靠地跨越敌方防线，而且几乎不可能被拦截。沃克早在第二次世界大战爆发之前就意识到，英国在信鸽竞争中已经落后于德国。纳粹把养鸽事业纳入帝国的核心要务：德国 57000 名鸽子爱好者必须申请由盖世太保颁发的政治可靠证书；犹太人被禁止饲养鸽子；德国信鸽协会（German Pigeon Federation）受党卫队控制。沃克报告说："希姆莱一生都是狂热的养鸽爱好者，把对鸽子的热情带到了盖世太保系统。"[38]德国将优生学理论也应用进来："任何鸽子不达标的鸽舍都会被铲除。"[39] 1937 年，德国举办了一场信鸽比赛，用飞机将大约 1400 只德国赛鸽送到英国，然后放飞回家。沃克认为这次比赛是个幌子，"目的是让尽可能多的德国鸽子适应从英国到德国的跨海飞行"。[40]

沃克确信纳粹饲养的鸽子正通过降落伞、高速汽艇和 U 型潜艇进入英国，为潜伏在英国的间谍提供一种神不知鬼不觉的方式，将信息送回德国控制下的欧洲沦陷区。沃克并不是唯一患有鸽子妄想症的人。经验丰富的苏格兰场①间谍捕手巴兹尔·汤姆森（Basil

---

① 苏格兰场一般代指伦敦警察厅。

Thomson）指出："如果有人与鸽子对话，他就一定有问题。"[41]一些专家声称能够识别出带有德国"口音"的鸽子。[42]

在军情五处的全力支持下，沃克上尉绘制了欧洲沦陷区已知鸽舍的分布图，并对目击到的可疑鸽子的情况进行记录（家鸽的飞行路线往往是一条明显的直线，尤其是飞越水面的时候）。他建议在派遣特工进入被占领区时，应该让他们携带鸽子而非无线电设备，因为"它们更容易投入工作，而且一旦被放飞，特工身上就没有证据可被定罪了"。[43]沃克设计了更为精巧的方式让鸽子传递秘密信息：用细针在羽毛上烧出小孔；在主翼羽的中空部分插入糯米纸；用防水墨汁在羽毛上写下莫尔斯码信息。敌方加强信鸽活动的迹象也越来越多：一只筋疲力尽的鸽子掉落在康沃尔郡海岸附近的锡利群岛（Scilly Isles）上，身上绑有用法语传递的情报；两只德国鸽子因恶劣天气从英吉利海峡被吹到对岸，它们携带了例行军事训练的信息。沃克报告说："这两只鸽子现在都是战俘，正在为英国努力繁殖下一代。"[44]

沃克上尉喜欢所有的鸽子，甚至是敌人的，但现在是战争期间，是时候发起攻击了。沃克选择的武器是猎鹰。1942 年，由三只猎鹰和一名训鹰师组成的猎鹰部队在锡利群岛成立，任务是拦截敌方鸽子。该部最终共截杀鸽子 23 只，可惜全是英国鸽。不过，这些现在可能被称为"友军误击"的事件并没有挫伤沃克的积极性。他得意扬扬地写道："猎鹰部队证明了它确实能够拦截鸽子。"[45]最后，这些猛禽都开了小差，飞得无影无踪。但此时沃克又想出了一个绝妙的计划。家鸽是群居动物，如果某只鸽子发现有其他鸽群飞过，便可能加入队伍，跟着它们回到别人家的鸽笼，特别是当它很疲惫的时候。这给了沃克灵感："如果把住在从康沃尔郡到诺福克郡海岸线 10 英里范围内的所有养鸽人组织起来，交错时间间隔放飞鸽群，那么便能形成一道屏障。所有敌方信鸽在归家途中就有很大机会遇到这些放风的鸽群，并加入其间。"[46]令人惊讶的是，沃克竟然获准执行该计划。这是有史以来最大规模的鸽群军事部署，也可算是某种意义上的空中国民警卫队了。沃克夸口说，这道屏障"覆盖了从兰兹角（Land's End）至克罗默（Cromer）这片海岸大约 10 英里纵深的区域"。[47]可惜它没有产生任何效果，原因很简单，德国人从未尝试过用鸽子从英国传递信息。不过沃克并不介意："如果他们这样做了，那么可以肯定的是，相当一部分德国信鸽会落入我们的鸽舍里。"[48]

沃克的信鸽报告得到了塔尔·罗伯逊的大力支持。利用鸽子进行欺骗行动的点子在他想象力丰富的大脑中有了雏形，而且很快就会付诸实施。

第十章

真特工，假卧底，双面间谍

"嘉宝"和"三轮车"把他们的谍报网织得越来越紧密，现在　120
随着"布鲁图斯"和"布朗克斯"加入，塔尔·罗伯逊意识到他
已经打造出一件杀伤力惊人的武器。"嘉宝"（普霍尔）完全迷惑
住了马德里的阿勃维尔分站。代号为"布鲁图斯"的切尔尼亚夫斯
基（假设他不是在玩什么邪恶的三重间谍游戏）与在法国占领区
的德国情报机构建立起全新的沟通渠道。"布朗克斯"（埃尔薇
拉·肖杜瓦）已经开始运作，在给德国情报部门的一个神秘分支
写信。得益于自己的专案负责人个个腐败透顶，"三轮车"（波波
夫）似乎把里斯本的阿勃维尔分站玩弄于股掌。在以上每一个专
案中，德国的间谍操纵者们都在不知不觉中被他们的间谍所操纵。
"嘉宝"在戏耍库伦塔尔；"布鲁图斯"同时支配着布莱谢尔和赖
尔；"布朗克斯"让布莱尔围着她精心修剪的小手指团团转；"三
轮车"知道，由于冯·卡斯特霍夫和卡姆勒利欲熏心、野心勃勃
且偏执妄想，他与德国人的关系发生了 180 度逆转。双面间谍现
在正在控制他们的控制者。

B1A 组后来会很奇怪，为什么他们花了这么长时间才充分认识
到"双十系统"的全部潜力。马斯特曼将其归咎于他们固执地以为
"在我方控制的间谍以外，还有一大批漏网之徒"。[1] 到 1942 年夏，
罗伯逊认为"有理由相信"所有德国间谍都暴露了。[2]"超级机密"
也没有发现任何蛛丝马迹来证明除了那些已经加入"双十"团队的　121
间谍外，阿勃维尔还掌控着其他特工。至 1942 年，几乎所有德国
情报机构的通信都被截获，每天有超过 200 条信息被破译。通过这
些宝贵的信息，军情五处勾勒出一幅德国情报部门的详细图景；它

的人员配置情况，它工作的方式方法，它的优势和弱点；英国人不仅知道谁是他们的对手，也清楚对手在做什么和想什么。事实上，他们比阿勃维尔更了解阿勃维尔它自己。

塔尔·罗伯逊对自己管理下的间谍期待越来越高。1942 年 7 月，他大胆提出一个惊人的主张：是他，而非威廉·卡纳里斯控制着潜伏在不列颠的德国间谍网络。因此，他可以让希特勒及其将军们思考他想让他们思考的东西。在呈交给"双十委员会"的正式备忘录中，他描述了这件"强大武器"[3]的威力："德国人在我国拥有的唯一特工网络现在正由军情五处所控制。联合总参谋部（Combined General Staff）借助军情五处的双面间谍，能够强有力地对德军最高统帅部施加影响。"[4]

罗伯逊的主张意义非同寻常。截至此时，"双十"组织的重点一直是抓捕更多间谍，获取关于德国人意图的信息，诱使敌人相信他们已经拥有了一个运作良好的间谍网络。英国人也利用双面间谍进行宣传鼓动，影响敌人的思维，但在这方面目前作用还非常有限。经过几个月喂送真实但也无关紧要的琐碎信息后，他们现在有机会系统地传送带有误导性和可能对德国造成严重破坏的情报了。从临时拦截和策反敌方特工开始，"双十"组织逐步发展为一个名副其实的欺骗系统：来自某一个双面间谍的误导信息能够得到其他所有间谍的印证。这个错综复杂、自我强化的机构可以在"德国的文件上填写我们希望出现的内容"。[5]从 1942 年夏天开始，"双十委员会"就开始试图影响德国的整体战略，悄悄钻进希特勒的大脑，从而对德国造成巨大甚至是决定性的破坏。

"我们脑海中总是浮现出这样的想法，"马斯特曼写道，"遥远的未来将出现一个伟大的日子。我们利用特工对敌人实施宏大的终极骗局。"[6]就目前而言，谨慎才是关键。尽管卡纳里斯对他安插在英国的特工网络颇为自鸣得意，但德国军事情报部门逐渐警惕起来。柏林的阿勃维尔高层就曾收到这样的警告："敌人越来越不择手段，而且不排除他们渗入我方谍报网的可能。"[7]"双十系统"的所有特工都彼此关联，这项特质既是优势，也是劣势。正如一个德国情报官员所说："如果一颗珍珠是假的，那么整串珍珠都是假的。"[8]只要犯一个错误或有一人背叛，德国人就会发现他们的特工不是一个，不是几个，甚至不是大多数，而是**所有**人都在欺诈。在这种情况下，英国最高司令部（High Command）非但不能左右德国人的思想，反而会让希特勒确切地知道英国人试图给他提供哪些虚假信息，从而调整计划。尽管罗伯逊胆大包天，但他还是害怕手下某个双面特工的是三重间谍，那么改变战争进程的新式武器不仅毫无作用，还可能把盟军引向灭顶之灾。他想道："在这种情况下，我们一直无法确定是德国人在愚弄我们，还是我们在欺骗对方。"[9]B1A组的心理专家吉塞拉·阿什莉试图让他放宽心，坚持认为"虽然纳粹十分擅长欺诈"，但他们缺乏耐心，也不够狡猾，不可能建立"一套精心设计的欺骗系统"。[10]

大家一致商定，"极少数非常重要的特工应该为大规模欺骗行动做好准备，这在关键时刻可能具有极其重大的意义"。[11]正如马斯特曼所说，虽然这样的"高光时刻"离现在尚有一段时日，但还是能够从远处遥遥窥视到。[12]而当"英军中靴子擦得最亮"的那个全 123

国头号欺诈者加入进来后，他们的梦想离实现又近了一步。[13]

"双十委员会"的最新成员约翰尼·H. 贝文（Johnny H. Bevan）上校是个性格古板，穿着打扮无可挑剔的股票经纪人。他喜欢玩板球，智力远超常人，醉心于工作。贝文习惯以貌取人，尤其不能容忍制服邋里邋遢。但在英国军队中，恐怕没有人比他更清楚外表是可以骗人的。他从 1942 年 5 月起领导伦敦控制部（London Controlling Section，LCS）① 的工作，奉温斯顿·丘吉尔之命，"开始制订全球范围的欺敌计划"，并负责落实"旨在迷惑或误导敌人的行动"。[14]作为控制部负责人，贝文将担任战时欺骗系统的幕后操纵者，隐藏在白厅②地下的内阁战情室内，监管着一张遍布全球的欺骗大网。

1942 年 9 月，贝文进入神秘的"双十"世界。战争余下的时间里，双面间谍不再是表演余兴节目的配角，而是将完全融入军事行动之中。马斯特曼写道："我们拥有一件已经过测试的乐器，可以把它交给控制部官员用于他的欺骗计划。"[15]贝文演奏这件乐器时，俨然就是艺术大师。

对塔尔的首次考验是 1942 年 11 月登陆北非的"火炬行动"（Operation Torch），这是盟军第一次实施大型两栖攻击。贝文制订了一个欺敌计划，其目的是误导德国人判断盟军的进攻方向是法国

① 伦敦控制部成立于 1941 年 9 月，其任务是协调、制定盟军在第二次世界大战期间的战略军事欺骗行动。

② 白厅是伦敦的一条街道，很多英国政府机关设置于此，因此往往代指英国政府。

北部地区和挪威，同时企图解救马耳他岛。执行这项任务的双面间谍有挪威人"马特"和"杰夫"，"三轮车"的下线"气球"和"果冻"，还有"泰特"，但主要工作则落到"嘉宝"和他的虚构间谍网上。他们报告说，大批部队正在苏格兰集结，显然剑指挪威，为跨海作战做准备。许多其他琐碎的旁证也汇总过来，试图牵制住德军，诱骗敌人远离真正的攻击点。即便德国人不上钩，至少也能引起混乱。"嘉宝"在虚构假特工之初，只是为了方便而将他们简单地分散到英国不同地方。比如，"威廉·格伯斯"（William Gerbers）是居住在利物浦的德裔瑞士商人，他甚至在"嘉宝"到达英国之前就被编造出来了。此时有大批舰船和军队正在默西河（Mersey）① 集结，即将登陆北非。如果"格伯斯"确有其人，他肯定会看到这一切，那么如何解释这名活跃的特工没有上报如此明显的进攻行动的前奏呢？解决办法既简单又粗暴："格伯斯"得了"不治之症"，病入膏肓，然后被"嘉宝"他们判了"死刑"。[16]军情五处甚至在《利物浦回声报》（*Liverpool Echo*）上刊登了死亡讣告，普霍尔将其剪下并寄给了德方负责人。德国人随后发来一封吊唁信。

然而，为了维持"嘉宝"不断高涨的谍报声望，他还需要证明自己能够获得高级别情报。因此，他寄出两封信，信内均包含正确信息：第一封准确报告了有一支舰队于 10 月 29 日离开克莱德河（Clyde）② （"我履行职责，向你们通报这一危险"[17]）；第二封是来

① 默西河，英格兰西北部河流，全长约 113 千米，流经利物浦。
② 克莱德河，苏格兰境内的主要河流之一，全长 176 千米，流经格拉斯哥。

自新闻部的消息，表明法属北非即将发生登陆作战。B1A 组故意让这组情报在登陆前夕到达西班牙，那将为时已晚，对德国人而言已经没有任何用处了。

11 月初，盟军在卡萨布兰卡（Casablanca）、阿尔及尔（Algiers）和奥兰（Oran）登陆，德军完全措手不及。尽管如此，普霍尔的德国主管还是对他所表现出的忠诚和效率感到满意，只是邮政系统让他的努力付之东流。"你的最新报告都很精彩，但我们很遗憾它们姗姗来迟，尤其是那些关于英美军队在北非登陆的情报。"[18]贝文很快就得到了晋升。马斯特曼是个不带个人感情的现实主义者，没有把功劳都归于"双十"团队："这次成功并非主要源于骗局的胜利，更谈不上是双面间谍系统的成就。"[19]事实上，是德国人认为盟军缺乏足够数量的舰船来实施这样的登陆，结果愚弄了他们自己。"双十系统"可能还没有强大到足以让敌人对一个虚构的计划深信不疑，不过它已经可以协助掩饰真正的目标了。这预示着双面间谍们将来能够取得更令人振奋的成就。

带着成功教练的眼光，马斯特曼满意地回顾了这个赛季。他写道，到 1942 年底，"队伍明显更强了"。[20]一些引人瞩目的新队员走进竞技场，如"布朗克斯"和"布鲁图斯"。"嘉宝"越来越适应工作状态。"三轮车"又回到了队中。但板球和间谍活动不仅需要技巧，耐心也同样重要。"如果特工们将来有一天要大展身手，他们就必须得到锻炼并保持状态，这样我们才能在适当的时候，确保拥有一支值得信赖、随时听从召唤的特工队伍。"[21]马斯特曼知道，队员只是成功团队中最耀眼的那一部分，要赢得胜利，还取决于教练、专业顾问和幕后工作人员。

双面间谍们组成了一支鱼龙混杂的队伍，但管理"双十系统"的男男女女在某些方面甚至显得更加怪异。塔尔·罗伯逊有意将那些与众不同的人聚集在身边。他们如此另类，与普罗大众格格不入。这一方面增强了保密性，另一方面也让他们发展出一种其他传统部队永远无法企及的、独有的同志之情。团队中有冷漠审慎的约翰·马斯特曼，"这位年长而睿智的权威人物能够阻止那些缺乏经验的年轻人因冲动而做出不负责任的事情"。[22]马斯特曼可以"保证以完全合乎逻辑的方式清晰论证问题的各个方面，然后用沉闷的音调宣布自己站在更有利的一边"。[23]约翰·马里奥特，这位言辞犀利、剑桥大学出身的律师从不掩饰自己的观点，宣称双面间谍与骗子只有一步之遥。团队中还有性格外向的艺术品经销人汤米·哈里斯，喜好享乐的实业家比利·卢克，来自马戏团的西里尔·米尔斯，以及报业大亨的儿子休·阿斯特。每个人都没能走上传统的军旅仕途。克里斯托弗·哈默一只眼睛几乎失明，因此无法在部队中晋升；阿斯特在童年时患上了小儿麻痹症，终身跛脚；伊恩·威尔逊能够在纸上出色地探讨人性问题，却不敢与人面对面交谈；吉塞拉·阿什莉如果不是女性，就一定会成为优秀的军官；尤恩·蒙塔古年事已高，不适合在前线作战；马斯特曼则为内疚所困扰，因为他在第一次世界大战期间被关押在德国，错过了与同辈人一起冲锋陷阵、血染沙场的机会。为了补偿无法直接参加战斗的缺憾，他们把才华奉献给了比拼智力的战场。

这些"没有接受过任何训练"的人虽然坐在办公桌后面，但就像其他人用枪弹作战一样，以语言、思想和信息为武器，进行着特殊的战斗。[24]正是从不知疲倦的吉塞拉·阿什莉促使团队发明出更大胆的欺骗方式，还提醒同事们，德国人的思维总是一根筋，团队可以充分利用这一特点。"那些在英国人，甚至是在从事'双十'工作的英国人看来都荒谬绝伦、难以置信或天真幼稚的东西，典型的纳粹分子就是可能会全盘接受，信以为真。"[25]

　　如同双重间谍过着双重生活一样，每个专案官员也必须努力融入他们所管理的特工的生活中去。"专案官员必须认同自己在专案中的身份，"马斯特曼写道，"他必须用特工的眼睛去看，用特工的耳朵去听；间谍活动危机四伏，他必须忍受随之而来的神经紧张；若德国人称赞特工表现出色，他也必须全心全意地为此欢欣鼓舞。"[26]不仅如此，经过"最细致的心理研究"后，专案官员还必须想象自己过着对手德国人的生活。[27]通过埃尔薇拉·肖杜瓦的信件，休·阿斯特试图掌握她的德方负责人赫尔穆特·布莱尔的行事模式；伊恩·威尔逊尽力深入了解贪污腐败但富有魅力的卢多维科·冯·卡斯特霍夫；汤米·哈里斯开始对卡尔-埃里希·库伦塔尔产生了某种亲密感，"嘉宝"的虚构世界之所以成立，正是得益于此人盲目轻信。这些德国人都是亲密的敌手。

　　以如此高的风险管理一群如此善变的双面特工，他们的精神承受着巨大压力。马斯特曼说："我们就是在玩火。"[28]有些人，如威尔逊，靠狂饮红杜松子酒来缓解紧张。每个人都烟不离手。然而，在圣詹姆斯街拥挤而烟雾弥漫的房间里，也充满着独有的欢乐情绪。他们的共同使命不仅重要，而且经常会显得荒诞滑稽，偶尔还让人感到颇为有趣。吉塞拉·阿什莉在分析一条德国人发给波波夫的信息时，被"没有头发（hairs）的淋病专家"这句话给难住了。[29]德国人暗指的是谁呢？波波夫本人奇迹般地没患性病。"这可能是在重口味调侃约翰尼·耶布森，"威尔逊以一种令人费解的微妙语气暗示说，"根据我们对他生活习性的了解，这么描述并非不恰当。虽然他头上的毛发确实浓密，但这可能不是指他的头，而是某个别的部位。"①[30]这的确是一场奇怪的战争。

大部分工作是纸面上的。他们须仔细收集、甄选材料，起草、改写要发送出去的信息。"双十系统"在某种程度上是文件归档的胜利。马斯特曼坚持认为，"只有记录保存完好，才能避免特工犯下'致命'错误或出现前后矛盾，从而引发怀疑"。[31]B1A 组的档案文件发展到了"相当惊人的规模"，每一份都有索引且文件间相互交叉引用，确保"任何一名特工的信息都必须与其早前发出的相一致，而且不能同其他特工的信息产生矛盾"。[32]关于敌方情报官员和特工的文档后来增加到 20 多卷，形成一部名副其实的德国间谍名人录。仅"嘉宝"一案，档案就有 21 卷，超过 100 万张纸。由于现有间谍的工作很出色，德国派遣来英的间谍数量在减少，但并没有停止。加泰罗尼亚分离主义者约瑟夫·泰拉德拉斯（Josef Terradellas）被英方策反，新代号是"唇膏"（Lipstick）；瓦尔德马·亚诺夫斯基（Waldemar Janowsky）乘坐 U 型潜艇抵达加拿大后，成了加拿大皇家骑警和军情五处联合管理下的特工。最值得注意的新

①　这是个荤段子，"hairs"既可特指头发，也可泛称身上的所有毛发。

来者是英国人埃迪·查普曼（Eddie Chapman），一个专门撬保险箱的窃贼。他于 1942 年 12 月空降到东安格利亚（East Anglia），后来被发展为特工"锯齿"（Zigzag）。每个新加入的特工，每个被抓获的间谍，每个潜在的新任双面间谍，都使这套系统更加强大有力，也令堆积如山的文件摞得更高。

带着些许不安，军情五处决定向温斯顿·丘吉尔汇报"双十系统"的情况。犹豫的原因并非首相对间谍了无兴趣，恰恰相反，他对欺骗行动非常着迷。在回顾战争期间的间谍活动时，他愉快地写道："纷乱中的纷乱，阴谋中的阴谋，诡计和背叛，欺骗与出卖，真特工，假卧底，双面间谍，金钱和武器，炸弹、匕首与行刑队，这一切盘根错节，扑朔迷离，令人难以置信，但又千真万确。"[33]事实上，丘吉尔对间谍这类微妙精致的工作**太**有兴趣了，以至于有横加干涉的风险。"双十委员会"是经丘吉尔批准成立的一个非正式机构，但并没有被授予内阁部门的职责。这样一来，委员会就"不能声称他们的所作所为得到了'授权'"，严格来说，其中许多事情就是非法的。[34]今天，这套把戏被称为"合理的推卸"（plausible deniability）。如此安排赋予"双十"团队不同寻常的行动自由，也让丘吉尔保持在一定距离之外。当有人第一次提出首相应该了解实际情况时，B 科负责人盖伊·利德尔担心他"得知某些特定项目后，会贸然采取行动，这将对团队正在进行的工作造成灾难性影响"。[35]不过直到 1943 年初，这套系统依然运行得非常顺利。它潜力巨大，其重要性肯定会引起想象力丰富的丘吉尔的注意。于是大家同意把这出大戏的演员和剧本一点点向他透露。

1943 年 3 月，提交给温斯顿·丘吉尔的第一份月度报告上附有一份间谍清单。"总共有 126 名间谍落入我方之手。其中有 24 人表示服从，现已被策反为双面间谍。此外，还有 12 个真实、7 个虚构的人物作为'双十'特工混入敌人之中。13 名间谍已被处决。"[36]报告描述了"嘉宝""锯齿"的情况，还提到"马特"和"杰夫"刚刚在一处偏远的苏格兰峡谷收到伞降下来的无线电设备、200 英镑钞票，以及破坏装备。丘吉尔被吸引住了。他在报告末尾潦草地写道："非常有趣。"[37]

在合适的时机，他又了解到了"三轮车"、"布鲁图斯"和"布朗克斯"的情况。这些报告由安东尼·布伦特撰写，他将长长的初稿压缩，然后呈交首相；特工"托尼"也把这些情报传到了他的苏联负责人手中。斯大林对"双十系统"的内情了如指掌。事实上，正如军情五处的官方历史学家克里斯托弗·安德鲁（Christopher Andrew）所言，苏联领导人"读到的报告很可能比丘吉尔的更详细"[38]。

当丘吉尔得知葡萄牙大使馆的一名职员同时是德国和意大利的双料间谍时，他在旁注中写道："为什么不枪毙他?"[39]这证明没有让他过早卷入这个项目实乃明智之举。不过，丘吉尔也没有走极端。相反，他逐渐沉浸在这个关于欺骗与出卖、真特工、假卧底、双面间谍的离奇故事中。

根据马斯特曼的报告，埃尔薇拉·肖杜瓦正成长为一名"非常称职的特工，依靠信件传递情报"[40]通过窃听其电话，"没有发现她有任何亲德倾向"，报告"仅仅提醒要持续关注她的财务状况".[41]同之前一样，埃尔薇拉的收支状况简直一塌糊涂。各个夜总会的未付账单显示，她很享受回到伦敦后能一头扎进"高消费场所"。军情五处的监视人报告说："她每晚都玩桥牌或扑克，主要混迹在汉密尔顿俱乐部或克罗克福德赌场，显然下了很大赌注。她没有任何背叛我们的行径。"但此人又补充说："尚不清楚她是否还保持着同性恋倾向。"[42]（事实上，她依然如此。）

在休·阿斯特的警惕目光下，她开始用隐形墨水写信，然后将其寄往里斯本圣灵银行或蒙特卡洛巴黎大饭店，再由这里的人员转交到赫尔穆特·布莱尔手中。据阿斯特说，这些打掩护的信件"全是些毫无意义的女性八卦"。[43]"文字极具其个人风格（与我写的文章风格相去甚远）。在我看来，只要干涉她写作，就有可能让敌人发觉这些信是在别人控制下写成的。"[44]她用火柴棒蘸着隐形墨水，在行间以大写字母记录布莱尔可能感兴趣的东西。起初，她的观察报告平淡无奇："上周，我看见一个男人把一卡车食品卸到罗汉普顿（Roehampton）教堂旁边一所空荡荡的老房子里。"[45]不过，随着她越来越自信，她和阿斯特开始插入半真半假的信息、传闻、宣传元素和不会产生危害的军事细节。阿斯特写道："在伦敦任何一家高档桥牌俱乐部都能找到她的友人。而且作为好些个英国'社会名流'的朋友，她可以探听到很多政府圈子内的小道消息。"[46]她的熟人中包括了诸多贵族，如卡那封勋爵（Lord Carnarvon）、马尔伯勒公爵（Duke of Marlborough）、内阁安全委员会主席达夫·库珀（Duff Cooper）等，还有其他一些高级军官。

除了汇报她确实听到的某些重要信息外，埃尔薇拉在阿斯特的

指导下还编造了一些额外的故事，并安插到她自己煞有其事地宣称
见过面的人头上，如丘吉尔的女婿，同时也是战时内阁委员会主席
的邓肯·桑兹（Duncan Sandys），以及报业巨头比弗布鲁克勋爵
（Lord Beaverbrook）和凯尔姆斯利勋爵（Lord Kelmsley）。军情五处
借真人之口，说他们想说的话，从头到尾毫无顾忌。阿斯特后来回
忆说："我们非常小心地让每个细节尽可能显得真实可靠。恐怕我
们借用了很多人的名字，虽然这么干其实也没啥作用。我们肯定暗
示了［前］陆军大臣奥利弗·斯坦利（Oliver Stanley）、洛瓦特勋
爵（Lord Lovat）和蒙巴顿勋爵（Lord Mountbatten）等贵胄都在她
的朋友圈中。当然，这些人并不知道'布朗克斯'把一些轻率言论
安放到他们名下。如果他们知道此事，一定会大发雷霆。"[47]埃尔薇
拉为了增加收入，给英国一些知名报刊写了多篇强烈反对纳粹的文
章。她为此在密信中向布莱尔道歉说："我希望你读到我在《星期
日图画报》（Sunday Graphic）上的文章后不会介意，因为我必须让
大众都知道我憎恨德国。"[48]

德国人支付的第一个月工资 100 英镑款项很快就汇入她的瑞士
账户。不过，这笔钱比起她的庞大债务，只是冰山一角而已。哈默
建议军情五处的会计能出手更大方一些。"她是个花钱如流水的女
人。如果允许她留下德国人汇来的资金，我们的工作会更加顺
利。"[49]她很满意账户上的汇款"定期抵达"，但它们总是会"少去
很多"。[50]这表明"德国那边有人在揩油"。[51]这个德国人贪腐的证据
让英方冒出来一个新主意。"布朗克斯"写信建议布莱尔或他的同
事们可以筹一大笔钱，由她代为在英国证券交易所投资。"我们希

望阿勃维尔内的无耻之徒也许会认为这是个从德国以外捞钱的好机会"，而且还可以为"战后留下一笔储备金"。[52] 当然，这些钱将被挪用，让"布朗克斯"项目自给自足，并解决她的用度问题。不用说，埃尔薇拉对这个计划很热心，因此当德方负责人"无视这个建议"时，她非常生气。[53] 德国人可能很容易上当受骗，但他们还不至于愚蠢到雇用一个嗜赌女人做秘密的股票经纪人。

埃尔薇拉的报告起初涵盖经济方面的琐碎信息。随着时间推移，报告范围扩大到政治和军事范畴。她的信件读起来很离奇，甚至呈现某种荒诞风格，将重要的内容混杂在各种世俗生活、个人隐私之中。她报告说："坦克生产因履带供应不足而受阻。负债累累。加拿大军在苏格兰举行登陆演习。伦敦街头的美军数量增加。厨房用具短缺。"[54] 她坚持要求德国人定期支付工资，不能拖拉："月初必须汇款。工作风险巨大，而且不能报销费用。"[55] 当德国人询问毒气防御的情报时，她对"英方出色的准备工作大加赞赏"，[56] 并指出"英国已经储备了大量化学武器，一旦德军释放毒气便进行报复"。[57] 马斯特曼认为她的报告有助于遏制德军发动毒气袭击，可能挽救了成千上万人的生命，并证明"我们在某些情况下可以影响甚至改变敌人的作战意图"。[58]

唯一的麻烦来自隔壁的秘密情报部门。军情六处副处长克劳德·丹西利用一切机会给他的保护对象洗脑，说她薪水太低，都是军情五处的错。阿斯特在报告中咬牙切齿地写道："他明确说过，我们的工作方式不对。有趣的是，丹西正是以这种间接方式来监督本项目的。"[59] 这确实有趣，不过也很烦人。虽然他们提出了正式抗议，但这只会刺激丹西变本加厉地来指手画脚。

军情五处开始怀疑也许不是布莱尔，而是其他人以布莱尔的名义用隐形墨水写回信，赞扬埃尔薇拉的工作。阿斯特写道："我们不知道'布朗克斯'由哪个部门管理，也不知道谁给她发布命令。"[60]即便如此，"超级机密"破译的电文中出现了"高级国际赌徒"的字眼，表明德国高层对这位身处英国社交中心的新间谍非常满意。[61]"'布朗克斯'被德国人认为是可靠的特工，"阿斯特记录道，"当然，也许布莱尔或另外某个专案负责人知道，或者假设她受到了我方控制。但我们有充分的理由相信，这些人在引导柏林总部相信她是可靠的。"[62]在回到英国六个月后，埃尔薇拉终于得到了正式认可："有证据表明，德国人完全信任'布朗克斯'。"[63]

围绕特工"布鲁图斯"的疑云化了更长时间才散去。B1A 组的无线电技术人员使用他从法国带来的发射晶体元件制作了一台无线电发报机。在严密监督下，罗曼·切尔尼亚夫斯基于 1942 年圣诞节前不久同巴黎进行了首次无线电联系。他的德国负责人奥斯卡·赖尔发来热情的回应，表明他对这名特工信心十足。英国人还不能释然，他们仍然怀疑德国人是因为知道切尔尼亚夫斯基会临阵倒戈，这才把他送到英国的。马斯特曼说，"他们从心理学角度研究过他。假如他们确信此人已经叛变，那么他从英国发去的所有信息对我们来说都将导致巨大的危险"，因为他们可以"反向"理解他的情报。[64]举个例子，假如他提供盟军将攻击丹麦的情报，那么知道他被控制的德国人就会得出结论，其实丹麦安全无虞。"双十委

133

员会"规定，"布鲁图斯"项目应该"谨慎"运作，而且不得用于军事行动方面的欺骗活动。[65]他"可以过上正常的自由生活"，但要受到严密监视，他的电话要遭受窃听，邮件都要被打开检查。[66]波兰情报机构也将其置于监视之下。只要他稍有差池，就会像玛蒂尔德·卡雷一样，锒铛入狱。

134　　　切尔尼亚夫斯基迫切期望同英国人合作，为能恢复全职间谍工作而高兴。与许多被派往英国的间谍不同，"布鲁图斯"是专业的军事观察员。他在第一份报告中就详细描述了在英国的波兰武装部队的情况（德国人已经知晓了）和波兰团体的政治态度。一个月后，他游历苏格兰，并发送了一份苏格兰北部地区的军事部署情报，德国人赞扬"非常好"。[67]随后，他又写了一份"关于南部海岸的长篇报告"。[68]这些实地考察都遵循同一个模式：切尔尼亚夫斯基在他的专案官员（最初是哈默，后来是阿斯特）陪同下，巡视一片特定地区，然后记录他观察到的和发现的真实内容，并附上地图、徽章，甚至是指挥官的个人信息。很多信息太重要了，不能转给德国人。"双十委员会"将对报告进行删减，并添加新的内容。最后，切尔尼亚夫斯基再译成他自己独特的"电报式法语"。[69]有时他自己操作无线电，有时则是 B1A 组的报务员代替他发报。"模仿'布鲁图斯'的发报手法非常容易，因为他水平很糟，犯了不少具有个人特征的错误。"[70]他发给赖尔上校的信息中充斥着自我溢美之词："我有几个老部下在这个国家工作，他们非常不满英国人对待他们的方式。他们对我仍然忠心耿耿，毫无疑问会为我效劳。"[71]

　　　切尔尼亚夫斯基的言行显得波兰命运就掌握在他的手中一样。

他坚持说，"我必须得到你们政府的承诺，在盟国战败后，只能通过我向波兰政府提交自由和平条款"，否则他就不会继续为德国做间谍。[72]他也遭遇过几次危急时刻。在德国一端的发报员有时会故意下套，测试收报人是否真的就是切尔尼亚夫斯基。"时不时地，他们给我们发一个暗藏陷阱的问题。比如'你的岳母叫什么名字？她是什么时候出生的？'"[73]阿斯特注意到，当切尔尼亚夫斯基自己操作发报机时，他会用法语来拼写伦敦（Londres）这个词，但总是会省略"s"。难道这是暗号，通过特殊的"错误"来警告他的德国上级，其实是英国人在控制他发报？阿斯特装作很随意的样子，让他在一摞信封上写伦敦的地址，很快就发现切尔尼亚夫斯基其实就是不会拼写这个词而已。怀疑切尔尼亚夫斯基是为德国人工作的担忧渐渐淡去。哈默写道："几乎可以肯定，'布鲁图斯'不是三重间谍。他表面上是德国特工，但立场明确。也就是说，他是我们的人。"[74]

还有一重焦虑持续时间更久，即德国人可能会怀疑他在为英国人工作。第一次无线电联络后过了三个月，罗伯逊仍然"对'布鲁图斯'感到担忧"，既急切地想利用他主动出击，欺骗德国人，又担心这样做"不仅骗不了对方，反而会打草惊蛇"。[75]他希望得到"德国人完全信任切尔尼亚夫斯基的证据。只有在这种情况下，他才算符合条件，可以放心投入欺骗行动"。[76]"超级机密"及时送来阿勃维尔对特工"休伯特"的评估报告，认为"没有任何证据表明该消息人士不真诚"。[77]柏林称他是"非常有价值的无线电特工"。[78]"布鲁图斯"逐渐成为德国人信赖的军事情报源。"英国人

135

对他的信心不断高涨，德国人也很信任他，所以他的作用也就越来越大。"[79]

　　就在切尔尼亚夫斯基对英德两方都日益重要时，他在波兰流亡政府中的地位却跌落到了低谷。波兰官员指责他"到处指手画脚，盛气凌人"，还"跟所有军官都对着干"。[80]哈默渐渐喜欢上了这个任性的波兰人，但不得不承认"他虚荣自负。战争中，他曾在相当长的时间内从事惊险刺激的活动，现在却主要做着案头工作"。[81]波兰情报部门负责人加诺上校想把这个"可憎的讨厌鬼"赶走，[82]送到伊朗执行任务："他整天对别人的工作评头论足，影响恶劣，［而且］野心勃勃，什么事都要窥探。"[83]在到达英国后几周内，他就"卷入波兰政治的旋涡之中"。[84]同很多矛盾重重的小型侨民团体一样，波兰人内斗时彼此间也充满了深深的敌意。切尔尼亚夫斯基是"极端的反苏分子"，一有机会便攻击苏联政权。[85]哈默说，他对阴谋持有病态般的执着，梦想建立一个新的间谍网来误导德国人。他建议吸收他的情人莫妮克作为下线。哈默对此坚决反对，这让"他感觉受到了伤害"。[86]切尔尼亚夫斯基妄自尊大，总是不安现状，不断制造麻烦，他需要再找个机会来展现自己玩弄阴谋诡计的能力。很快他就如愿以偿，结果却招来无妄之灾。

　　为了纪念红军成立 25 周年，苏联驻伦敦大使馆组织了一场招待会。波兰空军总监察长斯坦尼斯拉斯·乌耶斯基（Stanislas Ujejski）应邀出席。当时，波兰侨民的反苏情绪不断高涨。切尔尼亚夫斯基看到乌耶斯基竟然去讨好苏联政权而心生不满。6 月初，他写了一篇题为《为战友辩护》（"In Defence of Our Colleagues"）

的文章，猛烈抨击这位将军。[87]该文刊印了数百份，在整个伦敦地区分发。这篇檄文的文笔很辛辣，满纸都是感叹号，就是要尽可能地攻击对方，并且达到了目的。"苏联对波兰人犯下了可怕的罪行。它的士兵虐待波兰妇女，杀害了我们成千上万没有还击之力的战友。波兰空军长官参加这个茶话会，在无数波兰士兵新立的坟墓上跳舞，有失身份，愧对波兰人民。"[88]他攻击乌耶斯基薪酬过高、伤风败俗，是个阿谀奉承的懦夫，应该卷铺盖滚蛋。"波兰空军理应有一位更好的领导人。"[89]这是一篇言辞激烈的政治控诉，也代表着一种叛变。

就在切尔尼亚夫斯基散发他这本"小册子"的几小时内，伦敦警察厅政治保安处便应波兰流亡政府请求，以"重大军事违纪"的罪名将其逮捕。[90]他的公寓遭到搜查，本人被囚禁在苏格兰，等待军事法庭审判。他在波兰情报部门的政敌们欣慰地看到这个"微不足道的小个子英雄"得到了报应。[91]克里斯托弗·哈默和塔尔·罗伯逊听到这个消息如晴天霹雳。就在"布鲁图斯"成长为一流的双面间谍时，他自己却让这一切戛然而止，现在还"威胁到整个项目的生死存亡"。[92]

哈默赶到牢房，发现切尔尼亚夫斯基毫无悔过之意。他傲慢地宣称"任何爱国的波兰人都会这样做"。[93]哈默指责他"不该插手不属于他职权范围的事务"，切尔尼亚夫斯基却坚持说，"应该有人站出来揭露这件事，而他是唯一有能力这样做的人"。[94]他似乎很享受万众瞩目的感觉，为自己捅了马蜂窝而自豪。他在牢房里给莫妮克写了几封信，"证明他爱出风头，做事张扬。这种表现欲就是狂妄自大症的早期迹象"。[95]

如果切尔尼亚夫斯基的电报突然中断，德国人就会认为他已被捕。于是英国人模仿"布鲁图斯"，立即给巴黎发送了一条信息，报告他和其他反布尔什维克的波兰人被怀疑散发反苏宣传品。"我估计自己很可能会被捕。我希望不出麻烦，但当前处境非常危险。"[96]两周后，他又发了一条消息："6 月 20 日因秘密反苏事件被捕。被扣留在苏格兰。等待审判。预计将受到轻微惩罚。恐怕现在有人正监视我。在审判结束前，传送消息太危险。我对出现这样的困难局面感到遗憾。士气尚好。希望犹存。"[97]这封电报可以解释他为什么不能再发报了，而且就算德国人听到了他被捕的风声，这套说法也足够接近事实。至于他们是否真的会相信，则完全是另一回事。哈默很悲观，怀疑"此后德国人将不再百分百相信'布鲁图斯'可靠"。[98]切尔尼亚夫斯基受到"无视纪律，冒犯长官"的指控。[99]在等待审判期间，他有过（短暂的）悔过，并"为自己对这场生死博弈造成的破坏道歉"。[100]

他的双面间谍生涯结束了，至少眼下是这样。"布鲁图斯"从背后捅了自己一刀。

塔尔·罗伯逊，"双十系统"的创建者

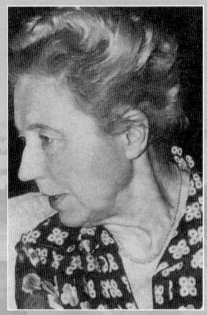

吉塞拉·阿什莉，代号"苏珊·巴顿"，出生于德国的纳粹问题专家，B1A组最资深的女性成员

达斯科·波波夫，代号"三轮车"，塞尔维亚花花公子，国际商人和双面间谍

法国电影明星西蒙娜·西蒙，波波夫的众多情人之一

玛丽亚·埃莱拉，巴西记者：这张照片出自军情五处档案，上面的标签写着"他（波波夫）最近的女朋友"

上：波波夫和首任妻子雅尼娜

下：罗曼·切尔尼亚夫斯基，代号"布鲁图斯"：波兰爱国人士，训练有素的情报人员和最专业的双面间谍

上：切尔尼亚夫斯基上尉（右四）和他的波兰战友，摄于1940年法国沦陷前不久

下：胡戈·布莱谢尔，阿勃维尔巴黎分站冷酷无情的反间谍官员

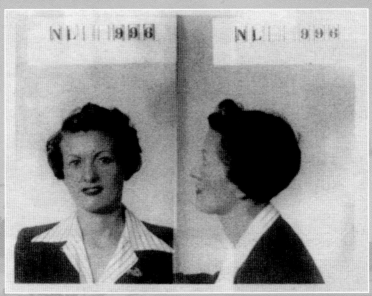

上：莫妮克·德尚，代号"蚊子"，法国抵抗组织特工，后嫁给了罗曼·切尔尼亚夫斯基

下：代号"布朗克斯"的埃尔薇拉·肖杜瓦和军情五处的情报官员比利·卢克在赫林汉姆俱乐部

上：克里斯托弗·哈默少校，战前是一名律师，"布鲁图斯"、"布朗克斯"、"马特"和"杰夫"的专案官员

下：赫尔穆特·布莱尔，嗜酒成性的德国情报特工，在南法招募了埃尔薇拉·肖杜瓦

胡安·普霍尔·加西亚（代号"嘉宝"）与妻子阿拉切利在西班牙，大约摄于 1940 年，这是两人之间少有的和睦时光

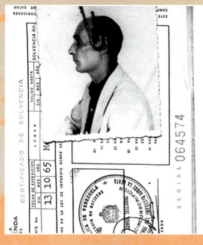

上：胡安·普霍尔·加西亚的护照

下左：阿勃维尔马德里分站的卡尔－埃里希·库伦塔尔，他是"嘉宝"的德方专案官员，很容易上当受骗

下右：托马斯·哈里斯，有一半西班牙血统的艺术品经销商，帮助"嘉宝"建立了一个虚构的谍报网，其杜撰的下线特工多达 27 人，遍布英国各地

约翰尼·耶布森,代号"艺术家"

约翰尼·耶布森与女演员洛雷·彼得森的婚礼照。尽管耶布森外遇不断,但他仍深爱着妻子

约翰尼·耶布森,
1942 年在土耳其

威廉·卡纳里斯海军上将,德国军事情报局(阿勃维尔)局长

保罗·菲德尔穆茨,代号"奥斯特罗",深受阿勃维尔重视的特工,实则是个骗子

安东尼·布伦特，军情五处官员，艺术专家，苏联间谍。"他为人非常和善，很有教养，但他背叛了我们所有人。"

盖伊·利德尔，腼腆的大提琴手，军情五处反间谍部门B科负责人

密码破译人员在位于白金汉郡乡村的密码破译中心布莱切利园

布莱切利园应用穿孔卡片技术的数据处理机器

玛丽·谢勒，"双十"团队中唯一的女性专案官员

第十一章

"帽徽行动"

"嘉宝"（普霍尔）的网络越来越错综复杂，他的花名册上又 139
增加了不少虚构的间谍。那个被"写死"的利物浦间谍"威廉·
格伯斯"的遗孀顶替了她丈夫的位置；"不受待见的"斯旺西海
员、特工"达戈贝特"（Dagobert）开始招募他自己的下线特工，
最终组建了一支七人小组。最重要的是，"嘉宝"招收了一名无线
电报务员。用隐形墨水写信既慢又烦琐，无线电联络能大大提高与
马德里的沟通效率。"嘉宝"告诉他的德国负责人，那位来自直布
罗陀的侍者"弗雷德"（Fred）找到了一个西班牙共和党朋友，此
人有一个电台，愿意为普霍尔发报。实际上，这套设备的真正操作
人是业余无线电爱好者查尔斯·海恩斯（Charles Haines）。他曾是
劳埃德银行职员，现在在情报部队外勤安全科工作。

德国人给普霍尔提供了一套密码。利德尔称"这可能是阿勃维
尔使用过的最高级别密码"。[1]从此，"嘉宝"发送信息的数量和速度
都呈指数级增长。马斯特曼写道："他原来在里斯本只能独奏，现
在则发展了一支管弦乐队，演奏越来越宏伟的曲目。"[2]一份呈递给
丘吉尔的报告对这个西班牙人大加赞赏："'嘉宝'平均每天工作
六至八小时，起草电报，然后将其加密为代码；构思掩饰文本，再
把它们写下来，并为将来做规划。幸运的是，他能说会道，编写情
报时添油加醋，别出心裁，对自己的任务充满堂吉诃德式的热
诚。"[3]所有人都对胡安·普霍尔很满意，除了普霍尔夫人。当他的 140
间谍工作蒸蒸日上时，后院却起火了。

阿拉切利·普霍尔思乡心切，孤单寂寞，脾气变得很暴躁。她
不能与伦敦的西班牙社团接触，以免泄露秘密。她不会说英语，没

有朋友，也很少离开克雷斯皮尼街的居所。汤米·哈里斯对这位普霍尔太太毫无好感，把阿拉切利描述为一个"歇斯底里，被宠坏了的自私女人"。[4]但她的抱怨其实也不无道理：丈夫天一亮就起床，工作到很晚；当终于回到亨登镇的家后，他已经累得筋疲力尽，烦躁易怒；她则要做饭、打扫卫生、照顾儿子。她威胁说要离开这个家，但又无处可去。克雷斯皮尼街 35 号回荡着西班牙语吵架声和器皿破碎的声音。像很多婚姻一样，普霍尔夫妇处于一种紧张的关系之中，唯一不同的是，他们的家庭矛盾会直接威胁到"双十"项目。胡安·普霍尔并非唯一以"赢得战争"为借口而忽视妻子的人。但对这个家庭来说，糟糕的事情恰恰发生了。

阿拉切利先是请求，再是恳求，最后强烈要求回到西班牙，哪怕只有"一个星期"也好。[5]哈里斯冷漠地拒绝了，还暗示说她"精神错乱"。[6]阿拉切利终于忍无可忍。1942 年 6 月 21 日，她打电话给哈里斯，威胁说要向西班牙外交部门揭露"嘉宝"的活动，把整个网络彻底摧毁。"我最后一次告诉你，如果明天这个时候还没有准备好让我立即离开这个国家的文件，我就去西班牙大使馆。就算跟我丈夫再多过五分钟，我也受不了了。我会很满意的，因为我把一切都搞砸了。你明白吗？我再也不想在英国生活了，哪怕是一天。"[7]哈里斯当然明白她的意思。必须阻止阿拉切利。他布置手下监视西班牙大使馆，一旦她出现，就当即将其逮捕。他还考虑警告西班牙大使馆，"一个长相类似普霍尔太太的女人要刺杀大使。[这样]她一旦试图进入大使馆，就肯定会被赶出去"。[8]利德尔认为最好把她关起来。塔尔·罗伯逊还不确定是否要亲自去克雷斯皮尼街,"向她宣读《取缔暴动法》"。[9]甚至丘吉尔也得知"嘉宝"夫人"情绪失控",威胁要"毁掉整个项目"。[10]不过,普霍尔自己却想出了一个极端计划,用诡计来制服妻子。

第二天,一名政治保安处警官来到克雷斯皮尼街 35 号,告诉阿拉切利,她的丈夫被逮捕了,他来拿她丈夫的牙刷和睡衣。警官解释说,胡安·普霍尔企图退出双面间谍工作,因为她威胁要"泄露整个计划"。[11]阿拉切利以为是她导致了丈夫被捕,顿时"歇斯底里地爆发了"。[12]阿拉切利泪流满面地打电话给哈里斯,一再说"她丈夫一直对这个国家忠心耿耿,甘愿为我们的事业牺牲自己的生命"。[13]当天晚些时候,查尔斯·海恩斯发现她在厨房里打开煤气炉,显然是打算自杀,而哈里斯却冷冰冰地说:"这 90% 是在演戏。"[14]可怜的阿拉切利失声痛哭,心慌意乱,彻底屈服了。"她恳求说,这都是她的错。如果她的丈夫能被赦免,她保证不再干涉他的工作,不会再做出格的事情,不再要求返回西班牙。"[15]普霍尔的计划残酷有效,而且显示出在其温柔的举止下,他有多决绝和无情,随时准备不惜一切代价来保护他所创建的谍报网,即使是欺骗自己的妻子也可以。

达斯科·波波夫的生活"还是一如既往,相当惬意快活"。[16]他以每周 12 几尼的价格租下骑士桥区舒适的克洛克别墅,与格温妮等人再续前缘。军情五处截获了他发的情意绵绵的电报,并将其记录在案:"请付出哪怕一点点善意,这样我才能从中断之处重新开始。宝贝,我爱你,我的小格温妮。"[17]与此同时,他也与住在帕克

142

巷的"梅丽"（Mairi）和南斯拉夫富家千金利利亚娜·贝洛尼（Ljiljana Bailoni）交往。（威尔逊叹息说："如果波波夫的个人生活能稍微稳定一些，他无疑是更容易管理的特工。"[18]）他的密信在可读性和内容方面得到了冯·卡斯特霍夫的衷心赞许："你的报告太棒了……每一个字我们都仔细阅读。"[19] 塔莱尔有限公司也生意兴隆，不过即使是监视波波夫行动的吉塞拉·阿什莉也很难准确跟踪公司的运作情况。约翰·马里奥特指出："当讨论他的跨国资金问题时，他变得尤其遮遮掩掩。"[20] 一大堆大大小小的债务跟在波波夫屁股后面追：联邦调查局 1 万多美元，军情六处纽约分部数千美元，长岛电话公司几百美元，以及特里维特种子试验公司 215 美元。这些他分文未付，只是把账单一股脑地寄给军情五处，还顺带附了一张裁缝的发票，上面的明细包括 18 件丝绸衬衫和一打绣有花押字的手帕。

战争风向正在逆转。波波夫可以从"伦敦人表现出来的风趣幽默和昂扬精神"中感受出来。[21] 对欧洲沦陷区进行大反攻已近在眼前："所有人，包括德国人，都知道盟军即将登陆。"[22] 波波夫再次游说他的主管去招募约翰尼·耶布森，指出一旦这位朋友"意识到德国将输掉战争，他就会非常乐意为胜利者效劳，确保自己战后安全"。[23] 波波夫提出，下次去里斯本时，可以亲自出面游说。他坚持认为，"约翰尼从来就不是亲纳粹分子"，而且此人可以接触高级别情报，能获知"阿勃维尔工作人员及潜伏在其他多个国家的特工的详细情况"。[24] 威尔逊知道耶布森涉及不少可疑的金融活动，对此颇为踌躇，因为"约翰尼既是阿勃维尔特工，同时也一直在进行各种或多或少违法的交易".[25]不过，若能在当下关键时刻从阿勃维尔内部招募一名"道德低下的机会主义者，尤其是他还不是纳粹分子"，这对将来的工作一定大有裨益。[26]威尔逊本着试试看的态度，让波波夫向约翰尼承诺："只要卖给英国的情报有价值，就给予其优厚待遇。"[27]耶布森曾经招募了波波夫，如今波波夫打算反过来拉耶布森入伙。威尔逊指出，"德国人把个人友谊视为间谍工作的重要组成部分"，如果耶布森真如波波夫所说的那样反纳粹，那么他便可能成为一名颇有价值的双面间谍。[28]"我们必须设法利用耶布森的立场。"[29]

在 1942 年冬天临近时，波波夫声称自己是"全伦敦最寒酸、最凄凉的人"。[30]这显然同事实大相径庭。他给军情六处纽约分部的"雀斑"·雷恩上校写信，索要更多奢侈品聊以自慰：

> 我的心脏状况非常糟糕。医生是我最好的朋友，他说这是过度饮酒、吸烟和犯下罪孽所致。到目前为止，我发现唯一有效的治疗方法是喝牛奶和吃巧克力。请寄来价值 100 美元的巧克力。我不介意种类，你能想到的都可以，我把它们当药吃。请同时寄给我价值 100 美元的 9 号、9½号和 10 号尼龙长袜（不要认为我在乱搞）。[31]

雷恩并没有轻信波波夫说的吃巧克力救命的故事。"他想用长袜来打扮情人，再用巧克力取悦其芳心。"[32]尽管不情不愿，但英国情报机构还是按波波夫的指示为他购买尼龙袜，这也体现了波波夫的地位。

144
我们已经尽最大努力去实现"三轮车"的愿望，让他的情人们心情舒畅，但是我强烈建议这种事应该下不为例。如果为了国家利益，战时给海外特工提供奖金是合情合理的，可我看不出这一原则如何能适用于"三轮车"。你认为有可能让"三轮车"明白，他的国家和我们都有权要求他无偿提供服务吗？[33]

塔尔·罗伯逊很宽容，辩称"'三轮车'有着巴尔干人的观念，认为所有重要岗位都可以为个人牟利"。[34]雪上加霜的是，波波夫的美国债主发现他以某种方式为英国政府工作，于是基石收债公司开始走外交渠道要求他偿还未付账单。塔尔写道："有一件事确实让我觉得很紧急，那就是应该阻止收债公司通过英国新闻部向'三轮车'进一步施压。"[35]特里维特种子试验公司终于收到了欠款，但并不知道钱其实是从英国情报机构那里成功拿到的。

在2月与威尔逊的会面中，波波夫宣布"他希望在与德国人斗智时采取更加积极的行动"。[36]英国人则告诉他"绝对没有让他坐冷板凳的意图"。[37]波波夫要求空降到南斯拉夫，加入切特尼克游击队①，并坚称"他已经准备好了冒任何风险以实现真正有价值的目标"。[38]不过，这个请求被驳回了。波波夫价值非凡，不能拿去冒险，但他不断提出无理诉求和抱怨，到处惹是生非、拈花惹草，还

---

① 切特尼克游击队，又称"南斯拉夫祖国军"，效忠于王室，二战初期反对轴心国统治，但也具有强烈的种族主义、沙文主义倾向；战争后期倒向德国，主要敌人为铁托领导的南斯拉夫共产党游击队。

大量购置"软领丝绸白衬衫和花里胡哨的领带",[39]就连生性宽容的威尔逊也难以忍受他:"'三轮车'还在扮演可憎的讨厌鬼。"[40]于是,大家同意把他送回葡萄牙。

马斯特曼写道:"每一个双面间谍都有爱慕虚荣、情绪化和自以为是的特质。"[41]但事实证明,这些人的性格反复无常,越来越难以驾驭了。团队中最重要的一名成员被捕;另一个人正因婚姻破裂而挣扎于痛苦之中;第三名成员过着养尊处优的王子生活,同时还不断要求得到女人、巧克力和丝绸衬衫。甚至埃尔薇拉·肖杜瓦也在索取更多金钱,和军情六处眉来眼去。为了持续监视、哄骗、奉承这群难缠之辈,维持他们的工作状态,军情五处付出了很大代价。然而,"双十"间谍若能成功欺骗德国人,使之犯下灾难性的重大错误,那么所有这些努力、花费和挫折都是值得的。

1943年1月的卡萨布兰卡会议上,盟国一致认为,横渡英吉利海峡,登陆欧洲的军事行动不可能在1944年春之前实施。1943年的主攻方向将是通过西西里岛进入意大利,而斯大林的红军则继续在东线鏖战。德国人知道盟军登陆法国只是个时间问题,因此已经开始制订计划,投入数百万吨钢筋水泥,利用奴工来加固大西洋壁垒。他们不知道盟军已决定在1943年将重点放在其他地方,而这正蕴含着一个机会。

伦敦控制部制定了一个代号为"帽徽"(Cockade)的欺骗行动,故意散布盟军将威胁挪威和法国北部的假象,期望将德国军队从地中海和东线引开,或者至少牵制正驻守在北欧的德军。9月初，一支伪装登陆的舰队将从肯特郡和汉普郡起航，做出前往加来的态势，以吸引德国空军在英吉利海峡上空作战；另一支虚假登陆部队由美军扮演，矛头直指布列塔尼；第三支军队则佯装威胁挪威。骗局的核心是通过双面间谍在德国人脑海中植入虚假情报。"帽徽行动"并不像马斯特曼设想的那样关系重大，却是截至此时最雄心勃勃的冒险。

146　　　B1A 组立即行动起来。冯·卡斯特霍夫发给波波夫的信息表明，"登陆之事无疑是敌人最感兴趣的问题"。[42]因此，"应该让他收到大量电文，从中可以推断出我们未来的计划"。[43]波波夫又"处于最佳状态了"，并期待着再次见到耶布森。[44]威尔逊写道："当登陆欧洲大陆迫在眉睫之时，他应该及时回到这里，传递一些真正有效的错误信息。"[45]7 月，波波夫再次飞往里斯本（让军情五处去支付他留下的逾期租金吧），随身携带的公文包中塞满了各种文件。这些情报暗示盟军即将登陆法国：裁缝告诉他，高级军官在订购战斗服；医院正在准备病床；英国大量制造电力驱动小艇。他告诉冯·卡斯特霍夫，他"在几个周末带着女朋友去游览过一些南部海岸城镇"。[46]在南安普敦（Southampton），他发现人们正在建造掩体，以抵御德军发动报复性空袭。这表明该港口将"作为登陆部队的补给基地"。[47]

波波夫的下线特工"果冻"和"气球"补充了一些确凿细节，而挪威人"马特"和"杰夫"则报告挪威正受到来自苏格兰的攻击威胁。"布朗克斯"转述了从政治家、记者及其他人那里听到的关于登陆的传闻，其中有一段与哈利街外科医生尼尔森（Nielson）

的对话，这位医生告诉了她有关"医院为秋季登陆所做的安排"。[48]
7月11日，她写道："法国将在9月遭到攻击。用于入侵行动的驳
船产量增加。粮食丰收，生猪存栏量增加。"[49]德国人在回复中向她
表示祝贺："对工作甚感满意。需要入侵行动的确切细节，这方面
的旅行费用可以报销。"

"嘉宝"网络报告，有军队在威尔士和苏格兰集结；普霍尔本
人声称在布莱顿附近看到了七个师（尽管他小心地指出这可能只是
一次演习）；他的下线看到突击艇聚集在海峡港口，南安普敦附近
出现军营，鱼雷艇在多佛（Dover）集结。

根据罗伯逊的命令，甚至连沃克上尉的鸽子也加入了骗局。一
段时间以来，英国情报部门一直向法国被占领区投放携带着关于德
军防御措施调查表的家鸽，"希望至少有一部分鸽子被那些支持盟
国的人捡到"。[50]他们要尽快填写表格，然后让鸽子飞回海峡对岸。
这些鸽子装在纸板箱里，通过降落伞投放。每只鸽子还带着一小袋
谷粒。罗伯逊写道："我从这些调查表的回答中收集到了一些令人
满意的结果。但也有一些鸽子会落入敌人手中。"[51]任何寻求真相的
方法亦可用来制造谎言。"我想这也是一种可能欺骗敌人的手段。
如果德国人抓到了一些鸽子，他们一定会注意到调查表所提到的
问题。"[52]

罗伯逊下令"在加来海峡和法国西海岸地区投放鸽子，其携带
的调查表应该给人留下这样的印象：我军非常渴望获得有关这些地
区的海滩和岸线防御措施、机场情况，以及公路和铁路交通关键节
点的情报，同时还需要了解德军总部及需要破坏的单位、桥梁、港

147

口、军事设施的详细位置"。[53]德国人看到后就会认为盟军登陆已箭在弦上。8月，沃克准备的1000多只家鸽全部被投放到加来和布列塔尼地区。每只都带着一份精心设计的问题清单，预示袭击即将发生。罗伯逊高兴地报告说："仅仅增加鸽子数量这一事实就具有欺骗价值。"[54]

终于，这场虚假登陆的日子到了。9月8日，"嘉宝"特工报告，部队被限制在军营里不得外出，突击艇正在集结。一支由大约30艘舰船组成的所谓登陆舰队在扫雷艇的带领下驶向法国。随着情报从四面八方纷至沓来，德国人肯定以为盟军正在发起一场大规模登陆作战。

148 　　然而，事情就是会出差错。

面对这个庞大的骗局，德国人的反应是……居然完全没有反应。海岸炮台没有打开，空军没有起飞，德军最高统帅部也没有将部队重新部署在需要的地方。正如一名英国军官挖苦道："看到每个人都把自己的工作做得完美无缺，真是令人鼓舞……不幸的是，只有德国人例外。"[55]他们似乎压根就没有注意到这场精心准备的表演，唯一表明他们有所反应的迹象是，"有人听到远岸一个德国海岸炮兵中尉用无线电向他的上尉询问，有没有人知道盟军这么大张旗鼓到底是怎么回事"。[56]在离布洛涅大约10英里的地方，假冒的登陆部队停下来，等待德国人采取行动，但看到他们毫无动静后，只好悻悻而归。

从盟军的角度来看，这次未遂的欺骗行动"令人失望至极"，甚至可以说是彻头彻尾的羞辱。[57]人们后来发现，德军并没有因为察觉到威胁而加强防御，反而在盟军虚假登陆行动的准备阶段减少了部队数量。显然他们相信盟国部署在不列颠的军队规模尚不足以发动全面登陆作战。"嘉宝"慌忙给德国负责人发去一条信息解释失误："看来行动终止了。部队感到惊讶和失望。"[58]

"帽徽行动"就是个大败笔，不过"双十"团队可以从中稍获慰藉。波波夫似乎更受他的德国上司青睐了，"嘉宝"的可信度也因这场闹剧而有所加强。兴奋异常的库伦塔尔被"嘉宝"的洛可可文风所感染，他文绉绉地说："您和您的线人让我们对那里发生的事情有了完美了解。这些报告，正如您想象的那样，具有不可估量的价值。为此，我请求您以最谨慎的方式行事，以免在关键时刻危及您自身或您的组织。"[59]"嘉宝"谍报网的电报被标记为"紧急"，一小时内便可以转发到柏林。约翰尼·贝文对塔尔·罗伯逊说："毫无疑问，'嘉宝'在德国人那里享有很高的地位。他将在未来发挥至关重要的作用。"[60]

"双十"团队从这个失败的计划中吸取了一些有益的教训：未来的任何欺骗行动，都必须在更大范围内让军队的每一个部门尽可能参与进来；除非真正的登陆同时进行，否则就不会有人相信佯攻。"双十"成员们还得磨炼他们的技能，付出更多努力。尽管很失望，但马斯特曼依然热切地"期待着有一天我们能参与到最后的大骗局中来"。[61]这段插曲也给塔尔·罗伯逊注入了新信心，同时让他坚定地相信"鸽子在间谍活动中确实具备实战用途"，只是这种想法大错特错。[62]

第十二章

发现"珍宝"

肯尼思·本顿（Kenneth Benton）的官方职务是驻马德里的皇　150
家护照核查官，负责签证、移民和海关等方面的业务。实际上，他
为军情六处招募特工和潜在的双面间谍，并与妻子佩姬（Peggie，
也是军情六处军官）谋划了一系列花样百出的诡计来挫败德国在伊
比利亚半岛的间谍活动。他在马德里的对手卡尔-埃里希·库伦塔
尔认为他是只"狡猾的狐狸"。[1]本顿从"超级机密"那里看到了这
一描述，觉得很是受用。

1943 年 7 月 17 日上午 10 点 30 分，本顿的秘书莫莉·吉拉德
（Mollie Gillard）打来电话说，有人在使馆接待处要求紧急面谈，以
办理签证。片刻后，"一位 30 岁左右，相当有吸引力的女士"带着
一只小白狗，被领进了他的办公室。[2]来访者坐在吱吱作响的柳条靠
背椅上，把狗放在膝盖上。

"我叫本顿，"本顿说，"如果我没说错的话，您是希望去英国
与家人团聚。"

年轻的女士说："不完全是，我到那儿是去做间谍。"

莉莉·谢尔盖耶夫用流利的英语讲述了她在巴黎被埃米尔·克
利曼少校招募为特工"索朗热"的经过，她所接受的无线电发报和
使用隐形墨水方面的训练，以及她前往英国的间谍任务。她现在希
望掉转枪口。

他们互相打量着对方。莉莉看到的是一个"古典类型的'英国　151
男士'：年轻、高大、瘦削，脑袋细长，眉毛笔直，红发稀疏"。本
顿看到的是一个典型的法国女人，"妆容精致，衣着考究"，举止做
作，但显然很聪明。他猜测她恐怕是"首个不请自来的间谍"。谈

话间隙，她用俄语同小狗低语了几句。

莉莉解释说，按照克利曼的指示，她已经联系了阿勃维尔在马德里的一名特工，只知道这个人叫"汉斯"（Hans）。克利曼自己也曾答应带一部无线电台到马德里来，但他迟到了。

本顿让莉莉回去向汉斯报告，并告知后者英国当局已同意发放签证，但可能需要几周时间办理手续。在此期间，她可以在这儿等克利曼。当天下午，本顿向伦敦发送了一份加密电报，描述了他与莉莉·谢尔盖耶夫的会面情况，并询问军情五处此人是否有利用价值。他本人对此表示"怀疑"。[3]

约翰·马斯特曼也一样顾虑重重。他写道："对于同意她作为双面间谍为我们工作这个问题，我必须非常谨慎。在决定使用她之前，我们应该对其彻底审讯，并全面了解她的活动情况。"[4]军情五处开始进行背景调查，向英国境内认识莉莉的人士发出询问。"她有不少体面的朋友和亲戚。"塔尔如此写道，但这些人对她的忠诚度给出了相互矛盾的评价。[5]战前就在巴黎结识了谢尔盖耶夫的特别行动处（SOE）①特工、美国人弗吉尼亚·霍尔（Virginia Hall）说，他怀疑莉莉是"亲德分子"。[6]安东尼·布伦特也对她略有了解，形容莉莉是"稍微左倾的白俄分子"（这话从他嘴里说出来实在荒唐可笑）。[7]她的表亲伊丽莎白·希尔博士（Dr Elizabeth Hill）住在剑桥，"百分百肯定莉莉支持盟国"，认为她"虽然有些爱冒险，

---

① 特别行动处，1940年英国成立的秘密组织，任务是在欧洲沦陷区对轴心国展开间谍破坏和侦察活动，并协助抵抗组织斗争。

但是个非常聪明的姑娘"。[8]

负责调查莉莉·谢尔盖耶夫的是玛丽·科里·谢勒。她是塔尔团队的最新成员，也是 B1A 组唯一的女性专案官员（尽管她并没有正式身份）。玛丽·谢勒 29 岁，身体健壮，雄心勃勃，幽默感十足，"经常拿别人当笑料"。[9]她于 1938 年加入军情五处担任秘书，战争前半部分时间在反破坏部门和驻纽约的英国安全协调处工作。该机构是军情六处、军情五处、特别行动处的秘密分支，旨在通过宣传、胁迫和间谍活动将美国拉入战争。玛丽是印度王公后裔，也是一位准将的女儿。她具有军人气质，经常穿着一件带肩饰的红色外套，认为这样能使自己看起来像将军。她走起路来摆动双臂，迈着军人般的矫健步伐，在她认为没有人听到的时候还哼着小曲。在这个男性主宰的世界里，她装出一副强硬面孔，抽着没有过滤嘴的肯特香烟，和她身边的男人一样喝杜松子酒。"玛丽是个你不想惹的人，她不会轻易原谅任何过错。"[10]但她也有温柔的一面，并且坚定追寻自己的目标。

谢勒在结束对莉莉·谢尔盖耶夫的背景调查后，得出的结论是："她似乎很适合扮演双面间谍的角色。"[11]据本顿说，玛丽·谢勒"很有个性"，这不是她最后一次站出来反对那些持怀疑态度的男性上司。[12]她坚持认为，在盟军即将进攻西北欧之前，一个配备有自己的无线电设备，其德方负责人很容易受骗上当的女性双面间谍具有重大价值。玛丽给她起了个代号——"珍宝"。

在"充斥着威胁和阴谋"的马德里待了将近两个月后，莉莉感到无比压抑，"这里人人都在密谋、背叛、贿赂或推销自己"。[13]她催促阿勃维尔联络人汉斯，要克利曼快点来。但他依然没有出现。她在日记中写道："我已经很擅长撒谎了，但我还是开始感受到双面游戏带来的紧张情绪。我必须不停地变换人格，即使能做回自己，也无法放松下来。"[14]她唯一可以信任的活物就是爱犬。莉莉在给她姐姐的信中写道："马德里的天气很热。巴布斯幸福地仰面而睡，四脚朝天，舌头伸出来。我刚刚和他谈起了你。他睁开一只眼，竖起一只耳朵，这说明他还记得你。"[15]

她又安排了一次与本顿的会面。本顿说她做得非常好。他解释道："我们对克利曼少校有一定了解。他是德国情报部门的重要人物——实际上相当可怕。我觉得你低估了此人。他当然有弱点——他总是迟到，因此你认为他处事有点荒唐。不过假如他发现你撒谎，我可以向你保证，下次碰头他是绝不会迟到的。"[16]

终于，汉斯传来消息说，克利曼上路了，将在巴卡尼克咖啡馆与她见面。当他最终到达时，小狗跳起来迎接他。"巴布斯舔着他的脸，还不停地摇着尾巴，整个身体都摆动起来。"[17]看到自己的狗和这个德国间谍主管相见甚欢，莉莉不禁有些感动："我看着他们，心想总算还是有些真诚的东西。"[18]了解到莉莉的任务进展顺利后，克利曼很兴奋。他一杯接一杯地点着酒精饮料，把自己吹嘘了一番。"对我来说，这将是一件很了不起的事：找到一名特工，还把她派到了英国去。真是不可思议。看起来似乎能行。"[19]

平时显得很慵懒的克利曼现在却一脸正经。他打算给她一套无线电设备，把它藏在留声机里；箱体内还藏匿有一张微缩照片，上

面印着操作说明。为了看清楚，她需要买一台小型显微镜，假装是
微生物学爱好者。事实上，她还应该随身携带一本书作为掩护。克
利曼推荐保罗·德·克鲁伊夫（Paul de Kruif）的著作《微生物猎
人》（*The Microbe Hunters*）。莉莉认为这个过于复杂的计划太荒谬
了，不过她什么也没说。克利曼已经喝得酩酊大醉，很享受自己所
扮演的角色，尽管莉莉能感觉到他还在想别的事。他突然变得忧郁
起来，"若有所思地凝视着前方，深深叹了口气"。

154

"有什么问题吗？"莉莉问。她知道谈话即将转到他最喜欢的话
题：情妇伊冯娜·德利代斯。

克利曼把脸埋在手心里。"你一定认为我很可笑。也许我就是
这样的人。她年轻漂亮，又快乐又风趣。而我呢？看看我吧。一个
46 岁的已婚男人。"德国间谍主管又要了一瓶酒，把心事一股脑都
倒了出来。他说，伊冯娜整个 5 月都待在马德里的丽兹酒店。她回
到巴黎后，对他的态度就变了。这期间一定发生了什么事。他希望
莉莉能帮助他找出原因。

莉莉内心感到一阵刺痛，明白克利曼到西班牙来别有用心，跟
她一点关系都没有，而是关乎他自己的爱情。像大多数好嫉妒的恋
人一样，他已经锁定了竞争对手，相信同伊冯娜在马德里幽会的是
埃德加·埃斯皮里托·桑托（Edgar Espirito Santo）。"他是非常富
有的葡萄牙银行家，过去经常与伊冯娜见面。这个猎艳高手觉得伊
冯娜很有趣。她机智快活，风趣诙谐，但在埃德加·埃斯皮里托·
桑托眼里，伊冯娜其实无足轻重。我猜她是在这里同他见面的。他
总是下榻在丽兹酒店——我想知道他是不是跟伊冯娜同时住进来

的。我必须知道她是不是和那个该死的埃斯皮里托·桑托有一腿。如果她要了我……"

"然后呢？"

"那我就申请调到苏联前线去。"

"但你想让我做什么？"

克利曼希望莉莉做些调查，看看伊冯娜在马德里的时候，那个银行家是不是一直住在丽兹酒店。莉莉是作为德国间谍来西班牙的，而不是为了给一个被年轻女人迷得神魂颠倒的中年已婚男性做私家侦探。她被激怒了。

155 　　"克利曼少校，我根本不在乎你的那些荒唐事，"莉莉责骂道，"再过几天，我就会去英国，你也要回巴黎。我可能再也见不到你了。我为什么要在乎伊冯娜是不是骗了你？"[20]

克利曼喝得醉醺醺的，不住地恳求。她把他留在咖啡馆，扬长而去。

第二天，她把这段奇怪的对话告诉本顿，后者再向军情五处发回报告：克利曼"似乎对她的进展非常满意"，而且对自己的情妇有着"病态的嫉妒"。[21]把这两个发现结合起来，英国人认为从他身上应该特别容易打开突破口。莉莉是克利曼管理的唯一间谍。如果她能够为这个德国人脆弱的男女关系提供支持，那么他就会亏欠莉莉很大一份人情，也更容易被操纵。本顿建议她向克利曼少校报告，"他的吃醋对象 5 月不在丽兹酒店，甚至不在马德里"。[22]军情六处随后展开调查，结果表明伊冯娜可能**确实**与这位葡萄牙银行家**有过**暧昧关系。但没必要告诉克利曼这些。"无论真相如何，报告必须证明伊冯娜对他是忠诚的。现在我们知道了克利曼少校的所有情况，所以希望他留在当前的岗位上不要变动。必须确保他不会去苏联前线。"[23]

莉莉这份"纯属虚构但令人宽心的报告"确认伊冯娜没有劈腿，让克利曼十分高兴。[24]然而，他还是没能给她无线电设备（这也是意料之中），不过坚持说能在英国弄到一套，会由一个西班牙人转交给她，这个西班牙人"受过克利曼朋友们的巨大恩惠"。[25]军情五处后来断定，此人一定是西班牙大使馆新闻专员安赫尔·阿尔卡扎·德·贝拉斯科（Angel Alcazar de Velasco），一个人尽皆知的德国特工。然后，他交给她两瓶隐形墨水，以及一份长长的调查问卷，明确提出刺探盟军的登陆计划。他要莉莉记住这些问题后就销毁掉问卷。"英国高层对登陆准备工作有何看法？军营安置在哪些沿海城镇？"[26]克利曼想要得到有关制服及部队调动、休假中断时间、军备生产等方面的情报。克利曼似乎将莉莉视为"他希望的化身，以及他机敏、勇气和天赋的证明"，而这正是莉莉和英国情报部门想引导他产生的念头。[27]

有且仅有一次，他们之间的谈话出现了不良转向。当时，克利曼故意装出一副若无其事的样子说，在她突然离开巴黎后，盖世太保将她父母的公寓置于监视之下了。莉莉不喜欢这句带有威胁意味的话，告诉他，"如果她不在时父母受到任何伤害，德国人将会发现她在为与他敌对的另一方工作"。[28]虽然莉莉的语气是在半开玩笑，但克利曼的反应迅速而尖锐，丝毫没有往日的幽默感："自然，如果她背叛了他，她就必须考虑到这是在拿她父母的生命冒险。"[29]

现在，克利曼把手伸进口袋，非常大方地递给特工"索朗热"一个小纸包：里面装着一颗钻戒和一枚 2 英寸长的树枝形胸针，胸针上面还镶嵌着五粒代表花朵的小钻石。他说，这枚戒指在巴黎要 95000 法郎，胸针价值 39000 葡萄牙埃斯库多。到英国后，她可以说这些珠宝是她祖母的，然后卖掉。除此之外，他还拿出一沓西班牙纸钞，共 7000 比塞塔。为了感谢莉莉的"帮助和同情"，让他对伊冯娜的西班牙之行放下心来，克利曼还另外赠送了 2000 比塞塔。[30]晚餐后，克利曼在卡亚俄广场拦下一辆出租车，"挥了挥手，愉快地离开了"。[31]他现在心情相当舒畅：情妇忠诚，上级满意，自己的明星特工正准备帮助德国赢得战争。那天晚上，莉莉在日记里写道："他走了，没有起一点疑心。现在的目标：英国。"[32]

军情六处的肯尼思·本顿越来越欣赏莉莉了。当她带着小狗巴布斯再次出现在办公室时，本顿更是对其赞不绝口。她递上来克利曼的调查问卷，里面的内容足以证明德国人对即将到来的登陆行动忧心忡忡。莉莉打扮得十分漂亮，把克利曼给她的西班牙现金都花在了服饰上。"我渐渐了解了她，感觉她很适合做这份工作。她前往里斯本的一切准备工作也都井然有序。然后，她突然抛出一颗重磅炸弹。"[33]

"本顿先生，"莉莉说，"我还有一个请求。我一直在为你们工作；我也会继续为你们工作，不求任何报酬。但能不能帮我个忙：我想把巴布斯留在身边。"[34]

本顿大吃一惊，这是不可能的，因为它违反了检疫法。

"这就是问题所在。我想跳过检疫流程，"莉莉解释说，"巴布斯注射过狂犬病疫苗。我手上有他的接种证书，他没有任何危害。这是我唯一的要求，请你一定满足。"[35]

英国法律规定，狗类在被确认无疾病之前，不得进入该国。尽管科学技术已经有效地消除了狂犬病威胁，但这条最古老、最愚蠢的法令依然保留了很长时间。这种针对动物的仇外心理很令人费解，可能同英国是岛国有关。为了赢得战争，本顿很乐意打破任何一项法律条款，但他不打算违反神圣的检疫法。他支支吾吾地说："我试试看吧……"[36]

但是，这话可不能忽悠莉莉。她绝不会丢下巴布斯就走。"如果我的工作很重要，那么它就值得获得豁免；如果不值得，那么我也不必去英国了……对你来说，他只是一只狗，但对我来说，他是巴布斯，比 100 万英镑都重要。请转告你们在伦敦的人。"莉莉变得怒气冲天，"我为什么不能从直布罗陀出发呢？"

"即使能够这样，你也得把狗留在隔离区六个月。事实上我甚至不确定相关部门是否会允许。"

"你可以说服他们，毕竟我是要去做重要的双面间谍。"

"我说服不了他们。现在是战时，莉莉。"

"那我就拒绝去。我将留在西班牙，不会丢下我可怜的小巴布斯。"

本顿急切地希望赶快结束会谈，于是提出为巴布斯另找一位善良的主人。战争时期，她必须做出牺牲。

莉莉生气地用俄语对她的狗小声咕哝了几句，然后转身对本顿说："你不能把他夺走……他对你们的战争一无所知，只想和我在一起。"[37]

本顿（他其实相当喜欢狗）告诉莉莉，他将尽力而为，尽管他知道"不经过检疫是不可能让那只可怜的狗进入英国的"。[38]他采取典型的英国式拖延战术，承诺尽其所能，而实际上他压根什么都不打算做，并自认为做了也没用。但莉莉的理解截然不同：她听到这个英国人承诺说把她的狗送进不列颠。这一误解后来将产生极其严重的后果。

本顿问伦敦该如何处理莉莉的狗。答复是："送她到直布罗陀，然后把狗交给直布罗陀的同事去解决。"[39]本顿向莉莉说明了进展："我在直布罗陀的同事也许能找到办法把巴布斯偷运到英国，大概是走海路。"[40]然而，军情六处的本土官员实际上已经排除了这个可能。

1943年10月7日，莉莉·谢尔盖耶夫使用化名，在护卫的陪同下带着她的狗前往直布罗陀。本顿与莉莉告别时，注意到她投来了"狐疑的眼神"。[41]果然，当她到达直布罗陀时，海关官员坚持要她交出那条狗。莉莉在日记中写道："我抱起巴布斯，把他交给那人。艰难时刻已经到来。"[42]不过她安慰自己，分离只是暂时的，因为本顿做出了"承诺"。

第二天，一位身着便衣的军情六处军官来到酒店见特工"珍宝"，他自称奥沙加（O'Shagar）。"从现在起，你就放宽心吧。一切都包在我们身上。"奥沙加如此说道。[43]

　　莉莉追问巴布斯的事，并说"本顿先生保证过为他安排好交通，还承诺他不用隔离"。[44]奥沙加回答说，他们"会考虑的"。[45]

　　当晚，她在酒店酒吧里遇到了友善的美军飞行员肯尼思·拉森（Kenneth Larson）中尉，他也很喜欢狗。"你为什么不把他交给我们的飞行员，让他们带到伦敦呢？他们根本不需要通过海关或什么关卡。你想让我为你安排一下吗？"第二天早上，莉莉跟奥沙加说了这事，并指出这样会"省去很多麻烦和烦琐事项"。但她还是希望得到一个承诺，如果美国人不能把巴布斯送到英国，军情六处也会想办法解决。

　　"我保证。"奥沙加如此说道。[46]（至少莉莉是这样回忆这次谈话的。）

　　然而，根据永恒不变的旅行法则，你最忙乱的时候，行李总是会出差错。就在莉莉准备登上飞往英国的航班时，手提箱搭扣松了，里面的东西散落一地。奥沙加把地上的物品——捡起来，塞进破损的箱子里，并答应将之修好后就由下一班飞机送过去。莉莉急急忙忙跑向飞机。

　　几小时后，化名为"多萝西·特里梅因"（Dorothy Tremayne）的莉莉在布里斯托尔机场降落。负责接机的女警察被告知要注意一个带着白色小狗和大唱片机的女人。莉莉没有唱片机，没有狗，也没有手提箱。但女警察确信，那个在入境大厅高声抱怨的法国女人一定是莉莉·谢尔盖耶夫。"珍宝"终于秘密进入英国了。用马斯特曼的话说，她随身带来了"一笔丰厚的嫁妆——德国人的信任"。[47]

160　　　视线回到马德里。当军情六处的肯尼思·本顿得知莉莉已经飞往英国，而爱犬被留在了直布罗陀时，他"感到很内疚"。[48]但随后他又心想："毕竟这是战时，就像我曾告诉她的那样，人的生命和良知都必须做出牺牲。"[49]此外，本顿还有其他事情要操心：他正要钓一条更大的鱼——阿勃维尔内部的一名军官。

第十三章

不速之客

1943 年 9 月 14 日，达斯科·波波夫一飞回英国，就马上被带 161
到军情五处租用的克洛克别墅，向塔尔·罗伯逊和伊恩·威尔逊汇
报。两人兴致勃勃，都想看看"三轮车"从里斯本带回来的东西。
波波夫郑重地打开冯·卡斯特霍夫提供的"外交邮袋"。威尔逊写
道："首先掉出来一大堆丝袜。"[1] 随后，他们从邮袋里取出一台无线
电发报机、一部徕卡相机和六个胶卷、制作隐形墨水的原料、2000
美元和 2500 英镑现金，以及好几张调查表。这套完整的间谍工具
足以证明德国人信任波波夫，不过从"超级机密"截获的信息更能
说明问题。正如威尔逊所报告的那样，"这清楚表明'三轮车'给
我们的报告是准确的。大部分德国人仍然相信他，而那些有理由去
怀疑他的阿勃维尔成员，又因腐败或害怕披露事实让自己难堪，进
而丢掉工作而想尽一切办法为他提供支持"。[2]

波波夫说，他与约翰尼·耶布森再次见面，现在"绝对确信"[3]
这位朋友已经知道他是双面间谍了："他和我说话的方式以及他的
整个行为都非常清楚地表明了这一点。"[4] 耶布森比以前更加口无遮
拦，大谈什么"那个白痴希特勒"，说话间"眼睛里还带着狡黠的
微笑"。[5] 波波夫毫不怀疑，耶布森知道自己说的每一个字都会被直
接转达给盟国。他说，耶布森在柏林的敌人正在密谋害他，盖世太 162
保也在监视他。但是，波波夫的报告中真正让读者坐立不安的部分
是，耶布森讲述了"某种新发明——爆炸效果相当于 2000 公斤炸
弹"的多管火箭装置。[6] 这种武器在柏林引起了极大轰动。

罗伯逊立即给"双十委员会"发送了一份备忘录，通报这一令
人震惊的消息。这也是耶布森"首次有意识地主动提供情报"。[7] 波

波夫没有明确说他是否曾建议这位朋友到英国去做双面间谍，但几乎可以肯定他这么说了。一份呈交给丘吉尔的报告完整地描述了经过：

> "三轮车"刚从里斯本回来，他在那里与当地的德国情报人员进行了接触。他得到的印象是，他们不指望能赢得战争，也不期待战争尽快结束。他从德国主管（亦是其密友）那里得知，后者相信存在一种能够轰炸伦敦的火箭炮。这个间谍负责人还说，德国受到空袭使这种火箭炮的生产进度推迟了大约两个月，但应该能在12月投入使用。他建议"三轮车"最好提前离开伦敦。德国人进一步告诉"三轮车"，他们对英军的战斗序列非常了解。德国人说，他们在美国事实上没有安插特工，但在英国有10到12个（与我方控制的德国特工人数相符）。他们还告诉他一件事：一名在柏林特工部门工作的少校曾暗示说，潜伏在英国的特工都处于英国人的控制之下，不过24小时内此人就被解职了。[8]

这里提到的"火箭炮"就是V1火箭。德国研制这种飞行炸弹
163　的目的是轰炸英国，迫使其签署城下之盟。耶布森的信息只不过证实了英国人对这种新式武器已经知道的内容罢了，而他描述德国人完全信任他们的英国谍报网则强化了塔尔的观点，即局面尽在英方掌握之中：任何德国情报官员胆敢提出他们的间谍被策反了，就会被视为异端，很可能遭到解雇。

波波夫在里斯本收获的最后成果是一项酝酿已久的计划——在德国人的帮助下，偷运更多双面间谍进入英国。经军情五处批准，波波夫给冯·卡斯特霍夫编造了一个巧妙的故事：既然许多南斯拉夫人都急于前往英国，那为什么不把纳粹秘密特工安插到真正的难民中间呢？波波夫的兄长伊沃就住在贝尔格莱德，可以帮助挑选潜在的候选人。德国人十分重视伊沃，认为他是积极且忠诚的合作者，因此对他非常信任，还给他发放旅行证件、德国国防军制服，并授予其技术军士长军衔。伊沃将负责挑选成员，然后这些成员会在德国的协助下，以难民身份经西班牙偷渡到英国。他们一抵达，弟弟波波夫就会把他们都控制起来，充实自己的间谍网。冯·卡斯特霍夫对这一想法跃跃欲试，于 7 月 23 日向柏林发报，讲述了波波夫向英国渗透间谍的"高招"。他写道："我想这个计划很妙。我依然认为只要'伊万'一直处于监督之下，他还是可靠的。"⁹

冯·卡斯特霍夫不知道的是，伊沃和他的弟弟一样，也在为对手工作，而且已经被英国情报部门招募为特工，代号"无畏舰"（Dreadnought）。他没有挑选亲纳粹者，而是选择志同道合的反纳粹斗士加入这次所谓的"潜伏行动"。这些人均已知晓自己所扮演的角色。波波夫、罗伯逊和"双十委员会"成员则在英国准备好欢迎他们抵达。这个链条的每一个环节都是假的。德国人不仅没能将急于立功的新间谍派往英国，反而还帮助盟国招募、训练了一批双面特工，为他们提供资金，把他们运送到英国，这样一来，他们马上就可以投入工作。

第一个以这种方式"溜出去"的特工是弗拉诺·德·博纳侯爵　**164**

（Marquis Frano de Bona）。他是南斯拉夫贵族、海军军官，也是达斯科·波波夫的酒肉朋友。在伊沃的鼓动下，阿勃维尔把德·博纳招募进来，并将其训练为无线电操作员，然后安排他潜入西班牙。在等待以难民身份转移到伦敦期间，这位侯爵钻进马德里的一家妓院，在那里度过了幸福快乐的四天四夜，最后出来的时候精疲力竭，还染上了严重的花柳病。抵达英国后，他搬进克洛克别墅，与波波夫住在一起，成为"三轮车"间谍网的报务员和双面间谍。自此以后，波波夫和他的下线特工再也不用依靠隐形墨水与德国人联络了。不知是因为他的一头长发、放浪形骸的作风，还是满身的虱子，德·博纳侯爵得到了一个很不光彩的代号："怪胎"（Freak）。

耐人寻味的是，德国人赋予"怪胎"的使命显示，阿勃维尔内部有些人准备求和。"双十"团队整理出德·博纳的相关材料发给丘吉尔审阅：

> 他的主要任务是与英国高层人士接触，并向他们强烈暗示，德国为阻止共产主义在欧洲大陆传播，需要英国的协助，因此愿意与这个国家改善关系。德方指示的核心是：英国不应强迫德国投降，而应该提出和平条件以在东欧维持一道抵御共产主义的屏障。德国人还强调，为了得到这些条件，他们愿意除掉希特勒，建立英美两国都可以接受的民主政府，［并］从所有占领区撤军。[10]

这就是反纳粹抵抗运动的本质：驱逐希特勒，与西方结盟，打

败苏联，挽回一部分德国的尊严。安东尼·布伦特肯定把这份报告 165
交给了苏联。这无疑加重了斯大林的猜疑，即英美可能会与德国媾
和，然后掉转枪口指向苏联。丘吉尔坚信，只有德国无条件投降，
战争才能结束。但德·博纳带来的证据明确无误地表明，阿勃维尔
有人正在积极策划推翻元首。德国军事情报部门内讧不断，自己人
相互欺骗出卖，加之国内竞争对手的打击，使阿勃维尔处于分崩离
析的边缘。

肯尼思·本顿来到英国驻马德里大使馆楼上，进入一间通常
"用作逃亡战俘卧室的小阁楼间"。那儿有个年轻人"正在一根接
一根地抽烟，满头大汗，看上去心神不宁"。那人站起来同他握手，
用毫无口音的流利英语说："我是阿勃维尔军官，希望你们保护我
不受盖世太保伤害。"

本顿给客人倒了杯威士忌。这个德国情报官员露出被尼古丁熏
黄的牙齿，"笑起来相当迷人"。他说："在德国，我们都喜欢威士
忌。现在能来一杯真是太好了。"

他穿着剪裁得体的西装，戴着单片眼镜，小口喝着加苏打水的
威士忌，活像个英国人。他留着"一小撮金胡子"，一边紧张地拨
弄着它们，一边不停地抽着烟。"我叫约翰尼·耶布森，"他说，
"我猜您是本顿先生。"军情六处的人大吃一惊。他的真实姓名本应
严格保密，即使是对大使馆内部人员也该如此。耶布森又笑了。

本顿问道："你有麻烦?"

"我揭发了盖世太保造假钞的交易，所以他们在跟踪我。"

"他们跟到这里了吗？"

"没，我甩掉他们了。"[11]

166 耶布森有充分的理由焦躁不安。不仅仅盖世太保对他步步紧逼，他还得知，克扣波波夫薪金的里斯本分站阿勃维尔官员卡姆勒已向柏林告发了他。耶布森担心他在里斯本的酒店房间可能已被窃听，与波波夫的"不当"交谈内容也泄露出去了。阿勃维尔中支持他的那些人早就建议他远走高飞。因此，他现在需要找到一条生路。

他俩谈了两小时。耶布森逐渐放松下来，开始畅所欲言。他透露了阿勃维尔西班牙分站高级官员的身份和"他们的特殊癖好"，[12]描述说他的工作是招募特工，行动很自由，还谈及德国人的士气不断降低："在德国，几乎没有人还奢望胜利了。也许就只有希特勒一个人还真正相信。"[13]他喝了不少威士忌，讲起了黑色笑话："在一次空袭中，希特勒、戈林、戈培尔和希姆莱躲进了同一个防空洞。炸弹直接命中掩体。你猜谁获救了？德国。"[14]他再次介绍了德国正在制造的"秘密武器"，"它将把恐怖散播到整个英格兰南部"。耶布森说，他"尚不知道这种神秘武器的任何细节"，但可以设法打探。[15]

"我给了你很多信息，是不是？"他咧嘴笑着说，"下面该你来报答我了。"[16]耶布森准备跟英国人做交易。如果盖世太保还是紧追不舍，他希望对方能尽快帮他脱离危险。作为回报，他会把所知道的一切和盘托出。本顿心里明白，把耶布森从西班牙偷渡回英国易如反掌，但后果无法预测：阿勃维尔一旦发现他叛逃，便会认定他向英国人供出了其掌握的所有情报，那么任何与他有关联的人都会立即受到怀疑。耶布森已经有了应对之策。他打算留下一封"假遗书"来掩盖自己的突然失踪，在上面写下："我将服毒，远远游向大海。也许我的尸体好多天后才会被冲上海岸，那时可能已经认不出我来了。"[17] 即使是最愚蠢的阿勃维尔官员恐怕也不会相信这样一个显而易见的诡计。军情五处后来根本没理会耶布森的自杀方案，认为这是"过度紧张让人产生的愚蠢想法"。[18]

本顿对耶布森产生了好感。这个间谍热情地谈论他对英国有多钟爱，希望战后能到牛津大学深造，还讲到自己与 P. G. 伍德豪斯的友谊，以及他的英国秘书梅布尔·哈博特尔——只要文件内容可能有损盟国利益，这个专横的女人就会拒绝打字。本顿认为"他是个有趣的人，受过良好教育，也是非常好的伙伴"，但他过于世故，风流放荡，还玩世不恭。[19] "他特别热衷于看色情电影，还承认自己频繁来马德里，原因之一是这里有两家专门放映这种电影的私密影院。"[20] 他毫不掩饰自己的恐惧，也不打算逞英雄。当讲述阿勃维尔的特种部队时，他"明显有些不寒而栗"。[21] 这是支"训练有素的劫持小组，擅长抓捕，能够在不引人注意的情况下将人犯偷运过边境"。[22] 所以，即使在中立国西班牙，他也随时可能遭到绑架并被带回德国。一想到这，他就吓坏了。

本顿建议耶布森当晚在大使馆过夜。"这是为你好。明天我就安排一所安全屋。"睡觉前，他们俩喝了最后一杯酒。本顿问这位新成员，是否还有其他阿勃维尔官员愿意叛逃。耶布森回答说："我确信有些人已经被你们策反了。我认识一个阿勃维尔特工，是我招募的他，此人可能已经是你们的人了，或者马上就会投诚。"

"他是谁？"

"杜赞·波波夫，"耶布森回答，"他搜集了很多情报，接受柏林和里斯本的双重领导。"[23]

耶布森把波波夫招入阿勃维尔。波波夫一转身，就催促英国人去招募耶布森。现在，耶布森在变节的关键时刻，又怂恿英国人拉拢波波夫。他其实是在故意玩花样。其实耶布森早就知道，也许从一开始就心知肚明，波波夫在为英国人效力。从今以后，他们就是同一条战壕的战友了。

本顿连夜起草了一份关于耶布森的详细报告发往伦敦。报告中，耶布森的代号是"艺术家"（Artist）。伦敦回复："'艺术家'所说属实。我们对他了如指掌。此联络人具有重要的潜在价值。务必谨慎行事。"[24]

耶布森告诉本顿，自己会暂时留在西班牙，静观事态发展，并与他保持联系。本顿后来写道："我很遗憾同'艺术家'分开。"[25]如果不考虑金钱方面的问题，耶布森在从事间谍工作时还算尽责："'艺术家'告诉我，他怀疑盖世太保因伪造英国钞票大获其利，但我一直不确定情况是不是正好相反，得利的其实是他。"要弄清楚关于耶布森的真相，总是很棘手。

莉莉·谢尔盖耶夫踏上英国土地的第一秒钟就产生了不祥预兆。英国人告诉她，在接受审问之前不要回答任何问题。莉莉离开直布罗陀时，奥沙加曾对她说："从这儿到伦敦的过程中，你不必开口说话。"[26]玛丽·谢勒已经发出指示，莉莉"抵达机场后，一切都按常规程序走，绝对不要有引人注意的地方"，她的家人还在巴黎，莉莉"为此特别焦虑，希望知道她情况的人越少越好"。[27]

入境官戈尔德（Gold）是她遇到的第一个官员。他"身宽体胖，长着一对大耳朵"，严格执行制度。[28]戈尔德问她叫什么。她拒绝回答。他问她在哪里出生。莉莉什么也没说。最后，戈尔德"为了让她放心，说了一句相当不明智"的话："没关系，你不必担心，我们什么都知道，是德国人派你来的。"[29]

莉莉当场就发飙了。她到英国还不到一小时，就已经有个肥头大耳的愚蠢官员对她说，人人都知道她的秘密。莉莉不停地大喊大叫，这时一个神情严肃的女警察站出来说，她奉命护送"特里梅因小姐"去伦敦。

她们冒着倾盆大雨，驱车来到巴勒姆地区（Balham）的一所住处。一个自称"莫德夫人"（Mrs Maud）的慈祥女人安顿莉莉上床睡觉。那一夜，她睡得很沉。第二天早上，莉莉吃完麦片粥后，被引到二楼房间，看到一位穿红色套装的女子"坐在椅子边上，交叉着双臂，手放在下巴上"。[30]玛丽·谢勒的"绿色眼睛微微斜视"，冷冷地打量着特工"珍宝"。[31]好一会儿，两人谁也没有开口。然后，莉莉坐到沙发上，滔滔不绝地讲起了她的故事。玛丽做着笔记，一言不发。一小时后，她站了起来说："你对我们非常有用，你提供的机会可能具有特别重要的价值。我们很高兴与你合作，但你也必须意识到形势严峻。帮助英国实质上就是为解放法国而战。"[32]她护送莉莉上了一辆正等在屋外的汽车。

169

莉莉被送到肯辛顿（Kensington）拉格比大厦 19 号公寓。玛丽介绍她同一个名叫玛丽察·米哈伊洛维奇（Maritza Mihailovic）的南斯拉夫女人相识，她是这里的管家。玛丽没有说明该公寓是军情五处的安全屋，受到全面监视：电话安装了窃听器，邮件会被拆封查看。玛丽察本人就是双面间谍，代号"蛇鲨"［Snark，取自刘易斯·卡罗尔（Lewis Carroll）的胡诌诗《猎鲨记》（*The Hunting of the Snark*）。由于卡罗尔本人也没法解释蛇鲨到底是种什么动物，所以这个代号可能跟此诗的主题没有什么直接的关联］。玛丽察曾是家庭女佣，在南斯拉夫被阿勃维尔招募后，于 1941 年作为难民来到英国。B1A 组曾将她发展为双面间谍，但后来不知何故，德国人对她失去了兴趣。从 1943 年到现在，她一直在为军情五处当清洁工，也是该部门的密探。"蛇鲨"将密切关注"珍宝"的一举一动。

塔尔·罗伯逊很快就赶到了。他和蔼地说："你终于来了。请允许我对你的工作表示祝贺：这是一个巨大的成功。现在你务必放松心情，忘记恐惧，一切尽在掌握；你现在很安全，周围全是朋友。"[33]

莉莉没有回答。她对英国人的所谓魅力无动于衷。罗伯逊继续恭维她。

"我们把你看作一张王牌。毫无疑问，德国情报人员完全信任你，所以我们占据了得天独厚的优势，可以给他们提供虚假信息。这一招用行话说，就是让他们'自我陶醉'。"[34]

塔尔向莉莉阐述了工作方式：她要在玛丽·谢勒的帮助下，写

170

信给德国人。"我希望你亲自起草所有信息,"塔尔说,"如果你认为任何我们要发送的内容在德国人看来不太真实,请务必说出来,一定不要犹豫。我们面前的机会太宝贵了,哪怕是最微不足道的风险我们也不能冒。"[35]在接下来的四小时里,她又把自己的故事讲了一遍。她绘制了一张马德里地图,在上面标出她与德国联系人的见面地点,甚至还画了张埃米尔·克利曼和伊冯娜·德利代斯的肖像素描。

"那么就只剩下资金问题了,"塔尔笑容满面地说,"我们要拿走德国人给你的钱和珠宝,每月付你 50 英镑薪酬,再从他们寄来的所有财物中抽取 10% 给你。这样可以吗?"[36]莉莉点点头,但心里想,德国人可是给了每月 250 英镑的薪水啊!"我不是为了钱,"她在日记中写道,"但我还是有点惊讶。"[37]胸针和钻戒被锁进了 B1A 组的保险柜里,但此前军情五处已对它们进行了估价,发现这些珠宝只值 100 美元(约 79 英镑),"与克利曼认为的可以换取 400 英镑相去甚远"。[38]军情五处评估这位新加入的双面间谍很有前途,向丘吉尔报告了她的情况:

171

　　她是俄罗斯裔的法国公民,大部分时间生活在巴黎,从事新闻工作,还一度因艺术家身份获得相当高的声誉。"珍宝"是通过战前认识的一位德国记者被引荐给德国情报机构的。她花了很长时间才说服德国主管把自己派往英国。她接受了大量无线电收发训练,可以熟练地使用隐形墨水写信。她没有随身携带无线电设备,但德国人向她保证,已经安排好要送来一套。[39]

安东尼·布伦特曾特意要求，"一旦'珍宝'抵达，就通知他"，所以莉莉的情况肯定也被传递到了克里姆林宫。[40]

玛丽·谢勒是个相当含蓄的英国人，没有流露自己的态度，但她其实对莉莉相当满意，而且"非常有信心，确信她掌控的首个双面间谍无论如何一定会取得成功"。[41]她在军情六处的同事金·菲尔比恶意满满地说："可怜的姑娘。她要失望了。永远不要相信一个沙俄流亡分子。"[42]

莉莉闷闷不乐地打量着她的新家。这套公寓房间很大，家具不齐全，"一尘不染却没有人情味，就像旅馆一样"。[43]她出去散步，玛丽察就陪着她，寸步不离。街道"阴冷幽暗"，拉格比大厦"平淡无奇，既不能给人以想象力，也没有布置装饰，就像一个乖僻的老处女那样酸臭"。[44]她原以为伦敦一定是战火纷飞，可是这地方灰暗潮湿，雾气蒙蒙。莉莉认为自己是一只色彩斑斓的小鸟，一个艺术家，一个喜欢冒险的孩童。这儿不属于她。"我吃惊地看到街上每个人都穿得邋里邋遢的：破旧的大衣、脏兮兮的袖子、过时的服装。这让我郁闷无比。橱窗里的裙子都是直筒筒的，没有曲线，没有饰面，没有翻领，也没有腰带——一切装饰都被无情地省略了。"[45]她的英方负责人看起来冷漠无情，拒人于千里之外。玛丽·谢勒是个谜。"我到现在还不知道她的身份定位：我的看守，或者保育员，或者别的什么角色？"她写道，"我甚至不知道她对我有什么感觉，虽然我想这真的无关紧要。"[46]此时，她旧病复发，肾脏不断加重的疼痛令她的情绪更加低落了。

莉莉想念巴黎，这座城市即使是在纳粹占领下也很时尚。她怀念那种两方针锋相对的刺激感。她甚至对克利曼有些念念不忘。但最重要的是，她想念巴布斯了。

第十四章

坚毅时刻

在 1944 年 6 月之前的几个月中，D 日登陆欺骗计划经历了多 173
个版本，拥有不同代号。"雅亿计划"（Operation Jael）得名自《旧
约》中的女英雄，她趁着敌人熟睡，用一枚固定帐篷的锚钉把他的头
颅钉在地面上。该计划旨在让德国人相信，盟军不会在 1944 年登陆。
尔后，盟军又制订了名为"湍流"（Torrent）或"附录 Y"（Appendix
Y）的计划，目的是误导敌人，使他们相信加来才是盟军的唯一目标。
约翰尼·贝文综合了先期计划的各要素后，"不休不眠地连续工
作"，终于在 1943 年圣诞节前制订完成了"保镖行动"。[1]

"保镖行动"是一场全球范围内的欺骗行动，目标十分宏大，
涉及多个方面：假装对达尔马提亚（Dalmatia）和希腊海岸地区发
动威胁，牵制地中海的德国军队；故意暗示盟军还将在意大利西北
部、保加利亚、丹麦，以及最重要的挪威发动攻击，迫使德军分散
兵力；让德国人以为空袭德国本土的战略优先级高于地面进攻；尽
量延长德国人的误判时间，让他们以为盟军在夏末之前不会发动跨
海峡登陆作战。"保镖行动"的目的是让对手茫然无措，使德军远
离最需要兵力的战区；把他们的活动区域限制在对盟军造成伤害最
小的地方；诱使德军调离法国和东线，去往意大利、巴尔干、希腊
和斯堪的纳维亚。"保镖行动"将覆盖多个战区，但到目前为止， 174
最重要的一个环节是诱导希特勒对诺曼底登陆计划做出错误判断。

这是"保镖行动"的核心内容。对于给它选个什么样的代号，
人们一直争论不休。丘吉尔曾指示，不应选择事后回顾时显得过于
轻率的名字，也不能选择同所涉及的个人或行动内容有关联的名
称，但他也不喜欢毫无意义的代号。这就是为什么最初选择"美索

不达米亚"（Mespot）被驳回了。同样被否决的名称还有"斗牛犬"（Bulldog）、"剑柄"（Swordhilt）、"斧头"（Axehead）、"暴风雨"（Tempest），以及晦涩的"褐煤"（Lignite）。为了完成任务，就必须拥有果敢的决心，因此英国人最后选择的代号是"坚毅"。

一支庞大的秘密军队开始执行这项计划，踏踏实实制造骗局，比如在关键地点放置假登陆艇和橡胶坦克，利用技术手段发送大量无线电信号，通过铺天盖地的电子噪声来制造根本不存在的大军正在训练集结的假象。英国外交官员故意在鸡尾酒会上留下误导性的只言片语，让有心者听到后传给德国。盟军大量订购了涵盖加来海峡地区的米其林51号旅行地图。法国抵抗组织、特别行动处特工、承担破坏任务的杰德堡小组①、游击队、军情六处、布莱切利园密电破译人员、秘密科学家、建造伪装设施的工程师，都在这场涉及方方面面的庞大欺骗行动中发挥作用。但是，其核心则是塔尔·罗伯逊指挥下的双面间谍，他们通过密信、电台或当面汇报的方式哄骗德方负责人。这个人数微不足道的团队若能成功打造一面由欺骗铸就的坚盾，就能保护诺曼底海滩上的盟军士兵免遭屠戮。

许多人参与了"坚毅行动"，但三个人的作用最为关键。他们是伦敦控制部部长约翰尼·贝文上校；盟国远征军最高统帅部（SHAEF）情报负责人罗杰·弗利特伍德-赫斯基思（Roger Fleetwood-Hesketh）少校，其任务是将军事计划和欺骗手段结合起来；隶属蒙哥马利将

175

---

① 杰德堡小组一般由两名军官和一名无线电报务员组成。各小组在诺曼底登陆前后空降到法国，训练指导抵抗组织。

军的欺敌部门的领导戴维·斯特兰奇韦斯（David Strangeways）上校。B1A 组的克里斯托弗·哈默充当远征军司令部和"双十"团队之间的联络人。他们是一群个性、经历截然不同的人。弗利特伍德-赫斯基思是出庭律师，"拥有英格兰最好的葡萄酒酒窖"，而且"富有魅力，风趣诙谐"，有种荒诞不经的幽默感。[2]哈默形容他"条理清晰，一丝不苟"，但"本质上只是个记分员，而非参赛选手"。[3]斯特兰奇韦斯是个干劲十足的步兵。在哈默看来，他"很难对付，令人厌恶"，但意见经常是正确的，偶尔也会灵光闪现。[4]由于超负荷工作又压力过大，贝文动不动就发脾气，但事后总是会诚挚地道歉。他们负责的工作往往边界不清，而且相互重叠。每个人都憋着一肚子火气，随时会爆发，吵起架来更是惊天动地。不过，他们也能紧密无间地合作，将共同策划并实施有史以来最雄心勃勃的欺骗计划。

"坚毅行动"随着时间推移而历经多次修订。有一次，用刻薄的斯特兰奇韦斯自己的话形容，他"彻底重写了整个计划"，这引发了新一轮的激烈争论（尽管他的修改最终被采纳）。[5]定稿后的计划设置了数个相互关联的目标：使德国人相信，针对诺曼底的袭击（最后定于 6 月执行）只是佯攻，是为了在 7 月中旬对加来海峡地区发起主攻之前，把德军吸引到别处的诡计；与此同时，该计划试图诱使德国人防备盟军袭击挪威，以及在波尔多地区发起另一次登陆作战。最重要的是，成功登陆诺曼底后，他们还要尽可能长时间地维持盟军依然可能从加来海峡登陆的威胁假象，从而确保德军不会派遣大量部队南下去击退真正的主攻。

欺骗计划分为两部分："北部坚毅行动"负责制造挪威方向的虚假威胁；"南部坚毅行动"设法对加来海峡地区形成持久压力。为了使计划奏效，必须让德国人预期将有三次独立的登陆作战行动——一次是在诺曼底的佯攻，另外两次则是在挪威和加来海峡的大规模登陆。而这正是"坚毅行动"的最大困难所在，因为英国根本没有足够的兵力让德国人相信他们有能力实施上述三次进攻。于是，他们凭空创造出千军万马。斯特兰奇韦斯提议在英格兰东南部组建一支完全虚构的部队，做出准备登陆法国西北部海岸的姿态。这支幽灵军队的番号是美国第 1 集团军群，号称驻扎在加来海峡正对岸。另一支捏造的部队是出现在苏格兰的英国第 4 集团军，其任务是把德国人的注意力牵制在挪威。这些无中生有的军队将对假目标构成威胁，而活生生的士兵准备攻击的真正方向则是诺曼底。

马斯特曼迫不及待地渴望这场大博弈尽快开始。他写道："我们一直期待着这个时刻来临。到那时，所有特工都将义无反顾、精神饱满地把谎话'吹'上天，用一场弥天大谎为我们的事业画上句号。"[6]对于双面间谍的作用，有谨慎的意见，也有怀疑的声音。"双十委员会"中的英国陆军代表就坚称："德国总参谋部不会仅仅根据特工的报告来调动哪怕一个师。"[7]当然，倘若他们发现这个特工是个双面间谍，那么德军师就会转移到我们最不希望的方向。"一个得不到敌人信任的特工可能会断送整个计划。或者更糟糕的是，他的信息恐怕会被'反向'解读。这样，真正的攻击目标不仅不能被掩饰住，反而会暴露无遗。"[8]这个计划完全有可能弄巧成拙，导致灾难性后果。

丘吉尔和罗斯福始终都很清楚双面间谍在欺骗计划中扮演的角色，斯大林"无论是通过官方渠道还是隐秘方式"，也知道这批间谍的秘密。苏联内务人民委员部特工安东尼·布伦特现在已晋升为少校，依然深藏在英国情报部门，挖掘他所能找到的每一点秘密情报，然后事无巨细地发往莫斯科。"我已设法和负责双面间谍工作的罗伯逊取得了联系，"他告诉自己的苏联主管，"通过这一渠道，我通常能知晓哪些是真正的计划，哪些只是打掩护的。"[9]如果苏联情报部门内也隐藏了一个同样的德国间谍，那么整个骗局就会被揭穿。又或者，如果不是苏联官僚系统存在根深蒂固的偏执，骗局可能已经败露了。莫斯科不相信布伦特的情报，因为它们太过出色，看起来反而不像是真的。当苏联人发现英国人正在对德国人实施错综复杂的双重欺骗行动后，他们相信自己也一定是这套把戏的受害者。根据苏联内务人民委员部的反常逻辑，既然剑桥五人组［Cambridge Five，分别是布伦特、金·菲尔比、盖伊·伯吉斯、唐纳德·麦克林（Donald Maclean）、约翰·凯恩克罗斯（John Cairncross）]① 能发送如此高级别的情报，那么他们一定是双面间谍，信息也肯定是伪造的无疑；这五个人的内容完全吻合，则进一步证明了他们就是

①　剑桥五人组又被称为"剑桥五杰"，当然这是苏联人事后的评价。他们大部分出生于英国上层社会家庭，同时也是坚定的共产主义者。其中盖伊·伯吉斯和唐纳德·麦克林于1951年逃到苏联；1963年，金·菲尔比身份遭受怀疑，逃往苏联；安东尼·布伦特是非常优秀的艺术学者，曾任王室艺术顾问，获爵士头衔，1979年暴露，被剥夺一切头衔，1983年死于英国；约翰·凯恩克罗斯虽然曾遭到英方反间谍部门的强烈怀疑，但从未因从事间谍活动而被起诉。1990年，一名克格勃间谍叛逃，这位"第五人"的身份才最终得到确认。

同伙。

埃琳娜·莫德任斯卡娅（Elena Modrzhinskaya）上校是个满头金发、身宽体胖、热衷于计谋的内务人民委员部军官。在这场扑朔迷离的脑力游戏中，她是苏联一方的代表人物，负责评估来自英国的情报。她对布伦特及其他间谍的怀疑基于这样一个坚定不移但又大错特错的假设，即英国人不至于愚蠢到允许前共产党人在情报机构担任高级职务。因此，布伦特和其他人一定从一开始就为英国人工作。一支极不称职的监视小组奉内务人民委员部的命令去收集剑桥五人组与英国人接触的证据。由于布伦特就**在**军情五处工作，因此他与英国情报机构往来的"罪证"并不难找。当英国正在策划 D 日骗局之际，莫斯科方面致函驻伦敦的间谍负责人，提醒他英国双面间谍将实施一场大规模、有组织的欺骗行动。"我们的任务是了解对手向我们散布了哪些虚假信息"，因为来自布伦特和其他人的"所有资料"都表明这是一次双面间谍行动。[10]（讽刺的是，莫斯科之所以知道英国存在"双十系统"，正是布伦特向他们透露了这一事实，而莫德任斯卡娅上校完全忽视了这一点。）

但在间谍世界的诡异逻辑中，布伦特和莫德任斯卡娅最终可能反而**有助于**实现这个骗局。假如特工"托尼"确实是双面间谍，那么他的假情报应该被反过来解读。倘若他指出诺曼底是真正的目标，加来海峡是诱饵，那么后者则一定是真的，诺曼底登陆才是佯攻。再假设有德国间谍渗透了苏联情报系统，那他就会把这一情报传回柏林。概括来说，如果德国人判断，苏联人认为英国人试图让他们相信的东西是假的，那么骗局照样成立。至少，苏联人的怀疑会把水搅浑，让人更加捉摸不透。

马斯特曼写道，到 1943 年底时，"双十"团队"比以往任何时候都更加强大，做好了万全准备"。[11]双面间谍们正处于最佳状态。"三轮车"深受他的德方负责人喜爱和欣赏，最新加入的耶布森就在一边为他保驾护航。"嘉宝"坐在亨登镇克雷斯皮尼街的家中，一边与妻子大吵大闹，一边编织着越来越复杂的幻象。"珍宝"已经安顿妥当，虽然感到孤独，非常想念她的狗，但正准备开始给克利曼发送误导信息。社交名流"布朗克斯"与德国人保持着定期联系。甚至连冲动的"布鲁图斯"也可能很快重新发挥作用，只要这个波兰人从监狱中被放出来。

"双十系统"的成员一直以来都秉承发散性思维，会认真考虑那些常人以为不可行，或坦率地说，异想天开的计划。想象力是"双十系统"不可或缺的组成部分。这也许可以解释，为什么在 D 日登陆欺骗计划即将实施之际，"双十系统"突然间犹如插上了翅膀，翱翔在幻想世界中。

179

"坚毅行动"所有环节中，没有哪个比大规模放飞鸽群更加离奇，更加不可思议了。这是有史以来第一次，也是唯一一次尝试用鸟类来施展骗术。以动物为载体进行间谍和破坏活动在盟国可谓风靡一时：特别行动处特工往死老鼠身体里塞炸药，军事动物学家探索利用经过训练的海洋哺乳动物破坏敌方舰船。1943 年 12 月，盖伊·利德尔报告，美国计划运用数千只绑有炸药的墨西哥蝙蝠攻击日本。"他们把这些蝙蝠装入板条箱，航运至西雅图，然后在蝙蝠的脚和翅膀上系附小型燃烧弹。用飞机将蝙蝠运到东京附近后，就将它们释放出来。美方预计蝙蝠会飞入烟囱，把东京变成一片火海。"[12]这项计划从未实施，但美国曾对此做了认真评估。罗斯福说："这听起来是个非常疯狂的想法，但值得研究。"[13]

罗伯逊和沃克正是这种游走在天才和疯狂之间的灰色地带的人物。1944 年初，"我们的鸽子专家"——罗伯逊如此称呼沃克——便带着一个大胆的新计划找到 B1A 组。[14]随着登陆日临近，由于之前未能对飞入英国的敌方信鸽造成太大影响（因为根本就没有敌人的鸽子），永不止步的沃克上尉"开始思考是否有更具攻击性的方式来打击德国人的鸽群系统"。[15]他想出了"双面信鸽计划"，这一计划有可能一举全歼敌军鸽群。[16]

在法国沦陷区，每座德国情报站都有一个信鸽部门。此外，与德国人合作的法国养鸽人被招募为后方特工，负责收容德军信鸽。若盟军成功登陆，他们便可以在战线后方放飞鸽子，给德国人传递情报。沃克开始琢磨，是否可以利用希姆莱对鸽子的兴趣，以及他对"最终解决方案"的热衷来为盟军谋取些优势呢？如果德国人上当受骗，以为英国的间谍鸽渗入他们的鸽舍，那么整个德国的信鸽体系就会遭受质疑：如果他们不再信任自己的鸽子，就可能会把它们统统杀死。1943 年冬天，他向军情五处提交了一份绝密备忘录，阐述了他的"信鸽污染计划"。[17]

流浪或迷途的鸽子几乎总是能设法进入别家鸽舍。如果给

一些英国鸽戴上德国腿环来伪装成德国鸽，然后在欧洲大陆放飞（故意选择没有能力长途飞行回家的次等鸽子），它们最终会找到途径混进德国人控制的鸽舍。德国人迟早会发现鸽舍中混杂有不属于他们的鸽子。他们可能会找到两只腿环号相同的鸽子，或者某只绑着腿环的灰鸽子在记录中却清楚地表明应为红褐色。于是他们就会开始怀疑自己的鸽子中到底掺杂了多少"冒牌货"，而他们唯一能做的就是把所有鸽子都收集起来查一遍。在他们核查完所有鸽舍之前，他们将无法使用任何一只鸽子来传递信息，而且在彻查期间，我还会送去更多"冒牌货"。[18]

军情五处对这个设想很热心。用盖伊·利德尔的话说，就在德国人准备抵御盟军登陆时，却发现他们的鸽舍被间谍鸽渗透，这将"使他们在关键时刻心神不宁"。[19]鸽子欺骗计划得到了军情五处的批准。在咨询过专业技术人员后，沃克找到了一种新式铝焊接工艺，可以把假腿环装到鸽子身上而"完全看不到焊缝"，并制作了橡皮图章来仿造德国的羽翼标识。[20]他还发明了一套自动投放系统。这套装置由可携带多达八只鸽子的加厚麻袋构成，当其被抛离飞机，远离螺旋桨尾流后，只要拉一下系着的带子，便能松开麻袋上的橡皮筋，将鸽子放出。他咨询空军部，确定"飞机何时执行特别投放任务"。[21]他开始招募不够强壮的次等信鸽，送它们去执行秘密任务：潜入德国信鸽系统，从内部摧毁它。很快，沃克组建了一支双面信鸽部队，350只信鸽伪装成德国鸽子，随时准备出发。

　　盟国眼下已经有好几支队伍在同时进行欺骗行动：一组位于英国的人类团队，一组由鸽子构成的团队，还有一组在美国的双面间谍团队，后者全部是新手。

　　美国和英国对待双面间谍的态度截然不同，从波波夫在美国的失败经历即可窥见一斑。不过，随着盟国情报部门越来越紧密地参182与到战争进程中去，联邦调查局开始对双面间谍系统产生了兴趣，后来反而成了行家里手。促成这一转变的主要人物是一个与波波夫性格相似的放荡浪子：他腰缠万贯，挥霍无度，眼睛只会盯着女人和金钱。豪尔赫·何塞·莫斯克拉（Jorge José Mosquera）生于阿根廷，在汉堡拥有一家皮革出口公司。1941 年，他决定移居南美。这时，阿勃维尔介入进来，要求他在新大陆为情报部门充当间谍，否则就冻结他的资金。莫斯克拉同意了。抵达乌拉圭首都蒙得维的亚（Montevideo）后，他立即向美国领事馆主动投案。联邦调查局描述他是个"身材高大、形象良好的商人，散发着某种魅力"。[22]美国人赋予他一个新身份——马克斯·鲁德洛夫（Max Rudloff）。

　　德国人布置给莫斯克拉的任务是前往纽约建立无线电台，尽快开始发送军事情报。于是联邦调查局及时在长岛海岸一处僻静的农舍里搭建了无线电发报机，由三名伪装成当地工人的特工操作，并安排一群护卫犬来保证安全。很快，他每周都要发送好几条电报，并以类似"嘉宝"的方式虚构了下线特工：一名在飞机制造厂工作的工程师、一位美国陆军部军官和一个在海军部工作的文职人员。莫斯克拉在纽约没待多久，就不可自拔地爱上了一个年纪比他小很多的意大利裔女子。她想成为歌剧演员，于是莫斯克拉要求联邦调查局提供 1.5 万美元资助她从事歌剧事业。联邦调查局只好安排莫斯克拉的情人到"大都会歌剧院试演"。[23]这是该机构首次，也是唯一一次在跨国间谍行动中发挥积极作用。

莫斯克拉仅仅是联邦调查局的第一个双面间谍。他们的下一个双面间谍是荷兰人阿尔弗雷德·迈勒（Alfred Meiler），此人原本是钻石商，被派到美国搜集有关原子研究方面的信息。自首后，他的任务是向德国零零碎碎地报告海军造船厂的错误信息。赫尔穆特·戈尔德施密特（Helmut Goldschmidt）是在荷兰出生的正统犹太人，已声明退出犹太教，他逃离荷兰陆军后加入阿勃维尔。联邦调查局描述此人"极度自私自利，傲慢无礼，很难控制，而且道德品质败坏"。[24]戈尔德施密特投诚后，成为特工"农夫"（Peasant）。在美国效力的双面间谍中，最引人注意的是法国前王牌飞行员迪厄多内·科斯特（Dieudonné Costes）。他接受阿勃维尔招募来到美国从事间谍活动，主动改换门庭后，联邦调查局及时将其安置到纽约帕克莱恩酒店。他在那里开始用隐形墨水写信。对这个张扬傲慢、可信度不高的科斯特，联邦调查局在报告中写道："尽管他可能不会主动去帮助德国人，但他撒起谎来毫无顾忌。"[25]

联邦调查局采取审慎做法，从不允许双面间谍自己编造内容，而是由美方在无关紧要的"饲料情报"中塞入不实信息。他们发往德国的内容包括军工生产、军队的徽章标识和前往欧洲战场的部队这几方面情报。美方双面间谍也加入"保镖行动"中。他们的任务是散布美国缺乏登陆艇、工业生产状况起起伏伏、军队组建缓慢等信息，从而让德国人产生登陆作战行动将会推迟的印象。尽管美国特工不能报告 D 日登陆行动的直接准备情况，但他们提供的"确凿"材料如涓涓细流，在这出正在演奏的大调交响乐中插入了一支风格迥异的小调旋律。

马斯特曼的双面间谍组成的小型管弦乐队开始演奏了，不过突然闯入一个小小的不和谐音符。随着盛大的演出日益临近，这个杂音却越来越响。似乎还有一群间谍在英国演奏他们自己的歌曲。1942 年初，"超级机密"披露存在一个受到敌方高度重视的德国特工，代号"奥斯特罗"（Ostro）。此人名叫保罗·菲德尔穆茨（Paul Fidrmuc），是名捷克商人。他虽然以里斯本为大本营，但自吹拥有一张覆盖广泛的间谍网络，在英国本土、大英帝国其他地区、中东和美国分布有五名间谍。"奥斯特罗"的报告会直接从阿勃维尔里斯本分站转送至柏林，而且要价不菲。事实上，他有时还要评估其他特工发送的报告。"在柏林看来，他是不应得罪的大牌人物。"[26]

"奥斯特罗"对他的消息来源讳莫如深。这当然不是无缘无故，而是因为这一切都是他编造的。就像之前的"嘉宝"一样，菲德尔穆茨察觉到德国人对情报如饥似渴，以至于阿勃维尔会为凭空捏造的信息慷慨付费，而且信息渠道越隐秘，他们就越是相信。战时的特工圈经常会出现这样的"自由情报员"。这些人很精明，意识到在买家无法核实商品质量的情况下，交易虚假情报比给出真货更挣钱，也更加安全。德国人不知道"奥斯特罗"灌给他们的都是些胡言乱语，但英国人心知肚明。

布莱切利园的破译电文清楚表明，菲德尔穆茨的报告混杂着丰富的想象力、似是而非的推理，以及毫无依据的流言，与实际情况风马牛不相及。然而，"奥斯特罗"依然危害很大。他的报告不可避免地时不时与英方所控制的双面间谍的报告内容相矛盾，从而削弱了后者的可信度。更令人担忧的是，他可能会无意中猜测出真相。"奥斯特罗"正在编织他自己的骗局，而游戏里容不下两个玩家。军情五处、军情六处和伦敦控制部讨论了各种处理方式。英国人可以像对待"嘉宝"一样，接近"奥斯特罗"，并将他收编进来；或者把他的骗子身份揭穿，令其在阿勃维尔眼中的形象一落千丈。更激进的选择是杀了他，这得到了约翰·马里奥特的鼎力支持。"如果'清除'就是字面意义的干掉'奥斯特罗'……那么我自然认为这是整件事的最佳解决方案。"[27] "嘉宝"是个说谎者，受到军情五处热烈欢迎；"奥斯特罗"也在捏造信息，却很可能不得不遭到谋杀。利德尔认为，"我们应该设法收买或除掉他"。[28] 后来出于更为实际的而非人道的原因，英国人最终达成一致，由军情五处"设法诋毁'奥斯特罗'，而不是将其根除"。[29] 因为任何针对菲德尔穆茨的举动都有可能让德国人发现他暴露的缘由，而英方必须不惜一切代价对"超级机密"加以保护。"奥斯特罗"总算免于一死，不过军情五处将为这个决定后悔不迭。

第十五章

投喂"饲料"

时间进入 1944 年。胡安·普霍尔情绪高涨：不论是英国还是 186
德国情报部门都对他赞赏有加，而且他还交了个新女友。他有点粗
俗地向德国负责人形容说，她"不怎么漂亮，穿着也比较寒酸，
［而且］不习惯于受到异性关注"，但"天真轻率"——这非常好，
因为她在陆军部做秘书工作，可以得到关于未来登陆行动的有用信
息。[1]"这个女友"当然也是虚构的。虽然"嘉宝"幻想出一个情
人是工作所需，但这也反映了普霍尔的婚姻状况不太理想。

汤米·哈里斯引导"嘉宝"采用更加极端、更为多样的欺骗方
式。克里斯托弗·哈默后来说："我决不敢让我管理的任何一个特
工像他那样胆大妄为。"[2]除了打扮朴素的新情人之外，"嘉宝"的虚
构网络现在还吸收了一个"幽默风趣、相当健谈"的美国中士，一
个希腊逃兵，一个旅行推销员，最奇怪的是，甚至还有一群强烈反
犹的威尔士人。[3]他们致力于把民族社会主义带入山谷，通过暗杀手
段推翻英国政府。"雅利安世界兄弟会"（Brothers in the Aryan
World Order）只有 12 名成员，由一个叫拉格斯（Rags）的印度诗
人领导。三名"兄弟会成员"，以及一位"姐妹"特雷莎·贾丁
（Theresa Jardine）经介绍加入间谍网。贾丁在皇家海军妇女勤务队
工作，说印地语，是拉格斯的女友。上面这些人其实统统不存在。 187

在这一点上，确实有理由怀疑"嘉宝"和哈里斯是不是干得太
过火了。拉格斯和这帮威尔士法西斯分子就像讽刺漫画中的人物，是
那种廉价情节剧中的恶棍。难道真能指望德国人相信，一群凶残的种
族主义者计划推翻政府，夺取政权，杀死犹太人和其他"不受欢迎的
人"吗？答案是他们当然相信，因为这样的事情正在德国发生。重要

的是，盟国利用新招募的特工有机会在敏感的沿海地区建立谍报网。为实施登陆欧洲大陆的"霸王行动"，这些地段将在之后颁布旅行禁令。

"嘉宝"网络的规模现在达到了惊人的 24 名特工，但其中只有一个真人——普霍尔自己。通过与军情五处和远征军司令部之间的保密电话线路，普霍尔和哈里斯直接参与了军事计划和骗局的方方面面。在接下来的六个月里，"嘉宝"谍报网平均每天发送四条无线电信息。普霍尔本人获准接触整个"坚毅行动"，对掩护手段和真正的计划了如指掌。他知道哪些是真实存在的师，哪些为虚构的；很清楚盟军将在何处登陆，哪里只是佯攻。英德双方的情报部门比以往任何时候都更加信任他。德国人给他发来需要搜集的秘密情报清单：登陆日期和目标、参与的部队、登陆艇和军舰类型，以及登船点。他收到的具体指令是调查韦茅斯（Weymouth）和南安普敦之间的海岸地带。盟国大军已经开始在此集结，准备登陆诺曼底。他报告说："在特殊地点没有发现军队集结。"[4] "雅利安世界兄弟会"的成员被安排到布莱顿、埃克塞特（Exeter）、哈里奇（Harwich）和南安普敦。随着登陆行动即将到来，这些地方将是传递虚假信息的理想之地。

这个养殖家禽的巴塞罗那农夫正精心布局，把他所有的鸭子一一排列好。

188　　埃尔薇拉·肖杜瓦——特工"布朗克斯"，也继续用她自己的方式花言巧语。虽然哄骗敌人的方法截然不同，但她越发得到德国人的欣赏。她的早期信件中包含了一些政治和经济方面的小道消息。"布朗克斯"自称在伦敦上流社会的赌桌上结识了很多军官、政治家、社会名媛、实业家和记者，从他们嘴里套出来的这些情报。从 1943 年底开始，休·阿斯特开始让她的信件"带有更多军事色彩，使之能够在当前的战略欺敌行动中发挥作用"。[5]德国方面的反应相当迅速，令英国人大为振奋。他们发来一大堆有关军事设施、部队调动的问题，甚至还询问英国是否可能会利用雷达干扰"无线遥控火箭"。[6]"布朗克斯"在报告中谎称，英国人将部署"大型磁偏转场设备"。[7]塔尔认为，这样的交流"表明德国人在这一关键问题上对'布朗克斯'十分信任"。[8]她传递了一些诸如鸡蛋配给这类无关紧要的情报，以及她猜测可能是真实但又不重要的信息（"大规模入侵面临晕船难题。加拿大人正在研究新对策"[9]）。不过，报告中也夹杂着欺骗性材料，暗示庞大的美国军队集结缓慢，受到后勤问题困扰，可能会延迟攻击。她报告说，在利物浦码头看到"数百辆美国坦克，大量吉普车、货运箱、起重机等"，但她又补充说，报业大亨凯尔姆斯利勋爵告诉她，由于"驳船短缺，几个月内都不会发动登陆行动"。[10]

德国人很高兴："干得好。值得奖励。需要以下信息。苏格兰和英格兰南部的军队调动情况。登陆欧洲的准备细节。"[11]在德国人眼中，这个从法国赌场招募来的派对女郎正转变为一个能接触到最高级别军事机密的重要特工。赫尔穆特·布莱尔告诉她："最首要的情报是入侵欧洲方面的，尤其是法国方向。"[12]

尽管埃尔薇拉很任性，但"布朗克斯"不是"布鲁图斯"，不会搞对抗。哈默报告说："在我必须接手管理的特工中，'布朗克斯'是唯一把德国人招募她的情况和领到的任务和盘托出的人。"[13] 英国人监听了她的电话，只得到"很多也许听上去有趣，但跟工作不相关的私生活细节"，比如她与赛马主莫妮卡·谢里夫（Monica Sheriffe）的密切关系。[14]哈默被调到盟国远征军司令部后，他负责的埃尔薇拉交由休·阿斯特管理。这位新任专案官员写道："'布朗克斯'向我保证，谢里夫小姐对她在这个部门的工作一无所知。我想她没有撒谎。"[15]她的忠诚毋庸置疑。"在被德国人招募之前，她就是英国特工，而且可能是我们最可靠的特工之一。"[16]

德国人定期向她在瑞士和葡萄牙的银行账户支付薪资，现在还包括了一笔可观的奖金，但埃尔薇拉依然债台高筑。来自博彩公司、裁缝和各类赌场的催债信在她位于梅费尔区的公寓门垫上堆得老高。她懒得打开看，不过军情五处都已经检查过了。仅在汉密尔顿俱乐部，她就欠下 1000 多英镑。埃尔薇拉只好向母亲讨钱。"我收到的钱绝对不足以支付住宿、食物、衣服、牙医、药品、娱乐等费用。"[17]她没有提到自己的娱乐活动包括赌博恶习——她在这上面下注之巨堪比航运大亨——也只字未谈巨额酒水账单。和以往一样，军情六处的克劳德·丹西是她最忠实的听众。当得知军情五处给她的报酬金额时，丹西难以置信，竟然咯咯笑了起来。哈默报告说，丹西给了她 15 英镑，并且似乎决心"要让'布朗克斯'尽可能多地从我们身上捞些钱出来，故意惹我们不爽"。[18]军情五处对兄弟部门的官员以这种方式进行干预感到非常生气："她根本无权与丹西讨论这个问题。"[19]

　　德国人只能通过密件与"布朗克斯"进行沟通（她现在已经寄出了 50 多封），但邮政服务十分缓慢，她在盟军登陆前夕寄出的所有信息都不可能及时送达，所以起不到任何作用。她的德国负责人似乎也考虑到了这一点，于是在 1944 年 2 月用隐形墨水写了封信寄往埃尔薇拉的公寓。信中建议，如果搜集到登陆情报，就给里斯本的银行发电报，说明攻击将在何时何地开始。警告信息要用"明码暗语"编写，这样在不知情的外人看来就完全无伤大雅。这是个绝佳机会，可把"布朗克斯"变为诺曼底登陆大骗局的核心。

190

　　布莱尔推荐的编码非常简单。一旦发现目标，她就用法语给里斯本圣灵银行董事兼总经理安东尼奥·曼纽尔·德·阿尔梅达（Antonio Manuel de Almeida）发一封电报，要求他汇款。所需的汇账金额将暗示行动的目标区域：如果埃尔薇拉要求 80 英镑，即意味着攻击目标是法国大西洋海岸；70 英镑表示法国北部和比利时；60 英镑是法国北部地区；50 英镑是比斯开湾（Bay of Biscay）；40 英镑，地中海；30 英镑，丹麦；20 英镑，挪威；10 英镑，巴尔干地区。布莱尔告诉埃尔薇拉，只有"在完全确定的情况下才能发送这条消息，并且要在登陆开始前一周发出"。[20] 英国人知道这家葡萄牙银行与德意志银行有联系，并且已经监视该行一段时间了。圣灵银行的老板理查德·埃斯皮里托·桑托（Richard Espirito Santo）是葡萄牙独裁者萨拉查（Salazar）的密友，曾在 1940 年以东道主身份接待过温莎公爵及公爵夫人。（这位理查德也是埃德加·埃斯皮里托·桑托的兄弟，后者曾与埃米尔·克利曼的法国情妇伊冯娜·

德利代斯有染。）布莱尔制订的计划证明，尽管葡萄牙是中立国，但"该银行总经理肯定让德国人借用了自己的名字和影响力，以此试图从他们那里获知即将到来的军事行动的关键信息"。[21]英国有足够证据可以向葡萄牙政府提出正式抗议，但如此一来便马上会毁掉埃尔薇拉的特工生涯，而且"考虑到'布朗克斯'在目前的欺骗计划中所发挥的作用，她若出局显然有损我方利益"。[22]

191 　　哈默指出，这种明码暗语所标示的地理区域太广泛了，并不精确符合"保镖行动"的要求。"我们希望在电报中表明登陆地点将是加来海峡地区，可问题是编码表中的对应字段涵盖了整个法国北部和比利时。"[23]不过，通过细分目标区域来改进编码对"'布朗克斯'这种性格的人来说显得太专业了"。[24]尽管如此，埃尔薇拉还是回了一封信，提出了一些修改意见：如果她写的是需要钱"看牙医"，即意味着消息"确定无疑"；如果她写"看医生"，则表示"几乎肯定"；如果她写"看病"，那就只是"可能"。她还添加了一个时间尺度："立即"的意思是一周内登陆；"紧急"表示两周内进攻；"尽快"是一个月；如果她要求"如有可能"提供现金，那么日期仍不确定。这个简单、迅速、有效的方法将情报巧妙地伪装成医疗账单，误导德国人在错误的方向上空耗精力。

　　1943 年 8 月，波兰军事法庭判处罗曼·切尔尼亚夫斯基犯有严重的抗命罪。波兰当局"急于掩盖整个事件"，只罚他两个月监禁。[25]由于他已经在监狱里待了六个星期，所以剩余刑期被推迟到战后执行。他后来从未服刑。

切尔尼亚夫斯基毫无悔意。事实上，这次犯上作乱和受到的惩罚反而让他更加自鸣得意。他的负责人克里斯托弗·哈默被这件事搞得焦头烂额，在报告中写道："'布鲁图斯'拒绝承诺不再干涉波兰内政事务。"[26]莫妮克·德尚之前是切尔尼亚夫斯基的下线特工，现在成了他的情人，一直在等着他回来。当切尔尼亚夫斯基回到布朗普顿的公寓时，他立即请求德尚嫁给自己。她对这种"过于离谱的求婚方式"有些吃惊，但还是带着讽刺的口吻告诉军情五处，她完全知道自己面对的是什么人："啊哈，你必须记住，他是个超人，而超人总是古里古怪的。"[27]她接受了求婚。军情五处在一份内部备忘录中揣测德尚对切尔尼亚夫斯基的间谍活动到底了解多少，但分析结论是，如果他向她透露了"双十"计划的秘密，那么"她对他的个人忠诚也足以让她守口如瓶"。[28]

切尔尼亚夫斯基希望立即恢复他在"双十"团队的工作。军情五处则不那么乐观。"在他遭到逮捕，接着又被释放的特殊情况下"，德国人可能会疑窦丛生。[29]切尔尼亚夫斯基的性格反复无常，惹人气恼，还爱管闲事。"我们永远没法保证他不会耍阴谋诡计，"哈默写道，"如果他再惹上麻烦，就会给我们带来很大困扰。"[30]不过，他也证明了自己是多么有价值。在切尔尼亚夫斯基被捕之前，德国人对他完全信任，将其看作专业情报人员。他的报告也受到柏林的重视。"所有特工中，'布鲁图斯'似乎是最直接为军事部门工作的。"[31]哈默坚持认为，尽管切尔尼亚夫斯基的性格相当讨厌，但他"充满活力，勤勉刻苦"，也是"易于运作的优秀特工。在我管理过的所有人当中，他是唯一一从不抱怨的人"。[32]

192

英国人同意"布鲁图斯"在严密监视下可以同敌人恢复接触，但要谨慎。他不能参与正在进行的欺骗行动，因为假如遭到怀疑，反而可能事与愿违。哈默写道，如果让切尔尼亚夫斯基无所事事，他肯定又会开始惹是生非，但 D 日之前的准备工作也许会"足够刺激，让他没有精力去胡思乱想"。[33] "超级机密"将梳理出德国人不信任他的证据，他也不能再去操作自己的无线电台了。他要告诉德国人，他招募了一名前波兰空军军官充当无线电报务员。此人住在雷丁（Reading），对现状心存不满，手头也很拮据。他的家人死于苏联人之手，他为了复仇，愿意帮助德国人对抗苏联。在情报界，无线电报务员也被称为"钢琴家"。于是，这名虚构的下线特工的代号被取为"肖邦"（Chopin），以纪念这位伟大的波兰钢琴家和作曲家。"肖邦"的作品将由军情五处设在里士满的发报机"演奏"。

193　　　1943 年夏末，切尔尼亚夫斯基恢复了与巴黎的无线电联系。奥斯卡·赖尔上校的回复电文虽然很热情，但也有所保留。果然，布莱切利园截获的电文显示，德国人不再完全信任特工"休伯特"了。赖尔开始怀疑电台是否真的由切尔尼亚夫斯基操作，抑或是"敌方无线电报务员在发送英国情报机构允许的内容"。[34] 赖尔在多年后的回忆录中声称，他"几乎可以肯定"切尔尼亚夫斯基就是英国的双面间谍。[35] "我得出这一结论的最重要的理由是，来自英国的无线电信息中，没有只言片语询问'行际盟友'谍报网的 66 名成员的近况。这些人依然在德国人手里。"[36] 切尔尼亚夫斯基同意为德国做间谍的条件是他们不受虐待，但他从未问过这些人质的安危。这是切尔尼亚夫斯基和他的负责人犯下的严重失误,不过赖尔当时似乎不太可能真的发现这个问题。就算赖尔确实起了疑心,他也把怀疑藏在了心里。

几个星期后,德国人对"布鲁图斯"的担忧似乎烟消云散。切尔尼亚夫斯基继续和赖尔闲聊,不拘礼节地开着玩笑。事实上,他们的关系显得如此融洽,以至于哈默"半开玩笑地建议,'布鲁图斯'应该给上校发一封私人电报,说在他看来,德国已经输掉了战争,但只要国防军最高统帅部能让英美军队畅通无阻地登陆,就仍可以把欧洲从苏联人手中拯救出来"。[37]切尔尼亚夫斯基对与希特勒单独进行交涉以确保诺曼底登陆成功的主意跃跃欲试,并宣称这是"一个绝妙的点子"。[38]更令人惊讶的是,塔尔居然同意了。他写道:"我喜欢这个建议。"[39]切尔尼亚夫斯基随即着手起草给赖尔的电报,他以波兰国家发言人的身份写道:

> 上校!我认为我有责任对你开诚布公。我现在确信德国已经输掉了这场战争……我必须请你确切说明德国准备与我国合作的条件。我们在欧洲的地位如何?在战争结束前,德国准备做出多大程度的让步?你知道,为了我们共同的理想,我赌上了一切。德国现在能为欧洲文明做出的最大贡献就是,你们的最高统帅部向英美军队表明,不会阻碍他们登陆。如此一来,你们的军队就可以与那些尚未布尔什维克化的国家联合起来,从苏联人手中拯救欧洲。[40]

目前尚不清楚这条消息是否发出去过。就算是的话，也没有任何效果。

到 1943 年 12 月时，"超级机密"证明"布鲁图斯"的工作回到了正轨："德国人似乎对他重拾信心。他们再次认定他是忠诚的，[而且]一旦接受了他并将他视为重要特工，他们就不太可能改变自己的判断。"[41]圣诞节前数日，破译员送来一份截获信息，显示"德国人对'布鲁图斯'的工作大加赞赏"。[42]哈默开始到处游说，希望能让切尔尼亚夫斯基在"坚毅行动"中发挥更为积极的作用。他写道："'布鲁图斯'项目可以被发展为欺骗敌人的有效手段。"[43]如果做不到，就应该停止这一项目，因为继续把无甚危害的"饲料情报"塞给赖尔"完全是在浪费时间"。[44]假如真要结束"布鲁图斯"的工作，哈默建议军情五处给赖尔发一条私人信息："我们已经抓住你的人了。你招募他很明智，但我们现在什么都知道。我们认为他有点发疯，所以还不打算枪毙他。但我们会不时与你沟通，讨论共同感兴趣的问题。"[45]

另外，如果决定继续这一项目，那么切尔尼亚夫斯基就应该发送高级别军事情报来误导敌人。赖尔对即将到来的登陆行动非常关注，正在询问有关具体问题，因此"这是利用切尔尼亚夫斯基谍报网进行欺骗的绝佳机会"。[46]的确，随着"肖邦"定期向巴黎发送信息，切尔尼亚夫斯基最终将成为"双十"团队中的明星。"'布鲁图斯'收到的调查问题级别同'嘉宝'的一样"，而且他的"无线电联络渠道甚至比'嘉宝'的更高效"。[47]约翰·马里奥特在"布鲁图斯"的档案中写下一条批注："运作双面间谍要实现的目标很多，但有一个高于一切：欺骗敌人，使其灭亡。"[48]切尔尼亚夫斯基重新回到了这场宏大的骗局之中。

"布鲁图斯"返队后给赖尔发去一条电文，开出了他的条件：用 D 日登陆的秘密换取波兰的自由。

> 帮助轴心国抵御即将到来的进攻蕴含着巨大风险。因此我有权得到贵国政府承诺，击败盟国后，将通过我向波兰政府提出自由和平条款。我完全是出于意识形态的动机才成立谍报组织，向你们提供并随时更新入侵军事准备的全面情报的。我的目的是为波兰在新欧洲争取一个令人尊敬的地位。这是我要求的唯一回报。[49]

伦敦的冬天像一件湿透的斗篷，紧紧包裹着莉莉·谢尔盖耶夫。她的肾脏疼得厉害。她在拉格比大厦的公寓里独处了很长时间，尽管双面特工"蛇鲨"玛丽察·米哈伊洛维奇很少远离那里。每隔几天，玛丽·谢勒就会带着她的公文包大步流星走进来，俨然一副高效人士的模样。她们一起草拟并修改发给克利曼的信件。这些寄往里斯本的信表面上都是些闲聊内容，但下面则暗藏用隐形墨水写的情报。莉莉在日记中写道："这些信息看上去没啥意义。几段提及军衔和徽章的对话；据说在车站看到的列车；偶然在火车上听到的情报。"[50]她在玛丽的陪同下，拜访了布里斯托尔附近的亲戚。诺曼底登陆部队已经在该地区集结，但莉莉在信中描述"乡村地带人烟稀少，主干道空空荡荡，而事实上从早到晚，大军不停地活动，通宵达旦"。[51]

塔尔·罗伯逊向她简单解释了整个计划："在过去几个月里，

德国人一直在竭力探明我军的登陆地点。有了你的帮助，我们可以让他们以为我军已经做好了登陆某个地区的准备，而事实上我们根本就不打算靠近那个地方。如果我们成功了，那么当登陆进攻最终发动时，德国人的部队会集中在最不利的地域。"[52] 莉莉没有被告知真正的目标是诺曼底，也不知道加来是那个幌子。她在日记中写道："这些破烂情报拼起来意味着什么？我可不打算去猜。显然，德国人会从中做出推论。"[53]

　　莉莉原以为做双面间谍会很刺激。然而恰恰相反，她此时相当痛苦。玛丽·谢勒和吉塞拉·阿什莉［她知道的此人的名字是"路易莎"（Louisa）］带她到坎平斯基餐厅吃午饭，试图让她心情好起来。莉莉喜欢路易莎，两人互称对方是"小鸭子"，但她对玛丽没什么好感。这个女人举止那么得体，那么矜持，对莉莉的低落情绪无动于衷。情感丰富、喜怒无常的法国女人和保守冷漠的英国女人在文化和个性上发生了正面碰撞。"我想爱也想恨，想活得精彩，"莉莉写道，"我发现英国人很冷淡，寡言少语，性情含蓄，难以捉摸。我想看到玛丽大哭大笑，惊声尖叫；我想看到她的脸上能有表情。在我看来，她几乎就是台机器。"[54] 莉莉还敏锐地感觉到，在不苟言笑的举止之下，玛丽其实是个异常脆弱也很有趣的人。"玛丽有些行为举止与她向外界展示的强硬面孔不相符，比如坐下来后双腿交叉，扭成了麻花；脱长筒袜的姿势就像个开瓶器①；走

197

---

　　① 有一种开瓶器的两个把手被设计成穿着袜子的女性大腿形象。这里形容玛丽的姿势有些不雅。

路时迈开大步，摆动双臂，不时还哼着小调。"[55]

莉莉一再要求与巴布斯团聚，但得到的答复总是模棱两可。她给军情六处驻直布罗陀的官员奥沙加发去电报，语气越来越愤怒，质问她的狗到底怎样了。塔尔在笔记中写道，玛丽警告说，“珍宝”变得“非常不讲道理”，正在酝酿一场大爆发。[56] "‘珍宝’因她的狗不在身边而心烦意乱，并严肃地威胁说，如果不把狗尽快送过来，她就不干了。我认为此事可以解决，但肯定免不了大闹一场。"[57]玛丽并不像看上去那样冷酷无情。她自己也是爱狗人士，对莉莉的痛苦感同身受，然而在玛丽的世界里，规则是神圣而不容破坏的。“我不知道我们能帮上什么忙，因为如果我们通过正式渠道把狗送来，它就必须被隔离。在‘珍宝’看来，这和把它留在直布罗陀一样糟糕。我担心‘珍宝’的美国男友让她失望了，他并不打算为她偷运小狗。我在想，是否可以通过蒙塔古海军中校的关系，请皇家海军来帮忙。"[58]英国正在为一场规模空前的大战做准备，而军情五处为了安抚一个情绪不稳定的双面间谍，却在认真地考虑派遣潜艇把一条小狗非法带进英国。

长期以来，莉莉一直在抱怨“她的**内脏**不舒服”。[59]12 月，她“突然感到一阵战栗，全身发抖”。[60]玛丽要她振作起来。“你可不能病倒了。你没权生病。"[61]这是个玩笑，但不是莉莉喜欢的那种。莉莉忍受着病痛折磨，情感上孤立无援，陷入自怨自艾中，忍不住想跟玛丽打一架。她在日记中详细记录了接下来的交谈内容。

“玛丽，现在很明显，那个飞行员不打算带巴布斯过来。你能做点什么吗？”

"不行，我已经告诉过你了。"

"你的意思是说，你们拒绝履行本顿对我的承诺？"

"如果承诺与规定相悖，我们也无能为力。"

"这样的话，我就不必遵守和你一起工作的承诺了。从现在起，你可以一个人干。"

玛丽·谢勒怒不可遏。她的责任感根深蒂固，根本不能接受在战争期间，有人竟然撂挑子，退出合作："你拒绝工作？"

"当然。"

"但这很愚蠢。你知道我们需要你。"

"然而，我的工作不值一只小狗。"

"你像个被宠坏的孩子，为所欲为！你不能这样。你只是病了，仔细考虑过后就会改变主意的。"

玛丽气冲冲地走出房间，随手把门砰的一声关上。第二天，即1943年的平安夜，莉莉在日记里漫无边际地写了一段话："大脑空空荡荡。我比空气还轻，在天花板上滑行。我就要死了。"[62]玛丽从间谍管家玛丽察那里得知莉莉的情况后，给军情五处总部发去了一条紧急信息："'珍宝'正在发烧，但行为古怪，穿着睡衣四处乱窜，坐在客厅的地板上。'蛇鲨'看到她在跳舞。"[63]

莉莉神志不清，被急急忙忙送往圣玛丽医院。汉菲尔德·琼斯医生（Dr Hanfield Jones）为她做了检查，诊断其患有慢性肾结石。当她苏醒过来时，玛丽·谢勒就守护在床边。莉莉确实病了，但远没有她想象的那么严重。高烧加上不可救药的表现欲，令她相信自己正处于死亡边缘。

"看来我活不了了。"她以法国人特有的夸张语气对自己的专案负责人说。

玛丽·谢勒道:"胡说。"

（莉莉后来写道："我喜欢玛丽当时的样子。她说这个词时，语气是那么坚定。"）

第二天，塔尔·罗伯逊带着一束水仙花来看望她。莉莉感觉好了些，但仍然相信自己命不久矣，于是像戏剧演员那样，拿腔拿调地说："我不想死在这里。如果我现在死了，灵魂就会迷失在浓雾中。"[64]

罗伯逊平时和蔼可亲，活泼愉悦，但现在莉莉觉得他看起来很奇怪，举止也不自在。然而，她的身体太虚弱了，无力再去争闹一番，便迷迷糊糊睡着了。

在接下来的三个星期里，莉莉恢复了食欲，精神也有所提振。1944 年 1 月初，莉莉用隐形墨水给克利曼写信，解释之所以长时间沉默是因为生病了。她告诉他，她得到了一台哈利克拉夫特斯公司（Hallicrafters）[①]生产的"天空骑士"（Sky Rider）收音机，可以接收但不能发送信息。她会在约定频率上收听他的信息。B1A 组的技术人员及时安装好了电台。"珍宝"现在可以直接接收克利曼的命令和提问了。他发出的第一条信息就很鼓舞人心："情报非常精彩——信件顺利到达——请继续。"最后，他说了句轻佻的话："你很迷人。"[65]

199

---

① 哈利克拉夫特斯公司是专业制造、销售无线电设备的公司，总部设在美国芝加哥。

一封来自直布罗陀的电报让莉莉原本愉快的心情蒙上了一层阴影。电报是美国飞行员肯尼思·拉森发来的。他曾答应莉莉把她的狗带来英国，却在电报中解释说他被迫把巴布斯留在了阿尔及尔。电文的语气让莉莉觉得很奇怪。她拿给一位亲戚看："他为什么要把巴布斯留在阿尔及尔？我怀疑这并不属实。也许他已经对巴布斯有了感情，只想要留下他。"[66]

当她向塔尔·罗伯逊提及狗的问题时，他就会改变话题。玛丽·谢勒也拒绝讨论此事。莉莉的姊妹宾博（Bimbo）住在阿尔及尔。她打算给宾博写信，请她调查巴布斯到底发生了什么事。

玛丽·谢勒对"珍宝"满怀期待。能从克利曼那里接收信息无疑很好，不过为了能在"保镖行动"中充分发挥作用，"珍宝"就需要自己的无线电设备。这样，她就能像"嘉宝""布鲁图斯""三轮车"那样，实时传送重要的假情报。玛丽告诉塔尔："我们可以用'珍宝'来欺骗敌人。她的活动范围可以覆盖不同地区，能够宣称搜集到的情报来自好几个无论是名义上还是实际上都很可靠的消息源。德国人发来的第一条信息表明他们对'珍宝'很信任。不过，除非得到无线电发报机，否则她就无法为'霸王行动'或其他欺敌计划工作。"[67]

他们在报告中不断增加军事活动情报的内容，试图促使懒散的克利曼提供无线电台。"盟军正在准备什么大事，"莉莉告诉他，"我必须得到你承诺的无线电台。"[68]克利曼完全无动于衷。玛丽埋怨道："我们让他'安排'事情，他要么不知道从何下手，要么会拖拉很长时间。"[69]他们不得不采取行动了。

玛丽·谢勒制订了一项大胆的计划:莉莉前往里斯本与克利曼碰头,要求他交出一台无线电设备。考虑到莉莉情绪容易波动,这就是一场赌博,但谢勒告诉塔尔,她确信这将收获回报:"我相信'珍宝'有足够的能力顺利执行这样的任务。我想你也会认同这一点。"[70]塔尔批准了。他们编造了一套说辞来解释莉莉为什么能前往葡萄牙。莉莉告诉克利曼,她通过表亲伊丽莎白·希尔(在剑桥大学工作的学者)在新闻部电影司找到了一份工作,负责编写宣传片剧本。这些宣传片将在那些从纳粹手中解放出来的国家放映。她解释说,她被派往葡萄牙采访难民,收集"这些国家的第一手资料"。[71]这个故事相当单薄,但玛丽很乐观:"你之前就让克利曼吞下了比这更大的药丸。"[72]

一天晚上,与玛丽排练了一整天的虚假故事后,莉莉回到公寓,发现宾博寄来一封信,上面盖着阿尔及尔的邮戳。她反反复复地读着第一句话,简直难以置信。"可怜的宝贝,我讨厌给你带来痛苦,但你还是知道这个消息为好,免得还要做无用功。你再也见不到你的巴布斯了,他被轧死了。"[73]她的狗,也许是她唯一的真爱,也是唯一无条件爱她的生物,就这样死了。

莉莉悲痛欲绝。"我现在对一切都无所谓了。孤寂的枷锁把我牢牢捆住;我孑然一身,陷入彻底的孤独。"[74]她无法理解巴布斯为什么会死。这只狗为何被带到了阿尔及尔?如果它是由官方机构照顾的,怎么会被撞死?为什么在她提起这个问题时,她的负责人如此闪烁其词?为什么他们没有履行将巴布斯带到英国的承诺?

玛丽·谢勒在那天晚些时候过来，对巴布斯的事闭口不谈，尽管莉莉确信玛丽知道她心爱的狗已遭遇不测，而且已经知道有一段时间了。悲伤之后，莉莉的愤怒如火山一样喷发。她毫不怀疑就是英国人杀了她的狗，而且她很可能是对的。

莉莉陷入暴怒，相信巴布斯成了军情五处的牺牲品。为了解决这个烦人的问题，最方便的办法就是安排它去死。也许巴布斯确实是被"干掉"的，为战争做出了牺牲，或者真的只是意外。小狗巴布斯的命运一直是个谜。自开战以来，军情五处会例行"清理"档案，但当某份文件被解密时，它通常会有一个文件索引，按照时间顺序列出原始文件中的所有条目。换句话说，人们可以看到哪些内容被删除了。1943 年 11 月 25 日至 12 月 29 日期间，"珍宝"的档案中至少加入了九条与巴布斯有关的独立条目。索引项的标题很具体。"玛丽·谢勒关于'珍宝'及其小狗的报告"，"查询：关于'珍宝'的小狗的隔离规定"，"直布罗陀致军情六处的查询请求：'珍宝'的小狗"，"相关说明：'珍宝'的小狗"，等等。[75] 每一个条目都已被从档案中取出并销毁。

玛丽·谢勒惊讶地发现，莉莉度过最初的悲痛之后，很快就接受了巴布斯之死。她看起来"精神良好，对工作也更有热情"，而且急于去里斯本见克利曼。[76] 如果读了莉莉的日记，玛丽恐怕会产生截然不同的印象。莉莉是天生的演员，也是情感的奴隶，但在需要的时候很善于隐匿真情实感。她写道："我现在可以相当容易地控制自己的喜怒哀乐。"[77] 特工"珍宝"为巴布斯深深哀悼，并暗中策划为它报仇。

202

第十六章

"艺术家"的艺术

约翰尼·耶布森临阵退缩了。他对纳粹政权的厌恶之情丝毫未 203
减，可是他那不怎么纯洁的内心对背叛德国同事感到不安。此外，
来自盖世太保的危险似乎也已经消退。卡姆勒这个阿勃维尔里斯本
分站的腐败官员呈交了一份报告，声称达斯科·波波夫一定是双面
间谍，因为他的情报在"数量和质量"上都有所下降，还将怀疑的
矛头指向耶布森。[1]听到这个消息后，耶布森向阿勃维尔负责人卡纳
里斯将军提交个人申诉，"强烈抗议卡姆勒利用阴谋诡计来诋毁
他"，而且宣布"他打算退出工作返回柏林，加入陆军"，除非派
他去里斯本亲自管理波波夫。[2]虚张声势的把戏奏效了。卡纳里斯裁
定卡姆勒的检举是"出于恶意"，并把他打发到了东线。[3]

不管是不是恶意，卡姆勒的怀疑完全正确，但卡纳里斯驳斥卡
姆勒的动机就跟之前他做所有事的动机一样，很隐晦。几乎可以肯
定，卡纳里斯正在密谋反对希特勒。耶布森被派往里斯本，任务却
相当模糊，即改善"与特工人员进行通信联络的掩护措施"。[4]确定
自己摆脱危险后，耶布森暗示军情六处的肯尼思·本顿，最好还是
让他保持独立。本顿明确告诉他，现在退出已经太晚了，毫无回旋 204
余地，但又保证，"假如他言行一致，愿意尽其所能打击纳粹政权，
那么与我们打交道就不必有顾虑"。[5]耶布森不再三心二意了。"他确
信自己做出的选择已不可逆转，从此之后，应该积极而非被动地参
与到反抗德国现政权的斗争中去。"[6]不论如何，特工"艺术家"都
是"双十"团队中的一员，直到最后一刻。

英国人现在首次在阿勃维尔内部安插了一名间谍，他"无条
件"地为盟国工作。[7]盖伊·利德尔指出："约翰·耶布森［原文如

此］准备通过'三轮车'向我们提供情报，这让我们的事业有了广阔的发展前景。"⁸但耶布森也是潜在的麻烦。一份给丘吉尔的报告表明了这种危险。

> ［"三轮车"的］德方负责人最近与驻马德里的英国官方机构有过接触，并告诉我方人员，他受到德国人的强烈怀疑，可能不得不到英国寻求政治避难。这使得情况变得很棘手。他认为德国没有取胜希望。如能获得英国护照，使他在战后能平静生活，他愿意考虑接受英方的任何合理要求。虽然这个间谍主管掌握了大量非常有价值的情报，但在当下叛逃将危及他管理的特工，而德国人目前为止对他们，比如"三轮车"本人，一直都很信任。⁹

面临风险的不仅仅是波波夫的"三轮车"间谍网。耶布森知道的太多了。他知道正在英国活动（或敌人以为在活动）的德国间谍名单。如果他把这些信息告诉英国情报部门，而那些特工还在继续发挥作用，那么他就会知道他们都处于英国人的控制之下。B1A组内部第一次爆发了重大分歧。专案官员们都憋足了劲，急于保护自己的特工。争论十分激烈。掌管"布朗克斯"的休·阿斯特开了头炮。

> 如果"艺术家"积极提供情报，他就会在适当的时候告诉我们足够的信息，促使我们至少能逮捕"嘉宝"和"珍宝"。

而且在我看来，无论这件事处理得多么精妙，"艺术家"最终都会发现所有这些特工早已处于我方控制之下。因此，我们一些最有价值的特工的安危将完全取决于这个反复无常的德国人。我们知道他聪明绝顶，但他毫无廉耻、不讲信义，可能根据他自己的意愿或受迫于环境而把所知道的秘密告诉德国情报机构。"艺术家"对纳粹党从来没有表现出忠诚。他唯一的诉求就是服务于一己私利。在过去，保护"三轮车"组织就对他大有好处——他不仅可借此免于到东线服役，还获得了可观的经济收入。

他被阿勃维尔揪出来的风险与日俱增。他也可能被盖世太保逮捕，因不堪审讯而供出我们的特工，或者把他知道的都和盘交代，以换取自身利益。我们B1A组的特工人员突然大量暴露，这本身就是严重的打击。如果这样的损失发生在特工已经介入针对"霸王行动"的欺骗计划（如"坚毅行动"）之后，后果要严重得多，因为阿勃维尔可以反向解读他们传送来的情报。目前，B1A组特工的唯一职能就是参与实施欺骗计划。任何不能胜任这一角色的特工都应该出局。由于德国人随时可能发觉"三轮车"已被我方控制，所以"三轮车"及其团队显然不能再留在欺敌行动中了。在任何情况下都不应该允许"艺术家"留在半岛①。[10]

———————————————

① 由于耶布森是跟里斯本的英国机构联络，因此这里的半岛指的是伊比利亚半岛。

"我完全同意他的观点，""嘉宝"的专案官员汤米·哈里斯写道，"我非常确信，他在那里待得越久，整个'嘉宝'网络的风险就越大。除非立即采取措施，完全停止与'艺术家'接触，或者马上让他离开西班牙，否则将不可避免地导致'嘉宝'网络被破坏。"[11]哈里斯认为，如果将耶布森迅速送往英国，军情五处就可以"对其从容审讯"。[12]"我们便能够从'艺术家'那里搜集大量可靠情报，而且可以避免我们最重要的特工遭到暴露。"但是，假如耶布森失踪了，德国人就会马上怀疑到波波夫：为了保护欺骗计划，特工"艺术家"必须马上转移，特工"三轮车"必须停止活动。

波波夫的专案官员伊恩·威尔逊提出了相反意见。作为训练有素、严谨干练的诉状律师，威尔逊仔细研究过约翰尼·耶布森，因此以专业律师的方式为自己的观点激烈辩护。

我完全不同意哈里斯先生和阿斯特先生的看法。我可以说，我比办公室里的任何人都更了解"艺术家"的为人和立场。"艺术家"泄露情报的风险被过于夸大了。我无法想象以对我们有利的方式继续行事会不符合"艺术家"的自身算计，或与他的意愿相悖。我完全不同意"他毫无廉耻、不讲信义"的说法。他对当前的德国政府可能是毫无廉耻、不讲信义，但他一直在尽力保护他所了解的双面间谍["三轮车""气球""果冻"]。耶布森努力向"三轮车"透露情况，并且一直在这样做，因为他知道"三轮车"会把信息传递给英国人。没有证据表明他对我们所做的陈述有任何虚假之处。他为坚持自己的理念而甘冒个人风险。因此，我不同意他永远是以自己利益为出发点的看法。"艺术家"本人担心自己面临危险，但我们没有相应证据来证明这一点。如果"艺术家"遭到阿勃维尔或盖世太保审问，他显然会竭力掩盖直接向我方提供情报的事实。依我之见，在这个阶段主动放弃我们组织大部分战斗力的做法愚蠢至极。[13]

和大多数官僚机构一样，当面对相互竞争的派系和同样令人不快的替代方案时，军情五处选择什么都不做，只是等待、观察和发愁。"双十系统"的命运如今悬于约翰尼·耶布森一身。威尔逊评价他是勇敢而忠诚的间谍，但在军情五处的同事眼中，此人却是狡猾自私的机会主义者。

威尔逊说，"盖世太保在里斯本监视他的可能性较小"，而且"超级机密"不会放过任何德国当局要逮捕耶布森的蛛丝马迹。"如果'艺术家'发现自己有被绑架的危险，我们会立即将其撤离。"[14]

耶布森于1943年10月16日抵达里斯本，在当地军情六处官员查尔斯·德·萨利斯（Charles de Salis）的"护送下"被带走。[15] 33岁的德·萨利斯是语言学家和诗人，由金·菲尔比（军情六处伊比利亚分部负责人，后查明是苏联间谍）招募进军情六处。他早年在西班牙度过了大部分时光，在那里与诗人费德里科·加西亚·洛尔卡（Federico García Lorca）成为好友。有人描述他是"谦虚的唯美主义者"，"说起话来滔滔不绝、风趣幽默，模仿别人说话惟妙

惟肖"。[16]他和耶布森一见如故。德·萨利斯收到严令："'艺术家'

208 决心坚持到最后一刻，但如果他明显就要被捕了，为防止其遭受拷问，我们应把他送到直布罗陀。如果你判断大势已去，则由你全权负责撤离'艺术家'，确保他的德国同僚无法知晓其行踪和目的地。"[17]

马德里的阿勃维尔分站规模庞大、组织严密，有 200 多名官员和大约 300 名秘书。所有职员在负责人卡尔-埃里希·库伦塔尔的督促下，勤奋工作，昼夜不停地从事间谍活动。库伦塔尔虽然很容易上当受骗，但军情五处认为他"是个行动高效、野心勃勃的危险人物，绝对有能力完成繁重的工作"。[18]相比之下，阿勃维尔里斯本站在卢多维科·冯·卡斯特霍夫的领导下，却过得悠闲自得。情报局办公室位于大使馆附近的一套舒适公寓内，由大约 30 人组成，其中一半是文职，还有一些不明背景的挂名人员混日子。官员们除了收集寄往里斯本各个掩护地址的信件外，几乎无所事事。事实上，这儿本来也没什么工作可做。德国人认为"葡萄牙人的性格就是喜欢一惊一乍，他们爱散布谣言，而且普遍做事不可靠，因此不适合做特工"。[19]当地唯一值得注意的情报员是保罗·菲德尔穆茨，即特工"奥斯特罗"。当然，他是个彻头彻尾的江湖骗子。

当库伦塔尔和他的同事们在马德里挥汗如雨之时，阿勃维尔里斯本站的官员们则在冯·卡斯特霍夫的带领下致力于享乐。他为站内所有人"树立了奢华生活的榜样"。[20]冯·卡斯特霍夫用从波波夫薪酬里面捞得的钱买了一辆崭新的凯迪拉克，在辛特拉（Sintra）附近的乡村购置别墅，还养了一只宠物猴。一个比耶布森稍早来到里斯本的情报局官员对新同事们的行为震惊不已。"他们在里斯本过着相当颓靡和放荡的生活,对自己的职责漠不关心。"[21]有些人和他们的秘书上床。还有人吸食可卡因。"所有人都腰缠万贯,大多数人有自己的车,经常在葡萄牙各地游玩,晚上在赌场里豪赌。"[22] **209** 耶布森在这里完全有宾至如归的感觉。由于冯·卡斯特霍夫和他一样依赖波波夫,这位阿勃维尔分站负责人不太可能找耶布森的麻烦,尤其是耶布森还答应"战后安排他到维也纳一家公司担任经理"。[23]耶布森开始松懈下来,相信如果有敌人逼近,他在柏林的朋友将给他通风报信,而且英国人也会迅速把他送往安全地带。

万一危机发生,甚至还有一种方法把耶布森救出来,同时又破坏"三轮车"团队。耶布森想出了一条匪夷所思的后路。他打算说服阿勃维尔的上司派遣自己偷渡到英国做间谍,因为全英国最富有的人之一可以为他提供帮助。耶布森编造的故事是这样的:他的父亲救过银行家罗斯柴尔德勋爵(Lord Rothschild)的命,勋爵"感激涕零,愿意尽一切可能报答恩情"。[24]罗斯柴尔德同意"请求有影响力的朋友们"安排耶布森以难民身份进入英国,而且不必被拘押。[25]一旦进入英国,他就装作"受到德国政府打压而心存不满",实则为德国充当间谍。[26]

这是个彻头彻尾的虚构故事,但为了让它显得更可信,耶布森"几个月来一直在伪造与罗斯柴尔德勋爵这位他所杜撰出来的人物的通信"。[27]英国情报部门通过拦截的无线电信息跟踪这一奇特的阴谋,并知道"阿勃维尔建立了一套完整的档案,里面包括'艺术家'和罗斯柴尔德往来信函的复写本"。[28]事实上,所有公民,无论多么富可敌国，也不可能破坏规则，让一个德国人进入英国并"游离于法律之外"。阿勃维尔并不知道这一点，而且纳粹坚信犹太银行家神通广大，以为在"罗斯柴尔德勋爵的全力支持下"，任何事情都可以通融。[29]当一名阿勃维尔高级官员得知这个关于罗斯柴尔德的诡计时，说："这些犹太人什么事都能搞定。"[30]

210　　　如果耶布森发现自己即将被盖世太保逮捕，他就告诉阿勃维尔的同事，朋友罗斯柴尔德答应办理的签证已经获批，然后就消失得无影无踪。英国人将把他秘密送到伦敦，如此一来，德国人会以为他是在英国忠诚工作的特工，B1A 组则视其为双面间谍加以利用。为了增加欺骗效果，军情五处伪造了一封内政部信函，称"罗斯柴尔德勋爵要求对此案特殊处理"。[31]耶布森便可以拿着这封信作为证据，给他的同事们看。罗伯逊批准了这个错综复杂的骗局，但也慎重地指出该计划"很巧妙，不过并非万无一失"。[32]

　　军情五处的敌后破坏专家维克多·罗斯柴尔德（Victor Rothschild）是真正的罗斯柴尔德勋爵。当他发现自己的名字竟然以这样的方式被别人摆布时，多少有些不快。他与耶布森没有任何关系，担心这件事若泄露出去，会让旁人产生误解。"我的要求可能显得过于苛刻，但我认为最好还是能永久记录在案，说明罗斯柴尔德勋爵和'艺术家'的传奇故事纯属杜撰。"[33]

　　1943 年 11 月 10 日，一架麦道 DC3 飞机从惠特彻奇机场起飞，前往里斯本。机上有三名"双十系统"成员。军情五处的伊恩·威尔逊和军情六处的弗兰克·福利（Frank Foley）少校分别化名沃森先生和费尔克拉夫先生，一起登机。另外那个人是达斯科·波波夫。他刻意与自己的专案负责人保持距离，以自己的名字登记旅行。英国人下定决心把"三轮车"送回葡萄牙，认为这将进一步增强他在 D 日行动准备阶段的影响力："等他回到英格兰后，德国人很有可能会在不知不觉中全盘相信我们通过他传递的所有欺骗材料。"[34]由于耶布森方面还存在不确定性，波波夫尚没有传送任何言之凿凿的误导信息，以防被德国人识破。相反，他携带的南斯拉夫外交邮袋中塞满了给冯·卡斯特霍夫的高级"饲料"：笔记、照片和文件。这些信息都是真实的，在敌人看来显然也有用，但实际上毫无价值。如果一切按计划进行，他将在圣诞节后不久返回英国，"及时参加重大的欺骗行动"。[35]

威尔逊和福利打算在里斯本会见耶布森，评估其个人状况，同时向他介绍当前局势，增强其决心。"要让他感到我们认为他很有价值；须防止他觉得自己背叛了祖国。他已经意识到盟国将赢得战争，纳粹党和德国军事力量都将灰飞烟灭，因此要将其视为具有国际眼光和远见卓识的人物。"[36]他们会告诉他，"战争持续已久，任何有助于迅速结束战争的行为都能帮助避免不必要的死亡，这不仅对德国，对世界其他国家都有利"。[37]然后，他们会询问德国情报界各个方面的问题，从间谍到隐形墨水，再到信鸽。

军情六处的查尔斯·德·萨利斯在里斯本的一所安全屋内安排了这次会面。他们等了一小时后，耶布森才慢吞吞地走进来。他蓬头垢面，顶着深色礼帽，穿着脏兮兮的雨衣，脚蹬灰蒙蒙的皮鞋。他咧嘴一笑，伸出一只手来。威尔逊注意到他的手指被尼古丁染得黑黄，还戴着惹人注目的红宝石结婚戒指。威尔逊是相当保守的英国律师，坚定拥护所有传统和公序良俗；约翰尼·耶布森则是国际投机分子，离经叛道，喜欢标新立异。两人毫无共通之处。然而，他们初次见面就互有好感，亲密关系也将随着时间推移而加深。约翰尼很善于谈生意，因此在交易开始前，他希望能得到一些保证：对他参与伪造钞票的任何行为均免于起诉；战后帮助他获得丹麦或英国国籍；承诺"万一他遭遇不测，我们会照顾好他的妻子"。[38]这最后一项很有他的个人风格：耶布森与阿勃维尔里斯本站的一名女秘书有染；他在巴黎已经有了一个情妇，最近又在马德里找了一个。然而，尽管他长期与人通奸，但仍深爱着身为演员的妻子洛雷。他最后一个要求则充满人道精神："对于那些利用'艺术家'提供的情报而被我们成功逮捕的德国特工，不能将他们处决。"[39]

威尔逊的回答很谨慎："我明确表示，他从我们这儿得到的任何保证都是有条件的。那就是当我们在战后得到完整信息时，我们应能够满意地看到，他确实在尽其所能地协助我们，而且在任何时候都没有企图误导我们。"[40]这对耶布森而言就足够了。尽管他愤世嫉俗，但作为 P. G. 伍德豪斯的崇拜者，他深信英国人说话算数。

耶布森打消了疑虑，把一切秘密都倒了出来。在接下来的四天里，他没完了地抽着烟，把香槟当水喝，详细描绘了第三帝国情报机构的内部运作情况，以及纳粹最高统帅部内的权力争斗。他说："阿勃维尔普遍士气低落，对前景悲观。事实上，国防军最高统帅部至少在一年前就知道德国已经输掉了战争。"[41]德国情报部门管理混乱，腐败丛生，内讧不断。希姆莱正积极谋划用他自己控制的纳粹党情报机构——帝国保安部来取代阿勃维尔的地位，所以卡纳里斯承受着巨大的压力。"希姆莱是德国野心最大的人,但他知道军队不会容忍他取代希特勒,因此仍然对元首保持着忠诚。与普遍看法相反,希特勒并不赞成把他的老朋友们都拉出去枪毙,除非他们已经对自己构成威胁。党卫军领导人将继续忠于希特勒,而党卫军普通官兵则完全听从指挥官的摆布。"[42]耶布森记忆力非凡。这个有点神经质的小个子"对盖世太保了如指掌,就是一本活字典"。[43]

那年早些时候,耶布森在马德里曾告诉本顿,希特勒的科学家正在研制一种"火箭炮"。现在他有了更为可靠的信息,不过不是来自坊间传闻,而是来自闺房。在西班牙期间,耶布森趁着投奔军情六处和观看他最喜欢的色情电影间隙,还抽空与已婚的格岑男爵夫人(Baroness Gertzen)发展了一段私情。她在一家名为"亨舍尔"(Henschel)的德国飞机制造公司做秘书工作,该公司的工厂负责为"飞行炸弹"项目提供零部件。"男爵夫人疯狂爱上了'艺术家',而且很容易就被诱导,谈起了英国大概会遭受猛烈轰炸。"[44]狡猾的耶布森告诉她,他即将前往英国,假装担心"要去的地方可能成为希特勒秘密武器的攻击对象"。[45]耶布森甚至"胡诌什么有预言说,他会在 12 月被闪电劈死!"[46]

格岑男爵夫人知道她老板所有信函的内容,非常天真地上钩了:"她立即答应向他提供这种武器的所有细节,[而且]保证一旦得知火箭即将投入发射,无论'艺术家'在哪里,都会发电报通知他。如果他当时在英格兰,那就有时间躲到苏格兰去了!"[47]耶布森报告说,"火箭炮"位于德国波罗的海沿岸"佩讷明德(Peenemünde)附

213

近的试验场"。[48]英国人其实已经知晓佩讷明德的秘密，皇家空军早在 8 月就袭击了该基地。耶布森愿意把枕边厮磨之时得到的爆炸性新闻毫无保留地告诉英国人，充分证明了他恪守承诺，而且诡计多端。

他逐一列出在英国本土活动的德国间谍，以及柏林对他们的评价：波波夫在美国逗留期间受到怀疑，但再一次得到阿勃维尔的重视；"气球"很"懒惰"；"果冻"的表现不尽如人意，但不时也有点用。[49]备受推崇的特工"奥斯特罗""从未向任何人透露他的下线特工是谁，或他是从哪里得到的情报"。[50]耶布森答应挖掘更多有关"奥斯特罗"的神秘信息。他继续详细讲述"嘉宝"间谍网的情况，包括"这群最隐秘特工的全部细节"，以及他们的报酬金额和收款方式。[51]

214　　这正是英国情报部门不希望发生的。威尔逊很担心："如果这些德国特工确实存在，而且并不处于我方控制之下，那么他交代的确定信息本应该能够帮助我们追踪到他们。他可能已经从我方反应中得出了真相。"[52]耶布森指出，他长期以来一直怀疑"嘉宝"（对德国方面来说则是"阿拉贝尔"）——因为此人从英国发送报告显得太容易了——并且猜测库伦塔尔本人就收了军情六处的钱。"我们十分确定，他个人坚信我们控制了那个谍报网。"[53]威尔逊只好竭力"干扰'艺术家'的判断，让他对 B1A 组的特工情况产生混淆"，从而失去推理线索。[54]他咆哮着说，根除潜伏在不列颠的间谍"不是什么重要工作"。[55]但约翰尼·耶布森可不是傻瓜。"'艺术家'给我留下了一个清晰的印象，即他认为那些来自英国的信件或电报都是假的"，而且怀疑这些间谍"要么已被控制，要么就是子虚乌有（或者兼而有之）"。[56]当军情五处没有根据他提供的情报采取行动时，耶布森肯定能知道德国在英国的间谍网络就是个大骗局。

自从耶布森抵达里斯本以来，他的处境有了"很大改善"。[57]卡纳里斯和阿勃维尔外国情报部负责人格奥尔格·汉森（Georg Hansen）都在保护他，而且他也收到特别指令，直到与盖世太保的过节解决之前，不得返回德国。他明白，"只要回去，就到了盖世太保的势力范围，有被立即处理掉"的危险。[58]不过，帝国保安部的朋友告诉他，"当前在葡萄牙实施绑架几无可能"。[59]即便如此，耶布森也知道倘若他英国间谍的身份遭到暴露，下场会是怎样：阿勃维尔的特种部队会杀了他。"他们有一种无味毒药，能够溶解于水或加到食物中去，"耶布森严肃地说，"死后20分钟，毒药成分就会从尸体里分解消失。"[60]一旦出现迫在眉睫的威胁，他相信自己会及时收到警报，并有时间采取行动。但作为一项额外预防措施，他还同新任命的里斯本反间谍主管阿洛伊斯·施赖伯（Aloys Schreiber）的秘书莉莉·格拉斯（Lily Grass）勾搭上了。如果盖世太保要对耶布森下手，他们会事先告诉施赖伯。这样一来，莉莉·格拉斯就会知道，然后给他通风报信。

威尔逊报告说："耶布森一直十分重视莉莉·格拉斯。她爱上了'艺术家'，所以她的支持很可靠。不过耶布森实际上觉得莉莉这人单调乏味，他必须设法掩饰这一点。"[61]耶布森的坚定决心和聪明才智给威尔逊留下了深刻印象："我们十分欣赏他的勇气，相信除非万不得已，他不会来寻求庇护。"[62]

威尔逊把耶布森"极其复杂的动机"捋了一遍："无比痛恨纳

粹主义；相信英国的政治制度；确信德国已经输掉了这场战争；害怕共产主义传播，并认为只有通过英国增加其在西欧的影响力才能避免这件事；蔑视阿勃维尔的腐败和低效；意识到想要成为商业巨子，必须依赖贸易活动恢复正常；迫切希望为自己上一份双保险。"[63]耶布森似乎受到机会主义、理想主义以及最重要的，对波波夫的个人忠诚等多重因素的驱使。如果说他有什么信条的话，那就是 P. G. 伍德豪斯在《伍斯特家训》(*The Code of the Woosters*，《万能管家吉夫斯》系列小说中的一部) 中的名言："永远不要让朋友失望。"[64] "他从来没有提及任何金钱奖励，我相信他也不期待得到经济援助。"[65]他甚至准备代替英国方面给德国人发假情报。"'艺术家'说，如果我们想要素材，就应该让他写。他知道德国人真正想要什么，并且多年来一直在写这些东西。"[66]

威尔逊对耶布森的评价是，他是个古怪的人，邋里邋遢，放荡不羁，却有着一种奇特的浪漫情调。"他不到 30 岁，但看上去比真实年龄大了 10 岁；淡红色和金色混杂的头发向后梳成大背头；胡子浓密；体格非常瘦弱，有些驼背；眼睛是灰蓝色的，颧骨十分突出；面色苍白，显得很不健康（肺病?）；每天抽大约 100 支香烟；牙齿因长期吸烟而相当糟糕；吃得不多，只喝香槟；不会开车会骑马；撰写哲学方面的书。"[67]然而，耶布森身上散发出一股强烈的吸引力。在他神经质般的举止之下，内心却充满无与伦比的力量。威尔逊信任他。"毫无疑问，'艺术家'的行为主要是出于个人利益，但他有着清醒的眼光和长远规划。一个如此睿智的人深知若欺骗我们，战后一定会被识破，所以不太可能试图这样做。"[68]威尔逊十分确信耶布森准备为盟国事业冒生命危险。"我相信,'艺术家'真诚地希望能全心全意为我们工作。"[69]他们分手时,威尔逊对他说:"希望我们长久合作下去。"[70]

威尔逊的报告令伦敦方面又惊又喜。耶布森提供的情报无与伦比,而且还承诺会源源不断地提供。另外,正如阿斯特和哈里斯担心的那样,耶布森所掌握的信息足以揭示英国境内的德国谍报网就是个骗局。所有间谍都正在为 D 日登陆行动做准备,向德国传送纯粹是误导性的假情报。塔尔很想知道耶布森是否了解,或仅仅是怀疑,潜伏在英国的德国特工都是在做局。他写道:"'艺术家'对'嘉宝'的认知程度令人担忧。很显然,如果'艺术家'获知与此事有关的直接材料,它们马上便会引起他的怀疑。"[71]威尔逊向塔尔保证:"我认为他没有任何确凿证据。"[72]但是,耶布森并不需要证据。为登陆行动工作的间谍们源源不断地发来情报,就足以证明英国为德国最高统帅部布置了一个惊天大骗局。

军情五处把耶布森的情况向丘吉尔做了报告:"'艺术家'热情高涨、能力出众,到了令我方尴尬的地步。他已经开始提供潜伏在英国的德国谍报网的信息。其中最重要的是'嘉宝'网络。显而易见,决不能让我方从他那儿获知该组织的存在。此时此刻,我们须微妙操作,把这位价值非凡的特工的注意力转移到其他地方。成功的希望很大。"[73]

就在耶布森逐渐了解他的英国新领导时,达斯科·波波夫回到了他的德国负责人身边。冯·卡斯特霍夫发自内心地欢迎他:波波夫不仅能向他提供最有价值的情报，而且还能保证他继续过挥霍无度的生活。他草草审视波波夫收集的大量信息后，给予了"优秀"的评价。卡纳里斯最近曾质疑波波夫是否"值这个身价"，但冯·卡斯特霍夫预测，最新一批情报将说服这位阿勃维尔首脑，相信波波夫的确"物有所值"。[74]他为波波夫举办了一场晚宴，并邀请耶布森、新任反间谍部门负责人阿洛伊斯·施赖伯及他们的秘书参加。这是个奇异的聚会。其中两名与会者是德国情报官员，另外两人则秘密为英国情报部门工作；耶布森和施赖伯的秘书勾搭成奸，她正在监视自己的老板；已婚的冯·卡斯特霍夫从阿勃维尔那里偷窃资金，而且与秘书伊丽莎白·萨尔巴赫（Elizabeth Sahrbach）有一腿；波波夫则至少同时与六个女人有染……每个人都口是心非，卷入欺骗游戏，除了梅布尔·哈博特尔。她没有跟其中任何人上床，也没有撒谎，也许这两件事从来就没干过。冯·卡斯特霍夫提议为波波夫举杯祝贺，宣布为回报所呈交的最新情报，德方有望给予波波夫 15000 美元报酬。

阿洛伊斯·施赖伯也认为波波夫的报告"质量很高，并且已经由信使带回德国"。[75]然而，他的态度却相当冷淡。

宴会结束后，冯·卡斯特霍夫飞往巴登巴登（Baden Baden）参加阿勃维尔会议，回来后简直欣喜若狂：波波夫现在被誉为"阿勃维尔的最佳特工"。[76]这一荣誉又适时传到伦敦的威尔逊耳中，他说："这很可能是故意奉承，但毫无疑问，他目前受到了高度评价。"[77]贪得无厌的冯·卡斯特霍夫告诉波波夫，"只要他的工作真的很棒，那么想要什么就有什么"。[78]波波夫返回英国的计划已制订完毕。他会携带更多的钱、一批新制的隐形墨水和一份涵盖了方方面面的问卷——正如波波夫后来所说的，"就差没问及丘吉尔的消化情况了"。[79]德国人还要求波波夫到伦敦城外发送电报，因为希特勒的飞行炸弹很快就会摧毁英国首都。

自开战以来，波波夫和耶布森第一次有了机会敞开心扉，能够利用在里斯本的这几个星期谈天说地，而不必遮遮掩掩，彼此猜疑。尽管性情完全不同，但如今他们在斗争中正式站在了同一边。正如 P. G. 伍德豪斯曾经描述板球道："有些击球手在漫长的一局中自始至终都很紧张。而另一些人随着首次得分，这种感觉就会消失。"[80]波波夫镇定自若，耶布森则神经紧绷，但他们俩是最佳搭档。这对英国间谍假装是德国特工，花着希特勒的钱，一起度过了许多快乐放荡的时光。耶布森在埃什托里尔有一栋房子，还雇用了四个仆人；波波夫住在帕拉西奥酒店。他们共同欢庆圣诞节。波波夫用隐形墨水给军情五处发去了一封节日贺卡。"我将在葡萄牙过圣诞节，买些彩票，让人给我擦皮鞋，"他写道，"祝你和我们所有的朋友圣诞快乐。"[81]

然而，他在一周后登上前往伦敦的飞机时，情绪却相当低落。他知道，他把老朋友一个人留在了可怕的危险境地。如果耶布森请求庇护，那么他就能安全地和自己一起飞往英国，但他没有。"三轮车"的档案中还保留着一封波波夫返回伦敦后不久，亲笔写给耶布森的信。这让人们得以一窥他所称的"两难困境"。[82]作为间谍，他需要平衡责任与友谊的关系，冒着失去所爱之人生命的风险去保护成千上万自己永远不会认识的人。

219　　　他写道，如果让他选择是"帮助朋友但随之毁掉一项伟大的事业，还是不顾朋友安危而竭力完成任务，我会选择后者。不仅如此，我相信你也会这么做"。[83]波波夫用不太熟练的英语试图告诉耶布森，他们之间的友谊对他，以及他们共同奋斗的事业来说，有多重要："这个项目如果不能指望你，那我根本就干不下去。"

第十七章

蒙蒂的替身

就在波波夫返回英国的那天，一个才华横溢，又喜欢不时身着奇 220
装异服的英国军官出现在那不勒斯（Naples）南边的一座军方电影
院，当时那里正在放映比利·怀尔德（Billy Wilder）执导的电影
《五墓行动》（*Five Graves to Cairo*，又作《开罗谍报战》）。达德利·
克拉克（Dudley Clarke）中校是以开罗为总部，多次成功执行欺骗行
动的 A 特遣队的负责人，也是"保镖行动"的设计者之一，此刻他
脑海中思索着大骗局中最后一个（也是最奇特的一个）环节。克拉
克中校是电影迷，表演欲也很强。事实上，一年前他就曾在马德里因
穿着女装而被捕，给他惹了很大麻烦。《五墓行动》的故事发生在北
非战役期间，由埃里克·冯·施特罗海姆（Erich von Stroheim）饰演
隆美尔。① 不过，正是在影片中惟妙惟肖扮演蒙哥马利将军的演员
迈尔斯·曼德（Miles Mander）让克拉克萌生出一条古怪的妙计。

蒙哥马利将担任诺曼底登陆行动的盟军地面部队指挥官。如果
让别人假扮蒙哥马利公开出现在世界上其他某个地方，那么德国人
就可能判断盟军不会马上发动跨海峡攻击，从而赢得宝贵时间，并
在关键时刻削弱德军的防御力量。

克拉克的点子得到了伦敦控制部的热烈响应，于是"铜头蛇行
动"（Operation Copperhead）应运而生。然而，为这个行动挑选合
适的演员却一波三折。曼德比真正的将军高出几英寸，"身材上的 221
差异根本无法掩饰"。[1]军方又找到一个替补，不料此人"遭遇交通事

---

① 这部电影的主要情节如下。1942 年，英国军队在北非战争中不敌隆美尔指挥的德
军，一路撤退。一个英军下士偶然进入埃及一处偏远的旅馆，没想到那里很快就成为德军
总部。他隐藏身份，发现隆美尔正在策划"五墓行动"，于是决心破坏这个秘密计划。

故，腿骨骨折"。[2]就在他们即将放弃搜寻时，伦敦苏活区（Soho）一个戏剧经纪人提出让澳大利亚人梅里克·克利夫顿·詹姆斯（Meyrick Clifton James）中尉来试一试。他以前表演过综艺节目，现任职于陆军军饷勤务部队。詹姆斯其实不算是出色的演员。他不会唱也不能跳，还在战壕中失去了一根手指。他曾自告奋勇到海外为远征军表演，但最终留在了莱斯特郡，加入军饷勤务部队的巡回演出团。不过，他有一个节目总是能赢得观众满堂喝彩：脸颊消瘦、灰色小胡子上翘的克利夫顿扮演蒙蒂（蒙哥马利的昵称）可谓活灵活现。陆军电影部队的大卫·尼文（David Niven）上校联系到詹姆斯，并邀请他到伦敦，以记者身份为掩护，到蒙哥马利的参谋部去，研究将军的言行举止。

1944 年 2 月，盟国公开宣布，阿拉曼战役的胜利者已回到英国，任盟军地面部队总司令。"从那时起，德国特工肯定会不遗余力地监视他的行踪。"[3]但这个冒牌蒙蒂应该从哪里出现在德国人的视线内呢？"假设他在诺曼底登陆前一两天在地中海某地被看见，那么德国人就会认为这是一个明确迹象，表明盟军还得等上至少一两周才会发起登陆行动。"[4]直布罗陀被选为蒙蒂替身的理想舞台。盟国知道，德国人一直在密切监控那里的机场。该地也是伊格纳西奥·莫利纳·佩雷斯（Ignacio Molina Pérez）少校的活动据点，军情五处关注这个不择手段、工作高效的间谍已经有好一段时间了。

莫利纳是阿尔赫西拉斯（Algeciras）① 地方军政长官的幕僚，

----

① 阿尔赫西拉斯是西班牙南部港口城市，与直布罗陀隔海峡相望。

也是西班牙政府与直布罗陀英国当局之间的联络官。西班牙官员本应恪守中立，不过军情五处知道，莫利纳事实上是不折不扣的德国间谍，代号"宇宙"（Cosmos），"从头到脚坏透了"。[5]"德国政府曾因不同原因多次褒奖莫利纳，而且有大量详细情报证明莫利纳就是纳粹设置于西班牙及摩洛哥的特工组织的主要发起人。莫利纳本人并不知道我们想要他的命，"直布罗陀防务安全官报告称，"最令人恼火的是，尽管我们知道他是德国特工，但他仍享有进出要塞的一切便利。我们还没有机会抓他现行。由于他随时都可能掌握真正有价值的情报，所以我方必须严防死守。"[6]莫利纳是这场骗局的理想目标：如果他在直布罗陀目睹蒙哥马利现身，便会立即通知德国人，而英方将得到莫利纳进行间谍活动的确凿证据。借这个机会除掉特工"宇宙"，可以成为"铜头蛇行动"的附带战果。

222

　　盟国通过散布蒙哥马利要经直布罗陀前往北非的谣言，让人们误以为在对法国北部发动主攻之前，他要首先讨论登陆法国南部的计划。詹姆斯开始排练他所扮演的角色，这意味着要改变生活习惯。詹姆斯酗酒抽烟，而蒙蒂滴酒不沾，对烟草深恶痛绝。为了掩饰缺失的手指，他戴上了一根人造的。这个伪装的蒙蒂剪了胡子，染了鬓角，还配发了印有 B. L. M. 字样①的卡其色手帕。盖伊·利德尔报告说："蒙蒂对整个计划颇为得意。当然，主要是因为计划证明若没有他，盟军就不可能开辟第二战场。这就是那种成功概率很大的计划，就像'肉糜［行动］'一样。"[7]为了严格遵照官僚系

---

① B. L. M. 是蒙哥马利全名"Bernard Law Montgomery"的首字母缩写。

统的规则，詹姆斯在扮演蒙蒂期间能拿到相当于将军级别的薪水。

223　当一个嗜酒如命的演员在演练假将军的角色时，一名真正的将军却正准备接管一支假军队。按计划，美第 1 集团军群将在肯特郡集结，欺敌团队需要有人来指挥这支无中生有的部队。乔治·巴顿将军富有激情，善于鼓动士气，同时又脾气暴躁而极不讨人喜欢。他率领美军登陆西西里岛后，出言辱骂在战斗中受到精神创伤的士兵都是装病的懦夫，还扇他们耳光，因而备受公众责难。"我应该亲手枪毙你。"巴顿将军对一个陷入极度惊恐的士兵说。[8]"根本就没有炮弹休克症这回事。那是犹太人的发明。"[9]艾森豪威尔强迫他道歉，还拒绝让他在即将到来的登陆战役中担任地面部队总司令。相反，他被派去指挥第 3 集团军，听命于蒙哥马利。这更让巴顿气得暴跳如雷。

德国人对巴顿的评价颇高。希特勒就一直认为"他是盟国最好的将军"。[10]因此，在克里斯托弗·哈默的建议下，他被任命为这支幽灵部队的指挥官。盟军将故意泄露的秘情、新闻报道和双面间谍提供的信息等内容巧妙地结合在一起，想让德国人认定巴顿正统帅美第 1 集团军群。巴顿现在的任务就是在英国四处露脸。他称自己"天生就是个该死的演员"。[11]事实确实如此，巴顿经常大声跟其他军官打招呼说"加来见！"[12]扇耳光事件甚至对欺骗行动起到了强化作用，因为德国人判断这是个编造的故事，目的是掩盖他将指挥 D日登陆行动的主力部队。巴顿过于直言不讳的性格也让艾森豪威尔很生气。他对巴顿说："我对你控制不住自己的舌头烦透了。"[13]不过，情报部门却很高兴。每当巴顿说一些诸如"英美两国注定将统治世界"之类的话时，这样的言论很快就会成为头条新闻，进而传到德国人耳中，诱使他们把目光牢牢盯在巴顿和他的虚假军队上。[14]

欺骗计划的各组成单元已准备就绪。为了把敌军牵制在挪威，盟军情报部门构想出了英第 4 集团军，做出该部将从苏格兰发起进攻的态势。部署在冰岛的美国游骑兵部队也将加入攻击。"北部坚毅行动"中，英国利用无线电通信，制造出有一支真正的军队正在准备两栖登陆和山地作战的假象——事实上只有携带无线电设备的卡车在苏格兰地区四处开动，向天空发送莫尔斯电码。这支号称 10 万人的"大军"其实只有大约 350 人。

这支纸上部队的指挥官是将军安德鲁·"布吉"·索恩爵士（Sir Andrew "Bulgy" Thorne），他在 20 世纪 30 年代于柏林担任英国大使馆武官时曾与希特勒见过面。索恩是一战老兵，和希特勒都蹲过伊普尔（Ypres）的战壕，只不过分别属于对立的两个阵营，因此那次见面他们一起回顾了这段共同经历。英国人推测，如果一支军队的指挥官是希特勒认识的人，那么他更有可能被认真对待。索恩甚至假戏真做，到北爱尔兰视察了真正的美国军队，希望潜伏在爱尔兰的德国间谍把信息反馈给德国。随着"北部坚毅行动"加速实施，策划者又增加了一些助攻：宣布福思湾（Firth of Forth）为"防护区"，仿佛那里有一支庞大的部队正在秘密集结；苏联军队将在挪威边境集结，暗示会从东方同时发动进攻。与此同时，盟军与中立国瑞典进行了外交接触，请求使用其机场，并要求瑞典空军司令考虑在盟军攻入挪威时发挥维和作用。（亲纳粹的瑞典警察局长在进行这场对话的房间内装了窃听器，于是谎言顺利地飞到了柏林。）

224

负责执行"北部坚毅行动"的军官捏造、组织、部署了一支完全看不见的军队，这也引发了一种"奇异的心理"："随着时间推移，我们发现很难将现实与想象分开。那种第 4 集团军真实存在的感觉，以及迫使德军不敢动弹的事实，让人几乎相信它就是如假包换的真军队。"[15]这正是策划者期望在希特勒身上达到的迷幻效果。元首一直认为挪威是他"命运的关键之地"。[16]"北部坚毅行动"的目的就是要吸引他的注意力，诱使数十万德军陷在原地。

在英吉利海峡沿岸，一场类似，甚至更为复杂的戏码正在上演。防守诺曼底地区的德第 7 集团军本身就实力不俗，而如果驻防在加来地区，由汉斯·冯·扎尔穆特（Hans von Salmuth）将军率领的第 15 集团军能及时提供有力增援，那么诺曼底防线将变得坚不可摧。强大的加来部队必须留在原地，不仅仅是在盟军攻击诺曼底之前，而且要在战役打响后也尽可能长时间地保持不动。真正执行登陆作战的部队则在英格兰西南部集结。他们应该尽量保持隐蔽，同时，号称在东南部集结的虚假部队要像巴顿本人所表现的那样声势浩大，引人注目。策划者如同大型剧目的舞台监督，开始在东南沿海地区装配道具，布置场景和幕布，以模拟出强大的美第 1 集团军群。他们用假军营、假机场、超过 250 艘被称为"湿鲍勃"（wetbob）的假登陆艇，以及俗称"大鲍勃"（bigbob）的假坦克登陆艇，制造了 15 万大军正在组建、训练和进行战斗准备的幻象。[在公立学校中，"湿鲍勃"是对赛艇运动员的称呼，与之对应，"干鲍勃"（drybob）指的是板球手。]"大鲍勃"由空心钢管和帆布制成，非常轻，一遇到大风就会被吹散飞到天上，如同怪异的巨型风筝。离群的牛往往会把用木头和帆布做的假飞机当作食物吃掉。

从 4 月起，无线电报务员就开着车在肯特郡发射通信讯号，制造出一种整个集团军正在进行战斗准备的假象。英国人还决定在海岸周围 10 英里建立禁区。罗伯逊不可能完全确定他已经控制了每一个间谍，所以作为预防措施，肯特郡内竖起了指向假登船点的误导标志。在多佛，场面热火朝天。工程师们奔前跑后，假装正在修建坑道和无线电基站。谢伯顿制片厂的布景师们按照建筑师巴兹尔·斯彭斯（Basil Spence）的设计，建造了多座仿制码头和一处储油库模型。乔治六世参观了这些令人印象深刻，而又完全不能使用的设施。媒体及时报道国王行程，供德国人阅读。

德国情报机构负责监视和监听的部门一定会意识到跨海峡进攻的焦点地区必是加来海峡。唯一的问题是德国人没法看清，而且也根本没费事去听。人们后来发现，事实上他们懒得去接收大量无线通信，况且就算拦截到了也无法确定信号源在哪里。由于盟军拥有制空权，因此德国人的侦察行动受到了严格限制。英国人耗费巨大的精力来打造伪装设施，发射虚假无线电信号，德国人却没有真正注意到。为什么要注意呢？地面上有他们安插的众多耳目，这些人提供的大量证据清楚表明了当前情况。既然他们从"嘉宝"和"布鲁图斯"那里获取了直接情报，何苦还要去拦截、破译、解读那 13358 条加密电文呢？

1 月 21 日，塔尔·罗伯逊向为欺敌行动提供作战情报的"W 理事会"宣布，关键时刻已经到来。他说，他有"98%的把握确定德国人信任他们的大多数特工"，尽管"必须始终保持另外 2% 的怀疑"。[17]理事会认为这样的概率已经足够好了，因此授权"双十委员会"按计划部署"双十"特工，将截至目前最复杂和最危险的欺骗行动推向最高潮。只有那些德国人绝对信任的双面间谍——由"超级机密"分析截获信息得出——才能入选，而且由于登陆前邮政服务将被切断，所以采用主动欺骗行动的特工只能局限于那些拥有无线电台的人。"嘉宝""布鲁图斯""泰特"三人均与德方建立了良好的无线电联络；希望"珍宝"很快能从克利曼那里得到一套无线电设备。"布朗克斯"会尽可能继续写信，然后在最后一刻用电报发送商量好的明码暗语。

接下来就该判定是否使用波波夫了。耶布森是否安全可靠仍无法确定，这引发了又一场激烈的辩论。有人主张不应使用"三轮车"这一渠道，也许还应该彻底废弃。为波波夫辩护的重任又一次落到他的专案官员伊恩·威尔逊肩上：

> 有人建议停止让"三轮车"及其团队继续传送欺骗材料，因为"艺术家"有可能——无论出于自愿还是被迫——暴露该团队被控制的事实。这种风险微乎其微。鉴于"艺术家"过去为保护双面间谍所采取的谨慎措施，以及他提供给我们的情报（经核实，都真实无误），无法想象"艺术家"会主动破坏这个项目。他为我们工作的动机极其复杂，［但］其行为绝对是真诚的。他只要揭露了"三轮车"，就会给他自己、他的家人，以及"三轮车"的家人带来致命的危险。"艺术家"受到阿勃

维尔保护，不至于遭到盖世太保袭击。曾经存在的危险现在已大大降低了。即使盖世太保抓住"艺术家"本人，并逼迫他承认自己手下的特工都是双面间谍，阿勃维尔不得不就此相信他的供述，我也非常怀疑他们中是否有人在道义上有足够勇气承认，多年来他们一直被人愚弄。毕竟，阿勃维尔从上到下所有官员都支持"三轮车"，对他信任有加。[18]

"双十委员会"否决了在欺骗行动中不再使用"三轮车"的提议。扬扬得意的威尔逊用潦草的笔迹在备忘录上写下"没有禁令"。[19]波波夫被认定"适合参与"最终总决赛。[20]

虽然"双十"团队在说明他们的工作时显得自信满满，不过圣詹姆斯街依然顾虑重重。关于这个双面间谍网络的情况，"曾经只局限于一小部分机密人士掌握"，现在却有不少军事和非军事人员知晓，泄露的风险增加了。[21]里斯本的那个捣蛋鬼保罗·菲德尔穆茨还在单打独斗，给德国人疯狂发送他的各种臆测和幻想，而"'奥斯特罗'偶然说出进攻欧洲大陆的确切地点，从而破坏整个欺骗计划也并非没有可能"。[22]除此之外，阿勃维尔，这个熟悉的敌人也处于瓦解中。如果该组织分崩离析，或者被希姆莱的帝国保安部——党卫队和纳粹党的情报机构——所吞并，那么B1A组已经非常熟悉的那些腐败懒惰、容易上当受骗的官员可能会被一批完全不同且更有效率的人所取代。老鼠们开始纷纷逃离那艘漏水之船。已经有一些心怀不满的阿勃维尔官员在试探，出现要逃跑的迹象。这才是"艺术家"的最大问题。假如某个官员了解隐藏在英国的德国间谍

228

网，那么他一旦叛逃，其同事自然会认为此人已经出卖了所有信息；倘若谍报网不加理会，继续工作，德国人便会意识到这些间谍都控制在盟国手中。"简而言之，德国的叛徒若试图协助我们，反而将摧毁我们的整个系统。"[23]即使是神经像钢铁一样坚强的约翰·马斯特曼也坦承，随着欺敌行动加速，"令人痛苦的焦虑"时时刻刻都在折磨着他。[24]他写道："就在 D 日登陆前夕，整个'双十'系统处境危险。失败近在咫尺。"[25]

最终定稿的欺骗计划于 1944 年 2 月底得到了丘吉尔批准。此刻"双十"团队只剩下三个多月的行动时间了。双面间谍和军方策划人员之间的联络人克里斯托弗·哈默对军方联络代表罗杰·弗利特伍德-赫斯基思说出很多人不敢言明的心事："我们很有可能会失败。"[26]

第十八章

两个破折号

这场骗局的参与者，无论职务高低，都开始行动起来。沃克上　229
尉召集了他的那群二流信鸽；一位澳大利亚演员模仿蒙哥马利的一
言一行；巴顿将军在英格兰到处招摇过市，吸引人们的注意；美国
的双面间谍们在放荡不羁的阿根廷人马克斯·鲁德洛夫的带领下，
向德国发来零零碎碎的虚假信息，暗示攻击将会推迟。但是，最核
心、最重要的谎言之声来自"双十"间谍。他们是希特勒最器重的
情报来源，为他提供了盟国在不列颠岛进行军事集结的信息，同
时，他们也是丘吉尔的撒手铜。

这个骗局由无数微小的碎片构成，引导敌人拼凑出一幅错误的
马赛克镶嵌画。直接指出加来海峡为登陆的目标区域太明显了，而
且若阴谋被揭穿便会适得其反。"向敌人宣布正在进行这样或那样
的行动准备不能太露骨，"马斯特曼坚持说，"不能仅仅去主动提供
情报。"[1]恰恰相反，这个弥天人谎将由散落的片段、收集到的零显
信息和隐晦的暗示组成，暗藏在大量其他真真假假的情报之中。

罗曼·切尔尼亚夫斯基开始发送针对挪威的虚假威胁报告。他
编造的无线电报务员"肖邦"给奥斯卡·赖尔发了一条信息，报告
这位波兰间谍正前往北方参加一个波兰军事会议。"他有充分的理
由访问苏格兰，因为大部分波兰军队驻扎在那里，而且德国人认　230
为他是一名训练有素的军事观察员。"[2]特工"布鲁图斯"曾经向
英国报告法国沦陷区内德军的真实力量，如今他如法炮制，只不
过给德国传递的盟军战斗序列全是谎言。他提供了第4集团军总
部的军徽和它在爱丁堡的具体位置，描述有大批部队会聚于斯特
灵（Stirling）和邓迪（Dundee），还拿出美军和挪威部队也在集结

的证据。"布鲁图斯"接着讲述苏军参谋人员抵达爱丁堡，讨论实施钳形攻势。挪威人"马特"和"杰夫"得到了类似的侦察结果；"嘉宝"在苏格兰的下线特工也参与进来，自称在邓迪亲眼看到大军，并在克莱德河上看到大型海军演习。波波夫的无线电操作员"怪胎"创造了一个健谈的美国海军军官，他透露自己不久将加入索恩将军的参谋部。德国人很高兴。"你最近的电报非常令人满意。祝贺你。请确切说明索恩将军麾下的第 4 集团军有多少个师的兵力。"[3]

切尔尼亚夫斯基就像个撒娇的情人，缠着德方负责人，不断要求他们赞美自己，给予支持。他还以"提高间谍活动效率"为名，提出需要更多资金和新设备："急需两部新无线电台和两套新密码。我探访苏格兰后，有紧急报告要发送给你们，内容很多。如果得不到你们的必要协助，我不可能将收集到的信息快速传递过去。"[4]德国人安抚他说："非常感谢你的勤勉和价值非凡的工作。我们把钱和钢琴（电台）送到何处为好？你能找到一个适合飞机低空飞行的地方，以便投下你想要的物资吗？"[5]他建议德国人在萨福克郡贝克尔斯（Beccles）附近一处偏僻的地方将包裹空投给他。可是切尔尼亚夫斯基没有收到回应，于是发了一条怒气冲冲的电报，要求知道"没有答复是不是因为对他缺乏信心"。[6]赖尔敷衍道："我完全相信你，但实施起来仍有困难。"[7]德国人重新装备切尔尼亚夫斯基的计划无果而终，但他们愿意尝试的态度证明"布鲁图斯"受到了敌人的尊重。"他成功地给人留下了无所不能的印象。根据德国人对他的了解，他们期待'布鲁图斯'去完成不可能完成的任务。他是专业间谍，也是艺术家，善于炮制最详尽、最具说服力的报告。"[8]

D日间谍们都为"南部坚毅行动"积极准备起来。到2月中旬，"嘉宝"虚构的威尔士法西斯分子组成了一支杀气腾腾的队伍，已经在整个南部海岸地区就位。普霍尔因"扩大了谍报网络"而受到库伦塔尔大加赞赏，[9]尤其是威尔士的间谍正在"做出重要贡献"。[10]直布罗陀侍应生自称在汉普郡某军事基地食堂找到一份工作，非常便于开展间谍工作。普霍尔从下线特工那里收到情报后，经过分类分级，再以其独特的文风写成长篇大论，最后通过无线电发送至马德里，供急不可待的卡尔-埃里希·库伦塔尔阅读。"嘉宝"派自己到南部海岸进行了一次名义上的旅行。他报告说看到了美军士兵，但预测"入侵在很长一段时间内不会发生"，而且肯定得等到"攻击部队大批集结后。行动所需兵力要远超当前已聚集的军队兵力"。[11]德国人可以松口气了。"听说政界对盟军进攻感到紧张不安，我对此很吃惊……我再次建议保持冷静，对我们的工作要有信心。"[12]这项欺骗工程已经变得相当庞大，在接下来的几周内还会逐步扩大：从1月初到诺曼底登陆日，"嘉宝"与其德方控制人之间将传递500条无线电报。哈里斯担心现实中没有人能独自整理出如此海量的信息。不过，德国人从来没有产生过这样的念头。

达斯科·波波夫搜集到的情报无论质量还是复杂性都超过以往，也更具欺骗性。他自己去了趟肯特海岸，并报告说，一支大型舰队显然正在进行准备工作，但尚未结束。"盟军已经制订了一项包罗万象的计划，要为部队提供并改善厨房、洗衣房、帐篷营地等设施。登陆场地已确定，不过几乎所有的工作都尚待完成。尽管盟

232

军正在进行紧张的准备工作，但没有迹象表明他们马上就会发起入侵。"[13]他报告说，多佛港正在大修，以容纳一支庞大的特遣部队，但与其他地方一样，"仍有许多工作要做"。[14]从多佛出发，他前往朴次茅斯（Portsmouth）、南安普敦和埃克塞特，描绘说东部地区的军事活动热火朝天，而西部并不活跃。

塔尔考虑把"三轮车"再次送入敌营。在所有双面间谍中，只有他才能把骗局中的实物资料交到敌人手中。"德国人对他的评价很高，他也有机会把文件带给德国人，我们希望利用这一事实获得优势。"[15]波波夫携带支持欺骗行动的"大量详细情报"最后一次回到里斯本。[16]这些文件包括来自海峡港口的目击者报告、篡改过的文档，以及与挪威政府官员的谈话记录。这些挪威人时下正在伦敦，他们希望入夏前回家。

约翰尼·耶布森报告说，冯·卡斯特霍夫对波波夫的情报照单全收，根本没有审查。冯·卡斯特霍夫还强调"盟军在明年春天之前不会登陆西欧"。[17]柏林方面的反应同样积极。格奥尔格·汉森上校宣称波波夫是阿勃维尔的王牌间谍，其无线电信息是"整个情报局中最棒的"。[18]这让耶布森在他的同事们面前大大风光了一回。"他们迫切需要知道登陆法国的日期，"他告诉军情六处，"因为'三轮车'不再遭到怀疑，所以很有机会在日期上面做手脚。不过，所有报告都必须要有事先声明，如果宣称的事件没有发生，便可以将责任归咎于没能收到正确的信息。有所保留的报告比那些信誓旦旦的陈述更容易让人相信。"[19]这些报告还应该"包含大量微不足道的细节"。[20]耶布森现在正积极地指导盟国团队怎么去欺骗。

就在"布鲁图斯"专注于北方,"嘉宝""三轮车"致力于南 233
方的欺骗行动时,"布朗克斯"的工作则着眼于西部。"超级机密"
显示,埃尔薇拉的报告现在被评为"非常重要",并被分发到阿勃
维尔的行动部门和柏林的陆军情报总部。[21]她依然用隐形墨水给布莱
尔写信,并不知道这个在法国招募她的人已经不再处理她的项目
了。她的新主管是前阿勃维尔巴黎站的上尉贝恩特·施吕特博士。
他当前在科隆工作,比起不负责任、总是醉醺醺的布莱尔,要更难
以对付。他用十分急切的语气写信给"布朗克斯":"重要!入侵
行动细节:艾森豪威尔和蒙哥马利的指挥部在哪里?哪些海岸地区
进行了疏散?舰艇和驳船的集中地点呢?海军人士是如何看待入侵
行动的?美国军队是否抵达?为获取入侵情报,你需要多少费用和
奖金?"[22]"布朗克斯"的工作为南北两个方向上的"坚毅行动"都
提供了有力支撑,但鉴于她对德国人的独特影响力,英方决定安排
她执行其他方向的欺骗任务。

德国在法国西南部的波尔多地区部署了大量兵力,其中最关键
的一支是令人生畏的党卫军第17装甲掷弹兵师。一旦登陆行动开
始,该师坦克部队一定会北上,试图击退盟军。将德军装甲部队滞
留在法国西南部,每延长一小时,都会对取得战役胜利有巨大帮
助。就像第15集团军可能会被"坚毅行动"束缚在加来一样,盟
军也炮制出一个针对波尔多地区的新威胁,即"艾恩赛德行动"
(Operation Ironside)。在这次虚假进攻中,盟军舰队从英国西海岸
港口出发,首先袭击比斯开湾,为直接从北美起航的美军开路。有
数名双面间谍投身这项计划:在美国的鲁德洛夫报告说,一支受过

涉渡训练的部队正在集结，以应对法国西南部水道纵横的地形；"泰特"说，他在海军部上班的女友玛丽参与了为美国远征军制订计划的工作，刚从华盛顿回来。

"布朗克斯"已经得到一个暗语，一旦登陆行动即将发生，就发送预警电报。"她独立工作，与我们所有其他特工都没有联系，因此可以让她冒点合理的风险，同时也不会危及别人。"[23]埃尔薇拉将几乎是单枪匹马地执行"艾恩赛德行动"。这对于一个曾经被斥为"除了自己以外不忠于任何人，只知道寻欢作乐的女孩"而言，不啻为一项壮举。[24]

时机选择至关重要。"为了达成将德军装甲师迟滞在波尔多地区的目标，必须将电报抵达时间控制在 D-2 日［D 日前两天］。"[25]由于电报传至里斯本需要五天时间，因此必须在 5 月 29 日或之前发出信息，才能及时送达德国人手中。电文将"向德国人表明，盟军肯定会对比斯开湾发起进攻"。[26]一旦真正的登陆作战开始，邮政服务也恢复后，她会马上再用隐形墨水写封信，"为自己找个借口"来解释为何犯下这样的错误。[27]和往常一样，军情六处依然在一旁冷嘲热讽，提出唯一的反对意见。克劳德·丹西告诉埃尔薇拉，指望德国人相信这样一个"令人难以置信"的诡计简直"荒唐可笑"。[28]阿斯特报告说："我告诉她，我认为他的看法错得离谱。我们才最有资格安排她的工作。"[29]情报部门之间的争斗往往比它们针对敌人的还要激烈得多。

玛丽·谢勒花了三周时间指导莉莉·谢尔盖耶夫编造掩饰故事。晚上，她们一起去看戏，或者看电影。"有时路易莎［吉塞拉·阿什莉]也会来，"莉莉写道，"我很喜欢路易莎，但我就是不能信任她，也不能信任玛丽或罗伯逊。我想如果我在英国生活久了，就会变得像英国人一样：冷漠、矜持、没有人情味。"[30]甚至玛丽在电影院里笑起来时，莉莉也觉得她笑得很勉强，是"一种礼貌的微笑，拘谨且克制，像个守财奴"。[31]自从她的狗死后，莉莉就把B1A组称为"罗伯逊和他的帮派"。[32]

当塔尔来告别时，莉莉问他："如果克利曼问我会不会发生登陆行动，我该怎么回答？"

"你自己怎么想？"他含糊其词地反问。

"我认为很快就会发生。"

"那就这么告诉他。"塔尔沉默了一会儿，然后说："你知道，我们对你期望很高。"

"珍宝"特工冷淡地握了握塔尔的于。"他的话并没有给我留下很深刻的印象。"她到皮卡迪利大街的登喜路专卖店给克利曼买了份礼物：一个猪皮钱包，上面刻着："送给奥克塔夫，来自伦敦的纪念品。索朗热，1944年2月29日。"她对玛丽说："我有绝对的把握应对他。"[33]事实上，她很期待再次同克利曼相见。

"珍宝"于1944年3月1日来到里斯本。她提前寄了一封信，告诉克利曼自己将何时抵达。他没有来迎接，这也是意料之中的事。莉莉住进帕拉西奥酒店，随即给德国公使馆打电话，并给克利曼留言。几小时后，"一个身材苗条、一头金发向后梳得油光锃亮的小伙子"敲响了她的酒店房门，笑容可掬地自我介绍名叫"霍佩"（Hoppe）。[34]他说克利曼马上就到了。"珍宝"只好等着。

经历了伦敦阴冷潮湿的天气后，初春的里斯本显得格外迷人。她漫步于集市和水果摊中，欣赏着黑白相间的大理石路面和开满鲜花的"犹大树"①。她注意到这个名字颇具讽刺意味。她与军情六处取得联系，被告知要有耐心。私下里，英国人怀疑克利曼可能失宠了。"超级机密"最近破译的电报显示，"柏林对'珍宝'的工作非常满意，但对克利曼意见很大，认为他懈怠低效"，并且他可能"会被炒鱿鱼"。[35]经过十二天的等待，"珍宝"终于忍无可忍，把霍佩叫到酒店，大发了一通脾气。"克利曼就是个破坏王，"她尖叫着说，"没有规矩，没有条理。他应该被枪毙。你们都是无可救药的笨蛋。我受够了。"[36]然而，又过了三天霍佩才再次出现，"非常兴奋"地告诉她："我们的朋友来了！"[37]

3月14日上午，霍佩开车送她去自由大道北端的庞巴尔侯爵广场。一个肩膀宽阔的熟悉身影突然从喷泉后面出现。克利曼热情地拥抱了莉莉。他一如既往地衣冠楚楚，穿着蓝色西装，戴着毡帽，但瘦了些，头发也比以前更白了。她第一次注意到他的上牙是假牙。"他看起来老多了，"她写道，"我心中萌生了某种类似怜悯的感情。"[38]

克利曼见到她很高兴，还是像以前那样以自我为中心。他说："你成功了，我的声望也跟着看涨。你是第一个做到这一点的人：进入英国，再出来，还能再次回去。我真为你骄傲，莉莉！我能保住地位真是多亏了你。我差点就要失业了。如果你现在放弃，那我也会完蛋。"[39]

---

① 一种紫荆木，传说犹大在这种树上自缢。

克利曼坐在霍佩的汽车后座上，絮絮叨叨说个不停，大部分是关于他自己的事。他的腿最近很不好，这就是他体重下降的原因。他和伊冯娜在瑞士与法国边境的托农莱班（Thonon-les-Bains）过圣诞节。他想让伊冯娜解雇她那个"懒惰无礼，总是顶嘴"的女仆。[40]极度以自我为中心的克利曼认为他的生活琐事一定会吸引所有人注意。

汽车停在一幢公寓楼外，克利曼带她上楼，来到一间空无一人的套房。桌子上放着一个用纸和绳子包起来的箱子。他脸上露出得意的表情。莉莉把包装打开，发现里面是一个"破旧"的木盒子，看起来就像普通的晶体管收音机①。[41]其实这是一台无线电发报器，几乎可以肯定是从被俘的英国特别行动处特工那里缴获的设备。克利曼说："这里有两个孔，用来连接发报键。这是设备外观上唯一可能会引起怀疑的地方。"[42]稍后，他会安排无线电专家向莉莉展示如何用家常物件制作莫尔斯电码发报键。但首先，克利曼快活地宣布，一起游览观光，然后吃午饭。

几小时后，他们来到巨大的摩尔人城堡（Castelo dos Mouros）②，站在城墙上俯瞰着辛特拉城。这里距里斯本 15 英里，克利曼一路上都在愉快地大谈特谈上面的大人物对莉莉，更重要的是，对他自己有多重视。"柏林对她去布里斯托尔调查很满意。她对各师军徽的描述非常到位、精确。她要多送一些这样的情报来。"[43]今后，她

237

---

① 第一个晶体管在 1947 年才发明出来，而晶体管收音机要到 20 世纪 50 年代后面世，因而此处的"晶体管收音机"疑应为体积较大的"电子管收音机"。

② 该城堡由信仰伊斯兰教的摩尔人兴建于 8—9 世纪，是葡萄牙在中世纪的重要防御建筑。

还必须发送飞行炸弹造成的损失报告。他说："管理特工是非常令人揪心的工作。对于他们中大多数人，我总是担心有人在耍两面派。对于你，我完全信任，所以派你去做这样不愉快的工作，冒这样的风险，这让我感觉很糟糕。"[44]尽管如此，他认为战争很快就会结束："局势相当绝望，德国投降只是时间问题。"[45]他似乎并不太担心。

一路上风景宜人，路边的果树上开满了鲜花。莉莉后来回想，当时自己有些不愿意回英国了。

莉莉带了一部小型蔡司相机。在他们参观城堡的时候，她说："拍张照片怎么样？留个纪念。"[46]

克利曼说："真是个好主意。带上相机很明智。"[47]他万万没有想到相机是军情五处提供的，目的是获得他的照片充实档案资料。莉莉在克利曼爬城堡炮塔时抓拍了一张。接着，她把相机设置成自拍模式，又拍了一张两人在喷泉旁的合影。她的笑容带有一丝挑逗意味，他则摆出一副王牌间谍的架势。他们俩看起来都很快活。

克利曼在一家小餐馆点了午餐。在等待上菜时，莉莉把那个作为礼品的钱包递给他。他的脸上露出了开心的表情。然后他把手伸进口袋，递给莉莉一个小包裹。里面有一只漂亮的铂金手镯，手镯上镶嵌着45颗钻石，还有300英镑纸钞和2万埃斯库多。他说他正在设法筹更多钱，"明天中午"给她。吃完饭后，克利曼变得严肃起来。

"你认为盟军会发起入侵吗？"

莉莉想起塔尔的话，说道："是的。"

"我也这么想。你认为什么时候发生?"

"我认为入侵迫在眉睫。"

克利曼皱了皱眉头,然后开始一通事先准备好的说辞。"现在仔细听我说,莉莉。战争的下一个大事件将是盟军登陆。把他们赶回海里,我们才有可能取得胜利。要做到这一点,我们必须提前知道他们打算在哪里登陆,这样我们才能够准备好,让他们体验一番'热情的接待'。登陆点可能在荷兰或比利时,但我们认为不是。我们相当肯定会是在法国,有两种可能性:加来海峡或诺曼底。如果他们选择加来海峡,盟军部队会在英吉利海峡沿岸集结;但如果是诺曼底,他们就要把部队调到布里斯托尔周边地区。你明白吗?你必须告诉我们那儿是否有军队集结和其他活动,这样我们才能弄清楚敌人的目标到底是哪里。"[48]

她应该拜访住在英国西南部的亲戚,尽可能多做停留,特别要留意索尔兹伯里平原(Salisbury Plain)上的任何军事活动,并汇报"在布里斯托尔或周边地区看到的一切"。[49]艾森豪威尔的指挥部在哪里?正在进行怎样的演习?用于登陆的驳船是从美国抵达布里斯托尔的吗?如果是,数量有多少?"通过观察获得的信息很重要,但来自高层的闲言碎语意义不大,实践证明那很少是准确的。"[50]当她的无线电可以正常工作时,应该在周一、周三和周五晚上 11 点发报,"我希望发报间隔的时间尽量短,越短越好"。[51]克利曼从他的钱包中拿出一张英国邮票递给莉莉,解释说左上角有一张微缩照片:"这是发射装置的使用说明,以防你忘记操作步骤。"[52]她把邮票放进了自己的钱夹。

239

克利曼直到现在才问起她是如何到里斯本来的。莉莉开始讲述事先编好的故事：她在新闻部找到一份工作，来这里为宣传片收集素材。克利曼满意地点了点头。她还记得许多逼真的细节，比如阿尔弗雷德·希区柯克（Alfred Hitchcock）在为新闻部电影司工作，以及食堂的确切位置。但他一个问题也没问。

午餐后，他们沿着海滨漫步，看着渔船驶离海岸。克利曼转过身来问道："我们牵制你的方式是什么？"[53]

"我的父母还在巴黎，你提醒过我……但你最好明白，我是自愿行动，而不是迫于压力。你应该更加信任我。"[54]

这个答案似乎让这个丝毫没有好奇心的间谍感到满意。天黑后，他们钻进霍佩的汽车返回里斯本。经过埃什托里尔的时候，克利曼说："我本想带你去赌场，到一家别致的餐厅吃晚餐，不过这样做不太明智。这个地方到处都是国际黑帮分子、双面间谍和情报人员。我们最好不要在公共场合被人看见在一起。"[55]

次日上午，霍佩指导她如何用木头、钉子、菜刀和书来制作莫尔斯电码发报键。然后，他交给莉莉两个崭新的发射晶体元件和一份电波频率表，并教她使用一套新密码。克利曼带着一个大纸袋来了，里面装有1500张1英镑面额的纸币。他解释说，他本来"打算把钱藏在雪茄盒里，但找不到足够大的"。[56]他会设法找到更大面额的钞票，以及一个更大的盒子。

莉莉急忙解释说，由于她为宣传部门工作，所以能与英国大使馆的新闻专员搭上关系。此人已经同意把"收音机"装入外交邮袋中送到伦敦。这是个极不靠谱的故事。外交邮袋只能用来传递敏感信息，绝不会给平民捎带物品。但克利曼再次全盘接受，并欣然同意这一做法："这是明智之举，以免机场安检人员产生好奇心。"[57]

还有一件重要的事情。莉莉现在有了无线电，就需要一个"控制暗号"。如果她被英国人抓住，可以借此暗示她是在英国控制下进行发报的。克利曼说："我们必须采取一切可能的预防措施。假设英国人识破了你的身份，他们不会马上逮捕你，而是会监视你一段时间。他们将记录下你的发报流程和一举一动，以确保掌握了你的工作模式。他们会拿着左轮手枪威胁你，强迫你为他们工作。我想给你一些警告我们的方法，一些他们无法察觉，但我们会仔细审视的暗号。"[58]克利曼的计划很简单，"如果英国人揭穿了她，并命令其继续发送电文时，她就敲出'PSE QSL SK'这几个字母——在莫尔斯电码缩写表中代表'请确认接收'"。[59]莉莉回答说，这很"愚蠢"，因为她若在电文中加入一些新内容，"英国人就会知道这是某种暗号"。[60]她建议使用更不易察觉的危险提示代码。

"在电文开头，KA 和呼号之间，一般会有一个破折号。有时我敲出来，有时我不敲。如果我打出两个破折号——一次在电文中，一次在重复电文中——这就表示我被控制了。必须是**两次**都有破折号。如果它只出现一次，就不代表任何意义，因为我会时不时发出破折号，让它不那么引人注意。假如他们仔细梳理我的一系列电文，就会发现破折号的用法总是在变化，所以我重复的时候他们根本不会注意到。"[61]

克利曼非常佩服这个方法："太棒了。"[62]他在笔记本上写道："破折号在开头和数字之间。"[63]

241　　　他们约好第二天上午 11 点在商业广场见面，那时离莉莉的航班起飞还有几小时。让莉莉大感意外的是，克利曼竟然提前到了，胳膊下还夹着一个很大的雪茄盒。他低声说，在雪茄下面有一个暗盒，里面装着总共 500 英镑的 5 英镑面额纸币。他们手挽着手绕着广场走。克利曼在喷泉旁停了下来，点了一支烟，神情肃穆。

　　"如果你说你不想回英国，即便这意味着我职业生涯的终结，我也不会强迫你。"[64]

　　莉莉说："我要坚持到底。"[65]

　　克利曼是个荒唐的间谍，自负而脆弱，一切以自我为中心，但他也有温柔的一面，愿意给莉莉一条出路。莉莉的英国负责人从未对她表示过这样的关怀。

　　克利曼吻了她的手，然后走开了。

　　莉莉在日记中写道："五个月前，我是如此激情澎湃，准备着去热爱英国，渴望帮助他们。我敬佩他们；我信任他们；我深信英国人会公平处事。我心甘情愿为他们工作，为他们承担风险。我只要求一件事作为回报：留下我的狗。这要求并不高，而他们却认为太过分了！明天我回到伦敦，会把钱、密码、发报机等所有东西都交给他们……除了破折号！只要我愿意，这个破折号就能彻底毁了我的所有工作，以及**他们的**所有工作。我不会使用我的权力。我知道这一点。但我知道我已将他们置于我的摆布之下！"[66]

　　第二天早上 5 点 30 分，特工"珍宝"在浓雾中降落在布里斯托尔机场，然后被送往一家酒店。她在那儿喝了一杯茶，吃了几片吐司，还有一小块人造黄油和半茶匙橘子果酱。几分钟后，玛丽·

谢勒大步走了进来，一副忙忙碌碌、公事公办的样子。莉莉把装有现金的雪茄盒、无线电发射晶体元件、带有微缩照片的邮票、钻石手镯，还有克利曼在阳光下微笑的照片都交给了她。

玛丽说："他就是个傻子。上校绝对会非常高兴。"[67]

第二天，罗伯逊亲自来到拉格比大厦向莉莉表示祝贺。"你回来了！"他快活地说，"我们真没想到你会回来。"接着又补充道："这些雪茄是高档货。"[68]

军情五处的专家检查了发报机、钱和手镯，宣布"对未经训练的人来说，这台发报机看上去与普通收音机没有什么区别"。[69]5 英镑纸币中有 39 张是伪造的。手镯的价值为 175 美元。

莉莉讲述了她与克利曼的谈话内容，说他急于得到英国西南部的军事演习情报，还说他天真幼稚，近乎可爱。她告诉玛丽："我同克利曼并无个人恩怨。他一直待我很好。不得不对他撒谎，欺骗他，这让我非常难受。"[70]

"如果他认为你被控制了，他会怎么做？"玛丽问，"他大概不会告诉柏林，因为这会让他看起来像个傻瓜。"[71]

"假如他认为我背叛了他，我敢肯定他会上报。"[72]

玛丽给塔尔送去了一份赞不绝口的报告："'珍宝'发挥非常好，尤其是她的故事其实是站不住脚的。她在里斯本表现很出色，为我们提供了一个极有价值的沟通新渠道。"[73]

然而，莉莉的故事中有一个瑕疵让她感到不安。玛丽研究过 B1A 组的档案。到目前为止，德国人派出的每一个拥有电台的特工都有"控制暗号"，可用来提示阿勃维尔，他们已被抓获，正在英

242

国人的控制下发报。有时仅仅是一处拼写错误，或多加一个逗号。克利曼向她详细介绍了如何操作无线电台，却没有"告诉她在逼迫下发报时，应该有某种暗示"。[74]莉莉从未提及有控制暗号。"她说，她并没有收到任何安全核实编码，也不知道其他通知德国人自己被英国人控制的方式。事实上，他们从未谈过发生这种情况的可能性。"[75]记录下这个反常现象后，玛丽·谢勒很快就把它忘了。

243

4月13日，玛丽把莉莉带到汉普斯特德荒野（Hampstead Heath）① 一幢前门为宝蓝色的房子里。那台小型无线电发报机就安放在顶楼卧室。凌晨0点12分，莉莉给克利曼发了条信息："安全抵达。"[76]她既没有在电文中插入破折号，也没有在重复电文中插入。在接下来的两个月内，每当她发出一条信息时，都会想到破折号。"每一次我都知道自己能毁掉三年来的工作。只消一个破折号，德国人就能发觉我是在英国情报部门的控制下工作的……而且英国人也不会起疑。这就是我的报复——他们给了我承诺，却没有遵守。现在，我有力量把他们攥在手心里了。"[77]

---

① 汉普斯特德荒野是伦敦的大型自然公园。

第十九章

耶布森的新朋友

　　约翰尼·耶布森一个人在秘密战线孤军奋战。他的报告通过里 **244**
斯本的军情六处传回英国，里面包含了大量关于飞行炸弹、德国经
济情况、情报工作等方面的细节，"甚至还有希特勒、希姆莱和帝
国保安总局（Reich Main Security Office，RSHA）局长卡尔滕布鲁
纳（Kaltenbrunner）的观点意见"。[1]"艺术家"的情报来自不少于
39 个消息源和下线，涵盖了从阿勃维尔多名秘书到卡纳里斯本人
各层级，而且质量上乘。习惯于画地为牢的军情六处甚至又开始
打主意想独享情报，用的理由是"C① 没有授权他们与其他情报部
门交流"。[2]耶布森的胆子越来越大。在位于维也纳新城（Wiener-
Neustadt）的雷克斯工厂里，来自毛特豪森集中营的奴工正在制造
世界上第一枚远程弹道导弹 V2。在传递这一情报的同时，耶布森
还"严肃并诚挚地建议，同盖世太保的麻烦解决以后，他就返回德
国，组织对维也纳新城的工厂实施破坏"。[3]现在，耶布森竟然提议
去破坏德国军火库中最强大的秘密武器。"这听上去异想天开，但
我重申，'艺术家'是在非常认真地对待这件事情。"[4]更不寻常的
是，耶布森还建议军情六处招募英国最著名的小说家的妻子作为
间谍。

　　P. G. 伍德豪斯和他的妻子埃塞尔现居住于巴黎，这对夫妇经 **245**
常在那里与一些德国高层人士接触。耶布森从中看到了可乘之机。
军情六处的查尔斯·德·萨利斯报告说：

---

　　① 军情六处创始人曼斯菲尔德·卡明（Mansfield Cumming）的姓氏首字母是大写的
"C"，因此他在签署文件时习惯用绿色墨水写"C"。后来便形成惯例，军情六处负责人也
被称为"C"。

"艺术家"是 P. G. 伍德豪斯夫妇的好友，时常在经济上资助他们。这对夫妇当前正在巴黎。伍德豪斯夫人非常亲英，若有人胆敢用德语跟她讲话，往往会遭到她的无视。她有时会在公共场合大声说："如果你不会用英语同我说话，那就一个字别说。你最好学会英语，无论如何，战后你总是要说的。""艺术家"认为她可能是个有用的消息源，因为她和丈夫都与希特勒的翻译［保罗－奥托·］施密特（Paul-Otto Schmidt）交往密切，后者经常向她谈起希特勒和来访外国人之间的对话。伍德豪斯本人完全是个幼稚的和平主义者。[5]

目前尚不清楚军情六处是否采纳了这一建议并招募了埃塞尔·伍德豪斯，不过耶布森的建议让人们对伍德豪斯夫妇在巴黎的那段时光有了新的了解。在伍德豪斯愚蠢地应德国人的要求，同意进行电台广播之后，公众指责这位小说家和他的妻子与纳粹为伍，令人作呕。耶布森的报告则证明，虽然伍德豪斯本人可能并不关心政治，但他的妻子是坚定的反纳粹人士，以至于被看作潜在的间谍候选人。

耶布森相信自己的安全是有保障的。尽管阿勃维尔内部一些人视其为"反纳粹分子，近来又认为他是失败主义者"，但他也有自己的保护伞。[6]他在柏林的一位同事承诺，一旦危险迫近，就向他发出警告。如果收到一封"电报说'马上回来'，这是事先安排好的暗号，实际意思是'不要回来，盖世太保正在追捕你'"。[7]他还在阿勃维尔里斯本分站新找了一个床伴，兼做他的卧底。玛丽·冯·

格罗瑙女男爵（Baroness Marie von Gronau）时年 23 岁，父亲是航 246
空先驱，曾担任德国空军驻东京专员。玛丽在反间谍部门做秘书，
很乐意把她老板办公桌上的东西事无巨细都告诉耶布森。他开玩笑
地向玛丽求婚，但被拒绝了，不过玛丽"还是倾倒于他的智慧和渊
博知识"。[8]她也可能同样被他那"似乎用之不尽的金钱"所吸引。[9]
战后，有人问玛丽·冯·格罗瑙，是否知道耶布森是英国特工。她
回答说，他经常否认，所以她认为他一定就是；玛丽还回忆起他说
漏嘴的话，比如："我是国王陛下最忠诚的敌人""即使处于战争
状态，友谊依然跨越国界"。[10]

玛丽·冯·格罗瑙也是个情种。早在耶布森来里斯本之前，玛
丽已经是意大利空军武官的情妇了，而且有个叫福尔布雷希特
（Volbrecht）的帝国保安部军官正在追求她。一天晚上，福尔布雷
希特对玛丽说，耶布森是个"macaco"。[11]这是葡萄牙语中的蔑称，
意思是"猴子"。玛丽把这个侮辱性的词告诉了耶布森。"尽管他
丝毫不知道'macaco'是什么意思，但他不喜欢这个词的发音，于
是向福尔布雷希特挑战，要求用手枪决斗。"[12]福尔布雷希特予以拒
绝，"说他的部门不允许决斗"。[13]在此期间，耶布森的妻子洛雷来
里斯本看望他，不过这似乎一点也没降低他的婚外情频率。

耶布森的心境正逐渐陷入一种极不稳定的状态。他宣称，莉
莉·格拉斯依然"迷恋"自己，而且还把她上司，反间谍部门负责
人阿洛伊斯·施赖伯的信函中各种有用的零碎信息传递出来。[14]她告
诉他："施赖伯写信给柏林，认为'三轮车'绝对可靠，应该赋予
其最重大、最秘密的任务，并为他提供大量资金。"[15]这总算让英国

人松了口气，然而"耶布森总是过于紧张兴奋"，让人头痛不已。[16] 1月末，查尔斯·德·萨利斯打电话到耶布森的埃什托里尔别墅，但找不见他的人影。英国人马上着手搜索，确保谨慎有力。可三天后他依然无影无踪，英国情报部门开始慌了。这时，耶布森总算现身。原来他是和新结交的朋友汉斯·约阿希姆·布兰德斯（Hans Joachim Brandes）尽情狂欢来着。好在除了宿醉之外，没有造成什么不良后果。

　　汉斯·布兰德斯是众多松散挂靠在阿勃维尔里斯本分站的幕后工作人员之一。他24岁，金发，有一半犹太血统，在瑞士接受的教育，由于体重超标而被判定为不适合服兵役。他的父亲在柏林拥有一家大型机床厂。战争爆发后，布兰德斯和他的兄弟主要通过贿赂手段，将自己成功地登记为非犹太人。布兰德斯无论到哪里都花钱如流水，"据说为了方便办事，他送给预备役军官们的钱多达3万马克，而他们的月薪只有约700马克"。[17]作为柏林一家军火公司的股东，他获得了一份向葡萄牙政府供应武器的合同。

　　布兰德斯于1943年来到里斯本，从事铂金、钻石和鞋革贸易，偶尔干点间谍勾当。耶布森报告："他本人就是卡纳里斯的朋友，由于有部分犹太血统，所以卡纳里斯把他送到这里来避险。他应该向冯·卡斯特霍夫汇报工作，但实际上什么事也没做。"[18]而且，他似乎"拿捏住了这个情报局负责人的某些把柄"，[19]几乎可以肯定是在经济方面："贿赂大有成效，他肯定是这方面的专家。"[20]布兰德斯声称在经营自己的谍报网，成员包括一名爱尔兰共和军间谍、一些在瑞士的特工，以及一个名叫巴林基·达尔努（Barinki d'Arnoux）、目前身在北非的法国人。布兰德斯夸口说："战争期间，我凭借自己的机智灵活，成功地在里斯本安定下来。"[21]他跟耶布森臭味相投，政见似乎也一致。"他毫不掩饰自己不仅非常反纳粹，而且很亲英，希望英国能赢得战争。"[22]他们带着秘书一起在里斯本到处寻欢作乐。军情六处报告称："'艺术家'与布兰德斯之间的关系似乎变得非常密切。"[23]1月初，布兰德斯告诉新朋友，他就要去柏林，"试图说服卡纳里斯取消命令，同意'艺术家'回国"。[24]耶布森没有告诉布兰德斯他为英国人工作的事情，但他相信可以很容易把他的新伙伴招募为双面间谍。

事实上，自从神秘的布兰德斯来到里斯本后，军情六处就一直在监视他，认为他跟"奥斯特罗"一样，是个彻头彻尾的骗子。军情六处伊比利亚反间谍部门负责人金·菲尔比通过"超级机密"掌握了布兰德斯的情况，推断"他声称经营中的谍报组织纯属捏造"。[25]布兰德斯在对"阿勃维尔进行蓄意欺诈"，这使他很容易受到胁迫。[26]菲尔比写道："他只有24岁，有一半犹太血统。因此，可以肯定的是，如果他不能维持地位，很快就会被打发到东线。他强烈反对纳粹统治，从来没有试图向阿勃维尔提供真正有用的信息。他可能会积极接受我们的提议。"[27]

布兰德斯知道耶布森在英国布置了秘密特工，但他称耶布森发给柏林的报告就跟自己的一样，都是"推断和臆测"。[28]他甚至提议用他自己捏造的材料来支持耶布森送往柏林的情报。耶布森告诉德·萨利斯，他"对布兰德斯有足够的信心，可以向他透露自己正在为英国人工作"，不过"还没这么做，也不会在没有得到允许的

248

情况下这样做"。[29]耶布森说，布兰德斯是个"狡猾的机会主义者"，但他可以成为有用的盟友。[30]"如果知道了真相，他就可能愿意入伙。"[31]

军情六处决定密切关注耶布森的新朋友；倘若时机成熟，便拉他加入这场竞赛。军情六处的弗兰克·福利写道："我认为假如布兰德斯有胆量，也有强烈的反纳粹信念，那么他就有可能被发展为有用的直线特工。"[32]耶布森确信布兰德斯能说服卡纳里斯将军"取消我的回国禁令。这原本是为了我的安全着想，不过盖世太保现在不再想从我这里得到什么了。我很快便能离开"。[33]

249　　然而，卡纳里斯还没来得及有任何动作，他就被赶下台了。2月初，一个名叫埃里希·费尔梅伦（Erich Vermehren）的阿勃维尔官员从伊斯坦布尔分站溜走叛逃。他和妻子通过开罗和直布罗陀秘密进入英国，住进了金·菲尔比的母亲位于南肯辛顿（South Kensington）的公寓里。费尔梅伦叛逃事件给了卡纳里斯的敌人期待已久的借口。希特勒大为震怒。卡纳里斯长期以来就被怀疑不忠（确实如此），并致力于破坏希特勒政权（很有可能如此）。他被免职，得了个闲差，最后遭到软禁。阿勃维尔很快就会被帝国保安部接管，并入希姆莱和卡尔滕布鲁纳掌管的帝国保安总局系统，然后被彻底废除。耶布森早就预言了"卡纳里斯要倒台"。[34]他失势后，德国人在阿勃维尔掀起了激烈内讧和清算。一些情报局官员要求上前线；一些被解职；留在原位的那些人则在极度焦虑的气氛中惶惶不可终日。耶布森报告说："可能还会有更多人被赶走，那些不尽如人意的双面间谍也会被清除。"[35]英国人还将继续用阿勃维尔这个名称，尽管这个组织已经被淘汰了。

德国情报部门内部混乱不堪，帝国保安部以取缔阿勃维尔为代价争权夺利，令"双十"团队深感不安。阿勃维尔的官员虽然是魔鬼，却是他们熟悉的敌人。正如马斯特曼所言，现在的危险就是"新扫帚会扫掉我们努力保存下来的许多东西"。[36]

耶布森曾在弗赖堡大学与埃里希·费尔梅伦同窗，并帮他在阿勃维尔找到了一份工作。来自吕贝克（Lübeck）的费尔梅伦一家人都强烈反对纳粹。埃里希的母亲彼得拉·费尔梅伦（Petra Vermehren）是德国著名记者，她为了摆脱纳粹统治，在战争初期就来到葡萄牙。耶布森对她很熟悉，听到费尔梅伦叛逃的消息后，立即赶到她家，发现彼得拉正在收拾行李。她解释说，政府召她回国，解释她儿子背叛的情况。"耶布森试图说服她不要去"，告诉她"罗斯柴尔德勋爵同他关系很好，曾邀请他来英国"。[37]这就是在暗示，他可以帮助安排彼得拉逃亡。彼得拉坚称自己并不害怕，然后搭乘下一班飞机前往柏林。她很清楚纳粹的连坐法，自己可能注定要遭受报复。她在柏林机场被捕，随后被送往萨克森豪森集中营。她的丈夫、儿子和两个女儿也被关进了集中营。

费尔梅伦叛逃使耶布森的处境更加不妙。他与这家人的友谊人尽皆知，他确信自己会受到牵连。卡纳里斯"这只老狐狸"也不能保护他了。[38]"更年轻、更有活力"的格奥尔格·汉森被任命为反间谍负责人，并着手将阿勃维尔的残余部分合并到一个受统一指挥的新情报部门。[39]"他不是纳粹，"耶布森报告道，"但他决心阻止德国战败。毫无疑问，汉森的意图是彻底改组阿勃维尔。"[40]这个新

250

情报部门与耶布森在 1939 年加入的那个懒散倦怠、欺上瞒下、并非完全忠于纳粹政权的组织已完全不同。许多支持他的朋友已经随着卡纳里斯倒台而被扫地出门，取而代之的是一些他厌恶至极的人。"新上任的官员此前没有从事情报工作的经验，但他们比前任更热诚，更积极，很可能有利于加强组织实力。"[41]在这些新人中，有一个人尤其让耶布森感到"惴惴不安"。[42]

威廉·屈巴特（Wilhelm Kuebart）少校是德国情报界最强硬的新人之一。他是来自东普鲁士的职业军人，曾在东线作战，1943 年 7 月调入阿勃维尔，担任汉森的副手。耶布森报告说，屈巴特 28 岁，"头脑清醒"，冷酷无情，"是阿勃维尔中最聪明的人"。[43]这位年轻的少校迅速断定，德国情报机构是由一群"对军事组织知之甚少或根本一窍不通的老家伙"组成。[44]里斯本分站尤其如此，那里的"工作情况一塌糊涂"。[45]屈巴特前往葡萄牙调查，"被那里普遍存在的不道德行为所震惊"。[46]一半职员和另一半上床。至少有两个秘书给耶布森通风报信。冯·卡斯特霍夫大概坚持说，耶布森是"非常能干的人"，[47]但屈巴特嗅到了"相当可疑"的气味。[48]回到柏林后，他起草了一份严厉的谴责报告，建议"撤换"冯·卡斯特霍夫，由他人"替代"，[49]并解雇那些"上床的秘书"。[50]屈巴特宣称："这家妓院必须关闭。"[51]

卢多维科·冯·卡斯特霍夫，波波夫那位好逸恶劳、极具魅力、贪污腐败的间谍领导因"言行失检和工作低效"（相当委婉的说法）而受到训斥，遭解职后被踢到了东线。[52]阿洛伊斯·施赖伯博士现在实际上是德国在里斯本的情报部门负责人。

施赖伯相当令人费解。他来自巴伐利亚，44 岁，长着鹅蛋脸，头发灰白，参加过第一次世界大战，拥有埃朗根大学（Erlangen University）的法学博士学位。他曾是卡纳里斯的密友，做过他的私人信使，后前往里斯本接管耶布森的宿敌——卡姆勒——的职位，担任反间谍部门主管，尽管他一句葡萄牙语也不会说。他在里斯本的"具体职责是获取敌方军事情报"，搜集"盟军入侵，尤其是诸如时间、地点、兵力等登陆计划"方面的信息。[53]施赖伯书生气十足，也很严肃。对那些放荡不羁的同事，他毫不掩饰自己的鄙夷。在阿勃维尔内打杂混日子的人看来，他显得"迂腐不堪，又雄心勃勃"。[54]耶布森不知道该如何评价这个聪明、冷静、有点反社会性格的人："施赖伯不是纳粹，但也不特别反纳粹。"[55]

事实上，施赖伯不仅是反纳粹分子，而且还密谋推翻希特勒。像阿勃维尔中一些人一样，他暗地里对纳粹恨之入骨。1942 年，他奉阿勃维尔副局长、德国抵抗组织主要领导人汉斯·奥斯特之命，帮助一对名叫魏斯（Weiss）的犹太夫妇及其子女偷渡到瑞士，于是因"涉嫌协助、教唆和掩护犹太人非法离境而被捕"。[56]在情报局领导的干预下，他被开释了。在他前往葡萄牙之前，格奥尔格·汉森上校，另一个关键的反希特勒人士，仔细询问了他的"政治倾向"。[57]施赖伯确信那些反叛者正在试探他的口风。"有人在策划什么事。他觉得这些人希望弄清楚谁站在他们那边，这样才能知道谁靠得住。"[58]施赖伯正是他们需要的人。随着德国出现战败迹象，以克劳斯·冯·施陶芬贝格（Claus von Stauffenberg）为首的一群意志坚定的军官开始计划发动政变，企图刺杀希特勒。行动代号"瓦尔

252

基里"（Valkyrie，亦作"女武神"）。这些人不是心慈手软的自由主义者，而是冷酷无情的军人，决心摧毁纳粹政权，与英美媾和，然后调头全力攻击东方的苏联，以此来保全德国的荣誉。一项战后调查显示，施赖伯是"支持 1944 年 7 月 20 日未遂政变事件的军事集团成员"，"这些叛乱分子派遣他到葡萄牙，是为了确保这个重要位置由可靠的人占据，并发挥作用"。[59]施赖伯很快就接到了任命电话，这将给"双十"计划带来灾难性的后果。

"最近同耶布森上床的秘书"玛丽·冯·格罗瑙报告说，柏林要求提供"据信与英国有联系的情报局成员的名单"。[60]耶布森把这个令人不安的消息转达给德·萨利斯："我们必须预计到，他们今后会特别注意我们。会面需要更加谨慎。"[61]"超级机密"也证实了危险正在迫近。"柏林已经下令密切监视'艺术家'，他大概是受到费尔梅伦一家的牵连。众所周知，他是他们的朋友，"塔尔写道，"'艺术家'的那些柏林朋友现在都离开了，他的敌人正要给他找麻烦。"[62]

耶布森却很有信心。布兰德斯去了柏林，并报告说"为他做了有力的辩护"；好几个秘书正帮助他充分获知情报站与柏林之间的通信内容；施赖伯似乎没有特别的敌意，之所以下令继续监视他，可能只是因为要对其朋友埃里希·费尔梅伦的叛变做出正常反应。[63]他告诉德·萨利斯："乌云即将散去。"[64]后者向伦敦报告说："'艺术家'的状态非常好。得益于包括布兰德斯在内的诸多盟友迅速采取行动，对他的怀疑已经消除了。"[65]耶布森听到他将很快与波波夫重聚的消息后，更是信心大增。

2 月 26 日，波波夫在已经相当熟悉的里斯本机场降落，随身携带了"坚毅行动"炮制的大批资料，包括海军部文件的翻拍照片、飞机类型说明、配给信息和一份经过篡改的议会演讲稿。正如耶布森建议的那样，波波夫的宝藏里隐藏着大量微小细节。只要把它们拼接到一起，就会揭示出一支强大的军队正在英国东南部集结。波波夫被告知要行动迅速，与耶布森谨慎接头，"对'艺术家'施加影响，防止其因过于紧张或兴奋，而做出傻事或冒任何本应该避免的风险"。[66]如果耶布森提出拉布兰德斯入伙的想法，波波夫应该督促"他一定要按兵不动，尽管对于招募布兰德斯的建议，我方持欢迎态度"。[67]最重要的是，应该鼓励耶布森去探明"德国人对英军作战序列了解到的最新内容"，以此来检验欺骗行动是否有效。[68]

波波夫这一次得到的待遇与冯·卡斯特霍夫的欢迎态度截然不同。他将接受阿洛伊斯·施赖伯的盘问。耶布森警告说："此人在审讯囚犯方面有非常丰富的经验。"[69]施赖伯要求耶布森坐在一边旁听。同轻松愉快地向冯·卡斯特霍夫汇报相比，施赖伯一点也不敷衍，提出很多敏感的问题，气氛十分紧张。整整两天两夜，施赖伯对波波夫连续进行严厉审讯，只在喝口啤酒或吃块三明治时暂停一会儿。耶布森也不时地尖锐提问。波波夫后来报告说，他的朋友"在审讯期间巧妙地为他打掩护，同时故意表现得相当有敌意。结果施赖伯很满意'艺术家'和'三轮车'之间没有任何勾结"。[70]波波夫的表演堪称完美。事实上，正如波波夫后来告诉威尔逊的那样，"他确信自己肯定占了上风。他还谦虚地说，作为年轻人，他比施赖伯更能承受压力"。[71]德国分站负责人对波波夫的报告完全信

254

服，并立即口述了一封电报发往柏林，宣布他是"一名优秀的特工，没有任何可疑之处"。[72]玛丽·冯·格罗瑙将电文拿给耶布森看，后者转给德·萨利斯，然后又将它送到伦敦，最后消息一直传递到丘吉尔那里。"他和间谍主管的第一次会面十分顺利，令人满意。"[73]德国人对波波夫的信任也得以验证：布莱切利园破译了一条德国最高统帅部的信息，指出特工"伊万"提供了"驻扎在英国本土的英军编制情况，这是特别有价值的情报。报告证实了我方总体作战构想是正确的"。[74]

汇报完毕后，波波夫和耶布森在城里大肆作乐了一番。耶布森"设法骗过当局，把他存放在巴黎的一些黄金转移过来，所以手头宽裕"。[75]尽管他不会开车，但他还是给自己买了一辆劳斯莱斯。耶布森对自己的安危并不过分担心。他谈到"要与英国特工部门保持长期联系"，并希望"即便在战后，也被他们视为可靠的特工"。[76]波波夫相信凭借自己在柏林的重要地位，可以保护这位朋友。耶布森的新伙伴汉斯·布兰德斯也加入他们的狂欢。布兰德斯似乎对波波夫怀有戒心。耶布森后来解释说："他担心他［波波夫］会报告登陆日期和地点，从而延长战争时间。"[77]这么说有些奇怪。布兰德斯经常公开发表反纳粹言论，似乎在试探别人的反应。德·萨利斯报告说："尽管确信布兰德斯并不是想要陷害他，但'艺术家'总是表现得像一个'好'德国人的样子，对这样的暗示做出恰当回应。"[78]

伊恩·威尔逊飞往里斯本，在安全屋与波波夫和耶布森会面。耶布森雄心勃勃，要为这项事业做更多的贡献。威尔逊报告说：

"他渴望去德国，想为我们做些大事。如果我们真的希望如此，他可以使用化名返回德国。"[79]威尔逊认为耶布森还是留在里斯本比较安全，特别是在他随口提到"库伦塔尔在英国的特工受到控制"，以及需要这些特工来支持波波夫的报告之后。[80]这是一个确凿的证据，说明耶布森知道"嘉宝"或者他称之为"西班牙人"的谍报网是伪造的。[81]布兰德斯"从柏林带回高层对驻英间谍的评价"，显示波波夫甚至比普霍尔更加受到重视。[82]"'伊万'［波波夫］现在被认为是截至目前最好的联系人。就情报质量而言，'西班牙人'远远落在后面。高层对他信心大增。"布兰德斯如此报告道。[83]这样的比较意义有限，因为正如耶布森指出的那样，"阿勃维尔成员互相诋毁对方的特工是常态"。[84]

布兰德斯依然具有很高的利用价值，耶布森再次催促招募他，"他确信布兰德斯会与我们合作"。[85]

耶布森没有意识到，军情五处也没有告诉他，布兰德斯是个机会主义者，比他所认为的要更狡诈。布兰德斯有自己的无线电发报机。他用这台设备向柏林发送信息，报告耶布森与谁见面，要去哪里，说了什么话。布莱切利园破译的这些电报揭开了另一层骗局：耶布森将布兰德斯视为亲密朋友，准备赌上生命向他透露自己的惊天秘密，不料他却在背后出卖了自己。

"布兰德斯正在玩他自己的鬼把戏。"伊恩·威尔逊在报告中第一次流露出恐惧。[86]"布兰德斯显然在背后搬弄是非。"[87]

256

第二十章

"我不是一直都很小心吗?"

"布鲁图斯"、"布朗克斯"、"珍宝"、"三轮车"，以及"嘉 257
宝"永远不会见面。不过随着春天来临，盟军正在为史上最大规模
的两栖攻击做准备，他们虽然各自单独行动，但又共同编织着一张
又厚又宽的谎言之毯，把整个德国情报体系包裹起来。1944 年 4
月，人们依然十分焦虑，对"双十"计划的预期值也不高。汤米·
哈里斯宣称，"我军在瑟堡半岛登陆后，欺骗行动哪怕仅仅迟滞德
军**一个师**，令其晚 48 **小时**出发"，所有努力都是值得的。[1]当真正的
军队在英国西南部集结，准备进攻诺曼底时，这些双面间谍把他们
编造的部队部署到了东南部和北部。起初，普霍尔和哈里斯只是在
"饲料情报"中掺杂些谎言，但现在他开始"增加比例，直到整篇
报告都建立在虚假或想象的基础上"，这是一个循序渐进的过程。[2]

波波夫发往里斯本的最新报告罗列了虚构的登陆作战部队的番
号和驻地。双面间谍们料到德国人现在会注意这些细节了，于是扑
始设计将部队向南、向东移动。"超级机密"显示，每天有五六份
"嘉宝"的报告，以及他对报告内容的相关分析被几乎一字不差地
迅速转发到柏林。这个骗局被直接注入了第三帝国的神经中枢。

欺骗者担心他们的计划会不会太隐晦了。德国人能够发现其中 258
的暗示，得出英国人想要传达的正确结论吗？塔尔·罗伯逊请来
"一位以前从没有和 B1A 组打过交道的军事专家"来帮忙测试，让
他坐下来阅读 40 箱文件——双面间谍从 1943 年 3 月到 1944 年 4 月
给德国人发送的全部情报信息——要求他剖析隐含的意义。[3]这个可
怜的家伙连续两个星期，每天都在翻阅这些文件，然后给出他的结
论，并认为德国人也一定会这么想：

（1）特工们都在很小心地不做出确定预测。

（2）盟军很有可能同时攻击地中海地区。

（3）盟军进攻挪威，可能是为了在主攻之前转移注意力。

（4）盟军将首先在比利时和加来海峡登陆。

这一评估结果与欺骗行动的目标几乎完全吻合。

德国情报部门在 4 月 4 日的一份报告中称，英第 4 集团军正在苏格兰集结，并引用了一个"可靠的阿勃维尔消息来源"。[4]这个消息源正是罗曼·切尔尼亚夫斯基。他每发送一条信息，声望就随之水涨船高。奥斯卡·赖尔指出："他很受重视。到目前为止，他提供了许多准确情报。"[5]休·阿斯特想到一个办法，让"布鲁图斯"能更紧密地与德国人绑定到一起，同时强化有一支由美国人领导的虚构军队正在肯特郡集结的谎言："如果能在 D 日前把'布鲁图斯'假装派往美第 1 集团军群，那么他就有绝佳机会来报告该集团军群的战斗序列和行动意图。"[6]一旦时机成熟，切尔尼亚夫斯基便宣称，"由于他对法国及法军作战流程非常了解"，[7]他奉命加入"美第 1 集团军群下设的一个特别单位，这一单位设立的目的是招募在德国占领区工作的波兰人。这些地区在不久的将来很有可能会被盟军攻克"。[8]由于有许多波兰人在加来以东的煤田工作，这本身就支持了美集团军群准备进攻加来地区的观点。这个小个子波兰人被安置在这支虚构军队的中枢，完全可以报告正在发生的事情，或者更准确地说，报告压根没有发生的事。

当"布鲁图斯"专注于军事情报时，"布朗克斯"向主管输送了

"很多高层人士的观点，这些人的名字和照片经常在主流报纸专栏上出现"。[9]她的报告是一种奇怪的混合体，既有严肃的内容，也有无关痛痒的废话。在这些无意义的信息的掩饰下，她清楚地指出正在集结的部队将进攻加来海峡：金伯利勋爵（Lord Kimberley）告诉她，有个装甲师已经从约克郡转移到了布莱顿；布尔蒂尔（Bulteel）少校暗示，"蒙哥马利的指挥部可能在坎特伯雷（Canterbury）附近"；一个在陆军油料部门工作的朋友去了多佛和福克斯顿（Folkestone），告诉她那里"储存了大批用于登陆的物资"；居住在肯特郡的乔治·米切尔（George Mitchell）对她说，"通往海滩的道路拓宽了，混凝土路障已被拆除"，表明将在海岸地区进行大规模军事部署。[10]为了把德国人的注意力吸引到斯堪的纳维亚半岛，她转述了与指挥官盖伊·多姆维尔爵士（Sir Guy Domville）的谈话，后者"相信登陆地点是丹麦。盟军可能会占领挪威南部"。[11]她的报告经过精心设计，就是为了让德国人一直弄不清确切的登陆日期。她在 4 月 25 日的报告中写道："登陆似乎迫在眉睫。大量美军离开西海岸，前往东南指挥部。"[12]几天后，她又改口说："首相会议表明登陆不会马上发生。蒙哥马利仍在训练登陆部队。"[13]

根据埃米尔·克利曼的指示，莉莉·谢尔盖耶夫前往布里斯托尔与亲戚住在一起，并骑自行车游历英国南方海岸，而实际上她从未离开伦敦。她在日记中写道："我想象着去访问我压根就不知道的地方，从那里带回丰富的情报。在这个虚构的世界里，我把时间花在火车、俱乐部、餐厅和食堂这些地方。我把关于军徽、车辆、坦克、飞机和机场的描述混成一锅大杂烩发过去，再点缀上偷听到

260 的谈话内容，德国人肯定能从中得出正确结论。"[14]像许多间谍一样，她也陷入迷幻中，开始怀疑自己到底是谁。"三年来，我一直在演戏……如果我在战争中幸存下来，我还能重新适应吗？还能恢复**正常**吗？"[15]

莉莉的态度总算顺从了，这让玛丽深感欣慰，她显然已从巴布斯的死亡中恢复过来了。玛丽告诉塔尔："她正在卖力地发送信息。"[16]然而，莉莉在内心深处仍然义愤难平。军情五处一些不明智的吝啬行为更是令她怨气冲天。她被告知要自己乘地铁去汉普斯特德。莉莉抱怨道："我不认为开车把我送到那里去违反了陆军部的制度。"[17]她搬出拉格比大厦，住进希尔街 39 号一套更小的公寓。她还得自己支付房租，尽管租金有所降低。约翰·马里奥特在一封措辞严厉的便条中指示她："家具、设备和书籍须保持现状。清洁等相关费用要及时支付。我希望你能履行这些义务。"[18]对一个刚刚冒着生命危险回来的特工用这样的语气，显然不合适。正如莉莉指出的，克利曼对她唯命是从——"德国情报部门对我提供的信息非常满意。他们在电文中会时不时表示祝贺"。[19]而盟军方面，英国人却让她自付房租，还要求她保持地毯清洁。

军情五处拒绝赔偿莉莉丢失的手提箱，而答应莉莉离开直布罗陀后照顾巴布斯的军情六处官员奥沙加也没有把箱子里的东西送过来：莉莉要求他们归还这些物品，可她的财产还是在战争迷雾中彻底丢失了。手提箱中有一条翡翠项链，一个麂皮枕头，两打装在红色皮夹里的手帕，奇怪的是，还有"三只价值 12 英镑（不成对）的鞋"。[20]莉莉估计这些总价值为 128 英镑 2 先令 6 便士，但她同意赔偿 50 英镑就可以了。军情五处一分钱也不愿意出。

马里奥特宣称"我认为我们根本就不应该付钱",理由是:"她没有合法申报。她过去的行为就不讲道理,因此可能会故技重演。她在试图威胁我们。"[21] 约翰·马斯特曼表示同意:"我们不欠她什么。"[22] 玛丽·谢勒对此感到震惊:

> "珍宝"不是个见钱眼开的人。鉴于她的重要贡献,以及我们希望从她的工作中得到的成果,我强烈要求你们重新考虑这项决定。过去我曾不止一次与"珍宝"发生争执,但假如仅仅为了 50 英镑就让她对我们部门和英国政府产生个人怨恨,只会让事情变得更难办。[23]

但上级态度很坚决。约翰·马斯特曼总的来说就是不喜欢女人,尤其是莉莉,认为她"特别喜怒无常,麻烦不断"。[24]

几天后,当她和玛丽正在准备一条无线电信息时,莉莉阴沉地说:"一个人在最强大的时候,很难克制住自己不去利用这种力量。"[25] 玛丽认为她指的是军情五处在"一丝不苟的账目上"过于吝啬。[26] 但最有可能的是,她是在暗指自己的秘密力量。她知道只要在一大堆莫尔斯电码中插入两个难以察觉的破折号就能使整个"双十系统"土崩瓦解。

达斯科·波波夫迈着轻快的脚步于 4 月 13 日回到英国,身上有一份新的调查问卷和一沓现金。他在里斯本的最后几天一直在为钱争吵，这正是他最擅长的谈判。波波夫告诉阿洛伊斯·施赖伯，德国必须支付惊人的 15 万美元作为未来提供盟军登陆计划的预付款，并宣称"他的任何进一步行动都将取决于是否收到这笔钱"。[27]

当这一要求被转达到柏林时，它遭到断然拒绝。德国人只愿意每个月给波波夫 1500 瑞士法郎。他威胁要辞职。这让取代冯·卡斯特霍夫担任波波夫专案负责人的威廉·屈巴特"感觉很不爽"，"因为在他看来，一个真正独立行事的特工不应该以这种方式威胁阿勃维尔"。[28]就连军情五处也认为波波夫的要求"太过分了"。[29]他未经授权就威胁退出，简直就是在赌博。最后，波波夫得到了 1.4 万美元，德国人承诺以后还会给他更多。离开之前，施赖伯再次跟他谈话，让他找出登陆作战行动的日期和地点，以及哪些攻击是真实的，哪些只是为了转移注意力。如果登陆开始，他应该"留在伦敦，随时报告事态进展"。[30]施赖伯还要求他提供 V1 火箭落入英国后造成的破坏情况，但波波夫拒绝了，说他们可以"派遣低级别特工到伦敦去找弹坑"。[31]

波波夫与耶布森在埃什托里尔赌场共度了最后一晚。黎明时分，他们握手道别，但就在波波夫离开时，耶布森把他叫了回来。"我只是想好好看看你，"他说，"下次见面可能要好长一段时间之后了。我觉得我们将各奔东西。"[32]然后，他就走开了。

回到伦敦后，波波夫的兴奋之情溢于言表，确信德国人"完全信任他"。施赖伯根本没料到他是双面间谍。而且德国人付了很多钱，耶布森也安全无虞。军情六处报告："阿勃维尔现在认为'三轮车'是潜伏在英国的最佳特工。"[33]

B1A 组调查人员仔细研究了波波夫从德方获得的最新资料，包括一份长长的问卷表。敌人提出了很多一厢情愿的问题，比如："丘吉尔继续掌权的前景如何？他的健康状况怎么样？他是否考虑退休？如果是，什么时候?"[34]对应的答案是："好"、"好"、"否"，以及"永不"。波波夫的公文包里至少有五份耶布森提供的报告，涉及飞机生产、工业产出、后备部队和德国情报机构重组等内容。耶布森指出，要关注势头正盛的党卫队军官瓦尔特·舍伦贝格（Walter Schellenberg）。此人"个性上很随和，但也相当无情"，必然会成为情报机构的最高领导人。[35]

波波夫"并不过分担心"耶布森的安全，因为盖世太保显然已经撤销了如果他回到德国就将其逮捕的命令。[36]即便如此，塔尔依然坚持认为"他留在里斯本比返回德国要安全得多。他会发现自己在德国的地位很尴尬，在那种情况下，有可能神经崩溃"。[37]离开里斯本之前，波波夫从玛丽·冯·格罗瑙那里得知，帝国保安部"将于4月底或5月初派人讯问'艺术家'，以弄清某些财务问题"，好在这并不值得担心。[38]"这些指控与他为英国工作无关，只是涉及可疑的金融交易。他确信很容易就能自证清白。这场讯问大概只是走个过场，这样针对耶布森的指控就能结案了。"[39]波波夫确信他的朋友终于"摆脱了危险"。[40]

然而，军情五处知道实情并非如此。

2 月 11 日，汉斯·布兰德斯以"巴尔霍恩"（Ballhorn）为代号，向柏林发送了一条信息，报告耶布森在问一些可疑的问题，并"试图探听'奥斯特罗'的情况"。[41]这条信息被布莱切利园截获并破译。耶布森在英方指示下正在调查冒牌特工保罗·菲德尔穆茨，军情五处几个月前曾考虑除掉此人。另一条拦截的电文提到了"'巴尔霍恩'的口头报告"，表明布兰德斯在柏林之行期间一直在打小报告。第二天，布兰德斯又报告，耶布森通过多个秘书，得到了阿勃维尔分站的"所有信息"。[42]这进一步证明布兰德斯背信弃义。施赖伯也给柏林发报说："在这种情况下无法继续展开工作，因此迫切要求以例行调岗为由，立即召回格拉斯和冯·格罗瑙，以免给耶布森通风报信。"[43]

264　　布兰德斯在搞什么鬼？为什么他要向上司灌输耶布森的坏话？这个人应该是他的朋友啊。威尔逊猜测，布兰德斯"大概在为他自己的利益玩一些见不得人的把戏，最终目的可能是敲诈'艺术家'或我们。他一点也不愚蠢，而且相当不择手段，就像许多被惯坏的德国实业家的子女一样"。[44]布兰德斯最近收到命令，要求派遣他的特工"到法国接受指导"。[45]然而，布兰德斯根本就没有特工，这些人都是他杜撰出来的。他现在"千方百计试图摆脱困境或靠贿赂解决危机"。[46]揭发耶布森便可转移上司的注意力。"很可能为了防止自己的丑事曝光，他企图通过揭露'艺术家'的真面目来巩固他在阿勃维尔的地位。"[47]野心勃勃而又贪婪无度的布兰德斯知道有多少钱划拨给了波波夫，也知道耶布森和冯·卡斯特霍夫从中贪污的数目。战后一项调查显示，布兰德斯"非常嫉妒'艺术家'与潜伏在英国的最优秀的德国情报员'三轮车'有联系。布兰德斯想除掉他，这样他就可以独吞'三轮车'的功劳"。[48]

　　发现布兰德斯的背叛证据，反而令军情五处左右为难。假如告诉耶布森他的朋友出卖了他,他就会立即产生疑惑,军情五处是如何得到这一信息的,也许会得出结论,英国人肯定在拦截德国的无线电报。无论如何,必须不惜一切代价保护"超级机密"。激烈讨论后,英国人同意由军情六处向耶布森传达一个泛泛的警告,暗示他布兰德斯不值得信任,因为他告诉耶布森的一些情况经查明并不准确。伦敦给里斯本的查尔斯·德·萨利斯发去一封电报:"强烈怀疑布兰德斯有自己的算盘,可能正试图挑逗'艺术家'说出秘密,从而为他自己的利益所用。指示'艺术家'不得以任何方式向布兰德斯暴露自己,即使这会限制他为我方获取情报。"[49] 德·萨利斯没有被告知军情五处的"怀疑"来自"超级机密"。与此同时,威尔逊试探着问波波夫,如果耶布森被捕,他会如何应对审讯。波波夫回答说,他确信,"如果审讯采用非暴力形式,'艺术家'不会背叛'三轮车'或承认自己在为英国人工作,[但他]担心耶布森是否有能力承受肉体上的折磨"。[50]

耶布森"以为乌云已经散去,未免太轻率了"。[51]一场风暴正在以可怕的速度聚集。4月16日,施赖伯通知耶布森,上级命令他俩前往法国南部的比亚里茨(Biarritz),与改组后的德国情报机构负责人会面,同时讨论波波夫的资金要求。耶布森觉察到这是个陷阱,拒绝前往,声称这将暴露他作为独立商人的"掩护身份",因为前往法国需要德国官方批准。[52]施赖伯强调说柏林来电"应被视为命令,拒不服从即是擅离职守"。[53]耶布森则坚持己见。施赖伯向柏林报告了这一情况,然后独自前往比亚里茨。耶布森十分惊恐,将发生的事情告诉了布兰德斯;后者立即给柏林发了一封电报:

265

17 日，约翰尼告诉我，他被命令去比亚里茨参加一个关于"伊万"的会议。约翰尼说，他认为这显然是个圈套，可以肯定自己若抵达比亚里茨，会当即被捕。约翰尼还说，如果在接下来的几天里，发现柏林方面对他有任何进一步不信任的迹象，他就退出，并及时告知"伊万"。[54]

不信任的进一步迹象很快就出现了。第二天，办公室秘书莉莉·格拉斯和玛丽·冯·格罗瑙接到命令，被要求 24 小时内返回柏林。施赖伯宣布这是"例行调岗"，[55] 因为"所有在这里工作两年以上的秘书都要离开。理由是这些人已经在一个舒适的地方工作了很长时间，应该被调到不那么轻松的岗位"。[56] 不过，耶布森明白，他安插在系统中的"鼹鼠"被铲除了。这两个女人得到指示，在离开前不要和他说话，但她们都没有理会。耶布森甚至护送玛丽到机场。他们分别时，耶布森说了一些话，使玛丽更加确信他一定是英国特工。"战争结束后三日，有个英国飞行员将在石勒苏益格-荷尔斯泰因州弗伦斯堡（Flensburg, Schleswig-Holstein）的格罗萨德尔比隆德餐厅出现。如果你在场，他可以接你去英国。"[57] 玛丽答应会去那儿。

耶布森在安全屋见到了查尔斯·德·萨利斯。他非常焦虑不安，手指颤抖，疯狂地抽着烟。军情六处隐晦地向他转达了关于布兰德斯的警告，但耶布森似乎一心想着秘书们被迫离开这件事。德·萨利斯报告说："'艺术家'认为这是危险迹象。他十分痛苦，猛烈抨击下达这一命令的当局太固执。"[58] 其实命令他与施赖伯一起去比亚里茨是为了"检验"其忠诚度和服从性。德·萨利斯预言:"还会出现更多这样的陷阱。"[59]尽管自身岌岌可危,耶布森依然提供了一些重要的新情报:刚刚在法国举行的一次会议上,德军总参谋部向多位将军传达了最新战略评估。报告预测盟军有横跨英吉利海峡和针对法国南部的"大规模入侵企图",承认没有把握"成功防守挪威",并相信对驻英美军的精确评估将起到"决定性"作用。[60]德军似乎正把注意力集中在盟国希望他们注意的区域。在莉莉·格拉斯被勒令回家之前,她传递了一些好消息。"'三轮车'的报告在柏林产生了巨大影响,总参谋部正在考虑据此修改他们的计划。最后一份报告已被归为'确定无疑',这是前所未有的评价。"[61]会面结束后,耶布森恢复了部分镇定。267
"'艺术家'确信布兰德斯会提醒他注意未来可能出现的圈套,希望借此成功通过'检验'。如果能实现这一点,"三轮车"作为阿勃维尔潜伏在英国的王牌间谍的地位就会得到保证,以后的事情便相对容易些。"[62]

　分手前,德·萨利斯告诉耶布森要小心。

　耶布森带着苍白的笑容说:"我不是一直都很小心吗?"[63]

　关于布兰德斯的警告并没有引起他的重视,或者耶布森就是选择忽视它。他对这份友情坚信不疑。当天晚些时候,他给布兰德斯看了一份文件。几小时后,布兰德斯就通过无线电告诉了柏林。"约翰尼在他家向我出示了一份刚从英国发来的电报。署名是,他的朋友安东尼·罗斯柴尔德从男爵(Baronet Anthony Rothschild)。内容如下:'别担心,我们的生意很快就会结束。'"[64]

当然，这是耶布森精心编造的故事的一部分，虚构了罗斯柴尔德家族一位腰缠万贯的成员（现在从贵族降为从男爵了）正帮助他获得前往英国的难民签证。他给布兰德斯看这封电报可能是因为知道自己不久就要远走高飞。其实根本就没有安东尼·罗斯柴尔德这个人。不过，布兰德斯并不知道这一点。在他看来，"这封电报隐含的意思是'艺术家'很快就将带着他所能搜集到的情报前往英国"。[65]布兰德斯告诉柏林，耶布森再次"对'奥斯特罗'明显表现出好奇"。

罗伯逊紧急召集马斯特曼、马里奥特和威尔逊开会，讨论如何应对危机。截获的电报显示，"尽管'艺术家'认为布兰德斯是真挚的朋友，布兰德斯却做出不利于'艺术家'的汇报"。[66]"超级机密"方面的情报则表明，盖世太保不再跟踪耶布森，而且德国当局虽然要跟他谈话，却"只关心经济问题"。[67]如果有人问耶布森为什么对"奥斯特罗"如此感兴趣，他可以"大胆坚称是为了找到证据，揭发'奥斯特罗'是骗子"。[68]（正如军情五处所知道的那样，他确实是骗子。）

268   威尔逊总结了目前的形势，同时承认"情况太复杂，无法做出任何有把握的预判"。[69]

布兰德斯显然在搬弄是非，诋毁"艺术家"，但至少到目前为止，并没有迹象表明布兰德斯试图暗示"艺术家"在为英国人工作。我个人确信那封电报［召"艺术家"前往比亚里茨］不是圈套，是"艺术家"太紧张了才执拗地想象出根本不存在的陷阱。他没能像我们一样清楚地看到,盖世太保现在已经确定他最好留在里斯本。他可能的的确确担心盖世太保藏在幕后,要设法把他骗进占领区,然后逮捕他。我们无法采取直接行动。尽管我们提醒他小心,但"艺术家"可能依然对布兰德斯抱有一定的信任,这样的风险并未消失。然而,我们无法在不危及情报源的情况下,向他发出进一步警告。[70]

与会者都同意静观其变。保护"超级机密"才是头等大事。威尔逊说:"我看没有理由过分紧张。"[71]不过,他显然自己都不太自信。

与此同时,耶布森决心硬着头皮同上司摊牌,"检验"对方的反应。他告诉施赖伯,波波夫发来一条信息,表示他"不会再容忍德国人在钱的问题上继续拖延了"。[72]让耶布森吃惊的是,施赖伯相当通融。他同意立即致电柏林,然后答复说,自己已"收到直接指令,要将所有可用资金移交给'艺术家'"。[73]随后,他给了耶布森7.5万美元现金,并称这只是首付。耶布森欣喜若狂。

查尔斯·德·萨利斯向伦敦发报告说:"'艺术家'认为这是一切正常的证据。总参谋部也再次重申,将根据'三轮车'的报告采取行动。他现在相信调查已经结束,阿勃维尔认为他和'三轮车'都是可靠的。'三轮车'的王牌间谍地位没有动摇。"[74]危机结束了。施赖伯对他非常友好,并告诉他,柏林方面在"最后一刻"发电报说,耶布森无须出席比亚里茨会议,甚至还说到要把他的情人玛丽·冯·格罗瑙送回来。耶布森得意扬扬地给波波夫写了一封信：

> 你可以从"科布"［Cobb，德·萨利斯的化名］发来的报
> 告中知晓关于阿勃维尔对我进行考验的情况。我很高兴现在一
> 切都结束了。毫无疑问，你是我爱戴的元首麾下最出色的特
> 工，因为在犹豫了一段时间后，阿勃维尔决定按照事先安排，
> 将这笔钱转给你。我向你表示祝贺。我收到了 7.5 万美元，今
> 天我会寄给你 5 万美元。我们以后再结算账目吧，但我要留下
> 我的那一份，因为我还需要用这些钱去贿赂某些人，天知道会
> 是谁。请代我向伊恩、弗兰克和本顿一家问好。听话些，尽量
> 表现好点……你永远的约翰尼。[75]

B1A 组总算长吁一口气。"三轮车"谍报网安全了，"双十"
欺骗行动的其他小组也摆脱了危险。英方为此于 4 月 26 日在海德
公园酒店为主宾波波夫举办庆功晚宴。一份呈送丘吉尔的报告
写道：

> 特工"三轮车"拜访完他的主管，现已从里斯本返英。他
> 又一次成功促使德国人相信他完全可靠，还从他们那里提取了
> 一笔美元巨款，作为未来工作的预付金。德国人给了他一份有
> 趣的问卷。他们对他怀有无比敬意。[76]

那场晚宴前一天，耶布森再次与德·萨利斯会面，"确认一切

正常"。[77]施赖伯祝贺他与波波夫的配合很出色,并说他将获得一枚　270
一级无佩剑战功十字勋章①,该勋章通常授予有英勇表现的后方平
民。现在,他不再受到怀疑。耶布森说,他计划去柏林为英国情报
机构搜集更多信息。德·萨利斯报告说:"从'艺术家'的角度来
看,他取得了彻底胜利。更妙的是,'艺术家'还收获一枚一级战
功十字勋章,里斯本尚无其他人获此殊荣。施赖伯简直妒火
中烧。"[78]

耶布森向秘书梅布尔·哈博特尔口述了一封信(他现在自信满
满),来告诉波波夫这个好消息:

> 事实证明施赖伯没有跟我讲故事[即撒谎]。我的确得到
> 了另一枚勋章,这次是一级战功十字勋章。授予一级勋章的原
> 因可能是你用一流的手段欺骗了他们!我感到有些羞愧,因为
> 是你和伊恩的工作让我得到的这枚勋章。我决定把它赠予伊
> 恩。不幸的是,我不能让德国人把他的名字写在证书上,但我
> 会把勋章送给他。假如像我希望的那样,他喜欢收集有趣的东
> 西,那么他可以将这枚勋章纳入藏品。毕竟,他是与众不同的
> 人,理应得到与众不同的荣誉——拥有一枚带纳粹标志的
> 勋章。[79]

---

① 战功十字勋章(Kriegsverdienstkreuz 或 KVK)由希特勒于1939年创立,授予表现
杰出的军人和平民。勋章分为三级,即一级、二级和骑士战功十字勋章;类型有两大类,
带佩剑的授予军人,无佩剑的授予平民。德国在1944年又设立了黄金骑士战功十字勋章,
但并没有正式颁布。

耶布森还提到施赖伯承诺给更多钱：

> 我知道你在想什么。我确信你对这事更在意，而不是我得勋章的有趣故事。
>
> 布兰德斯不再视你为朋友，因为他非常担心你可能会把登陆情况和日期报告过来。这不仅会延长战事，还会对他造成威胁。他只有一半雅利安血统，处境肯定会越来越艰难。如果战争还要持续很长时间，最后被绞死的可能不是纳粹头目而是他。上次我忘了向弗拉诺［德·博纳，特工"怪胎"］致以最诚挚的问候。因为当时我糊涂了，其实我知道的事情他都应该知道。我有时会搞混，对哪些人能说什么，不能说什么。我想这封信已经太长了。此外，我还得考虑那位可怜女士的感受——她必须打字。比起逗你开心，她恐怕更乐意做其他事。［梅布尔·哈博特尔在信边空白处以一种卖弄风情的口吻写道："一想到能让你开心，这位女士自己当然也很高兴。"］[80]

271

他以一段华丽的辞藻收尾：

> 只要不破坏你、我或其他任何人的掩护身份，我希望你能把我的爱分享给所有人。对你，我无论如何都要献出我的爱。你永远的约翰尼。[81]

这是典型的耶布森式信件：滑稽搞怪、漫不经心、金钱至上，关心汉斯·布兰德斯的命运更甚自己。德·萨利斯报告，耶布森"心情非常好，与上次会面大不相同，那时他显得忧心忡忡"。[82]耶布森同意在 5 月 5 日，即 D 日前一个月又一天返回安全屋。

人们放下心来，兴奋中却没有注意到，阿洛伊斯·施赖伯在波波夫晚宴的前一天给新任德国反间谍负责人格奥尔格·汉森发去的一条信息："计划受到威胁，但还是即将实施。即使必须使用极端措施，也请求您答允，终止这次行动。"[83]汉森同意了。

海德公园酒店的晚宴非常愉快。"三轮车"谍报网中的关键人物——盖伊·利德尔、塔尔·罗伯逊、约翰·马斯特曼、约翰·马里奥特、伊恩·威尔逊，都身穿晚礼服，悉数登场。他们刚刚带领团队安全穿过布满礁石的险滩。弗兰克·福利代表军情六处出席。军情五处处长戴维·皮特里爵士向特工"三轮车"举杯致意。利德尔在日记中写道，波波夫"对他最尊敬的威尔逊不吝溢美之词"。[84]"我想他意识到了，如果没有威尔逊在身边指导他，他永远不可能达到现在的地位。他还告诉我，威尔逊给'艺术家'留下了非常好的印象。"[85]为了表示对波波夫的信任，"在场所有人都使用自己的真名"。[86]这是违背情报组织原则的罕见行为。

不过，他们确实对波波夫隐瞒了一个秘密："'三轮车'不知道在晚宴上抽的雪茄是阿勃维尔巴黎分站的埃米尔·克利曼博士好心提供的。"[87]

272

第二十一章

"多拉行动"

4月29日下午，阿洛伊斯·施赖伯打电话给约翰尼·耶布森，　273
请他到布宜诺斯艾利斯大街的办公室来一趟，商讨授予战功十字勋
章的相关事宜。耶布森有个朋友同他一起住在埃什托里尔，此人是
阿勃维尔科隆分站的年轻军官海因茨·保罗·莫尔登豪尔（Heinz
Paul Moldenhauer）。施赖伯建议耶布森带莫尔登豪尔一同前来，以
便与他讨论一些情报问题。

耶布森和莫尔登豪尔在傍晚时分抵达办公室。那地方空无一
人。在施赖伯办公室的外间，坐着耶布森模模糊糊有点印象的两个
男人：叫布利尔（Bliel）的通信官和魁梧的汽车机修工卡尔·迈耶
（Karl Meier），后者是个平民。施赖伯热情欢迎耶布森和莫尔登豪
尔，闲聊几分钟后，便邀请耶布森单独到内室谈话。房门关上，耶
布森刚一坐下，施赖伯就平静地宣布，已接到命令"强行把他押往
柏林，因为他拒绝自愿前往"。[1]耶布森想冲出门去，但施赖伯动作
更快，也更强壮。他一拳将耶布森击晕在地。当耶布森醒过来时，
发现自己和莫尔登豪尔已被绑在椅子上。莫尔登豪尔是在隔壁房间
被迈耶制服的。

施赖伯告诉这两个俘虏接下来会发生什么："他们会被麻醉，
失去知觉后被塞进两只大行李箱里；然后连夜被汽车拉走，通过葡　274
萄牙-西班牙和西班牙-法国边境，直达比亚里茨。为了防止在边境
发生任何意外，他决定给他们注射麻醉剂。"[2]施赖伯要求他们不要
挣扎，放弃抵抗。耶布森似乎意识到现在不是战斗的时候。"他们
两人都接受了注射。"[3]

凌晨2点左右，一辆挂着外交牌照、后备厢中装着两只大行李

箱的斯蒂庞克轿车准备穿过边境，前往西班牙的巴达霍斯（Badajoz）。施赖伯坐在汽车后排座上。迈耶"对边境情况很了解，同检查官员也有交情"，所以守卫挥挥手，便放行通过了。[4]他们向北行驶，只在"野外停车休息了几次"。[5]施赖伯从马德里给汉森发了一封电报："任务执行中，已到马德里。"[6]第二天午夜，这伙人越境进入法国。在比亚里茨，仍处于严重昏迷状态的耶布森和莫尔登豪尔被他们从行李箱中抬出来，交给了一个名叫富克斯（Fuchs）的情报官员。施赖伯又发了一封电报："行李交至比亚里茨，即将送往柏林。任务很成功，一切顺利。"[7]

　　第二天，汉斯·布兰德斯在里斯本收到了格奥尔格·汉森的贺电："非常感谢你的报告和特别建议。"[8]

　　绑架约翰尼·耶布森的计划早在两周前就拟订好了。布兰德斯发出的耶布森可能要叛变的警告消息在柏林"引起了相当大的震动"。[9]"必须不惜一切代价阻止耶布森叛逃。"汉森对屈巴特说。[10]后者接到指令："须亲眼看到耶布森抵达德国占领区，或者无论如何要挫败他前往盟国领土的企图。"[11]屈巴特向施赖伯简要介绍了情况，告诉他"柏林方面有证据表明耶布森为敌我双方工作有一段时间了，现正准备投靠盟国"，而且此人还"从阿勃维尔窃取资金"。[12]阻止这次叛逃对"战争结局至关重要"。施赖伯试图反对，指出这种事情肯定应该"由警方处理"，但屈巴特坚持意见。[13]行动必须严格保密：无论是里斯本的反间谍部门、盖世太保还是葡萄牙警方，"都不能知道这件事的任何信息"。[14]阿勃维尔和纳粹党的情报机构帝国保安部尚未完全合并，因此这完全是军事情报局的事务："一旦耶布森抵达柏林，他只能回答军事当局的讯问，不得与帝国保安部接触。"[15]施赖伯仍然顾虑重重，于是致电柏林，"若绑架在葡萄牙遇到麻烦，要求汉森承担全部责任"。[16]汉森答复，"明确指派施赖伯执行这项任务"，[17]并要求他速战速决，至于如何将耶布森送往柏林，"完全由施赖伯自行决定"。[18]

纳粹习惯用女性名字给秘密行动命名。他们针对英国的间谍行动代号是"莉娜"；夺取加那利群岛（Canary Islands）的计划名为"伊莎贝拉"（Isabella）。绑架耶布森的行动被称为"多拉行动"（Operation Dora）。

耶布森被怀疑是双面间谍，很可能还是骗子，但"多拉行动"如此紧急和机密的真正原因与他的间谍活动或欺骗交易毫无联系。汉森、屈巴特和其他许多情报官员正在积极策划刺杀希特勒。如果耶布森潜逃，就会破坏他们的计划。

汉森与反纳粹组织有很深的关联。他们将在 7 月 20 日对元首实施暗杀。他在朗斯多夫（Rangsdorf）的住宅是共谋者的聚会场所。和许多反抗分子一样，汉森不仅对希特勒深恶痛绝，而且心怀传统爱国主义思想，迫切希望在希特勒彻底摧毁祖国之前拯救德国。他打算除掉希特勒，然后集中力量进攻苏联，即使这意味着德国最终沦为"英国的自治领"。[19]屈巴特同意他的观点，相信汉森就是那个"纠正错误的人"。[20]上一年 3 月，汉森向屈巴特"详细说明了推翻德国政权的密谋的细节"。[21]到了 5 月，密谋计划准备完毕。汉森告诉屈巴特，他已经"安排某人在希特勒乘坐的飞机上放置英国制造的炸弹".[22]一旦希特勒毙命，反纳粹力量就会发动起义，推翻政府。然而，耶布森却成了绊脚石。

希姆莱的帝国保安部正想方设法找机会除掉德国情报部门内残余的卡纳里斯党徒和反纳粹分子，如汉森、屈巴特、施赖伯等人。如果耶布森叛逃，汉森担心责任会落到阿勃维尔剩下的人员身上，成为他们叛变的又一条证据。希特勒的爪牙会"像处理费尔梅伦事件时那样，突然袭击阿勃维尔"。[23]汉森告诉屈巴特，"我为清除希特勒和希姆莱，并最终推翻纳粹党而已经制定好的方案将因此彻底夭折"。[24]战后对德国情报部门内部权力斗争的调查断定，"多拉行动"是一次先发制人的打击，旨在保护反抗分子不受纳粹伤害。"费尔梅伦案件被希姆莱和舍伦贝格用作控制阿勃维尔的抓手。所以汉森和屈巴特尤其小心，以防军事情报局再次发生叛逃事件。"[25]

绑架耶布森是为了保护刺杀希特勒的计划，而对于这一计划，耶布森其实很乐意参与其中。

施赖伯哄骗耶布森，让他以为自己很安全：现金、勋章、使人宽心的话都是为了确保耶布森不会在施赖伯准备好之前逃跑。海因茨·莫尔登豪尔意外出现在耶布森家中，使事情变得复杂起来。莫尔登豪尔是德国一位前部长的儿子，有一半犹太血统，"也是一名反纳粹分子。他为了保全良知，不去主动参与战争而加入阿勃维尔，在那里消极工作"。[26]他在柏林就受到怀疑。施赖伯认为他一定也在谋划叛逃，决定连他一起绑架。"如果莫尔登豪尔无辜，那么他很容易向柏林军事当局澄清自己是清白的。"[27]事实上，莫尔登豪尔并无逃离打算，他只是在最糟糕的时间出现在最糟糕的地方罢了。

4月27日，也就是波波夫晚宴后的第二天，汉森授权施赖伯支取2.5万埃斯库多，"以确保'多拉行动'顺利执行"。[28] 施赖伯从里斯本一位化学家那里购买了安眠剂，又买来注射器、绳索和两只"足以塞进去成年人的箱子，并在箱体上开有大小合适的通风口"。[29] 四天后，头昏目眩的耶布森躺在柏林盖世太保监狱的牢房地板上，遍体鳞伤、惊恐万分。

耶布森失踪令"双十"团队陷入巨大的恐惧之中。来自里斯本的可怕消息只有一行字："'艺术家'从4月29日下午起失踪，目前已展开调查。"[30] "超级机密"也没有发现任何线索可破解谜团。威尔逊写道："这显然是在高度保密的情况下进行的。"[31] 第一条有关此事的信息是帝国保安部里斯本分站发出的：耶布森"被阿勃维尔押往法国，因为该局认为他不可靠"。[32]

但"不可靠"是什么意思呢？此事牵扯到的风险利害远远超出了个人的生死安危。如果劫持耶布森的人认为他不值得信赖，那么他们也很可能会怀疑到他最好的朋友和特工波波夫；如果波波夫被认定为双面间谍，处在英国的其他受控间谍就会不可避免地受到猜疑。但最糟糕的是，耶布森知道整个"嘉宝"谍报网都是虚构的，这个谍报网向柏林发送了大量虚假情报。他曾告诉威尔逊，他相信德国部署在英国的间谍都是骗子。倘若耶布森向抓捕者透露这一点，德国人就将重新审视所有特工发来的信息，从中寻找假情报的编造模式；他们很快就能发现间谍们正引导他们去防守加来海峡和挪威。那样的话，"坚毅行动"将会彻底失败，后果不堪设想。距离登陆只剩下约一个月的时间了，规模庞大的"霸王行动"已经启动。波波夫曾对伊恩·威尔逊说，他"担心耶布森忍受不了拷打而崩溃"。[33]耶布森被绑架意味着一场灾难。

威尔逊疯狂梳理"超级机密"截获的电文，试图找到证据，查明耶布森身上到底发生了什么事。他报告道："'超级机密'已经有若干信息可用，但没有一条能让人得出结论。"[34]耶布森失踪两天后，波波夫在南斯拉夫的兄长并未被捕；如果达斯科遭到怀疑，德国人肯定会把伊沃抓起来。威尔逊试图将其解释为积极信号：

> "艺术家"当前的麻烦主要来自布兰德斯对他的不利报告。截获的电报似乎表明，阿勃维尔担心"艺术家"打算投奔英国，这会导致"三轮车"无法传送信息，而并非确信"艺术家"已经背叛德国或"三轮车"是英国人的受控特工。如果他们还没有怀疑后者，那么"艺术家"将很有可能不会遭受巨大压力而崩溃。[35]

没有迹象显示德国人怀疑波波夫。事实上，之所以下令抓捕耶布森，部分原因可能是担心他一旦投靠盟国，就会危及那位汉森认为"潜伏在英国的真正有价值的特工"。[36]黑色讽刺还不仅如此。德国人绑架耶布森，并非怀疑波波夫是双面间谍，而恰恰是信任他。

假如耶布森还没落到盖世太保或帝国保安部手里，那么绑架者为了自身利益，反而可能会保护他。"所有参与这件事的人都有弱点。布兰德斯害怕引火烧身，反被侦查。施赖伯不会承认'三轮

车'一直在愚弄他们。汉森绝不愿得到一个会破坏整个阿勃维尔的
结果。"[37]但这些都是脆弱的希望,威尔逊也明白这一点:"接下来 279
的几天将清楚表明,他仅仅是因为相对次要的指控遭到审讯,并出
于防范目的被扣留,还是会被迫透露出'三轮车'和其他受控特工
的真实身份。"[38]如果耶布森招供,那么"双十"团队将帮助敌人在
诺曼底海滩上制造一场大屠杀,而不是上演一出伟大的骗局。

在 5 月 9 日的危机处理会议上,约翰·马斯特曼阐述了面临的
严峻形势:

> 掩护计划很大程度上建立在"双十"特工的报告之上。完
> 全熟知"三轮车"网络,并对其他谍报网有所了解的"艺术
> 家"已经受到怀疑并被转移到柏林,威胁到了整个掩护计划。
> 我们无法确切判断"艺术家"为什么会受到怀疑,只知道他被
> 认定为"不可靠"。他的"不可靠"可能与财务问题、行事诡
> 秘,或不明智地调查布兰德斯和"奥斯特罗"有关,完全不涉
> 及同"三轮车"的往来。没有证据表明针对"艺术家"的指
> 控包括叛国罪。但显然,他会在柏林接受审讯,从而透露所知
> 道的一切。我们必须假定"三轮车"项目可能会彻底失败。如
> 果真的是这种情况,我们该如何应对?
>
> 我们应该持开放态度,继续我们目前的策略,希望柏林的
> 调查只局限于"艺术家"的个人过错,不会牵扯到"三轮
> 车"。运气好的话,我们能从"超级机密"那里得知调查进展
> 情况。如果"三轮车"依然受到信任,那么我们可以像此前一

样运作。其他特工的情况则更难以抉择。显然，他们肯定不能
改变之前的工作方式，但他们是否应该继续执行"坚毅行动"
呢？这样做的危险在于，如果全部或大部分特工因"艺术家"
招供而暴露，德国人就会"反向理解"他们的情报，并相应做
出解读。[39]

马斯特曼列出以下选项：

（1）他们暂时继续运作，不做任何改变，但要避免明确指
出误导目标。

（2）我方被迫放弃对敌实施完整的掩护计划，但要通过多
方面信息给敌人制造混乱。

（3）如果确信所有特工事实上都暴露了，我方可采取极端
措施，放弃一切欺敌手段，通过停止特工活动令敌人得不到任
何情报。

关闭"双十系统"将使四年多的艰苦工作和承担极端风险所可
能取得的成果化为乌有，但也使得敌人"在最需要的时候得不到任
何情报，从而不得不在黑暗中蹒跚摸索"。[40]马斯特曼建议继续实施
欺骗，但"当且仅当确定'三轮车'和'嘉宝'暴露后，我方就
需要在 D 日前不久停止**所有**特工活动"。[41]

在 B1A 组内部，耶布森被捕引发了截至此时最激烈的争吵。
汤米·哈里斯尤为愤怒。他曾经警告耶布森会惹上麻烦，现在自己

与胡安·普霍尔创造的精妙骗局很可能会因此彻底崩塌。"在过去几个月里,我们对'艺术家'的信任导致他能够确定库伦塔尔布置在英国的间谍网处于我方控制之下。至少可以判定,'艺术家'一案的发展极其严重地损害了'嘉宝'传送虚假情报的渠道。"[42]哈里斯不认为"超级机密"有足够能力对灾难发出预警。毕竟,截获的电报没能在事前提醒军情五处。而且,"正是在我们对耶布森的信任达到顶峰的当晚",他被抓了。[43]"即使我们没从'超级机密'那里得到警报,称'艺术家'揭发了'嘉宝'网络,那这个网络也可能被摧毁了。"[44]哈里斯说,"三轮车"谍报网应该立即且永久关闭。盖伊·利德尔指出,这么做相当于判了耶布森死刑,因为逮捕他的人能据此确信他和波波夫都是英国人的同伙。他说:"放弃'三轮车'意味着'艺术家'完蛋。"[45]

如果双面间谍被暴露,那么德国人能否"从以前的信息中推断出掩护骗局和盟军的真正计划呢"?[46]德国人能否在不到一个月的时间里,从他们收到的大量错误信息中,提取出"坚毅行动"的实质呢?马斯特曼认为,对方需要一段"漫长而详尽的研究,才能从谎言中甄别出真相"。[47]但哈里斯不同意:"我认为敌人可以在 24 小时内分析过去两个月 B1A 组发送的全部信息,并得出掩护计划是为了制造加来海峡受到威胁的印象,还会正确意识到我方就是希望他们相信将有两次登陆作战。如果敌人得出这样的结论,后果将是灾难性的。"[48]

在盖世太保审讯官手中,耶布森可能会招供真实情况,从而危及受控于英国的整个谍报网络。从现在开始，德国人随时可能会发现部署在英国的间谍全部处于盟国控制之下。然后他们会得出结论，所收到的信息与事实相反。跨英吉利海峡进攻只有两个合理目标，即加来海峡和诺曼底。如果德国人察觉到我们试图诱使他们相信盟军要去加来海峡，那么真正的目标也就呼之欲出了。[49]

随着争论加剧，军情六处也进来抨击塔尔·罗伯逊。查尔斯·德·萨利斯不仅损失了一个宝贵的特工，还失去了一个朋友。这位军情六处官员只是奉命警告耶布森，布兰德斯不可靠，他并不知道布兰德斯在暗地里告发了耶布森，还警告柏林方面耶布森正准备逃亡的事。当德·萨利斯发现自己只是被告知篡改后的事件经过时，不禁勃然大怒。他指责军情五处把耶布森扔进了狼群。

"为什么要误导**我**？很明显，可以告诉'艺术家'，是［军情六处］23700 个线人中的一个提供了上述信息。"[50]德·萨利斯认为，耶布森"非常尊重渗透到德国的这 23700 名情报员"，如果向他告知这些警告来自某个英国间谍，他"肯定会提高警惕，绝对不会如此大意而落入德国人的陷阱"。[51]德·萨利斯谴责军情五处误导自己，给耶布森带来"不可容忍、骇人听闻"的巨大危险。[52]德·萨利斯继续抱怨说，如果他能以适当的方式警告耶布森，绑架就有可能被挫败。"如果你们不相信我能演这么简单的一出戏，那我就根本不配在这里。"[53]

塔尔还在竭力为自己辩护。

对于"艺术家"的事情，没有人比我更关心了，但还是不能直接警告"艺术家"。当时没有任何迹象表明近期有人企图绑架"艺术家"。我们对是否应该让"艺术家"知道布兰德斯正在举报他一事，审慎考虑良久。这里所有人都同意，警告"艺术家"会把"超级机密"卷入进来，我们不能冒这个险。我们能做的就是提醒"艺术家"不要轻信布兰德斯。是我建议，在提醒"艺术家"时，要说明之所以怀疑布兰德斯是因为他的报告不准确。我们是在事件发生后才知道"多拉行动"的。此前一天有一条相关电文，不过它没有提及"艺术家"的名字，如果我们当时有足够信息将此与"艺术家"联系起来，就能表明他处于某种危险之中。但由于必须保护消息源，我们不能冒险给他任何进一步的警告。我自然对这个问题思前想后，我确信我们在保护"艺术家"这件事上已经尽了最大努力。[54]

塔尔其实是在狡辩。他很清楚自己的借口站不住脚。他知道，暗示布兰德斯不可靠和曝出布兰德斯正主动背叛耶布森之间有天壤之别。他知道，一个措辞谨慎的警告不一定会让耶布森探知"超级机密"的存在。他知道，他和他的团队偏执地要保护盟国最宝贵的秘密，却不在乎这将陷耶布森于致命的危险中，其后果是耶布森锒铛入狱，可能正在遭受酷刑，乃至已经死亡。塔尔是一个值得尊敬的好人。他心里一定很清楚耶布森完全信任英国人，而他们却辜负了他。这是他在战争中，也许还是其一生中最大的污点。

恐惧充满了圣詹姆斯街58号的大楼。利德尔写道："安东尼·布伦特告诉我，汤米·哈里斯非常担心'艺术家'的情况。整个局势令人忧心忡忡。英国人告诉'三轮车'出了问题，'艺术家'失踪了。这个消息显然引起'三轮车'极大不安，因为这表明'艺术家'可能遭到了绑架。"[55]尽管军情五处不能披露"超级机密"所显示的耶布森被劫持的消息，但波波夫自己很快就意识到，他的朋友已经被人"用欺骗方式或强行带回了德国"。[56]另一个阿勃维尔的叛逃人员汉斯·鲁泽（Hans Ruser）非常了解耶布森。在被问及这位前同僚是否能经受住审讯时，他说："耶布森是信息宝库，总是说得太多了。在严刑逼供下，他会把一切都告诉德国人。"[57]

危机爆发后，温斯顿·丘吉尔就算不是一直被蒙在鼓里，也肯定没有获知实情。布伦特的报告简直是一份杰作，故意把问题轻描淡写：

> "三轮车"项目出现了不利动向，其现实影响和后果尚难预测。从"超级机密"得知，他的德方主管"艺术家"在极其隐秘的情况下被诱至法国，然后被送往柏林。这一行动的原因目前还不清楚，但可以肯定的是，"三轮车"项目正经历最关键阶段。顾忌到"霸王行动"，必须谨慎处理。[58]

"不利""相当令人担忧""最关键"，报告用英国式的婉转词汇，微妙地表明官员们已"近乎陷入恐慌"。[59]军情五处曾担心，如果丘吉尔对间谍事务了解太多，他可能会"鲁莽行事"。可以想象，假如他知道了不仅"双十系统"有解体的危险，就连登陆行动本身都危机重重，他会有多冲动。

波波夫已经向德国人发送了大量与"坚毅行动"有关的欺骗性材料。但是，鉴于耶布森随时可能暴露其身份，他还能继续这么干吗？如果他突然停止提供质量上乘的情报，或者改变欺骗模式，那么德国人就会察觉到不对劲。英国人可以选择终止其工作，但正如利德尔指出的那样，这"无疑会把'艺术家'彻底推入绝境，还会严重威胁到'三轮车'的兄长"。[60]这时纯粹是运气好，出现了一个可以暂停"三轮车"谍报网而不会进一步危及耶布森的机会。5月上旬，英方截获一条信息，显示德国情报部门得知一些南斯拉夫人怀疑同胞弗拉诺·德·博纳，即特工"怪胎"，在为德国从事间谍活动。如果他受到怀疑，自然会被人带走审问。利德尔写道："这至少使我们有机会暂时关闭'三轮车'的无线电台。如果我们从德国人的通信中发现'艺术家'再次转危为安，我们就可以恢复如初。"[61]5月18日，德·博纳向里斯本发送消息，说他要停止发报了。波波夫随后用隐形墨水写了封信，报告说"有人在针对'怪胎'进行调查，因此他们暂时把无线电设备藏匿起来"。[62]

其他双面间谍将继续工作，把"坚毅行动"推向高潮。此后，"布鲁图斯"、"嘉宝"、"布朗克斯"和"珍宝"只会暗示加来海峡是登陆目标，而不会将其作为事实赤裸裸地说出来，以防耶布森揭露这个骗局。一旦大军登陆，间谍们就会明确指出，虚构的美第1集团军群将发动第二轮更大规模的进攻，目标正是加来。"D日之后，我们就可以大展拳脚，不必遮遮掩掩了。"[63]与此同时，英国

285

人每天都在仔细检视"超级机密"的破译信息，寻找耶布森自愿或被迫招供的蛛丝马迹。如果证明他已经透露了所有秘密，B1A 组就关闭"双十系统"，并期望德国人没有时间看穿"坚毅行动"的骗局。决赛开始了：在 D 日之前，要尽可能多地实施欺骗，同时祈祷耶布森撑得更久一些。

这场骗局以及登陆行动本身的成败，现在都取决于约翰尼·耶布森这个古怪、狡诈、习性不良的间谍，取决于他有多刚毅顽强。此时此刻，他甚至可能正在纳粹的刑讯室里饱受折磨。

马斯特曼很悲观："可以推测，经过审讯后，即使不是全部，他以前的大部分活动也会暴露出来。在这种情况下，我们许多最好的双面间谍注定会失败。'双十系统'营造的整个骗局将危在旦夕。"[64] 每一小时都至关重要。耶布森坚持得越久，德国人用来拆穿骗局的时间就越短。

"双十"团队目前只知道耶布森被带到了柏林。威尔逊痛苦地说："我们不知道对'艺术家'的审讯会在多久后开始。我希望在皇家空军的袭击下，从比亚里茨到柏林的火车旅程能变得无比漫长。"[65]

第二十二章

盖世太保的客人

双面间谍需要影响希特勒的思维，而通过亚历克西斯·冯·伦 **287**
内（Alexis von Roenne）中校是触及元首大脑的直接手段，此人是
德军最高统帅部情报部门西线外军处（Fremde Heere West，FHW）
的处长。该处负责从德国所有情报机构汇总信息，包括空中侦察数
据、无线电拦截内容、战俘审讯记录、缴获的文件和间谍报告等，
然后进行解读。"布朗克斯"写的每一封信，"珍宝"和"布鲁图
斯"发送的每一条信息，"三轮车"传来的每一份报告，最终都落
到这位"博学多才、富有想象力、头脑冷静"的情报专家手中。[1]他
的艰巨任务就是从军事角度来分析这一切到底意味着什么。

冯·伦内的秘密巢穴位于柏林以南措森（Zossen）的混凝土掩
体内。他的情报部门每天都会编写一份三页纸的形势报告，提供关
于盟军军事活动的最新情况。该单位每两周还要编制一份更详细的
战斗序列报告，不时对盟军的意图做长期预测。这些文件被分发给
相关情报机构、最高统帅部和战地指挥官；就法国战区而言，是呈递
给德军西线总司令格尔德·冯·伦德施泰特元帅阅读。冯·伦内是举
止优雅、信仰虔诚、头脑既复杂又聪明的贵族。他的助手罗杰·迈 **288**
克尔（Roger Michael）少校掌管英国科，各方面与他的老板截然不
同。迈克尔秃顶，英德血统各有一半，喜欢喧闹，嗜酒如命，曾入
选德国橄榄球队。他"性格开朗、举止从容、无忧无虑"，[2]但"能
很快理解问题的核心"。[3]他在英国度过了大部分青年时代，以洞悉
英国人的心理和思维方式而备受赞许。他的工作内容与英国方面的
吉塞拉·阿什莉类似。

希特勒绝对信任冯·伦内。正如隆美尔的情报部长安东·施陶

布瓦瑟尔（Anton Staubwasser）所言："希特勒和国防军最高统帅部对盟军登陆的看法主要是基于西线外军处提供的情报，本质上并没有脱离该处的判断。"如果能够愚弄冯·伦内和他的分析员，让他们以为另一支远比真实的 D 日登陆部队更为强大的军队正在英国海岸集结，那么希特勒本人就很可能会上当受骗。不过希特勒不知道，也永远不知道的是，亚历克西斯·冯·伦内和罗杰·迈克尔也正在进行他们自己的欺骗行动。

　　从 1943 年起，冯·伦内就一直在蓄意大大高估英国境内的盟军力量。一支盟军部队一旦被分析人员识别并记录在案，就永远不会被冯·伦内从所谓的"Feinbild"，即他的敌军名册中删除。不仅如此，到了 1944 年春天，他还有意修饰这一名册。1944 年 1 月，迈克尔告诉冯·伦内，他们对盟军兵力的评估数字被送往最高统帅部后，会经帝国保安部（他们利用一切机会来破坏军事情报专家的工作）故意削减，再呈交给希特勒。迈克尔估计数字被砍了一半。因此，他提出一个合乎逻辑、大胆而又极其危险的建议。为什么不翻倍上报呢？这样就能达到接近正确数字的效果。他至少是这样向冯·伦内解释这个计划的合理性的，而处长也同意了，尽管他知道夸大这些关键数字可能会让自己丧命。无论证据多么薄弱，每观察到一支盟军部队，他都判定为真实的；如果只看到某支部队的一部分，也认为全军都在那里，即使其余部分出现在别处也不管不顾。每一个异常情况都被悄悄地回避了。起初，提交给希特勒的统计数据与真正准备登陆法国的盟军部队数量之间的差距不大，后来越来越离谱。1944 年初，西线外军处估计在英国有 55 个师，而实际上只有 37 个。到 5 月中旬，冯·伦内计算出盟军已经部署了 77 个师。到了 D 日，英国境内的 44 个师被放大到惊人的 89 个，其总兵力足以在对诺曼底和挪威发动牵制攻击的同时，还在加来海峡发起主要攻势。

至于冯·伦内为什么要如此夸大盟军力量，仍然是一个争论不休，引起诸多猜测的问题。他可能只是在保护自己，因为如果低估了盟军的实力，就会有很大麻烦。也许，就像许多官方统计数据的调查员一样，他是根据听众想要听到的内容来编造数据的。也许，他的叛逆行为只是德国军事情报部门激烈内讧中的又一起小冲突。

可以肯定的是，冯·伦内坚决反对纳粹政权，并积极谋划推翻他所憎恶的希特勒。1943 年，他就在"肉糜行动"中发挥了关键作用，在那些他完全有理由质疑的文件上盖章签字。一些历史学家认为冯·伦内是故意从内部破坏德国赢得战争的可能性。希特勒发觉冯·伦内的不忠行为后将其杀害，所以他的确切动机可能永远是个谜。罗杰·迈克尔的目的大概更直接。战后，与德国总参谋部的大多数军官不同，迈克尔很快就被释放。据说他穿着美军制服出现在海德堡，自称是美国反间谍部队的一员。然后他就消失了，可能是叛逃到了苏联，从此再也没有人见过他。这位性格开朗、喜欢打橄榄球、有一半英国血统的迈克尔少校可能为英国、美国或苏联工作，或者就是三重间谍。

英国的双面间谍们一点一点把拼图交到西线外军处手中，然后它们被塞进冯·伦内不断夸大的预测里。切尔尼亚夫斯基报告美第 4 装甲师在贝里圣埃德蒙兹（Bury St Edmunds）；"嘉宝"网络中一

290

名有雅利安血统的威尔士人说，在伊普斯威奇（Ipswich）看到了第6装甲师；另有人在肯特郡亲眼看到第28步兵师。普霍尔本人报告说，第83步兵师在多佛的一个停车场集合。莉莉发来一份电报，确认美第1集团军划归蒙哥马利指挥，以加强英国将领可以指挥美军的观念，反之美国人亦可指挥英军。"布朗克斯"的报告比较含糊，但她转达情报时极其漫不经心的态度反而使之看上去更可信："到纽马克特（Newmarket）看赛马。预期中的入侵行动让各个政治派别团结起来。大量美国军队出现在东安格利亚。"[4]5月18日，切尔尼亚夫斯基按计划告诉他的德方负责人，他已经加入美第1集团军群。从此以后，他就可以在虚构的军队内传递出假的作战序列了。马斯特曼写道，"三轮车"网络停止工作意味着"'布鲁图斯'必须承担更重的任务"。[5]这对他来说轻而易举。

普霍尔告诉库伦塔尔，他在新闻部获得了一份工作，现在可以接触到一些旨在"掩盖事实以欺骗我们"的宣传文件，这能让德方重新了解盟军的真正意图。[6]武尔夫·施密特（"泰特"）是所有双面间谍中任职时间最长的，但B1A组不太放心使用他，主要是因为他的负责人通过电话与柏林联系，所以没法利用"超级机密"来核实其工作成效。即便如此，英国人还是决定，把他从赫特福德郡的某个农场转移到另一个位于肯特郡的农庄——当然是在德国人的观念中。他可以在那里监视虚构的美第1集团军群的部署情况，从而获得第一手资料。他告诉负责人："已在瓦伊（Wye）一对老夫妻那里找到了一处上佳住所。据我观察，这里很适合发报。"[7]

冯·伦内正忙着为过于臃肿的盟军编制继续增加兵力，而没有去怀疑为什么三个关键特工突然，而且几乎同时处于可以接触到最高级别情报的位置。也许透过他的单片眼镜，他选择视而不见。在远征军指挥部，弗利特伍德-赫斯基思和哈默将虚假部队转移到他们想让德国人以为的地方；双面间谍将这些信息一点点逐步传给德国人；冯·伦内和迈克尔则把情报重新拼合起来，然后顺着军方渠道送到希特勒手里。

在措森的情报办公室里，信息板上的图钉都钉在了英国人设计的正确位置上。不过军情五处依然焦急万分，他们明白如果耶布森扛不住，"双十系统"暴露，那么冯·伦内根据间谍报告而建立的预测将准确显示出盟军**不会**集结的地方。盖伊·利德尔确信，一旦盖世太保对耶布森下手，他最终肯定会"在胁迫下"屈服。[8]

伊恩·威尔逊充满恐惧地扫视着截获的信息。如果耶布森的朋友和合作伙伴被围捕，如果他在阿勃维尔的同事遭到审讯，如果波波夫的兄长被逮捕，那就证明这出大戏结束了。若耶布森招供了双面间谍是一场大骗局的一部分，那么相关信息就会立即出现在"超级机密"中，引起负责人注意。在希特勒的统治下，无能就是犯罪，有罪意味着连坐。库伦塔尔、克利曼、赖尔、布莱尔、冯·卡斯特霍夫等人都会被卷进来，他们必须解释为何被蒙蔽了这么久。耶布森认识的每个人——妻子、情人，甚至秘书梅布尔·哈博特尔——都是嫌疑人，可能遭到逮捕。血腥报复将立即启动，"超级机密"截获的电文会反映出这一点。如果"双十系统"被揭穿，至少英国人会知道。这大概是他们最后的慰藉了。

起初，除了一些不了解"多拉行动"的德国驻里斯本官员对耶布森去向不明感到困惑而发出询问外，"超级机密"没能收到任何相关信息。但在绑架发生后一周内，审讯很明显一定开始了，因为英方截获了一连串与耶布森资金活动有关的电文。柏林要求马德里"报告，约翰尼声称汇往丹吉尔（Tangier）的 270 万摩洛哥法郎是否已经收到"。[9]紧接着，施赖伯给柏林发了一条更隐晦的信息："通过'多拉'在此处的朋友，我们能收到全部法郎。此外，我们还可以指望不久后从'多拉'的朋友那里获得关于'多拉'的原始材料，这是他①的胖朋友提出的要求。"[10]"多拉"指的是绑架事件，"他的胖朋友"可能就是汉斯·布兰德斯；但唯一可以肯定的是，德国人正在调查耶布森的财务状况，而且涉及金额巨大。柏林还在追查交给耶布森的活动经费是否转给了波波夫。

两周后，伊恩·威尔逊报告，仍然"没有明显证据证明'艺术家'回到德国后产生了怎样的影响"。[11]目前为止，德国方面还没有大肆搜捕与耶布森有关联的人士，这一点令人鼓舞。同"怪胎"联络的德国无线电台仍在按照约定频率发送信息；假如德国人试图与波波夫取得联系，那么他们肯定依然信任他。这可能表明耶布森还没有背叛组织。当然，除非德国人就是希望英国人这么想。威尔逊还给自己保留有一丝希望。他写道，"超级机密"所发现的内容"与以下推论相一致，即'艺术家'被带到德国是为了调查他的财务问题，并防止将来他可能投靠盟国。如果他已经认罪，一些与

---

① 此处原文中用的就是"他"，而多拉是女性名，这里可能是作者笔误，或者是施赖伯的电报原文就是如此。也有可能这里的"他"指的是耶布森。

'艺术家'和'三轮车'密切相关的阿勃维尔官员就必然遭到清算"，乃至死亡。[12]

　　威尔逊开始幻想能出现某种奇迹，把耶布森救出来。汉斯·布兰德斯背叛了他；也许现在可以贿赂、欺骗、恐吓或胁迫布兰德斯营救他出狱，或者至少告知耶布森后来的状况。那么现在可以重拾金·菲尔比的主意，招募这个可怕的人进入英国情报部门吗？

　　　　如果能劝说布兰德斯加入我方，那么他除了可以向我们透露"艺术家"的情况外，还能提供很多有关阿勃维尔内部运作的情况，以及导致阿勃维尔落入希姆莱控制之下这一政治斗争的信息。我丝毫不认为布兰德斯可靠。有大量证据表明，布兰德斯毫无原则可言，［但］假如建议他应该从英国人那里也得到一份保障，他也许会接受。如果他把这些向德国人报告了，我们从"超级机密"中就能发觉。[13]

　　约翰·马斯特曼坚决反对这一想法。布兰德斯阴险狡诈，倘若他告诉柏林，英国情报部门正四处打探，这会加深对耶布森是英国间谍的怀疑，使其处境雪上加霜。"我不同意与布兰德斯接触。"[14]他在威尔逊的备忘录上如此写道，还在"不"下面画了三道线。然而，威尔逊并不打算放弃耶布森。他写道："我认为在这件事上我负有很大的责任。"[15]威尔逊喜欢并信任耶布森；他鼓励耶布森坚持下去，而现在却失去了他。威尔逊将把寻找耶布森视为自己的

293

使命。

波波夫焦急地等待着消息。弗拉诺·德·博纳不再向德国发报，也整日无所事事。于是他们只好以惯有的方式来发泄精力。当军情五处发现有来自英国女子辅助军团的女人"出于不道德的目的被带进克洛克别墅，并可能危及安全"时，威尔逊严厉告诫这帮生事的人，"不得再用这种方式引人注意"。[16]波波夫无法在欺敌行动中积极发挥作用，于是多次给丘吉尔去函，提出愿意去南斯拉夫，在米哈伊洛维奇①和铁托之间进行斡旋。波波夫被告知，尽管丘吉尔"像长辈一样关心他的福祉"，但并不希望他插手政治。[17]他应该保持冷静，按兵不动，做好准备，等待耶布森的消息。"现在不是仓促行事或暴力解决的时候……目前唯一的办法是不采取任何行动，静观其变。"[18]

5月19日，布莱切利园破译了格奥尔格·汉森发往里斯本阿洛伊斯·施赖伯的私人电报："我由衷感谢你顺利执行'多拉行动'。"[19]施赖伯回复说："关于'多拉行动'的书面报告随后将空运送达。"[20]

然后，就在D日之前两周，关于所有不翼而飞的钱，以及"约翰尼"和"多拉"的话题都意外停止了。伊恩·威尔逊担心这种突然沉默也许是不祥之兆："在我看来，'艺术家'可能被枪杀了，或者在被捕后不久自杀了。这并非不可能。"[21]不过，他也试着

①　全名为德拉查·米哈伊洛维奇（Draža Mihailović，1893—1946），南斯拉夫切特尼克游击队领导人。

假扮伯纳德·蒙哥马利将军的澳大利亚演员克利夫顿·詹姆斯

温斯顿·丘吉尔和真正的蒙蒂在商讨战局

上：美国第 1 集团军群的一辆充气 M4 谢尔曼坦克

下：诺曼底登陆之前在英国东南部港口用作诱饵的假登陆艇

达斯科·波波夫，风度翩翩的战时间谍

上：罗曼·切尔尼亚夫斯基荣获波兰军队最高荣誉——军事十字勋章，图为获奖证书

下左：克劳斯·冯·施陶芬贝格（左），1944年7月刺杀希特勒事件的主要发起者

下右：格奥尔格·汉森，反纳粹组织成员，德国反间谍部门负责人

上：希特勒与日本驻德国大使大岛浩男爵会面

下左："很有亲和力，并且非常帅"的塔尔·罗伯逊

下右：伊恩·威尔逊，达斯科·波波夫和约翰尼·耶布森的专案官员，性格内向但兢兢业业

德怀特·艾森豪威尔将军和温斯顿·丘吉尔在为这场"伟大的十字军圣战"
做准备

乔治·巴顿将军，"天生就是个该死的演员"

埃尔温·隆美尔在视察大西洋壁垒

汉斯·布兰德斯，军火商，间谍，耶布森的所谓"朋友"

海因茨·保罗·莫尔登豪尔，和耶布森一起被绑架的阿勃维尔军官

皇家海军少校迈克·坎伯利奇，在企图炸毁科林斯运河时被俘，外表看上去就像个海盗

约翰尼·耶布森，1944年摄于里斯本的埃什托里尔海滨

盟军部队在 D 日登陆上岸。艾森豪威尔将军说："只要头两天别让第 15 集团军干扰我就行了。"

盟军登陆诺曼底后，向滩头阵地输送补给品

代号"桑葚"的巨型人工港

法国北部大西洋壁垒中的海滩障碍物

1944 年 6 月 9 日，皇家海军人员正在炸毁诺曼底海滩上德军设置的障碍物

往好的方面想："至今仍没有迹象表明'艺术家'已经招供。"[22]

如果威尔逊知道耶布森当时的处境，他的这一丝希望就会迅速破灭。

5月1日，耶布森和莫尔登豪尔在押送下乘火车到达柏林，然后从那里被送至措森附近的温斯多夫（Wünsdorf）军事监狱，关进不同牢房。格奥尔格·汉森"安排了刑侦专家对他们进行审讯"。[23]然而，帝国保安部已经听到了耶布森被绑架的风声，要求汉森尽快把"囚犯交给卡尔滕布鲁纳处理"。[24]汉森本来就力图避免对另一个潜在的叛逃者进行全面调查，因此拒绝交出人犯，并指示屈巴特告诉帝国保安部，"由于耶布森是军人，他认为阿勃维尔才拥有此事的专属管辖权"。[25]

几天来，屈巴特"竭力在移交耶布森的过程中设置障碍"。[26]这场争论甚至闹到了国防军最高统帅部负责人威廉·凯特尔（Wilhelm Keitel）元帅那里。最后，党卫队全国副总指挥海因里希·缪勒（Heinrich Müller）"粗暴地下达了最后通牒"，要求立即将耶布森移交给盖世太保。[27]在希特勒身边那些杀人不眨眼的谄媚者中，缪勒的残暴尤为突出。作为秘密警察头子，他是"最终解决方案"的主要策划人，曾指挥党卫队杀人小队跟随德国军队进入苏联，并亲自向希姆莱出示了卡纳里斯与反纳粹组织有联系的证据。他厌恶任何受过教育的人，宣称"真应该把所有知识分子都赶进煤矿，然后再把那里炸掉"。[28]他刚愎自用，任何人都不能反对他的意见，只能说"是"。据屈巴特说，交出耶布森的要求

295

已经"在阿勃维尔内引发强烈不满"，但是与"盖世太保缪勒"争辩无济于事。[29]舍伦贝格的助手，二级突击队大队长①施米茨（Schmitz）以警察的名义把耶布森领走并拘留。他指控耶布森"将党卫队的情报出卖给阿勃维尔"，将其关入位于阿尔布雷希特王子大街②臭名昭著的盖世太保监狱内，听候审讯。[30]

　　耶布森经常向他的英方负责人暗示，他与多位德国高官参与了不正当的商业交易。事实上，他曾告诉玛丽·冯·格罗瑙，他"掌握了很多关于帝国保安部的内幕，他们投鼠忌器，不敢调查他"。他一开始是因为造假币事件与盖世太保为敌，然而，他进行资金诈骗的严重程度远超于此。耶布森利用外交邮袋将钱在多个被占领国之间转移，并在高层官员纵容下"大规模操纵货币和黄金"，所有参与者均能分得一杯羹。[31]但这个生意后来"还是行不通了，因为他们花的钱显然比表面上的合法收入要多得多"。[32]此外，党卫队和盖世太保的一些重要人物将耶布森视为非官方银行家："他们把数目可观的资金交到耶布森手里，结果全部有去无回。"[33]耶布森还重操旧业，又干起了假钞业务："某些党卫队军官一直在印制外国货币，通过他将其兑换成黄金。党卫队现在怀疑他为自己牟取了太多利益，而且他也知道得太多了，因此想除掉他。"[34]最要命的，他被指控"非法将帝国保安部的资金挪作私用"。[35]耶布森在贪腐方面可

---

①　二级突击队大队长（Sturmbannführer）相当于德国国防军少校。

②　阿尔布雷希特王子大街（Prinz Albrecht Strasse），纳粹德国时期的党卫队帝国保安总局、盖世太保、党卫队总部等的所在地。战后为纪念共产党抵抗运动成员凯特·尼德尔克尔新纳（Käthe Niederkirchner），东德政府将其更名为尼德尔克尔新纳大街。

谓胆大包天，把盖世太保、党卫队和秘密警察这三个第三帝国最残暴部门的高级官员统统骗了一遍，所以他们都想杀了他。

军情五处判断耶布森是因其财务问题而被调查，这是正确的，但如果认为这是绑架他的唯一甚至主要原因，那就错了。缪勒毫不怀疑耶布森是英国间谍。舍伦贝格在战后接受审问时证实，耶布森"被指控为英国工作".[36]根据一个同美国情报机构有联系的阿勃维尔官员爱德华·韦特延（Eduard Waetjen）的证言，在一些反纳粹抵抗组织成员即将被捕时，耶布森向他们通风报信。韦特延做证说："由于人脉广泛，他帮助了许多遭到纳粹党迫害的人。许多人得益于他的警告才逃出生天。"[37]屈巴特的战后证词也证实了耶布森被怀疑与英国人密谋，并计划叛逃。他同英国的联系到底有多深，缪勒和他手下的恶棍目前尚不得而知，但他们打算弄清楚。

负责耶布森案件的两名官员是党卫队旗队长①欧根·施泰姆勒（Eugen Steimle）和高级顾问奎廷（Quitting）。他们立即着手调查耶布森。

新古典主义建筑风格的阿尔布雷希特王子大街 8 号大楼以前是装饰艺术博物馆，现在则是盖世太保监狱，拥有 39 间地下单人牢房和 1 间集体牢房。监狱内的上层房间配置了专门的拷打设施。"Verschärfte Vernehmung"是缪勒在 1937 年造的，意思是"严刑审讯"，特指用于"共产党人、马克思主义者……破坏分子、恐怖分子、抵抗运动成员、反社会人士，以及拒绝工作的波兰人或苏联

297

---

① 党卫队旗队长（Standartenführer）相当于德国国防军上校。

人"的酷刑。[38]到 1944 年，刑讯逼供已发展成一门邪恶的艺术。缪勒的盖世太保都是"拷问大师"。他们掌握了电刑、橡胶棍殴打、老虎钳夹生殖器、烙刑和冰水浴（将犯人猛推入水中令其几近溺亡）等各种手段。被俘的法国抵抗组织成员被要求在刑罚下至少坚持 24 小时；盖世太保吹嘘说，无论男女，都能在 48 小时内被榨干。

　　盖世太保的刑讯记录在战争结束前就被销毁了。只有战后的审讯供词，以及少数几个目击者和其他囚犯的证言透露出耶布森的遭遇。在马德里工作的阿勃维尔军官卡尔·魏甘德（Karl Weigand）被传唤到柏林，讨论如何审问耶布森。据他的同事说，魏甘德回来时"精神高度紧张，并提到把人的指甲拔掉实在让他很不舒服"。[39]经济学家亚尔马·沙赫特（Hjalmar Schacht）曾经得到希特勒信任，后因涉嫌从事抵抗活动而被捕，他当时被短暂关押在耶布森隔壁的牢房。据波波夫说，沙赫特"有一次瞥见约翰尼被狱警从审讯室带回来，他的衬衫上沾满了血迹。当狱警准备把他锁进牢房时，约翰尼转过身，用一如既往的傲慢口气说，'我认为你们应该给我一件干净的衬衫'"。[40]一个曾去狱中探访耶布森的前阿勃维尔同事（这个行为本身就很勇敢）描述说，耶布森看上去就像"集中营里的受害者"。[41]耶布森的体魄一直不强壮，他患有静脉曲张，因吸烟而咳嗽不止，经过盖世太保的折磨后，更是变得几乎不成人形："他身上没有一寸皮肉是完好的。他的头显得很大，耷拉在枯槁的脖子和肩膀上。"[42]

　　严刑拷打最后通常都能逼出供词。但它并不总是迅速奏效，也不是每个人都会就范，有时还会拷问出错误的信息。位于伦敦的英国战时审讯中心负责人"锡眼"罗宾·斯蒂芬斯写道："暴力是严格禁止的。它虽然能产生令审讯者满意的答案，但会降低情报质量。"[43]人要是处于恐惧和痛苦中，就往往会告诉刑讯者他们想要听到的东西，这只是为了暂时停止疼痛。

约翰尼·耶布森知道施泰姆勒和奎廷最想听到什么——首先就是他的各种商业运作细节。仅仅供出与他有资金往来的官员的名字，就能为缪勒奉上打击政敌的弹药，也许还能获得一丝喘息之机。他本可以承认，把希特勒的秘密武器和德国情报部门的工作情况泄漏给了军情六处，甚至曾向军情六处提出招募 P. G. 伍德豪斯的妻子，认为她可以成为优秀的间谍。盖世太保、党卫队和帝国保安部对这些内容会非常感兴趣。他本可以揭露波波夫是个双面间谍，以及在英国的每一个德国间谍不是被策反就是本身并不存在。他已经从英国人那里确认过这些间谍的身份，而他们仍然在发挥作用。他本来可以告诉德国人更多信息，足以破坏即将发动的登陆行动，改变战争进程。但直到 5 月 20 日，离 D 日只有不到三周时间时，他依然守口如瓶。

第二十三章

"布朗克斯"牙痛

随着 D 日临近，军情五处告诉温斯顿·丘吉尔，耶布森似乎还 299
在坚持。盖伊·利德尔写道："仍没有迹象显示'艺术家'已经招
供，或阿勃维尔察觉到了真实状况。"[1]德国人继续对双面间谍不吝
赞扬、鼓励之词，甚至给他们颁发勋章。这进一步证明骗局仍在继
续运行。当特工"泰特""发送第 1000 条信息"时，军情五处向
首相报告说："他借机在电报中提及这一事实，并表达了他对元首
忠心耿耿。我们已经收到了德方发来的诚挚答复，他们有望授予已
拥有一级和二级铁十字勋章的'泰特'更高规格的嘉奖。"[2]

英国的专案官员们为了赢得德国奖章，展开了激烈竞争。埃
迪·查普曼，即特工"锯齿"，已经拥有了铁十字勋章；"泰特"
甚至可能得到多达三枚；耶布森曾许诺把自己的战功十字勋章送给
威尔逊。休·阿斯特认为"布鲁图斯"理应获奖，于是开始积极游
说。他建议由"布鲁图斯"虚构的无线电报务员"肖邦"向奥斯
卡·赖尔发报，推荐给特工"休伯特"颁发一枚奖章，以此"提
醒德国人，'布鲁图斯'完全是出于意识形态上的动机而甘冒巨大
的风险，在极端困难的条件下工作"。[3]阿斯特起草电文，希望它读
起来能像"一个不太聪明的老头子"[4]的手笔：

上校，请原谅我因私事打扰您……如果"休伯特"知道了，300
他绝对会数落我的。为了我们的工作，他不论是在私人生活方面
还是在经济方面，都做出了巨大牺牲。他经常工作到凌晨，准备
长篇报告。他曾随口向我提到他为获取情报而做的英勇壮举。我
确定，如果您能推荐他获得某种奖章，他将感到莫大光荣。[5]

被拦截的无线电信息显示，德国人认为莉莉·谢尔盖耶夫的无线电台"运作完美无缺"；她的电报被一字不差地传递给措森的情报分析员。[6]通过将她的原始信息与德国情报网络上经过加密的、内容相同的电文进行比较，布莱切利园的专家们几乎可以立即破译出当天的密码："'珍宝'和'布鲁图斯'的信息在德国无线电网络上被逐字逐句转发。这样的'对照译文'帮助我方节省了大量时间和人力破解密电。"[7]呈交给丘吉尔的报告中第一次出现了激动而自豪的语气："双十"特工"在关键时刻体现出非凡价值，其重要性怎么高估也不过分"。[8]

但是，就在这份乐观的评估报告被呈交给丘吉尔时，那条死去的小狗又掀起了一番波澜。

5月17日，玛丽·谢勒带着莉莉·谢尔盖耶夫到伦敦西区观看电影《乱世佳人》（*Gone with the Wind*）。莉莉的肾痛得厉害，她还在发烧。她再一次确信自己离死期不远了。玛丽认为她需要好好放松和享受一下。两个女人看电影时都哭得很伤心，然后红着眼睛，情绪高涨地走出来。玛丽说："我总是会在电影院大哭一场。"[9]然后，她们手挽着手走回家。莉莉在日记中写道："玛丽在电影院哭了！她毕竟还是个人。这还是那个和我一起工作了七个月的玛丽吗？我一直试图找到一些迹象证明她是活生生的人，而不是一台自动机器。"[10]

她之所以这么说，也许是因为她们新建立起了友好关系；也许她预感到了死亡即将来临；也许，坦率地说，她根本就不在乎。但第二天早上，当她们准备另一条无线电信息时，莉莉探身过来，神秘兮兮地说，如果她死了，玛丽不要在没有她的情况下操作发报机。

玛丽突然警觉起来，问她这句话到底是什么意思。莉莉意识到自己透露的太多了，试图辩解几句，反而越描越黑。

"我不是要警告你；我并不关心你们的结局。我什么都不欠他们的。我曾经信任过他们。结果你知道的！但我现在告诉你，我就是在警告你们。"[11]

玛丽一阵惊恐。她明白这不是警告，而是几乎不加掩饰的威胁。莉莉肯定已经得到了一个控制暗号，否则为什么他们不能在没有她的情况下操作发报机呢？事实上，她可能已经警告过克利曼她就是双面间谍。玛丽先是感到震惊，然后突然惶恐不安起来。

"距离登陆发起时间已经很接近了，我们能否骗过德国人关系到成千上万人的生命……"

莉莉问："你认为我为什么要告诉你这些？"

玛丽知道答案。她答道："你很喜欢巴布斯。"

她要求莉莉说出控制暗号是什么，并告诉她是否使用过。对这两个要求，莉莉通通予以拒绝。"你们可以派一个数学天才去翻翻我传送的所有资料，不过你们找不到的。"

玛丽说："你知道，我必须告诉罗伯逊上校。"[12]她立即给 B1A 组负责人发了一条简短、精确、内容令人震惊的信息。

谢尔盖耶夫做了一番陈述，大意是当她访问里斯本时，她与克利曼约定好了一个控制暗号，但她回来后没有告诉我们。 302

她的计划是，回英国后，先让无线电通信正常运转，然后把整个项目毁掉。她承认，这样做是为她的狗报仇。她认为我们应该对此负责。从里斯本回来后，她改变了毁掉项目的想法。但她还是拒绝透露那个暗号是什么。[13]

塔尔·罗伯逊不仅仅是不快，简直是怒不可遏。莉莉因为一条狗而绑架了"坚毅行动"。她可能已经警告了敌人，但她拒绝坦白暗号形式，导致我们没有办法核实。克利曼的贺电可能只是做做样子罢了。如果德国人意识到莉莉发送的都是欺骗材料，他们就会将她的信息要点与其他特工的情报进行比较，找出相似之处，从而发现真相。罗伯逊面临着一个艰难抉择：假如他关闭"珍宝"的无线电通信，而她又没有警告克利曼她被控制了，那么就会立即引起德国人的怀疑；同时，在需要迅速破解德国人密码的关键时刻，这将令布莱切利园失去有用的"对照译文"。但保持通信将是一场危险的赌博，因为他只得到莉莉的一句保证（不管这句话现在多么有价值），即她确实改变了想法，不再打算破坏"双十"骗局。然而，无论"珍宝"有多善变，她都已经深深陷入骗局之中，无法脱身。玛丽写道："尽管谢尔盖耶夫坦白了，她还是应该继续亲自操作她的发报机。但她的信息主旨必须改变，不能包含任何具有欺骗性的内容。"[14]

英国人制订了一项应急计划。"我们认为现在同她摊牌没有好处。"利德尔如此写道；以后再跟莉莉算总账。[15]她将处于监视之下。过去和将来的所有传输信息都将被严密监控，以寻找那个控制

暗号的痕迹。她的电话会被窃听。一名无线电技术人员随时待命，　303
当她有惊动克利曼的迹象时，该人员便第一时间接管电台，模仿她
的手法发报。然后，D 日一结束，莉莉就会遭到训诫、解职，还很
可能被逮捕。她欺骗了她的专案官员，与敌人合谋，也许还向克利
曼通风报信。她出于个人愤恨而将无数人的生命置于危险之中，只
是为了报复可能发生，也可能从未发生的杀狗事件。

"双十"团队在呈交给丘吉尔的报告中曾信心满满，这时却陷
入极度的不安。除了耶布森依然生死未卜外，现在莉莉又撒谎，而
且克利曼——那个迟钝、无能的克利曼——可能正玩弄他们于股掌
之中。既然莉莉还在操作她自己的电台，她就有可能破坏整个行
动。利德尔写道："只要'珍宝'愿意，她可以在任何时候向德国
人暴露一切。她的性情太不稳定了。尽管她说的这些不一定是真
的，但足以表明她不可靠。"16 "三轮车"谍报网作为欺骗手段已经
停止运作，现在"珍宝"也被排除在外，那就只剩下"嘉宝"、
"布鲁图斯"和"布朗克斯"了。

1944 年 5 月 27 日，里斯本圣灵银行董事兼总经理安东尼奥·
曼纽尔·德·阿尔梅达收到一封该行客户从伦敦发来的电报。上面用
法文写着 "Envoyez vite cinquante livres. J'ai besoin pour mon dentiste"，
意思是"尽快汇来 50 英镑，我需要看牙医"。17

阿尔梅达先生知道这位特殊客户总是缺钱；他也明白，任何与
医生或牙医有关的电报都是写给德国人的。于是他立即将电报转送
至布宜诺斯艾利斯大街的德国情报站。消息从里斯本传到科隆的施

吕特上尉手里，然后转至柏林，再从柏林送到措森。在那里，埃尔薇拉·德·拉·富恩特·肖杜瓦的电报不是被解读为需要紧急去看牙医，而是一个警告："我有确切消息表明，登陆行动将于一个月内在比斯开湾展开。"

304

就在埃尔薇拉向里斯本发电报的当天，她还用隐形墨水写了封信。这封信将在 D 日之后送达里斯本，可以在事后证明她的爆料是真实的。这是"布朗克斯"最精妙的小把戏之一。

> 一次鸡尾酒会之后，我和大卫·奥姆斯比-戈尔（David Ormsby-Gore）上尉一起留在了四百俱乐部。喝了很多酒后，他告诉我，第二天可以从广播里听到一些惊人的消息。波尔多的 U 型潜艇基地将遭到空袭，这是入侵行动的前奏。昨天他来找我，神情非常沮丧，要我发誓不要把那天的谈话跟别人提及。他当时喝醉了，而且攻击现在已经推迟了一个月。如果我泄漏出去，就会危及成千上万的生命。我确信他所言不虚，因此决定给你发封电报，提醒你注意这次突袭。[18]

大卫·奥姆斯比-戈尔是一位相当有地位的人物。他的父亲是男爵，祖父是侯爵，曾祖父当过首相。他本人是皇家炮兵军官，在一支包含了空降部队和特种部队的秘密侦察部队服役。战后，他先当选为议员，后担任驻美国大使，并被册封为贵族。他曾在罗伯特·肯尼迪（Robert Kennedy）的葬礼上为其护柩。他还把古巴雪茄装进外交邮袋，送给约翰·F. 肯尼迪（John F. Kennedy）。埃尔薇拉其实从未见过他。他并不嗜酒，也不会如此轻率地与埃尔薇拉这样的人讨论即将发生的登陆进攻。在这个骗局中，他是被迫出场的，别无选择。大卫·奥姆斯比-戈尔于 1985 年去世。作为英国政府中的实权人物，他完全不知道自己曾不知不觉向德国人泄露了一场从不会发生的登陆行动。

在埃尔薇拉向里斯本发出电报的当天，西班牙联络官兼德国间谍伊格纳西奥·莫利纳·佩雷斯少校正从直布罗陀政府大楼的窗户朝下面的院子望去。他看到一辆大轿车停在那里，从里面跳出来一个一眼就能认出的身影。此人"身着战斗服，戴着显眼的贝雷帽"，受到总督——中将拉尔夫·"拉斯蒂"·伊斯特伍德爵士（Sir Ralph "Rusty" Eastwood）的欢迎。[19]窗户大开，莫利纳能够听清他们说的每一个字。

拉尔夫说："你好，蒙蒂，很高兴见到你。"[20]

不久前还在莱斯特郡综艺舞台上有过精彩表演的克利夫顿·詹姆斯中尉说："你好，拉斯蒂。"[21]

莫利纳是接到邀请，来政府大楼与殖民大臣讨论例行公事的。后者刚刚走到隔壁房间，以便让莫利纳看清院子里的情况。殖民大臣报告说："他对正在发生的重要一幕表现出极大的兴趣，兴奋之情溢于言表。"[22]当莫利纳问及蒙哥马利来直布罗陀做什么时，殖民大臣"故作尴尬，被迫承认总司令要去阿尔及尔，途经此地"。[23]

军情五处的记录显示，詹姆斯当时有些怯场，但他"凭借专业演技顺利完成了这个困难的任务"。[24]总督与他共进早餐，并祝贺他

305

表演成功："我认识蒙蒂已经很多年了。你跟他**一模一样**。"[25]接着，在完美的舞台调度下，"总督阁下送'蒙哥马利将军'上车"。[26]莫利纳正好在这个时间从大楼里出来。

这名间谍开着自己的车飞驰而去，然后在西班牙的拉利内阿镇（La Linea）打了"一通紧急长途电话"。军情五处估计，"这份情报在 20 分钟内即可到达柏林"。[27]莫利纳甚至还把自己美化了一番，告诉他的一个密友（恰好为英国工作的间谍），他与蒙哥马利本人握了手。"总督把我介绍给他。他看起来非常和蔼可亲。"[28]这名线人〔他很喜欢自己的代号"裤子"（Pants）〕报告说，莫利纳"对自己相当满意"。[29]第二天，布莱切利园截获了一份从马德里发往柏林的电报："蒙哥马利将军抵达直布罗陀。与总督和法国将军进行了商谈。"[30]英国有一名代号为"监狱"（Gaol）的双面间谍在阿尔及尔机场工作，曾是自由法国运动的无线电报务员。"监狱"通知柏林，蒙蒂已抵达阿尔及尔，并受到地中海战区盟军最高指挥官梅特兰·"巨无霸"·威尔逊（Maitland "Jumbo" Wilson）将军的接待。正如"超级机密"所揭示的那样，德国人完全咬钩了。冯·伦内在随后的报告中认为，蒙蒂现身北非"可能意味着除了主要攻击方向外，盟军在南法还有其他行动"。[31]利德尔担心这场假面舞会是否开场"太早了点"，但德国情报部门似乎很确定蒙蒂在 5月 28 日仍在北非。[32]如果他在那儿，就无法组织跨海峡的大规模攻势。军情五处报告称，骗局"从开始到结束都很顺利。我们确信德国人已经接受了这个故事的要旨"。[33]

克利夫顿·詹姆斯扮演蒙蒂这个角色承受了巨大压力。他被带到开罗的一所安全屋，在那里他将在大量威士忌的陪伴下，一直待到诺曼底登陆开始。像所有方法派①演员一样，事后他也要努力摆脱角色的影响。一位负责照顾他的情报官员的妻子说："他十分紧张，承受着可怕的压力。对他来说，从那个角色中走出来很艰难。"[34]

5 月 27 日下午，阳光明媚。阿道夫·希特勒在贝格霍夫（Berghof）——位于贝希特斯加登镇（Berchtesgaden）上方，巴伐利亚阿尔卑斯群山内的一座别墅——与最受他欢迎的客人之一喝茶。日本驻德国大使大岛浩将军是希特勒私人度假地的常客，也是元首最亲密的外国友人。大岛浩是顽固的法西斯分子，疯狂崇拜希特勒。他第一次见到希特勒是在 1935 年，当时担任日本驻柏林的武官。这位日本大使不遗余力地巩固德日两国联盟。美国记者威廉·L. 夏伊勒（William L. Shirer）称他"比纳粹还要纳粹"。[35]他能说一口流利的德语，在犹太人问题上与希特勒保持一致，赞同德军在苏联领土上实施的暴行，也认为杀死遭受 U 型潜艇攻击的幸存者十分必要。如果希特勒能够与"劣等种族"的人交朋友，那么大岛浩可以算作一个。职业军人大岛浩具有超强的记忆力。每次与元首友好的非正式交谈结束后，他都会把希特勒的军事见解和计划详细整理下来。经德国方面审核后，这些最新报告再经过加密，通过无线电发往日本外务省。大岛浩的作品不仅在东京引起了人们的兴

307

---

① "方法派"即 method acting，是俄国戏剧大师斯坦尼斯拉夫斯基（Stanislavski）提出的一种表演方法，要求演员完全融入角色中，想象角色的心理状况。演员长时间投入角色，可能导致他在现实生活中无法摆脱角色，从而出现各种生理或心理上的疾病。

趣，华盛顿和伦敦也都在如饥似渴地阅读。

　　美国密码专家在 1940 年便破解了日本的无线电密码。盟军复制了日本外务省官员使用的密码机，因此能够在敌人敏感的外交电报发出后立即读取其内容。事实上，由于从德国到日本的无线通信经常在传输过程中受阻，盟国有时会在东京接收**之前**便掌握了这些信息。这套代号"魔术"（Magic）的破译系统能够奇迹般地洞察日本人的秘密，可谓日本版的"超级机密"。大岛浩的报告是这一系统中最有趣的读物：1941 年约有 75 份大使报告被破译，1942 年有 100 份，1943 年有 400 份，1944 年有不少于 600 份。有了他做的叙述，就像是在希特勒的总部里安装了窃听器一样，而且效率更高。日本大使是军事专家，文笔简洁明了，报告直接将与希特勒的谈话内容归纳为要点，这倒是帮盟国情报分析人员省了不少事。

　　大岛浩提供了大量关于 U 型潜艇、机动部队、军工生产、技术发展、盟军轰炸的影响和德国经济状况的信息。1943 年 11 月，他前往法国海峡沿岸地区，对德军防御工事进行了为期四天的考察。他的报告长达 20 页，描述了每个德军师的部署地点、兵力配置和武器装备，乃至反坦克壕沟尺寸和机枪阵地布局。他预测，如果盟军在那里登陆，"来自邻近工事的侧向火力和赶来的机动部队将把他们彻底歼灭"。[36]就算是被邀请去现场参观，盟军情报人员对敌人的防御情况也不可能有更清晰的了解了。早在 1943 年 12 月时，大岛浩就报告说，他的朋友、希特勒的外交部长约阿希姆·冯·里宾特洛甫预计盟军将进攻比利时，或横穿多佛海峡发动登陆。1944 年 1 月，他通知东京，希特勒推测盟国可能会进攻波尔多，这给"艾恩赛德行动"带来了成功希望。美国陆军参谋长乔治·马歇尔将军称赞大岛浩对盟军的"贡献"时说："关于希特勒在欧洲的战略意图，我们的情报主要来自大岛浩男爵从柏林发送的信息。"[37]如果说冯·伦内是向希特勒脑中植入某个想法的最佳途径，那么大岛浩则是查验这个想法是否已经被植入的最可靠方法。

装修风格极其庸俗的贝格霍夫别墅是希特勒用《我的奋斗》（Mein Kampf）所得稿费购买的。他对此十分自豪，甚至到了可笑的程度。1938 年，他在接受《住宅与花园》（Homes and Gardens）杂志采访时说："这个地方是我的。它是我用自己赚来的钱建的。"[38]别墅门厅"内摆放着种在陶瓷花盆里的仙人掌"。[39]元首在此欢迎日本大使来访，然后他们一起沿着小径漫步到树林里的茶室。希特勒边走边说，日本政府应该公开绞死所有在空袭日本时被俘的美国飞行员。他认为，"我们的立场不能被任何人文情怀所支配"。[40]大岛浩由衷地赞同这一观点。他们乐在其中的闲谈就是这么残忍。由党卫队队员担任的服务员端上了茶。两个盟友走上木制露台，坐在一把彩色遮阳伞下，俯瞰贝希特斯加登山谷。

"您对第二战场有何看法？"大岛浩问。

"我相信盟军入侵欧洲迟早会发生，"元首沉思了一会儿说，"据我所知，敌人已在不列颠群岛集结了大约 80 个师。这些部队中，仅有 8 个师由具有实战经验的一流战斗人员组成。"

"阁下是否认为英美军队已经做好了入侵的充分准备？"

"是的。"

"我想知道，您判断盟军打算如何开辟第二战场。"

309

"嗯，从较为明确的征兆来看，我认为盟军将在挪威、丹麦、法国西南部地区和法国地中海地区发动佯攻。他们会在诺曼底和布列塔尼建立桥头堡，评估态势相机而动；接着，将穿过多佛海峡，全力开辟第二战场。我们自己最希望的就是尽快给敌人雷霆一击。但如果敌人像我所预料的那样分散兵力，这就不可行了。在这种情况下，我们打算在登陆滩头消灭敌军。德军在西线仍有约 60 个师的兵力。"[41]大岛浩匆匆赶回柏林，把这些与希特勒在喝茶时谈到的内容都在笔记本上记了下来。

6 月 1 日，大岛浩的报告及时抵达英国，盟军情报部门读后总算如释重负。希特勒的预测几乎在每个方面都契合了"坚毅行动"设计者所希望的情况。罗杰·弗利特伍德-赫斯基思写道："它第一次明确证明，德国人大大高估了我们的实力。"[42]希特勒深信主攻将在加来海峡展开，并首先进攻挪威和法国西南部；他相信了经冯·伦内疯狂夸大后的盟军兵力；他确信双面间谍会向德国提供"明显征兆"；他预计盟军将在不同地点发动若干次攻击。然而，盟军此时已准备就绪，他们将要发动希特勒所说的那种"雷霆一击"，目标则是诺曼底。有些人对希特勒正确预测到盟军将在诺曼底登陆而感到不安，但他明确表示了，这只不过是一次转移注意力的进攻，是跨越多佛海峡大举进攻的前奏罢了。

希特勒告诉大岛浩，他认为攻击"迟早"会来。此时离 D 日只有五天时间，这场攻势比他想象的要早得多。

第二十四章

"嘉宝"的警告

盟军部队沿着英格兰南部的乡间小路行军，就像无数条小溪和 311
沟渠的水流一样，奔向海岸。在那里，成千上万的人员、武器、坦
克、舰船都将会聚起来。皇家伯克郡团列兵弗雷德·珀金斯（Fred
Perkins）回忆说："难以想象南部海岸的样子，沿岸简直就是人员
和物资的巨大集结场。"[1]精疲力竭的蒙哥马利把大战前最后一次视
察活动定在霍伊克（Hawick）营地。当他抵达时，皇家炮兵部队的
乔·斯蒂芬斯（Joe Stephens）中士正在阅兵场上等候。蒙蒂爬上
他的吉普车引擎盖，做战前动员："大家围过来。我们就要去欧洲
了；德国人知道我们要去，但不知道时间地点，而这将是决定性优
势。祝你们好运。"[2]然后，他开车走了。

彼得·马丁（Peter Martin）少校带领他的部下经过庄稼即将成
熟的田野，向海岸进发。在这片温柔的田园风光中行军，奔赴沙
场，他心中产生了一种"不真实的感觉"。[3]"一切都完全正常，乡
村景色也很优美，然而几天后，你就会彻底进入杀戮之地。"[4]

一周内，7000 艘战舰和登陆艇、1.1 万架飞机、近 16 万大军
将直扑大西洋壁垒。这是有史以来最大规模的两栖登陆，是"霸王
行动"的第一阶段和海军行动阶段，代号"海王星"（Neptune）。
德军防线将遭到来自空中和海上的猛烈轰炸；一个英国空降师设法 312
保护登陆场东翼安全，而美军将利用降落伞和滑翔机在西侧着陆；
黎明后不久，盟军六个步兵师——三个美军师、两个英军师和一个
加拿大师——将登上五片选定的诺曼底海滩。

艾森豪威尔将这次行动称为"伟大的十字军圣战"，但他在口
袋里塞了一张潦草的纸条。[5]如果登陆失败，部队"未能获得令人满

意的立足点"，他就会拿出来，参照上面的要点发表演说。[6]在将军心中，胜利并无把握。怀着这样可怕的预感，他写道："陆海空三军将士在战斗中都尽其所能，勇于献身，忠诚地履行了他们的职责。如果有任何关于本次战役的责难，或行动中存在任何过失，都由我一人承担。"[7]丘吉尔一直忘不了第一次世界大战期间发生在加里波利海滩上的屠杀①。6月5日晚上睡觉前，他对妻子克莱芒蒂娜（Clementine）说："你可以想象早上醒来时，可能已经有2万人阵亡了吗？"[8]

当真正的大军集中在英格兰南部海岸地带准备战斗时，另一支规模更大但完全是子虚乌有的部队，则部署在伦敦郊区两座相当不起眼的用鹅卵石堆砌的半独栋房屋中。由于"珍宝"和"三轮车"已经失去了战斗力，因此在登陆前数小时，只有依靠"布鲁图斯"和"嘉宝"为"坚毅行动"做最后的冲刺。罗曼·切尔尼亚夫斯基夫妇最近搬进了巴恩斯（Barnes）的里士满公园路61号。特工"布鲁图斯"就是从这里"把所有松散的线索拧到了一起"。[9]他编制好美第1集团军群的战斗序列，通过他杜撰的发报员"肖邦"发送出去。这支无中生有的部队由乔治·巴顿指挥，司令部设在温特沃斯（Wentworth）。"布鲁图斯"自称从位于斯泰恩斯（Staines）的战情室搜集到大量情报，并在肯特郡和东安格利亚进行了实地考

---

①　加里波利之战（Battle of Gallipoli，1915年2月19日—1916年1月9日），又称达达尼尔战役。在此次战役中，协约国先后派出共50多万人的部队登陆加里波利半岛，试图夺取奥斯曼帝国首都伊斯坦布尔。该计划得到时任海军大臣丘吉尔的大力支持。但战斗陷入僵持，协约国方面死伤惨重；1916年1月协约国军队撤离，战役以失败告终。

察，据此编写成这份三页长的报告。正如弗利特伍德-赫斯基思所
说，他通过这份报告向德国人展示出"英格兰东南部影子部队的整
个指挥体系"。[10]他警告说，巴顿的军队"看上去已经准备好在近期
主动出击"。[11]

当"布鲁图斯"绘制虚假军队的轮廓时，"嘉宝"在伦敦另一
边的克雷斯皮尼街35号替这幅幻象添加细节和色彩。从苏格兰传
来盟军在法恩湾（Loch Fyne）举行大规模海军演习的报告，称士
兵身穿防寒服，部队在东海岸港口集结，准备进攻挪威。"嘉宝"
报告说，在埃克塞特，一名有雅利安血统的威尔士下线特工因没有
合法通行证而在禁区被逮捕。这就很自然地解释了为何缺乏来自西
南地区的情报。为了支持"布朗克斯"关于攻击波尔多的警告，
"嘉宝"在利物浦的特工看到美军"将与另一支直接从美国出发的
大军一同攻击南法的大西洋沿岸地区"。[12]普霍尔本人描述有部队在
东萨塞克斯（East Sussex）集结。德国人对"嘉宝"提供的情报深
信不疑。至少有一次，他的报告没有经过任何编辑，被直接复制到
了德国的形势分析报告上。不过，为了防止敌人没能力自己构建出
"虚假的战斗序列"，[13]"嘉宝"这个"自学成才的军事观察员"直
接提出结论，手把手将敌人引向错误的地方。[14]"我的结论是，哈
里奇-伊普斯威奇地区已经成为未来行动的重要作战基地"，而来自
北部的情报"表明对挪威的攻击可能即将开始"。[15]没有人向他征求
意见，他也仅仅是提出而已，可德国人就是照单全收了。

随着报告从英国源源不断涌来，冯·伦内忠实地一遍又一遍调
整着他的兵力部署图。5月15日时，这位德军分析员指出："越来

313

越清楚地显示，敌人的主要集中地点位于该岛南部和东南部。"[16]两个星期后，他写道："更多部队进一步向不列颠群岛南部和东南部调动。这再次证明了敌人的主要集结地就在这片区域。"[17]到 6 月 2 日时，"布鲁图斯"给出的两支大军在德国人眼里都是确定无疑的

314 　事实："根据 6 月 2 日阿勃维尔的一封可靠电文显示，他们认为目前在英格兰南部的盟军被分为两个集团军群（英国的第 21 集团军群和美国的第 1 集团军群）。"[18]德国谍报负责人要求了解蒙哥马利领导的第 21 集团军群，即真实军队的详细情况，但他们的特工们似乎更热衷于报告发生在英国东部更远处的事情。德国人对其中蕴含的危险完全没有察觉。

大赛那天，球队中往往会有一名备受期待的球员表现不佳。武尔夫·施密特（特工"泰特"），这位已经累计发出 1000 多条信息的老将没有发挥出预期水准。他"不断向敌人投喂优质的假情报"，但没有一条被吞下。[19]由"布鲁图斯"和"嘉宝"编造的部队及其驻地情报得到信任，多次出现在德国的军情摘要中，但由于某种原因，"泰特"却得了个零蛋。弗利特伍德-赫斯基思写道："直到登陆日那天，国防军最高统帅部的军情摘要都没有采纳一条他发出的信息。"[20]

比德国人不愿意接受"泰特"的欺骗更让人糟心的是，他们可能会相信另一个间谍恰巧蒙对的假情报。保罗·菲德尔穆茨（特工"奥斯特罗"）自 1940 年以来就一直根据小道消息和臆测想象为阿勃维尔编造报告。长期以来，军情五处一直担心深受柏林信任的"奥斯特罗"拿着霰弹枪到处乱射，也许会意外击中真相，把敌人

引向登陆点。果不其然，布莱切利园在 6 月初破译了一份电文。"奥斯特罗"报告说，蒙哥马利参谋部的一名上校（一个不存在的线人）确认诺曼底是重点进攻地区。利德尔在 6 月 5 日的日记中写道："尽管这份长长的报告完全不准确，但'奥斯特罗'猜到了目标区域。"[21]现在离登陆仅剩 24 小时，除了祈祷这个碰巧正确的谎言不足以威胁到已经倾泻在敌人身上的海量不实情报外，英国人也别无他法。

在诺曼底登陆前夕的那个子夜，一小队形迹可疑的人在一片漆黑中摸进亨登镇克雷斯皮尼街 35 号。走在前面的是胡安·普霍尔，后面跟着塔尔·罗伯逊、汤米·哈里斯和罗杰·弗利特伍德-赫斯基思，压尾的是查尔斯·海恩斯中士——他以前是银行职员，现在负责操作"嘉宝"的无线电台。所有人都身着便装。晚上早些时候，住在梅费尔区的哈里斯请他们在自己家中享用晚餐，还从高级酒窖里拿出一大瓶 1934 年的欧颂酒庄葡萄酒为队伍加油打气。这群古怪的人精神抖擞，情绪高涨，但又极度紧张，他们将做出表面上看来令人瞠目结舌的背叛行为：向德国人透露 D 日登陆行动的真正时间和地点。

为了保持"嘉宝"在德国人心目中的地位，哈里斯极力主张必须允许普霍尔提前发出真正的警报——不能影响军事行动，但也要足够早，这样当盟军准时登陆诺曼底后，普霍尔便能声称他已经有言在先了。这样做意义重大。"坚毅行动"的后续阶段是继续保持对加来海峡地区的威胁，阻止德军向诺曼底调动。这与行动的第一阶段同等重要，所以维持德国人对"嘉宝"的绝对信任非常关键。第一批部队计划于上午 6 点 30 分开始登陆。经过一番犹豫，艾森豪威尔同意"双十"团队可以在登陆前三个半小时内向德国人发出警报。信息从马德里转发到柏林，大约需要三小时，因此当德军最高统帅部收到消息时，登陆行动已经开始了。普霍尔此前已告诉库伦塔尔，他正在等待来自苏格兰的重要消息，并要求对方确保西班牙的无线电报务员在凌晨 3 点时等候接收信息。

克雷斯皮尼街 35 号坐落在一条僻静的街道上，不论是过去还是现在，都是伦敦一个普普通通角落里的一栋完全不起眼的房屋。它看起来和这条路上的其他房子，乃至全英各地无数房子毫无区别。这正是军情五处选择它的原因。没有比这里更适合伪装的了。如果说这栋房子看起来无关紧要，不可能对赢得战争起到任何作用，那么胡安·普霍尔也是如此。他刚到英国时，犹如一只凶猛好斗的矮脚鸡，现在却几乎谢顶，戴着一副大眼镜，更像是异常专注的小猫头鹰。克雷斯皮尼街的邻居们认为他是一个害羞、有礼貌的外国绅士，在英国广播公司做着一份枯燥无聊的工作。他的外貌同这样的印象也正好契合。

凌晨 3 点前，五个人聚集在楼上卧室的无线电台旁。海恩斯做好了发报准备。此时盟军伞兵已经在法国展开行动。尽管这个故事像往常一样，因普霍尔那种漫无边际的累赘陈述而不为人所注意，但它充满了戏剧性，与当时的场合十分相称。那位直布罗陀侍者"弗雷德"同两个从希尔廷伯里（Hiltingbury）兵营开小差的美军士兵一起逃了出来，为的是把登陆行动即将开始的消息告诉"嘉宝"。

他告诉我，加拿大第 3 师于三天前领到了战地口粮和呕吐袋。目前该师已离开营地，美军随后进驻了该兵营。有传言说加拿大第 3 师现在已经登船。这名特工的处境非常不妙，因为他离开营地很久了，一定会有人发现他脱岗。为了保护网络安全，我决定把他藏起来。[22]

如果加拿大军队没有回来，就只能说明他们已经起航前往法国；由于希尔廷伯里离南安普敦只有 8 英里，而南安普敦又在瑟堡对面，那么合乎逻辑的目标一定是诺曼底。德国人应该能立即读懂这些线索。

凌晨 2 点 59 分，塔尔对海恩斯说："好了，中士，发报吧！"[23] 海恩斯首先键入呼叫信号。唯一的回应是一阵噼里啪啦的静电声。"我搞不懂，"海恩斯说，"通常情况下，德国佬会马上回答。"[24] 15 分钟后，他重复呼叫。还是没有答复。那个报务员不是离开了岗位，就是睡着了。海恩斯不停地呼叫。哈里斯说："问题是，马德里的生活实际上是从午夜才开始的。库伦塔尔的报务员可能正在某个餐厅和朋友们一起喝雪利酒。"[25] 罗伯逊和弗利特伍德-赫斯基思终于找到理由，回家睡觉了，就像客人从乏味的聚会中脱身一样。为了令"嘉宝"的警告更加有力，也为了进一步增强他的地位，这条电报增加了一些关键信息，如果早几小时发送，就会违背安全条例。到上午 8 点时，马德里的无线电报务员要么是睡醒了，要么是开始上班工作，终于确认收到了电文。加拿大第 3 师则早已拿着呕吐袋登船出发，此时正迎着德第 716 师的猛烈炮火向诺曼底的朱诺

317

（Juno）海滩发起攻击。

"嘉宝"掐准时间发送的警报没有因此让人失望，反而达到了目的。他成功传递出在德国人看来最重要的战争情报，而他们自己却错过了。与马德里的无线电报务员一样，德军也在打盹。

6月4日下午，海军少校乔治·昂纳（George Honour）小心翼翼地驾驶着微型潜艇驶入侦察阵位，距离宝剑（Sword）海滩仅四分之一英里。这里是五片登陆海滩中最东面的一片，仅仅36小时后，英国第3步兵师就将对这里发动进攻。他升起潜望镜，向海岸望去。"我们看见一卡车德军从车上下来。他们开始玩沙滩排球、游泳，我心里想：'里面千万别有奥运游泳健将，要是游过来发现我们就糟了。'德军度过了一个轻松的周日下午，对即将发生的事还毫无察觉。"[26]

318　　诺曼底登陆对德军高级指挥官来说，无异于当头一棒。他们不仅是没有准备好，简直是过于松懈。隆美尔一直致力于增强海峡防御建设，当时却在500英里之外的乌尔姆（Ulm）家中为妻子庆生。负责防卫加来地区的第15集团军司令汉斯·冯·扎尔穆特将军正在狩猎。情报部门负责人格奥尔格·汉森上校在巴登巴登泡温泉。当天，第7集团军各师师长离开驻地，正在雷恩（Rennes）参加模拟针对盟军登陆的指挥演习。德国海军报告说，由于天气恶劣，登陆行动"不可能发生"，因此取消了在英吉利海峡的巡逻任务；坚守在防空洞和地堡中的部队被告知可以放松一下。[27]冯·伦内在6月6日的形势报告中甚至没有提到英国，内容几乎完全集中在地中海地区。

在 D 日的前一天，统率 150 万德军的冯·伦德施泰特发出了一份让人心安的局势报告："目前还没有迹象显示入侵即将发生。"[28] 就连报告中复杂的语法也表明，他认为自己时间很充裕。驻守在大西洋壁垒的守军确信防线坚不可摧，他们完全有把握将盟军击退——而且不费吹灰之力。当德第 7 集团军情报部队的一名二等兵通知值班军官，前线发来报告说遭到攻击时，结果却被告知"不要大肆宣扬；别忘了迪耶普（Dieppe）"。[29]他指的是盟军在 1942 年发动的失败突袭。①

"布鲁图斯"在巴黎的专案官员奥斯卡·赖尔上校诡计多端。他通过分析英国广播公司法语广播中一些毫无意义的字句，成功解读出它传达给法国抵抗组织的隐藏含义。6 月 5 日，德国情报部门收集到 14 条这样的信息，并判断登陆行动即将开始。诺曼底的第 7 集团军无视这一警告；加来的第 15 集团军提升了警戒级别，但冯·扎尔穆特依然镇定自若地说："我太老了，不会为这种事激动。"[30]

6 月 5 日，希特勒睡得很晚，一直在与爱娃·布劳恩（Eva Braun）和戈培尔讨论电影。由于此前判断诺曼底登陆只是一次佯攻，因此人们认为没有必要叫醒希特勒。D 日那天，他一直睡到上午 10 点。当希特勒终于得知登陆已经开始时，他显得很愉快，相

① 1942 年 8 月 19 日清晨 5 点，以加拿大军和英军为主力的盟军部队对德国占领的迪耶普港实施突袭。盟军在上午 10 点 50 分全线撤退，登陆的 6086 人中共有 3623 人阵亡、受伤或被俘。迪耶普突袭虽然以彻底失败告终，但为后来的诺曼底登陆积累了经验和教训。

信德军能轻易击退进攻。

"双十"团队不能（也没有）把 6 月 6 日打乱德军阵脚的功劳全部据为己有。针对法国西北部的轰炸强度不断增加，盟军每向诺曼底地区扔下一枚炸弹，就同时向加来海峡投掷两枚；进攻区之外遭到打击的雷达站数量是区域内的两倍。在战线后方，伞兵燃起信号弹和焰火，播放轻武器开火的录音，以吸引德军远离登陆滩头。与此同时，装扮成伞兵的人偶更是乱中添乱。当真正的军队劈波斩浪驶向诺曼底时，盟军利用科技手段，伪造两支假舰队前往塞纳河口和布洛涅。盟国空军从飞机上撒下代号为"窗户"（Window）的大量锡箔片，这样从德军雷达上看来就像有两支巨型舰队在向法国海岸靠近。

德国人可能被打了个措手不及，但远非毫无防备。海岸线上布满了野战炮、海岸炮、迫击炮、机枪和狙击手，还有铁丝网、木桩、地雷和由钢梁焊接而成的反坦克拒马；混凝土浇制的金字塔形"龙牙"可以减缓坦克速度，并将其引入"杀戮地带"；远处的田野上竖立了超过 100 万根直立木桩，它们被称为"隆美尔芦笋"，以阻碍盟军空降。德国守军可以从地堡、机枪阵地、战壕和炮台向进攻者倾泻火力。在奥马哈（Omaha）海滩，首批登陆的美军面对的是一堵"残忍的火力墙"，超过 2400 人死伤。[31] 在朱诺海滩，加拿大军队头一小时伤亡就高达 50%。德军几十小时前还曾在宝剑海滩玩沙滩排球，现在盖世太保却开始在宝剑海滩后方报复了：在卡昂市区内的监狱里，70 多名法国抵抗运动成员被押进院子枪杀。

路透社战地记者蒙塔古·泰勒（Montague Taylor）通过放飞一

只叫"古斯塔夫"（Gustav）的皇家空军信鸽，把登陆消息带回了英国。来自汉普郡科舍姆（Cosham）的训鸽人弗雷德里克·杰克逊（Frederick Jackson）说："虽然它的名字听起来像外国人，但它的的确确是英国信鸽。"[32]蒙塔古在报道中写道："登陆部队已经考虑到了所有情况。如果其他手段失效，信鸽也能把这一重大消息带回家。在我上登陆舰前几小时，一名皇家空军中校给了我一个篮子，里面装有四只鸽子，还配有鸽食和携带纸条的装置。"[33]上午8点30分，蒙塔古放飞了"古斯塔夫"。这只鸽子穿过浓密的云层，躲开敌人零星的炮火，以30英里的时速逆风飞行，仅用了5小时16分钟就飞回朴次茅斯附近索尼岛（Thorney Island）的鸽笼，创下了D日中的一项纪录。哈里·哈尔西（Harry Halsey）中士取下绑在它腿上的信息，将其转发到伦敦："我们离滩头只有20英里左右。第一批突击部队于7点50分登陆。编队稳定航行。'闪电'、'台风'和'空中堡垒'战机在5点45分从我们头顶飞过。没有看到敌机。"[34]

D日登陆正是"双十系统"存在的理由。之前每一次欺敌行动都是预演，都是在为这场盛大的终极之战做准备。在那一天搏杀的盟军官兵成为勇气和战斗技巧的永恒代名词。但是，当他们奋力冲上血腥的沙丘时，一支看不见的队伍也在百里之外与他们并肩作战——不是用枪、子弹和炸药，而是用诡计、秘密行动来削弱德军的力量和信心，混淆视听，制造惊愕，把敌人引入歧途，利用谎言掩护登陆部队。到登陆行动第一日结束时，盟军至少伤亡1万人，其中2500人阵亡。不过，有15.6万人从海上登陆法国，2.3万人

321 空降着陆，将矛头直插法国沦陷区。如果没有"坚毅行动"，这些数字会是多少？欺敌效果在多大程度上归功于双面间谍？这些当然无法精确判断。

但有一点是肯定的：假如"双十"骗局起了反作用，假如约翰尼·耶布森崩溃，假如莉莉·谢尔盖耶夫插入她的控制暗号，假如由谎言编织的庞大防御网暴露了，德军便会增援诺曼底，加强防御，严阵以待，那么登陆行动必然失败，D 日将以一场屠杀结束。

第二十五章

第二回合

6月6日是最漫长的一天。人们可能会以为，一旦德国人意识 322
到自己落入了一场精心策划的骗局，双面间谍的工作也就结束了。
实则不然。"双十"团队还要参加第二回合的比赛：制造另一出规
模甚至更庞大的登陆假象——让德国人误以为针对加来海峡地区的
打击马上就会来袭，并尽可能维持更长时间。这些间谍肯定很快就
会暴露，但假象每延长一小时，德第15集团军就会多浪费一小时
来等待并不存在的登陆行动。这将对减少伤亡、扩大登陆场区域产
生关键性的影响。策划者们希望对挪威和加来的双重威胁保持十天
之久。如果时间少于此，艾森豪威尔也能接受。他知道，即使驻防
在北面的强大德军只将一部分火炮调往脆弱的诺曼底桥头堡，登陆
也会失败。"只要头两天别让第15集团军干扰我就行了，"他对欺
骗行动的策划者说，"我要求的就是这些。"[1]

D日登陆后，双面间谍们重新投入隐秘的战斗，对未能事先发
出警告而纷纷道歉，唯一成功的间谍则大肆指责德国人。

"布鲁图斯"的借口是他正忙于打探另一支准备穿越多佛海峡
的军队的情报。"不幸的是，由于我没能与第21集团军群建立接
触，且我一直在美第1集团军群等待盟军进入战备状态，因此无法 323
向你提供第一次登陆的细节。"[2] "泰特"也懊悔不已，但又指出似
乎有更多部队即将抵达肯特郡。诺曼底登陆的消息一经公开，"布
朗克斯"就用隐形墨水写了封信，尽管她知道这封信在好几个星期
后才有可能寄达。她在信中坚称，她是真心实意地相信波尔多即将
遭到攻击。"我被入侵的消息搞得心烦意乱。我还是确信奥姆斯比-
戈尔上尉提供的信息是真实的。昨天和他一起吃晚饭，我故意取笑

他说话不够慎重。他没有接话茬，只是提醒我保证过再也不提及此事了。我只能认为是计划有变，不然就是这次进攻也会发生。"[3]

相比之下，"嘉宝"则集中火力，对他的德国负责人因没及时接收自己在盟军登陆前发出的警告而大加鞭笞：

> 这让我质疑你们的工作态度和责任心。因此，我要求立即澄清到底发生了什么事情。我对这种你死我活的争斗烦透了。我无法容忍任何借口或疏忽。如果不是为了理想和信念，我早就放弃了。由于超负荷工作，我已经完全累垮。我虽然疲惫不堪，但还是写下这些话，就是为了在今天晚上发出。[4]

库伦塔尔感到十分窘迫。他诅咒天气，诅咒"嘉宝"的无线电报务员和西班牙这边的工作人员。他诅咒所有人，除了他自己，接着说了一大堆低声下气的恭维话。

> 我愿以最明确的措辞强调，你在过去几周的工作使我们的统帅部有可能得到充分预警并做好准备。因此，作为情报工作负责人，我向你及你的所有合作者重申，你的工作完美无缺，价值非凡，我们完全认可。我恳请你在这个决定性的重要时刻与我们齐心协力，为欧洲的未来而战。[5]

324

丘吉尔向下议院撒谎说，对诺曼底的攻击"只是一系列登陆行动的第一仗"，他无疑认为这番话对骗局大有裨益。[6]唯一的问题是，名义上在新闻部工作的"嘉宝"已经向马德里报告，英国官员得到特别指示，**不得**透露还有进一步的攻击行动，以免破坏出其不意的效果，而首相却在公开场合发言，泄露机密。普霍尔急忙解释说，丘吉尔没有遵守指令已引起惊慌，对此事的调查正在进行中。最终，首相的失误可能是利大于弊。

到目前为止，双面间谍一直都是在暗示盟军即将登陆加来海峡，现在他们可以"全力以赴"，直截了当地宣称美第 1 集团军群已准备好"随时向海峡对岸发起进攻"。[7]如果说 D 日之前的骗局是通过潜移默化和微妙暗示形成的，那么第二阶段就是用铲子往德国人口里灌情报。阿斯特写道："'坚毅行动'需要持续对加来海峡地区制造威胁，时间越长越好，从而在接下来的关键几天里尽可能遏制敌军部队投入战场。"[8]"布鲁图斯"立即给赖尔发送了一条信息，把诺曼底登陆描述为主菜之前的一道开胃菜。他在 D 日晚间通过无线电报说："很明显，这次登陆只有第 21 集团军群的部队参与。美第 1 集团军群正如我所报告的那样，已做好准备随时发起攻击。不过现在看来，这将是另一次独立行动。"[9]特工们报告说，美军涌入英格兰东南部，无线电通信大幅增加，对加来地区的破坏活动加剧。所有这一切都表明，第二支大军"已准备完毕，处于进攻前的最后阶段"。[10]

"嘉宝"也给出了很明确的判断。他告诉库伦塔尔："除非有充分的理由支撑我的观点，否则我从不愿意发表意见。"[11]（这并非事实，因为他在每件事上都指手画脚。）6 月 9 日凌晨时分，他和哈里斯从克雷斯皮尼街发出了一封截至目前最冗长的电报，可以说是手把手地告诉德军最高统帅部应该怎么想。

> 6月8日，与下线特工私下商讨后……我判断，鉴于庞大的兵力在英格兰东南部和东部集结，却又没有参加当前行动，所以这些［在诺曼底的］行动只是声东击西的策略，旨在吸引德军预备部队，然后好在其他地域发起决定性攻击。进攻可能发生在加来海峡地区，特别是因为该地区靠近英国的空军基地，可以得到持续有力的空中支援……加来海峡不断遭受的空袭以及这些部队的战略部署位置，使我有理由相信盟军将进攻法国这一地区。这同时也为他们抵达梦想中的最终目标——也就是柏林——提供了一条最短路线。[12]

"嘉宝"列举了英国南部的每一支部队，真的假的都包括在内，并计算出盟军一定"留下大约 50 个师进行第二次打击"。[13]他的总结陈词听上去像是一道命令。

> 我相信你会把所有这些报告和研究结果紧急提交到我军最高统帅部，因为此时此刻，即便是一分一秒都可能是决定性的。在由于缺乏对事实的必要了解而采取错误步骤之前，统帅部应该掌握我传送的所有最新信息以及我的意见。我相信目前的整个攻击行动是敌人设置的陷阱，为的是诱骗我军匆忙部署全部的战略预备队。如若如此，我们将为此后悔不迭。[14]

如果接收这些琐碎信息的德国人能够停下来思考一下，他们可 326
能就会注意到无线电设备竟然运行了两个多小时而没被英国人发
现。这绝不可能。但他们就是没有明白这一点。德国人将"嘉宝"
的报告浓缩成便于阅读的形式，沿着指挥链条急速向上传递：从马
德里到柏林，再发往贝希特斯加登。德军最高统帅部情报部门负责
人弗里德里希-阿道夫·克鲁马赫尔（Friedrich-Adolf Krummacher）
阅读报告时，在描述诺曼底登陆为"声东击西"的句子下面画了道
线，并将其转给最高统帅部作战局局长阿尔弗雷德·约德尔
（Alfred Jodl）将军。后者又在文中"英格兰东南部和东部"下画
线。接着，报告交到了希特勒手中。

从最后的情报评估报告中可以推断出元首的反应。他就像盲目
的空想家通常所表现的那样，当听到的情报内容符合自己先入为主
的判断时，便毫无保留地接受了"嘉宝"的结论。

> 该报告是可信的。上周从"阿拉贝尔"那里收到的报告几
> 乎无一例外，均得到了证实，可以说价值非凡。今后的调查方
> 向将聚焦于英格兰东南部及东部的敌军集群。[15]

埃尔薇拉又添了把火。她用隐形墨水写信报告说："只有部分
盟军部队参加了诺曼底行动，大部分目前仍留在这里。"[16]她的信非
常朴实天真，反而以不同方式显得与切尔尼亚夫斯基的军事报告和
普霍尔的详细分析一样可信有力。D 日登陆后两周，她一方面担忧
着自己的账户透支，不知道还有没有钱给面包涂黄油或果酱，另一

方面仍在暗示第二次登陆行动随时会发生。"奥尔德尼岛（Alderney）的斯坦利勋爵（Lord Stanley）说，船只因恶劣天气无法离开南部海岸港口，"她写道，"水果被霜冻坏了，需要从美国送来果酱。还是缺钱。"[17]

327　　按照计划，"霸王行动"一旦启动，"双十"团队曾经的宠儿"珍宝"便会被毫不客气地弃用。莉莉·谢尔盖耶夫为英国情报工作承担了极大风险，并发挥了重要作用，不仅是在欺敌方面，而且在赢得克利曼的信任方面。后者绝对信任她，以至于把她的无线电信息一字不差地转发，"从而在6月为布莱切利园破译德国密码节省了大量时间"。[18]但她让感情影响了工作，这是绝不应该的。她太爱自己的狗，为了替它复仇而隐瞒信息，违背了情报工作最基本的准则，而且她依然拒绝透露那个控制暗号是什么。

D日登陆后过了三天，塔尔头戴苏格兰式船形帽，身穿锡福斯高地兵团的传统长裤，在玛丽·谢勒的陪同下，亲自到希尔街开除莉莉。他坐在扶手椅上，玛丽在窗边找了个位置。

"我有些事不知道该怎么说，那就开门见山了。"

"说吧。"莉莉装出满不在乎的样子。

塔尔轻易不发怒，可一旦发作，脸就涨得通红。他抓住椅子扶手，身子前倾，说道："玛丽告诉我，你在里斯本的时候设置了一个安全核实编码。我们认为你不再值得信赖了。我绝对不可能信任干了这种事的人。你不能再发送任何信息。我们自己来做。其实我们已经在没有你参与的情况下开始工作了。"

莉莉一笑置之。塔尔的脸变成了猪肝色。

"处理如下：你停止工作；我们会继续每周支付你5英镑生活费；我尽快安排你返回巴黎。你必须离开这所公寓。你有两周时间收拾行李。"

莉莉还是一言不发。塔尔发怒了。

"如果我有哪怕一条证据证明你有任何行为损害了盟国利益，我都会立即采取严厉措施，要么把你关进监狱，要么把你交给法国当局。他们肯定也会重重处罚你。"

莉莉注意到他格子呢裤子的左膝盖上有一个补丁。她想，塔尔没有刮胡子，看起来很疲惫，衣着有点寒酸。

塔尔等着回应："你有什么要说的？"

"你的第一个指控没错，"莉莉说，"而且你们可以留着你们的钱。"

"不管你喜不喜欢，你都要拿这笔钱。之后你想怎么着就怎么着。我猜你是不打算告诉我们那个控制暗号了？"

莉莉耸了耸肩。"你刚才还说我不值得相信，"她嘟囔道，"如果我告诉你暗号，你怎么知道它不是跟你想要的正好相反呢？"

塔尔受够了这场游戏。"我没有说我们会相信你。"[19]

他没有再说什么就离开了，玛丽·谢勒也跟着出去。一听到前门关上，莉莉就痛哭了起来，也许是自怜自哀，但大概也有些后悔。正如她后来所说的，"这是第三幕的关键场景"。[20]她本打算以自己的方式为这出大戏画上句号，要么成为盟国的女英雄，要么毁掉整个行动为巴布斯之死报仇。结果，她只领到微薄的报酬就被赶走了，还被一个满脸通红、裤子上有个破洞的男人训斥了一顿。

328

　　为了得到莉莉的那个控制暗号，塔尔最后尝试派吉塞拉·阿什莉去见她。她们一直相处得很好，而且吉塞拉是套取情报的高手。

　　她问道："你为什么这么做？"[21]

　　"我不想被他们打败，被你们该死的情报部门打败。"[22]

　　吉塞拉·阿什莉搂着莉莉说："亲爱的，你只是太骄傲了。"[23]

　　甚少有自知之明的莉莉在日记中写道："我破坏了自己的工作，或者至少让它变得毫无价值。"[24]

329　　　"双十系统"本来就是建立在横向思维之上的。但随着"坚毅行动"持续到 D 日之后，这种思维逐渐变得怪异起来。休·阿斯特和罗曼·切尔尼亚夫斯基陶醉于成功之中，想出了一个巧妙、大胆而又相当疯狂的主意：能不能诱骗德国人派出一支暗杀小组，在假军队的假总部刺杀艾森豪威尔将军及其他高级军官呢？

　　计划很简单："布鲁图斯"给赖尔发送一条紧急无线电信息，"诱使德军对所谓的美第 1 集团军群指挥部所在地温特沃斯发动空降突袭"。电文内容如下："艾森豪威尔将军和其他一些重要人物正在召开会议。会议结束时，艾森豪威尔将向所有军官发表讲话。这是一个前所未有的绝佳机会，可抓捕或消灭那些事关入侵成败的关键人物。""布鲁图斯"指出，温特沃斯"周围有适合空降的高尔夫球场"。切尔尼亚夫斯基本人将"打着手电指示准确的着陆点，并引导突击队员前往宴会厅，盟国的贵宾们将在那里举行餐后庆祝活动"。德国伞兵一旦降落就会落入埋伏成为俘虏："必须做好安排，确保无一人漏网。"切尔尼亚夫斯基需要找个理由来解释暗杀计划为什么会失败。"第二天，'布鲁图斯'将亲自发送一条电报，愤怒地说尽管他拼命挥动手电，但伞兵们还是降落到远处的田野上，自然遭到国土警卫队的围捕。"阿斯特认为，这个阴谋会让德国人进一步深信在东南部确实有这么一支无中生有的军队。"如果德军不来也无伤大雅，因为对加来海峡地区的威胁将继续存在，而且'布鲁图斯'还可再次证明他有勇有谋。"德国人肯定无法抗拒这道"可口的菜肴"。[25]

塔尔·罗伯逊断然拒绝了这个想法，指出与其煽动全副武装的纳粹刺客在大半夜围着伦敦周边的高尔夫球场跑来跑去，要去杀死美国将军，还有更简单的办法吸引德国人的注意。

330

这个大骗局的某些参与者比其他人更加积极。理查德·沃克上尉花了数月时间准备鸽子版的"双十行动"。他招募了数以百计的次等信鸽，给它们装上伪造的德国腿环，然后在欧洲沦陷区上空放飞，期望它们能从内部摧毁德国的信鸽系统。

沃克的大骗局令人失望：没有证据表明它取得了任何效果。德国人从未发现自己的鸽群中间混有双面信鸽。事实上，当德军负责信鸽系统的指挥官在战后审讯中被问及他的鸽笼是否可能遭到盟军的鸽子渗透时，他回答绝不可能，因为冒牌货会立刻被识破。他说，没人可以不使用焊接方法在鸽子身上绑假腿环。当然，这正是沃克已经成功做到的技术。这个计划之所以失败，是因为它过于巧妙。这些双面信鸽由于不够强壮而无法飞回家，干脆就混进当地鸽群中，像很多解甲归田的老兵那样，开始了新生活。它们在战争中的英雄事迹无人知晓，直到现在还被埋没于历史之中。

蒙蒂的替身可能也只对德国人的思维造成有限影响。直布罗陀那场戏肯定被报告给了柏林，但军情五处坦率承认："很不幸，德国人从中推断到了什么，以及对他们的计划产生了多大影响，我们一直无法知道。"[26]这一诡计也许将德国人的注意力转移到可能的南法登陆行动上，不过假蒙哥马利将军在阿尔及尔与真威尔逊将军的会面却似乎没有被报告给冯·伦德施泰特，或者对德军的海峡防御产生影响。"铜头蛇行动"最多只能算是令德国人更加困惑，并为组织者提供了相当大的乐趣。莫利纳·佩雷斯也付出了代价，他的纳粹间谍生涯为此突然中断。英国掌握了他从事间谍活动的确凿证据后，宣布这位西班牙官员是不受欢迎的人，将其永久驱逐出直布罗陀。这令他又气又恼。

埃尔薇拉警告盟军即将攻击比斯开湾的电报无疑传到了德国情报部门，尽管他们认为这次登陆行动至多只能算是"小打小闹"。[27]即便如此，这份情报仍然显得很逼真，以至于当德军在布雷斯特（Brest）附近侦察到盟军舰队时，他们认为盟军一定是要前往比斯开湾实施"佯攻"。[28]盟军曾预计，德军将在 D 日后一周内从法国西南部派遣两个装甲师至诺曼底。事实上，只有一个师，即党卫军第 17 装甲掷弹兵师向北移动参加反击。就算是这样，该师也没有立即行动：它最终在 6 月 11 日才到达诺曼底投入战斗。第 11 装甲师仍滞留在法国西南部，准备抵御永远都不会来的进攻。约翰·马斯特曼确信这都要归功于埃尔薇拉："当登陆开始时，这个装甲师依然守在波尔多地区，而不是当即向北直扑瑟堡。"[29]阿斯特也表示同意："他们把一个装甲师调到波尔多地区，这在某种程度上可能要归功于'布朗克斯'的电报。"[30] 它确保了"当诺曼底激战正酣时,这些部队却只能待在波尔多附近无所事事"。[31]

埃尔薇拉在接下来的后续信件中暗示盟军登陆比斯开湾仍有可能发生,进一步把水搅浑。直到 7 月,约德尔将军还对日本驻柏林海军武官阿部将军说,预计会有第二轮登陆行动:"我们已经做好准备,应对盟军在波尔多附近登陆。"[32] 特工"布朗克斯"和"艾恩赛德行动"虽然不太可能让德国人彻底相信,或者只是有点相信,盟军即将对法国西南部发起攻击,但无疑混淆了德国人的思路。敌人无法掌握实情,这在很大程度上要归功于这个轻浮的派对女郎。她谎称在俱乐部遇到了一个喝得醉醺醺的军官,并据此向自己的德方负责人讲述了一番从未发生过的对话。

"北部坚毅行动"既定的有限目标是对挪威制造进攻威胁,从而"将数个最精锐的德军师牵制"在斯堪的纳维亚半岛。[33] 就这一点而言,行动成功了,尽管也许没有像希望的那样富有戏剧性。德国人肯定对虚构的第 4 集团军信以为真,但他们似乎认为这支由索恩将军领导的部队兵力不足,或者没有足够的空中掩护,因此只能执行佯攻任务。5 月初,德国人判断盟军攻击挪威的"可能性很大","必然"会对丹麦采取行动。分布在斯堪的纳维亚半岛上的17 个德军师处于高度戒备状态。尽管攻势规模不大,但德国人肯定还是不敢掉以轻心。欺骗行动也许并没有说服希特勒去做任何他本来就不打算做的事,但无疑成功地怂恿他继续做他已经在做,且盟国希望他继续做的事。希特勒从始至终都没有把驻扎在挪威的 25 万军队重新部署到真正决定战争胜败的法国北部。

332

　　如果说"坚毅行动"某些细枝末节的有效性还有待商榷的话，那么这场骗局的主要目标则无可争辩地达成了，并取得了足以改变世界格局的胜利。就在诺曼底战役进行得如火如荼之际，德国人依然紧紧守着那个盟国小心翼翼编织出的，现在正精心维持的幻象，坚信巴顿率领的美国大军正准备猛扑加来海峡地区。德军必须坚守当前阵地，才能击退盟军。

　　D 日当天，冯·伦内一口咬定"第 15 集团军防区将会有另一次登陆，不可动用该部一兵一卒"。[34]隆美尔表示同意，认为不应该削弱北部兵力。尽管如此，第 15 集团军预备队还是接到调动命令。

333　6 月 9 日，强大的第 1 装甲师共 2.5 万人奉命从加来海峡向南进发，加入对盟军桥头堡的反击战斗。但"嘉宝"随后明确警告说，诺曼底登陆是盟军的调虎离山之计，这一行动就是为了在主攻之前诱骗德国人从加来地区抽走军队。于是第 1 装甲师的命令被取消了。该部将继续留在原地，白白浪费关键的一周时间。有好几个因素促使德国人做出这一决定，但凯特尔元帅后来称，他"99%确信，改变计划的原因"是"嘉宝"的警告。[35]

　　D 日后过了一周，只有一个德军师从加来海峡转移到诺曼底。德国人坚定地相信那支幽灵部队的确存在。6 月 23 日，大岛浩向东京报告称："由巴顿将军指挥的 23 个师已经做好准备发起新一轮登陆。这就是德国人不向诺曼底地区投入大量兵力的原因之一。"[36]还有实物可证明欺骗计划取得了成功。驻意大利的英军缴获了一张德国情报部门于 6 月 15 日绘制的地图，明确显示敌人相信盟军还有第二支大军正守候在英格兰东南部，准备跨越英吉利海峡。利德尔写道："这同'坚毅行动'的目标几乎完全吻合。"[37]

D日后一个月，仍有不少于22个德国师被牵制在第15集团军防区。约德尔报告道："巴顿的集团军群正在伦敦及英格兰南部为下一次登陆做准备。"[38]对盟军"帮助"良多的大岛浩也证实，德国人一直预期"巴顿的大军会在迪耶普附近登陆"。[39]军情五处后来总结道，希特勒"对'嘉宝'抱有一种近乎虔诚的信心"，甚至到了7月下旬，他"还没有摆脱即将发生第二次登陆的看法"。[40]不过，冯·伦内现在产生了质疑，或者假装如此。在连续数周警告另一场规模甚至更大的攻击即将到来后，他开始两头下注，暗示美第1集团军群的作用终究还是"非决定性的"。[41]也许就像许多专家一样，他只是随着事态发展而改变说辞罢了。但也可能，巴顿的幻影军队从来没能愚弄住冯·伦内。到7月27日，他又换了一个调子："鉴于诺曼底的局势，在英吉利海峡沿岸实施第二次大规模登陆似乎不太可能。"[42]首次登陆后过了七周，4个德军师终于离开第15集团军防区向南进发，但为时已晚。正如艾森豪威尔所说，"此后，每一个进入诺曼底地区的德国士兵都将陷入灭顶之灾"。[43]盟军建立的桥头堡在登陆后的最初几天和头几个星期里非常脆弱，现在却坚如磐石。战争尚未终结，但胜利已遥遥在望。

事后复盘，清醒的德军军官都知道，诺曼底反击战失利令他们失去了在这场战役，乃至整场战争中取胜的机会。就在隆美尔被迫自杀前不久，他承认"把德军留在加来海峡是决定性的错误"。[44]可是到目前为止，德国人还是没有意识到他们被愚弄了，反而以为是盟军改变了计划。8月30日，"嘉宝"报告说，对加来海峡地区的攻击计划已经取消。德国人相信了，就像他们一开始就对他深信不疑一样。直到战后，真相才浮出水面。负责保管国防军最高统帅部战争日志的珀西·施拉姆教授（Professor Percy Schramm）① 曾经问审讯者："关于巴顿的那些事不会都是假的吧？所有派往英格兰东南部的作战师只是为了把我军牵制在加来海峡吗？"[45]然而，也有人在战争结束很久后还相信这个骗局。约德尔在 1946 年接受审讯时依然不知道自己被骗了，而是一个劲地自夸：

> 我们知道你们在英格兰南部和东南部各部署了一个集团军群。我们现在知道，东南部的集团军群实际上并未向海峡对岸发起攻击，不过该部在英格兰东南部对我军持续构成不可忽视的威胁。因此，在入侵开始后相当长的一段时间内，我们都判断不应该将第 15 集团军主力调往诺曼底。如果我们对你军在英国的部署情况了解得不那么全面，如果我们不知道美第 1 集团军群驻扎在英格兰东南部，我们就会提前将第 15 集团军的更多部队派往诺曼底。这可能会给你们带来非常严重的后果。[46]

从盟军的角度看，他们毫无疑问诱使德国人犯下了——用艾森豪威尔的情报主管肯尼思·斯特朗（Kenneth Strong）少将的话形容——"前所未有的大错"。[47]假如有大批德军当即从北方被部署至

---

① 珀西·施拉姆（1894—1970），哥廷根大学历史学教授；二战期间志愿参军，经历多次职务变动后，担任国防军的官方历史学家，负责详细记录最高统帅部和总参谋部的日常活动及决策。他的战争日志是研究德国国防军二战历史的重要文献。

诺曼底而不是坐等第二次登陆，那么盟军将面临一场更加血腥的战斗，而且完全有可能被击败。这些增援部队"可能使天平向不利于我军的方向倾斜"，艾森豪威尔写道，"在人力所及的范围内，尽可能长时间地保持盟军对加来海峡地区的威胁，这一点的重要性再怎么强调也不为过。这个骗局已经为我军带来了巨大的红利，只要小心谨慎，我们还将继续获得收益"。[48]蒙哥马利表示赞同，他写道："欺骗行动对我军取得诺曼底战役胜利起到了至关重要的作用。"[49]"双十"团队呈交给丘吉尔的报告就是一曲自夸自耀的赞歌，当然，这完全合情合理。

从种种迹象来看，德国人已经接受了我们所讲的故事，相信盟军即将进攻加来海峡。很清楚，那些贺电，尤其是发给"嘉宝"的电报，在某种程度上反映出德军最高统帅部普遍对双面间谍在军事方面的贡献持赞赏态度。众所周知，德国人一度打算从加来海峡派遣部分军队前往诺曼底，但鉴于加来海峡地区可能受到威胁，这些部队要么在前往诺曼底途中停下并被召回，要么奉命不得移动。[50]

约翰·马斯特曼知道而丘吉尔不知道的是，这场骗局差点演化为一场灾难。他后来写道："就在我们取得重大胜利之前，我们离失败也近在咫尺。"[51]但是，任职于美国情报部门的诺曼·霍姆斯·皮尔逊（Norman Holmes Pearson）称，"在这场世纪大赛中"，"双十"团队在每一个环节都表现得极其出色。[52]战后，英国情报机构

336

对截获的电报记录进行梳理，以确定有哪些特工发送的报告直接影响到了德国的军事战略："泰特"只有 11 条信息被德国情报分析人员记录在案；"嘉宝"网络有 86 条，令人印象深刻；"布鲁图斯"得分最高，德国情报摘要中出现了不少于 91 条他的信息，离板球单场得分过百只差 9 分。

经过"赛后"分析，"坚毅行动"受到了普遍赞誉。撒迪厄斯·霍尔特（Thaddeus Holt）在他的著作中全面讲述了这场战时欺骗行动，书中称"坚毅行动"是"史上最成功的战略欺骗"。[53]甚至欺骗大师金·菲尔比也说，它是"有史以来最具创造性的谍报行动之一"。[54]

不过，对这场成功骗局最权威的赞誉恰恰来自德国人自己。7月 29 日，D 日登陆后过去近两个月时，库伦塔尔给"嘉宝"发来一条无线电信息：

> 今天，我怀着非常高兴和满意的心情通知你，为表彰你的非凡功绩，元首决定授予你铁十字勋章。该勋章无一例外，只授予前线作战人员。为此，我们所有人都向你致以最诚挚和最热烈的祝贺。[55]

"嘉宝"回答，他是如此骄傲和激动，以至于不知道该说些什么。然后，他的话就像滔滔不绝的洪流那样倾泻而出。

> 此时此刻，我无法用语言表达我对元首授予我勋章的感激

之情。我满怀谦卑和敬意，向他授予我如此崇高的荣誉而表示
感谢。我觉得自己不配获此殊荣，因为我仅仅是履行职责而
已。此外，我必须指出，取得这个奖项不是我一人之功，还有
其他同伴的贡献。正是有了他们的建议和指导，我才有可能在
此工作。因此，我也要祝贺他们。这枚勋章本来只授予那些在
前线奋战的英雄，他们都是值得尊敬的战友。为了配得上这份
荣誉，我渴望以极大的热情继续投入战斗。[56]

你几乎可以听到普霍尔和哈里斯在幕后欢快地窃笑。不过，
"嘉宝"将奖励视为集体荣誉是非常正确的。这场骗局不是他一个
人在表演。他的"同伴"包括那些杜撰的特工、其他间谍及其虚构
的下线特工，以及在他们身后建立起这套系统的男男女女——那些
专案官员、谍报负责人、创造"双十"项目的天才，还有那些目光
远大并敢于放手让他们一搏的决策者。在诺曼底前线厮杀的官兵们
从来都不知道，正是一个波兰爱国者、一个秘鲁女赌徒、一个法国
爱狗人士、一个塞尔维亚花花公子和一个西班牙养鸡农隐藏在最深
的秘密之中，齐心协力制造谎言，为他们带来胜利。

"嘉宝"特工代表他们所有人接受了这枚铁十字勋章。

尾　声

　　　在德国人眼中，特工"布鲁图斯"已经证明了他自己就是"最高贵的罗马人"。D 日之后，尽管他未能成功预测真正的登陆行动，还给德方负责人灌输了大量关于假登陆的谎言，但他还是被认为不可能出错。"超级机密"揭示，他的报告"不仅被作战部门研究，而且得到了柏林头面人物的重视，包括希特勒和戈林"。[1]德国情报部门视其为高人，他的报告就是神谕。阿斯特扬扬得意地说："我们即将达到新阶段，有关军事的高级别问题，德国人都会去咨询'布鲁图斯'。"[2]1944 年 7 月，一枚飞行炸弹落到伦敦西南部的巴恩斯，里士满公园路 61 号的窗户破碎，致使莫妮克·切尔尼亚夫斯基面部严重受伤。善于精打细算的军情五处同意支付 50 英镑用于整形手术，还指出切尔尼亚夫斯基"很长一段时间以来，一直为我们英勇地工作，分文未取"。[3]

　　切尔尼亚夫斯基给自己的定位是秘密的国际政治家，常常主动给德国人提出毫无意义的建议。"这里没有人再相信德国会取得胜利了，"他告诉他们，"作为波兰人，我是否可以这样说，允许苏联人占领中欧既不符合我们的目标，也有损你们的利益……我认为现在可利用盎格鲁-撒克逊人的心理，与之达成协议。我倾向于认为

他们可能会接受你们的军事提案。"[4]赖尔回复说："我再次衷心感谢你的出色工作。我已转达你所有的政治主张，特别是关于贵国的，

并建议高层接受。"⁵阿斯特仍然渴望得到一枚铁十字勋章，于是打算派遣切尔尼亚夫斯基执行最后一次欺骗任务，在德军撤退前将他空降到法国。一到那里，他就会联系德国情报部门，说明他受英国人指派，来此"招募成员，并组织成立后方情报机构"，同时表示愿意再次为德国工作。⁶一旦成功，他便能借机"获知德国人的欺骗计划，从而查明他们的真实意图"。没有哪个间谍能像他这样在忠诚与背叛之间来回穿梭：首先在法国沦陷区做特工；然后成为德国人的双面间谍；接着转变为三重特工，再次为盟国工作；现在他提出返回法国，就是第四次选择新主人，而实际上是五重间谍，仍然为英国效力。

根据与德国人达成的协议，如果切尔尼亚夫斯基发挥了作用，其家人以及"行际眧友"谍报网中的前同事们就不会受到伤害。当巴黎解放时，这些人质也获释了。撤离之前，德国人留下了最后一个信物。赖尔在巴黎城外的公路边挖了一个洞，往里面埋了一台新无线电发报机和 5 万法郎，期望不屈不挠的特工"休伯特"和推进中的盟军一起抵达后，他还可以借此与自己保持联系。这

340

胡戈·布莱谢尔是逮捕罗曼·切尔尼亚夫斯基（右）的德国情报官员。两人于 1972 年在巴黎重聚

一行为显然与赖尔后来声称，他知道切尔尼亚夫斯基是双面间谍的说法不符。"在巴黎和莫城（Meaux）之间的 3 号国道上有一块路碑，上面的铭文显示距克莱（Claye）2.3 千米，距莫城 12.4 千米。离这块石头 5 米远的草地上有个标记，标记下方是个小沟，装备就埋在沟底之下 10 厘米处。"[7]由于德国人仓皇逃离，五重欺骗计划未能付诸实施。切尔尼亚夫斯基的德方负责人留给他的离别礼物也被遗忘。20 世纪 60 年代，3 号国道被拓宽，这个埋藏地就再也找不到了。如今，从巴黎通往德国边境的公路上，每天都有成千上万的司机路过这份留给特工"布鲁图斯"的纪念品。

战后，罗曼·切尔尼亚夫斯基在英国定居，他再也没有回到自己的祖国。[8]为表彰他的战时贡献，切尔尼亚夫斯基被授予了大英帝国官佐勋章（OBE）①。他后来成为一名印刷商，住在伦敦西区，与莫妮克协商离婚后，再婚，然后又离婚，又再婚。他十分宠爱猫。到了晚年，他喜欢坐在起居室里，和他的猫一起看特工詹姆斯·邦德（James Bond）的电影。切尔尼亚夫斯基家中的猫最终达到了 32 只之多。他的波兰口音一直很重，爱国精神也始终如一。他依然热衷于策划阴谋，在生命的最后几年，还秘密为团结工会（Solidarity）②工作。他于 1985 年去世，享年 75 岁。

玛蒂尔德·卡雷曾是切尔尼亚夫斯基在"行际盟友"谍报网中

---

① 官佐勋章是大英帝国勋章中的第四等级，后文出现的员佐勋章（MBE）为第五等级。该类勋章授予对英国做出突出贡献的本国或外国公民。

② 波兰团结工会成立于 1980 年，是华沙条约签约国中第一个被国家认可的独立工会。东欧剧变后，工会领导人莱赫·瓦文萨（Lech Wałęsa）在 1990 年 12 月当选波兰总统。目前，团结工会已无政治影响力，转型为传统意义上的工会组织。

的伙伴，于英国监狱服刑六年后，1949 年 1 月被引渡回法国，并以叛国罪遭到起诉。对她的审判轰动一时。当时有 33 名证人上台谴责她与敌人同床共枕，她则带着一种"淡漠的超然态度"，全程一言不发。[9]控方以她与胡戈·布莱谢尔上床那晚的日记作为总结陈词："我最想要的是一顿丰盛的晚餐，一个男人，还想再听一遍莫扎特的《安魂曲》。"[10]玛蒂尔德被判处死刑，后改为终身劳役。在雷恩监狱里，她被满是猫的"噩梦所折磨，梦中场景后来还变成了醒来后的幻觉"。[11]

341

她终于在 1954 年获释。几个月后，布莱谢尔来找她。布莱谢尔曾在监狱服刑，如今在符腾堡（Württemberg）经营一家烟草店。他邀请她一起写本书，称之为"无害的文学合作"。[12]她同布莱谢尔已经合作得够多了，于是自己创作了一本书，名为《我就是那只猫》（*I Was the Cat*）。书中坚称，她之所以犯下罪行是"为了实现崇高的爱国理想"。[13]不过，没有人相信她。1970 年，她在默默无闻中离世。玛蒂尔德·卡雷也许确实是背信弃义之人，也许仅仅是时运不济罢了。和切尔尼亚夫斯基一样，她宣称自己为德国人干活只是为了背叛他们。正如她的律师所争辩的那样，"在间谍生涯的某些时刻，欺骗正是游戏的一部分"。切尔尼亚夫斯基对这个间谍伙伴还存有一丝同情。她为战争所迫，在她不能掌控的情况下做出艰难选择。多年以后，他仍然为她的命运感到不安。"我真不知道我该怎么办，"他写道，"你知道吗？"[14]

D 日之后一个月，莉莉·谢尔盖耶夫透露了她最后的秘密。玛丽·谢勒带着一个蛋糕过来，邀请莉莉一起去散步。她还在寻找那个控制暗号。当她们走在皮卡迪利大街上时，她最后一次要求莉莉说出与克利曼的约定。她不是以军情五处专案官员的身份，而是作为朋友来问她。此刻是这两个截然不同的女人——一个情绪不稳定的法国人和一个冷淡无趣的英国人——之间最亲密的瞬间。

莉莉突然转向她的前专案官员，说："好吧，你赢了。"[15]

她在一张纸上写下与克利曼商量好的破折号暗语。若这两个破折号发出，便表示她正处于英国人的控制之下发报。

342　"就这些?"[16]

莉莉点了点头。

玛丽飞快地跑回办公室，取出特工"珍宝"的档案，检查莉莉从里斯本回来后发送的每一条无线电信息。有时莉莉在原文中加了破折号，有时在重复信息中加了破折号，有时两者皆无，但从来没有两者都加破折号的情况。没有出现双重破折号。莉莉从来没有把她的威胁付诸实际。军情五处曾担心这个歇斯底里的女人为哀悼她的狗而破坏 D 日登陆计划，现在看来完全是杞人忧天。不过，能够令英国人历经一番痛苦的折磨，莉莉觉得她已经扳回了比分。她在日记中写道："我能够合上笔记本，忘记这些了。人是很容易忘记的。也许这样最好。"[17]巴布斯的仇已经报了。

和平来临，莉莉很快返回巴黎与父母团聚。她写道："我无比快乐。"[18]她后来在驻德美军中找到了一份工作，听从巴特·科林斯（Bart Collings）少校指挥，帮助接种疫苗。少校来自美国中西部，性格豪爽，以前是跳伞运动员，对她十分照顾。莉莉写道："孤独离我远去，我不再孑然一身了。"[19]她的健康状况也得到了改善，有生以来第一次感到快乐幸福。不过，莉莉还没折磨完军情五处。

1946 年 3 月，比利·卢克警告塔尔·罗伯逊，莉莉正计划写一本关于她战时经历的书："你大概会在一部一流的惊悚间谍小说中找到你的名字。"[20]

塔尔惊呆了。他对吉塞拉·阿什莉说："说实话，我们对这个可恶的女人束手无策。无论我们怎么限制她，她永远会给我们惹麻烦，除非终身监禁她。我不知道有什么言辞能激发她的善良天性，如果她有善良天性的话。"[21]

他其实不需要担心。这本书要再过 20 年才会出版。莉莉只是在做她以前做过的事：利用一个她不会实施的威胁把那些古板的英国人搞得焦头烂额。

343

1947 年，巴特·科林斯与莉莉·谢尔盖耶夫喜结伉俪，移居到密歇根州。尽管没有孩子，他们的婚姻依然十分美满，然而不幸的是，快乐也很短暂。莉莉旧病复发，这次比以前更严重了；1950 年，她死于肾衰竭。她意志坚定、脾气暴躁、活力四射，在"双十"行动中扮演了双刃剑的角色。她是骗局中的主角之一，也曾计划毁掉这一切。底特律圣玛丽大街那些循规蹈矩的邻居都想不到，住在 17542 号的科林斯夫人，那个养了很多狗、容易激动的法国女人实际上位列最优秀的间谍行列。用特工"珍宝"自己的话说，她的生活"虽然令人难以置信，但都是真实发生的"。[22]

胡安·普霍尔一直没有撕下伪装，德国人直到最后都对其赞誉有加："你凭借你的人格、你的个性、你的勇气，凭借所有这些美德成为绅士。"[23]当第三帝国在一场腥风血雨和狂怒中轰然倒塌时，"嘉宝"

还在劝说德方人员对纳粹保持信仰。他告诉库伦塔尔："崇高的斗争将再次兴起。我只后悔没有站在你们身边战斗。"[24]这出大戏的最后一幕是摧毁从未存在过的"嘉宝"谍报网。普霍尔报告说，就连威尔士法西斯分子也开始幻灭，"他们不再指望从我们这儿得到什么了"。[25]"嘉宝"的最后一条无线电信息是对"殉难"的希特勒致冗长的悼词。他乱扯一气说："为把世界从无政府状态的危险中拯救出来，他做出了牺牲。他的事迹将永远留在所有善良人的心中。我相信，在不久的将来，崇高的斗争将再次兴起。"[26]1945 年 5 月 8 日，这个加泰罗尼亚人看着人群在伦敦市中心欢庆，内心涌起一股强烈的自豪感。

战后，军情五处不确定是否要把他"卖"给苏联，从而延续其间谍生涯。[27]如果被莫斯科招募，他也许能骗过克格勃，就像他曾经骗过阿勃维尔那样。不过，"嘉宝"知道应该何时退场。他从德国人那里榨取了大约 35 万美元和一枚铁十字勋章。英国人给了他 1.5 万英镑以及一枚大英帝国员佐勋章。他与阿拉切利离婚，并移居委内瑞拉。他一生热爱语言和文学，成为壳牌石油公司的西班牙语教师，还开了一家书店。他敦促汤米·哈里斯散布谣言，说普霍尔在安哥拉死于疟疾。"嘉宝"完全淡出了人们的视线，悄无声息地在马拉开波湖畔（Lake Maracaibo）的苏利亚州（Zulia）定居下来。"没有人知道我的过去。没有人知道我做过什么。"[28]1984 年，作家奈杰尔·韦斯特（Nigel West）找到他，并说服他回到伦敦，在白金汉宫接受对其战时成就的正式表彰。普霍尔这才从阴影中短暂现身。然后，他又消失在委内瑞拉。他于 1988 年去世，葬于海边城市乔罗尼（Choroní）。他写道："成千上万的官兵曾经为坚守诺曼底滩头而浴血奋战。我知道自己为减少他们的伤亡做出了贡献，为此感到无比骄傲和满足。如果我们的计划失败，会有更多人丧生。"[29]普霍尔是一名勇士，不过他的勇不是表现在夺人性命，而是表现在拯救生命。语言是他唯一的武器。

埃尔薇拉·德·拉·富恩特·肖杜瓦，这个追求性刺激，总是感到无聊，指甲修剪得十分优雅的赌徒早已证明了她的价值：随着第三帝国崩溃，她被派去调查德国高层为了求和，可能会提出哪些诉求。阿斯特写道：" '布朗克斯' 是 B1A 组诸多特工中最适合承担政治任务的人。他们将通过 '布朗克斯'，主动发出明确的和平信号。"[30]1944 年 8 月 15 日，埃尔薇拉写了封信，表示愿意继续为德国有偿服务。

> 很明显，你们已经输掉了战争。我非常担心大步推进中的盟军可能会掌握我的档案，从而发现我从事间谍活动的证据。你们能向我保证，销毁所有证据吗？如果你们愿意，我即使在战后也可以继续工作，只要你们支付报酬……[31]

德国人的答复一如既往地热情："干得好。快写信，多写信。"[32]

埃尔薇拉奉命前往马德里，与德国情报部门取得联系，并"尽可能详细地了解德国人想要达成怎样的和平条件，但不得以任何方式在这两个大国之间充当调解人"。[33]让埃尔薇拉成为国际关系中间人的想法一度被认为荒唐可笑，不过这个喜欢寻欢作乐的女人已经取得很大进步了。

346 1944 年 12 月 19 日，埃尔薇拉飞往马德里。"我相信她会干得很出色，"阿斯特写道，"她很可能会因为那封警告波尔多将遭到攻击的电报而受到责问。'布朗克斯'从来没见过奥姆斯比－戈尔，但我尽量给她描述此人的情况，相信她现在能够绘声绘色地给德国人讲出来。"[34]临走前，埃尔薇拉告诉阿斯特，"如果她遇到任何不测，请通知好友莫妮卡·谢里夫小姐"。[35]说完，她便"斗志昂扬"地出发了。[36]但此时此刻，曾经以高效率著称的德国情报机构马德里站已经彻底瓦解。埃尔薇拉连一个德国间谍都找不到。

埃尔薇拉·肖杜瓦，摄于 1995 年

回到伦敦后，她给德国人发了封怒气冲冲的抱怨信："这趟昂贵的旅行令人极其不快，简直就是浪费时间，我十分气愤。你们太让我失望了。我是为了得到丰厚的奖金才过去的。"[37]她收到了一封谦卑的道歉信，信中还要求她，若探知到盟军将在斯堪的纳维亚半岛或德国北部再次发动登陆攻击，要尽快告之。德国人与她约定的暗号与 D 日前使用的那套几乎一模一样。这一次，为看牙医要 50 英镑，代表进攻丹麦；若要 100 英镑，则意味着盟军"将在柏林西部实施伞降，并在德意志湾（German Bay）登陆"。[38]这条全新的证据表明之前的策略奏效了。马斯特曼说："如果德国人对'布朗克斯'在 1944 年 5 月使用约定暗号发送的情报不满意，那么很难相信他们还会再次使用同样的暗号。"[39]

阿斯特说，德国人"翘首以盼，焦急地等待她发来消息，而且很可能对她提供的信息全盘接受"。[40]随着战争临近结束，她开始传递旨在"削弱德国人抵抗意志"的信息，诱导他们投降。[41]她在报告中引用了在政府部门工作的朋友的话："进行游击战的德国人将遭到无情打击。"[42]特工"布朗克斯"正在帮助盟国塑造战后德国。这位从法国赌场发掘出来的间谍虽然曾经是债台高筑的赌徒，但她已经为盟国带来了丰厚的回报。军情五处高兴地指出："她大有发展前途。"[43]

埃尔薇拉并没有继续其特工生涯。就在和平到来时，她宣布退出间谍工作。英国人送给她一份价值 197 英镑的离别礼物。"他们彼此都表达了感谢和赞美之词。"[44]她继承了父亲从鸟粪产业中挣得的财富，搬到法国南部一座小村庄居住。在接下来的半个世纪里，她在蔚蓝海岸地区（Côte d'Azur）的滨海博略镇（Beaulieu-sur-Mer）经营一家礼品店。她不再赌博，但还是手头很紧。1995 年，休·阿斯特通知时任军情五处处长的斯特拉·里明顿（Stella Rimington），前特工"布朗克斯"破产了。1995 年 12 月，埃尔薇拉收到一张 5000 英镑的支票，英方以此表明"她的战时贡献依然被铭记在心，依然受到感激"。[45]一个月后，埃尔薇拉去世，享年 85 岁。在某些人看来，她的晚年生活似乎很枯燥，不过埃尔薇拉再也不觉得无聊了。在谈到自己在战争中的角色时，她说："在记忆中，那次冒险经历是我一生中最精彩、最刺激的时光。"[46]

和平到来后，兼具花花公子和间谍双重身份的达斯科·波波夫加入英国国籍并结了婚。他还得到一枚彰显其社会地位的奖章，不过他

347

寻花问柳的习惯没有丝毫改变。他对自己的首任专案官员比利·卢克说："我那些已婚的朋友老是批评我生活不检点，简直不胜其烦。"接着又补充道，他的未婚妻是"一个年轻漂亮的法国女孩（正是你喜欢的类型）"。[47]1946 年 3 月 6 日，他和雅尼娜（Janine）在法国默热沃（Megève）结婚。波波夫的新娘只有 18 岁，但军情五处讽刺说："她显然是个睁眼瞎，一头扎进这场危险的婚姻里。"[48]他的入籍申请

348 很快就获得批准。他告诉塔尔·罗伯逊："我将尽最大努力为我的新国家服务。只要你认为我还有用，我随时听候吩咐。"[49]一年后，他们在丽兹酒店的酒吧相遇。塔尔递给波波夫一个皮质盒子，里面装着一枚大英帝国官佐勋章，以表彰他在"诺曼底登陆前的欺敌行动"中发挥的作用。[50]塔尔为这个非正式的颁奖道歉，其实这个场合再合适不过了：波波夫与他的间谍关系始于萨沃伊酒店而终于丽兹酒店。

达斯科·波波夫，摄于 1974 年

战争结束后很长一段时间，英国情报机构仍在清查波波夫的财务问题。金·菲尔比对此烦透了，在 1948 年时写道："我们正在整理他的家具收据。"[51]波波夫的生意倒是蒸蒸日上，尽管完全看不出他的经营套路：塔莱尔有限公司这周向埃及政府出售霍乱血清，下一周波波夫就进口标致汽车，把橡胶软管卖到法国，还在德国建立纺织工厂。波波夫的专案官员伊恩·威尔逊战

后很快就转行做了他的律师。威尔逊说，"他随心所欲，想干什么就干什么，把对军情五处的保证抛之脑后"。[52]波波夫买了一座可以俯瞰尼斯城（Nice）的城堡。他的婚姻并没有持续多久。1961 年，他遇到 18 岁的金发瑞典学生吉尔·荣松（Jill Jonsson），并于次年与之结婚。他们搬进了格拉斯主教以前居住的夏宫。他的财务状况依然不透明，其奢华品位和迷人魅力也丝毫未减。

直到 1974 年，当英国战时欺敌行动的真相开始浮出水面时，波波夫才透露他曾是特工"三轮车"。他的书《间谍与反间谍》（*Spy/Counterspy*）写得很好，也颇为有趣，只是有部分是虚构的。当时詹姆斯·邦德风靡一时，这本书中就有一些场景直接取自 007 电影的剧本——赤裸美女出现在酒店卧室；与邪恶纳粹打斗激战；牌桌上一掷千金。波波夫是尽职尽责的好间谍，对他的英国专案官员也从无隐瞒，但在军情五处的档案中完全看不到上述情节。波波夫的真实事迹读起来就像小说一样精彩，但如同大多数间谍那样，他也忍不住编造了些故事。20 世纪 70 年代，波波夫和他的兄长伊沃（前特工"无畏舰"）在巴哈马群岛（Bahamas）开设了一家医疗美容院。这对一个继续过着 25 岁般生活的老人来说，是再恰当不过的最后冒险了。他于 1981 年去世，享年 69 岁。

B1A 组的大多数成员回归了平民生活。1948 年，塔尔·罗伯逊退职后来到伍斯特郡，就像此前照顾那些"双十"特工一样，温柔而勤勉地饲养羊群。约翰·马斯特曼不久便成为"约翰爵士，荣获官佐勋章"，并担任牛津大学伍斯特学院院长，后任该大学副校长。他玩板球，写侦探小说，在多个有影响力的委员会任职。1971

年，他无视《官方机密法》，将"双十系统"公之于众，着实令一
些前同事大吃一惊。休·阿斯特成为《泰晤士报》驻中东记者，报
道了以色列独立建国的历程，1956 年加入该报董事会。比利·卢克
恢复了商人身份，于 1958 年成为伦敦一家信誉良好的扑克牌制作
公司的控制人。克里斯托弗·哈默重返律师行业。为了怀念他最喜
爱的双面间谍，哈默夫妇偶尔会去海德公园酒店喝一杯由朗姆酒、
橙汁和苦艾酒调制的布朗克斯鸡尾酒。玛丽·谢勒与战争期间在纽
约为英国情报部门工作的菲莉丝·麦肯齐（Phyllis McKenzie）相
350 识，两个女人从此再也没有分开。她们一起度过了余生，"彼此完
美地融合在一起"。[53]军情五处的人都认为她们是一对"同性恋"
（首字母还得大写强调）。她们一起搬到罗马，在西班牙台阶
（Spanish Steps）附近的巴布伊诺大道上开了家名为"狮子"的书
店。"无论战时还是战后，罗马都有大量小偷。玛丽是跑步健将，
会毫不犹豫地冲出去追捕他们。她就是喜欢挑战。"[54]这对令人敬畏
的英国女士被人们称为"河东狮"（Lionesses），每天都在书堆和一
大群哈巴狗、法国斗牛犬、巴哥犬中度过，"玛丽很宠爱它们"。[55]

沃克上尉在余生中快乐地饲养着鸽子。带回来诺曼底登陆当天
第一条消息的信鸽"古斯塔夫"被授予了迪金勋章（Dickin Medal，
又作迪肯勋章，相当于动物版的维多利亚十字勋章），盟军"以此
表彰它在 D 日的表现"。[56]不过战后不久，它被打扫鸽笼的饲养员踩
死了。

汤米·哈里斯战后定居西班牙，在那里作画，还举办了不少精
彩的派对。他在聚会上讲了一些匪夷所思的间谍故事，让人难以置

信。1964 年，他在马略卡岛（Majorca）开车时，汽车冲出公路，撞到树上，56 岁的哈里斯因此不幸离世。一些人认为这起事故另有隐情。

盖伊·利德尔继续留在军情五处，依旧保留了幽默感和出色的判断力。"毫无疑问，苏联人在间谍活动方面远比世界其他国家做得好，"他在 1945 年预言道，"战争结束后，他们将是我方的大麻烦。"[57]当"剑桥五杰"间谍案最终被揭露时，利德尔也被卷入这起丑闻中，甚至有人还不公正地怀疑他本人就是双面间谍。

战争刚一结束，安东尼·布伦特就离开军情五处，重新开始了他的学术生涯。他被封为爵士，受到人们的爱戴和尊敬。他后来担任伦敦大学艺术史教授、考陶尔德艺术学院院长、女王的艺术顾问。1979 年，当其间谍身份终于被揭穿，一切荣誉被剥夺后，他便开始过着半隐居生活，靠"威士忌和专注于工作"来逃避社会。[58] 在他死后出版的回忆录中，布伦特写道，为苏联做间谍是"我一生中最大的错误"。[59]然而，在他的双面间谍身份被曝光后不久，他曾偶遇塔尔·罗伯逊，并对这位 B1A 组的前上司说："能够把每一位军情五处官员的名字都告诉苏联人，我感到非常快乐。"[60]

"双十"团队的其他成员也渐渐淡出人们的视线。武尔夫·施密特（特工"泰特"）变成了英国公民哈里·威廉森（Harry Williamson），在《沃特福德观察家报》（*Watford Observer*）做摄影师，饲养热带鱼，还是"一名受人尊敬的全国观赏笼鸟展览会评委"。[61]保罗·菲德尔穆茨（特工"奥斯特罗"）直到战争结束前，还在为德国人编造间谍报告，此后就不知所踪了。11 年后，他的成就却世人皆知。当时年轻的军情六处官员格雷厄姆·格林（Graham Greene）看到了"嘉宝"和"奥斯特罗"的报告，顿时灵感大发，在《我们在哈瓦那的人》（*Our Man in Havana*，又译《哈瓦那特派员》）一书中，将他们的事迹结合起来，创造了间谍网领导人伍尔摩（Wormold）这一角色。克利夫顿·詹姆斯在 1954 年出版了《冒名顶替》（*I Was Monty's Double*），并在由本书改编的电影中扮演了他自己和蒙蒂。

1944 年 8 月 20 日，莉莉的德方专案官员埃米尔·克利曼在卢沃谢讷（Louveciennes）①被美军逮捕。他本来可以很容易就跟着其他德国情报官员一起逃走，但同以前一样，还是出发太迟了。此前几周，克利曼因被怀疑参与了 7 月刺杀希特勒的事件——"瓦尔基里行动"——而惶惶不可终日（他太过懒散，显然不可能跟这事有瓜葛）。盖世太保搜查了他的公寓。之后他试图逃离城市，又遭到自由法国军队的机关枪扫射。克利曼很干脆地投降了，然后被关押到弗雷讷监狱，这正是切尔尼亚夫斯基曾经待过的地方。伊冯娜·德利代斯和她的兄弟理查德也在同一天被捕。

美军审讯人员发现他"有几分狡诈；很善于奉承讨好；为了保护自己和情人，无所不用其极"。[62] 当被问及情报工作时，克利曼狡黠地说，他控制着一个安插在英国的顶级女特工，代号"特兰珀"，并对"她取得的成就感到自豪和满意"。[63] 然后，克利曼打出他自以为的王牌，建议在他的帮助下，让"珍宝"转变为双面间谍，却完

352

---

①　法国中北部法兰西岛大区的一个市镇。

全没有意识到她从一开始就是。利德尔写道："他还不知道自己就是个傻瓜。"[64]

1945 年 5 月，克利曼获释，与妻子返回奥地利，同时还一直对伊冯娜念念不忘。他随身带着莉莉从伦敦登喜路专卖店买来的猪皮钱包，上面刻着："送给奥克塔夫，来自伦敦的纪念品……" 20 世纪 60 年代，一篇关于德国特工的报刊文章夸张地将克利曼描绘为"头脑敏锐、冷酷无情"的间谍头目。[65]这份简报被塞进军情五处给他编制的档案中，空白处有一条虽然只有一个词，但很传神的评论："克利曼?!"

1944 年 7 月的刺杀希特勒事件后，超过 5000 人遭到暴力逮捕和清洗。就在刺杀发生前数天，格奥尔格·汉森告诉他的副手威廉·屈巴特，做好"在行刺当天逮捕众多纳粹分子"的准备。[66]克劳斯·冯·施陶芬贝格安放的炸弹没能杀死元首。第二天，两人便双双被捕。针对那些失败主义者、不忠分子或意识形态方面的思想犯，盖世太保头子海因里希·缪勒精心策划了一场血腥报复。汉森和屈巴特很快就同反纳粹的谍报专家亚历克西斯·冯·伦内一道，被投入莱尔特大街（Lehrterstrasse）监狱。审讯者问屈巴特，为什么在移交约翰尼·耶布森时"制造障碍"。[67]他的回答被认为是"一派谎言"而没受到理会。[68]这些囚犯被送到纳粹的人民法庭（Volksgerichtshof），受到的指控是"与一小撮怯懦的军官企图谋害元首，推翻民族社会主义政权，并与敌人缔结毫无价值的和平协定"。[69]

汉森于 1944 年 9 月 8 日在柏林普勒岑湖（Plötzensee）监狱被处

353　以绞刑。冯·伦内随后也遭到处决。他从未说明故意捏造盟军战斗序列到底是蓄意破坏，还是另有他图。希姆莱留了前阿勃维尔负责人卡纳里斯一命，计划将其作为与英国谈判的筹码，但卡纳里斯最后还是与副手汉斯·奥斯特在 1945 年 4 月死于弗洛森堡（Flossenbürg）集中营。两周后，该集中营宣告解放。令人惊讶的是，屈巴特却活了下来。他的律师说，"鉴于指控极其严厉，他原以为必死无疑"，因此早早就写好了遗书，结果因证据不足而被无罪释放。[70]他被开除军籍，在余下的战争时间里一直灰头土脸地在农场工作。

盖世太保头子缪勒最后一次出现是在希特勒自杀前一天的元首地堡里。他下令"保卫柏林，直至最后一人，最后一颗子弹"，然后自己却没遵从这一命令，消失不见了。[71]他的命运仍然是个谜。2001 年发现的文件似乎表明，到 1945 年底时，他还处于美国人的羁押之下。此后多年，缪勒多次被人"目睹"现身于东德、捷克斯洛伐克、瑞士、巴西、阿根廷、巴拉圭、开罗、大马士革、莫斯科、华盛顿特区和新罕布尔州。

绑架耶布森的阿洛伊斯·施赖伯回去教授法律。阿勃维尔里斯本站负责人、享乐主义者卢多维科·冯·卡斯特霍夫（或真名克雷默·冯·奥恩罗德）落到苏联人手中，据信已被处决。奥斯卡·赖尔回到德国后，写了不下三部关于情报理论和实践的学术著作，其中一部声称（虽然并不可信），他一直怀疑罗曼·切尔尼亚夫斯基就是双面间谍。以前做间谍招募工作的胡戈·布莱谢尔于 1982 年离世。他生前写了一本自传《亨利上校的故事》（*Colonel Henri's Story*），但存在很多明显的误导内容。卡尔-埃里希·库伦塔尔在科布伦茨（Koblenz）成了富有且受人尊敬的服装零售商。他死于1975年，一直都不知道自己被骗得有多彻底。

出卖约翰尼·耶布森的汉斯·布兰德斯在葡萄牙被捕后，关押在德国美军占领区的一个民事拘留营。他说服逮捕他的人相信，自己只是个"有一半犹太血统的可怜商人，结果成功洗脱嫌疑，并最终获释"。[72]军情五处发现布兰德斯漏网后非常愤怒，称对他的审讯"纯粹是走过场"，释放他是"非常严重的错判"。[73]塔尔·罗伯逊还发起一项追捕行动："布兰德斯与约翰尼被绑架一案密切相关。应将其缉拿归案。"[74]然而随着时间流逝，人们逐渐忘记了他曾经背信弃义。1954年，他重返家族企业，担任弗里茨维尔纳机床公司总经理。1971年4月15日，有人在慕尼黑附近谢夫特拉恩（Schäftlarn）的一条土路上发现了汉斯·布兰德斯的汽车。他坐在车内，毒发身亡。

1944年7月，也就是诺曼底登陆之后一个月，约翰尼·耶布森被拖入奥拉宁堡区（Oranienberg）萨克森豪森集中营。他骨瘦如柴，寸步难行，"头发成片成片地脱落"。[75]这个集中营位于柏林以北30英里，是个难以想象的恐怖之地。战争期间，有3万多名政治犯、同性恋、吉卜赛人和犹太人，因身体衰竭、疾病、营养不良、遭受处决或残酷的医学实验而在此罹难。

记者彼得拉·费尔梅伦因儿子在伊斯坦布尔叛逃而被拘押在萨克森豪森集中营。她从集中营理发员口里得知耶布森也在这里。她找到其所在牢房，朝窗户扔石头，"终于引起了他的注意"。[76]耶布森见到老朋友非常高兴，低声告诉她，"由于向英国人泄漏情报，他被盖世

354

约翰尼·耶布森

太保绑架了"。[77]他还说，他本来是以叛国的罪名被捕的，但因为拒不承认，现在又因涉嫌交易 5 英镑伪钞而接受调查。耶布森并不知道，就在萨克森豪森集中营内，希姆莱纠集了 140 个被囚禁的犹太摄影师、平版印刷工、雕版刻工等技工大肆伪造英美两国货币。正是指控他"罪状"的那伙人在集中营干着同样的勾当。

在接下来的两个月里，耶布森肋骨严重骨折，无法站立，只好躺在床铺上。他与外界完全隔绝，还不知道在法兰克福的妻子洛雷正怀着他的孩子。尽管饥寒交迫，但他的体力还是渐渐恢复，希望也随之重燃。耶布森开始考虑如何逃跑。萨克森豪森集中营关押了一些英国囚犯，其中包括迈克·坎伯利奇（Mike Cumberlege）少校。这位皇家海军军官戴着金耳环，看上去就像个海盗。他是在 1943 年企图炸毁科林斯（Corinth）运河时被俘的。还有一位是著名的突击队中校"疯狂杰克"（Mad Jack），原名约翰·丘吉尔（John Churchill）。他喜欢手持大砍刀、长弓，带着风笛作战。1944年，丘吉尔率领一支突击队袭击被德军占领的南斯拉夫岛屿布拉奇（Brač）。任务以失败告终。当丘吉尔身边只剩下六名士兵时，他还一直用风笛吹奏苏格兰民歌《你是否一去不归》（*Will Ye No Come Back Again*）。一发迫击炮弹落在他们中间，除丘吉尔之外所有人都被炸死，他则被德军俘虏。正如作家扎基（Saki）所说，这两人都是"胆大包天的狠人"。[78]耶布森本来跟他们毫无交集，唯恐避之不及，现在却与之建立起友谊。

1944 年 9 月，约翰·丘吉尔从集中营铁丝网下的一条废弃排水沟爬出来，然后向波罗的海徒步前进。他再次被捕，接着被转移到位于蒂罗尔（Tyrol）的一座由党卫队看守的集中营。党卫队撤离后，一名德国陆军上尉将其释放。他步行 93 英里进入意大利，遇到了一支美军装甲部队。当丘吉尔终于回到英国后，他拿出了一封迈克·坎伯利奇写给妻子的信。信中包含一条加密信息，解读后的内容是：“约翰尼·耶布森被控叛国罪，关在匈牙利。请波波夫重复，帮忙督促外交部查询此人。所有关于耶布森背叛我方的指控都毫无根据。”[79] 外交部从来就没听过约翰尼·耶布森这个人，更糟糕的是，这条消息在传过来时，还把他的名字拼写错了。一名官员写道：“我对此一无所知。我们没有任何关于约翰尼·耶布森，或德布森（Debsen）的记录。”[80]

1945 年 2 月，一队来自柏林的盖世太保押送队奉命带走耶布森和海因茨·莫尔登豪尔。彼得拉·费尔梅伦看到这两人跟着看守离开了。4 月 12 日，莫尔登豪尔一个人返回集中营。他告诉费尔梅伦，自己很惊讶耶布森没有回到萨克森豪森集中营。苏联红军正节节逼近。一周后，党卫队命令 3.3 万名犯人向东北方强行军。途中有数千人遇害，其中就有莫尔登豪尔。迈克·坎伯利奇此前已经被转移到弗洛森堡集中营，但就在此集中营解放前五天，德国人将其处决。萨克森豪森集中营于 4 月 30 日被解放，当时里面仍有 1400 名妇女，彼得拉·费尔梅伦便是其中之一。她后来返回汉堡，继续写作事业。

约翰尼·耶布森人间蒸发了。曾经担任“艺术家”专案官员的伊恩·威尔逊开始寻找他。尽管平时不轻易表现出来，但威尔逊为人忠诚，待人感情深厚。他说，“帮助那些帮助过我们的人，就是我的愿望"，而耶布森提供的帮助比任何人都要多。[81]"我的确认为本部门应尽一切努力去查明到底发生了什么。"[82]

威尔逊亏欠耶布森一个人情。对这个认准目标就从不放弃的人来说，他一定要偿还这笔债。1945 年 5 月，他想起耶布森曾说，战争结束后三天，会在德国弗伦斯堡的一家餐厅与玛丽·冯·格罗瑙见面，于是写信给负责该地区的英国情报官员，要求他做好准备，等待耶布森出现。

> 我的老朋友约翰尼·耶布森很久以前就说过，当盟军击败德国后，他计划前往石勒苏益格－荷尔斯泰因州弗伦斯堡。他有可能已经设法抵达该城。在这种情况下，我确信他会与英国情报部门取得联系。如果你注意到他，请务必将其送往英国，这完全是为了掩护他，并保障其安全。他知道我的名字，这可作为确认暗号。我希望他已经得到了一级战功十字勋章，他曾答应要送给我的。[83]

耶布森没有出现。回想到"我们曾向约翰尼保证过，万一他遭遇不测，我们会照顾好他的妻子"，威尔逊便去寻找洛雷·耶布森。[84]她现在应该已经产下了他俩的儿子。在波波夫的帮助下，威尔逊在柏林的苏联占领区找到了她，然后安排这对母子搬到英占区，协助洛雷重返舞台。他还游说军情五处为洛雷向德国政府要了一份国家养老金，并找律师理清耶布森的财务事宜。他写道："这样她就能过上无忧无虑的生活了。"[85]约翰·马里奥特无法理解他的同事为什么这么

357

做。"我们对耶布森夫人不负有任何经济上的义务，道义上的责任也微乎其微，"他写道，"你知道的，威尔逊顽固执着，心地善良，有很强的责任感。"[86]波波夫和威尔逊共同承担了这一责任。波波夫为失去这位朋友感到痛心，自己也开始搜寻耶布森和那些绑架他的人。他去了瑞士和德国，当面询问了每一个有可能知道其下落的人。

威尔逊和波波夫找到了耶布森的生意伙伴、多个情人，还有秘书梅布尔·哈博特尔。"这些人都不知道任何有关'艺术家'的确切消息。"[87]一个名叫格卢谢维奇（Glusevic）的南斯拉夫人是耶布森的生意伙伴，他说盖世太保曾找他询问过耶布森的情况。他印象中盖世太保"并没有从'艺术家'那里撬出任何详尽的信息"。[88]威尔逊接着去搜寻德国军官，尤其是耶布森的主审人、高级顾问奎廷，"他最有可能知道'艺术家'的最终命运"。[89]波波夫则渴望复仇："如果你运气好，找到了那家伙，那么在我来之前，千万别让他死了。"[90]然而，奎廷也脚底抹油，再也没有出现。

苏联内务人民委员部好像也在追踪耶布森。战争结束前，苏联情报人员曾审问波波夫在南斯拉夫的家人，似乎"对耶布森的一切都很了解，包括他在里斯本的情况"。[91]威尔逊很奇怪，"苏联人是怎么知道耶布森的行踪的？"[92]答案当然是通过安东尼·布伦特。

威尔逊不愿就此放弃。"我们不知道'艺术家'是否还活着，但如果是，这大概可以证明他确实是优秀的特工。"[93]威尔逊回到麦克纳律师事务所工作，但仍没有放弃搜寻。其他人则认为耶布森一定是死了。塔尔·罗伯逊和威尔逊一样，也决心查明"他最后到底发生了什么，因为约翰尼为我们做出了非常杰出的贡献"。[94]不过，塔尔也不情愿地承认，他一定是被转移到了毛特豪森集中营，"德国人通常会把计划要杀害的囚犯送到那里"。[95]波波夫最终只好相信，他的朋友是在"逃跑时被打死的"。[96]1950 年 2 月 17 日，柏林一家法院正式宣布约翰尼·耶布森死亡。

威尔逊和洛雷对此都不接受。威尔逊写道："她拒不相信他死了。"[97]"最后一个看到耶布森还活着的"彼得拉·费尔梅伦也"强调他没有死"在萨克森豪森集中营。[98]有传言说，"苏联人解放该集中营后，又把耶布森抓起来，关进苏联的某个监狱里"。[99]这或许可以解释苏联内务人民委员部为什么会对他有兴趣。军情六处有一份报告奇怪地援引里斯本的一位美国消息人士的话说，"约翰尼·耶布森已前往英国"。[100]战后，纳粹情报部门负责人瓦尔特·舍伦贝格在接受审讯时明确表示："耶布森没有被杀。"[101]

虽然谜团依然没有消散，但威尔逊通过调查，证明了一件事确凿无疑：耶布森"坚守住了信念"。[102]无论是在 D 日之前还是之后，他从未向逮捕他的人透露过任何关于"双十"行动的情报。"无论他遭受过怎样的折磨，都没有迹象表明他泄漏了我们希望保守的秘密。"耶布森把秘密带进了坟墓，或者他藏匿的地方。

也许正如塔尔的猜测，耶布森在纳粹政权最后一次的疯狂屠杀中遇难，然后像许许多多其他受害者那样，被扔进某个没有标记的万人坑。又或者他成功逃走了。在混乱的战争末期，一个人可以很容易就不知去向。海因里希·缪勒、奎廷还有其他一些纳粹销声匿迹了。胡安·普霍尔（特工"嘉宝"）和保罗·菲德尔穆茨（特工"奥斯特罗"）也是如此。冯·伦内的助理罗杰·迈克尔可能为各方都做过间谍，也可能没有，但他在战争结束后便无影无踪。约翰尼·耶布森足够聪明机警，也有手段和动机消失不见。在同事看来，他的钱似乎"用之不竭"，而且他还是行贿方面的专家。很多人欠他债务，很多有黑社会背景的人愿意庇护他，很多地方都有他的藏身之处。他在伦敦、柏林、旧金山、杜布罗夫尼克和上海开有银行户头。他有充分的理由离开德国，以免当局就那些可疑的商业活动与他对质，也有足够的动机在另一个地方以另一个身份重新开始。伊恩·威尔逊于 1978 年去世，生前一直都想知道这位失踪间谍的最后命运。

双面间谍们为了寻求冒险刺激、个人利益，或出于爱国情操、自身贪欲、个人信仰而担任特工。他们组成了一支异乎寻常的团队，一方面令人气恼，另一方面又勇气非凡，还取得了巨大成功。他们中最重要的一员现在已经从历史上消失，就像他在 27 岁时从世界上消失一样。约翰尼·耶布森，这个曾经的国际花花公子后来成为"商人"；他愤世嫉俗，幽默感十足，头脑敏锐又身体虚弱；他是老烟枪，也是亲英分子，为了不再打仗而从事间谍活动。他不能抵抗世俗的诱惑，但始终在盖世太保的折磨下坚贞不屈。像许多有缺点的普通人一样，直到战争来临，他才知道自己拥有无比的勇气。耶布森为了保命，本来可以轻易改变历史，使之走向灾难的深渊，可他选择放弃生命。特工"艺术家"并非传统意义上的 D 日英雄，但他依然是真正的豪杰。

注 释

标注为"KV"的引用材料为英国安全局文件,"CAB"为内阁办公室文件,
"FO"为外交部文件;上述文件均查阅于邱园(Kew)的国家档案馆(TNA)。

※ 题 记

1. Winston Churchill, *Thoughts and Adventures* (London, 1991), p. 55.

2. Sun Tzu, *The Art of War*, Chapter VII.

※ 前 言

1. Field Marshal Lord Alanbrooke, *War Diaries 1939–1945*, (London,
2001), p. 554.

2. 4th Eureka meeting, 30 November 1943, quoted in Thaddeus Holt,
The Deceivers: Allied Military Deception in the Second World War (London,
2004), p. 505.

3. Ibid.

4. J. C. Masterman, *The Double Cross System in the War 1939–1945* (London,
1972), p. 150.

5. Fuhrer Directive No. 51, 3 November 1943, cited in Joshua Levine,
Operation Fortitude: The Story of the Spy Operation that Saved D-Day
(London, 2011), p. 199.

※　第一章　新手上路

1. Dusko Popov, *Spy/Counterspy* (New York, 1974), p. 5.

2. KV 2/846.

3. Ibid.

4. Ibid.

5. Popov, *Spy/Counterspy*, p. 6.

6. Ibid.

7. Ibid., p. 7.

8. Ibid.

9. Ibid.

10. Ibid.

11. Ibid.

12. Ibid., p. 2.

13. Ibid., p. 16.

14. Ibid., p. 14.

15. Ibid.

16. KV 2/845.

17. KV 2/856.

18. KV 2/859.

19. Popov, *Spy/Counterspy*, p. 23.

20. Ibid.

21. Ibid., p. 24.

22. Ibid.

23. Ibid.

24. Ibid.

25. KV 2/72.

26. Ibid.

27. Ibid.

28. Roman Garby-Czerniawski, *The Big Network* (London, 1961), p. 14.

29. Ibid., p. 21.

30. Ibid., p. 22.

31. Ibid.

32. Ibid., p. 43.

33. Lily Mathilde Carré, *I Was the Cat* (London, 1959), p. 69.

34. Ibid., p. 68.

35. Ibid., p. 66.

36. Ibid., p. 67.

37. Ibid., p. 70.

38. Ibid., p. 69.

39. Garby-Czerniawski, *The Big Network*, p. 47.

40. Ibid., p. 49.

41. Ibid.

42. Ibid., p. 56.

43. Carré, *I Was the Cat*, p. 86.

44. Garby-Czerniawski, *The Big Network*, p. 79.

45. Ibid., p. 124.

46. Carré, *I Was the Cat*, p. 81.

47. Garby-Czerniawski, *The Big Network*, p. 77.

48. Ibid., p. 83.

49. Ibid., p. 125.

50. Ibid., p. 144.

51. Carré, *I Was the Cat*, p. 98.

52. Garby-Czerniawski, *The Big Network*, p. 120.

53. Ibid., p. 58.

54. Ibid., p. 180.

55. Ibid., p. 188.

56. Ibid., p. 187.

57. Ibid., p. 194.

58. Ibid., p. 205.

59. Ibid.

60. KV 2/2098.

61. Ibid.

62. Cited in Anthony Read & David Fisher, *Colonel Z: The Secret Life of a Master of Spies* (London, 1985), p. 361.

63. Nigel West, 'High Society Spy', *Mail on Sunday*, 7 May 1995.

64. KV 2/2098.

65. Ibid.

66. Ibid.

67. Ibid.

68. West, 'High Society Spy'.

69. Ibid.

70. KV 2/2098.

71. Ibid.

72. Ibid.

73. Nigel West and Juan Pujol García, *Operation Garbo* (London, 2011), p. 48.

74. Ibid.

75. Ibid., p. 49.

76. Ibid.

77. Ibid., p. 29.

78. Ibid.

79. Ibid., p. 50.

80. Mark Seaman, Introduction to *Tomás Harris, Garbo: The Spy Who Saved D-Day* (London, 2004), p. 50.

81. Ibid., p. 58.

82. Lily Sergueiev, *Secret Service Rendered: An Agent in the Espionage Duel Preceding the Invasion of France* (London, 1968), p 10

83. José António Barreiros, *Nathalie Sergueiew: Uma Agente Dupla em Lisboa* (Lisbon, 2006), p. 34.

84. KV 2/464.

85. Barreiros, *Nathalie Sergueiew*, p. 56.

86. Sergueiev, *Secret Service Rendered*, p. 32.

87. Ibid., p. 33.

88. Ibid.

89. Ibid.

90. Ibid., p. 15.

91. Ibid., p. 56.

※ 第二章　谜样男子

1. KV 2/853.

2. KV 2/859.

3. Dusko Popov, *Spy/Counterspy* (New York, 1974), p. 21.

4. Ibid., p. 29.

5. KV 2/845.

6. Ibid.

7. Popov, *Spy/Counterspy*, p. 45.

8. Ibid., p. 31.

9. KV 2/845.

10. Ibid.

11. Ibid.

12. Ibid.

13. Ibid., p. 18.

14. Ibid.

15. Ibid., p. 45.

16. KV 2/847.

17. Popov, *Spy/Counterspy*, p. 47.

18. KV 2/847.

19. Popov, *Spy/Counterspy*, p. 53.

20. Ibid.

21. Popov, *Spy/Counterspy*, p. 24.

22. Ibid.

23. KV 4/186, Diaries of Guy Liddell, 15 March 1940.

24. FO, TNA INF 1/264–268.

25. Liddell Diaries, 30 March 1941.

26. KV 4/8, Robin 'Tin-eye' Stephens, Report on the Operations of Camp 020.

27. Cited in Emily Wilson, 'The War in the Dark: The Security Service and the Abwehr 1940–1944', PhD Thesis (Cambridge, 2003), p. 63.

28. Alistair Robertson, correspondence with the author.

29. Thaddeus Holt, *The Deceivers: Allied Military Deception in the Second World War* (London, 2004), p. 131.

30. Miranda Carter, *Anthony Blunt: His Lives* (London, 2001), p. 284.

31. Alastair Robertson, correspondence with the author.

32. Christopher Harmer, address at Memorial Service for Tar Robertson, 17 October 1994.

33. Peter Stormonth Darling, address at Memorial Service for Tar Robertson.

34. Ibid.

35. Christopher Andrew, *Secret Service: The Making of the British Intelligence Community* (London, 1985), p. 645.

36. Hugh Trevor-Roper, cited in Wilson, 'The War in the Dark', p. 67.

37. KV 2/448.

38. Joshua Levine, *Operation Fortitude: The Story of the Spy Operation that Saved D-Day* (London, 2011), p. 45.

39. Ibid.

40. Christopher Andrew, *The Defence of the Realm: The Authorised History of MI5* (London, 2009), p. 249.

41. Robin 'Tin-eye' Stephens, *Camp 020: MI5 and the Nazi Spies*, introduction by Oliver Hoare (London, 2000), p. 138.

42. KV 2/60.

43. J. C. Masterman, *The Double Cross System in the War 1939–1945* (London, 1972), p. 52.

44. Andrew, *Defence of the Realm*, p. 258.

45. Ibid.

46. KV 2/845.

47. Ibid.

48. Ibid.

49. Ibid.

50. Ibid.

51. Ibid.

52. Ibid.

53. Ibid.

54. Ibid.

55. Ibid.

56. Masterman, *The Double Cross System*, p. 55.

57. Wilson, 'The War in the Dark', p. 138.

58. Masterman, *The Double Cross System*, p. 91.

59. Ibid.

60. Ibid.

61. See Oliver Locker-Lampson, 'Adolf Hitler As I Know Him', *Daily Mirror*, 30 September 1930.

62. Ibid.

63. Masterman, *The Double Cross System*, p. 91.

64. Ibid.

65. KV 2/845.

※ 第三章 罗曼和猫

1. Roman Garby-Czerniawski, *The Big Network* (London, 1961), p. 218.

2. Ibid., p. 10.

3. Ibid., p. 233.

4. Ibid.

5. Ibid.

6. Ibid., p. 238.

7. Ibid., p. 237.

8. Ibid., p. 240.

9. Ibid., p. 142.

10. Ibid., p. 245.

11. Lily Mathilde Carré, *I Was the Cat* (London, 1960), p. 104.

12. KV 2/72.

13. Carré, *I Was the Cat*, p. 90.

14. Ibid., p. 107.

15. Ibid.

16. Ibid.

17. Ibid.

18. Ibid., p. 116.

19. Ibid., p. 115.

20. Ibid.

21. Ibid., p. 126.

22. Ibid., p. 112.

23. Ibid.

24. Ibid., p. 110.

25. Ibid., p. 117.

26. KV 2/72.

27. Carré, *I Was the Cat*, p. 119.

28. Ibid., p. 115.

29. Garby-Czerniawski, *The Big Network*, p. 243.

30. KV 2/72.

31. Ibid.

32. Ibid.

33. Ibid.

34. Garby-Czerniawski, *The Big Network*, p. 242.

35. KV 2/72.

36. Ibid.

37. Ibid.

38. Ibid.

39. Ibid.

40. Ibid.

41. Ibid.

42. Ibid.

43. Ibid.

44. Ibid.

45. Ibid.

46. Ibid.

47. Ibid.

48. Ibid.

49. Ibid.

50. Ibid.

51. Ibid.

52. Ibid.

53. Ibid.

54. Ibid.

55. Ibid.

56. Ibid.

57. Ibid.

58. Ibid.

59. Oscar Reile, *Geheime West Front* (Munich, 1962), p. 214.

60. KV 2/72.

61. Ibid.

62. Ibid.

63. Ibid.

64. Ibid.

65. Ibid.

66. Ibid.

67. Ibid.

68. Ibid.

69. Reile, *Geheime West Front*, p. 214.

70. Ibid.

71. Ibid.

※ 第四章　引蛇出洞

1. Nigel West, 'High Society Spy', *Mail on Sunday*, 7 May 1995.

2. KV 2/2098.

3. Ibid.

4. West, 'High Society Spy'.

5. Ibid.

6. KV 2/2098.

7. Ibid.

8. Ibid.

9. Ibid.

10. Ibid.

11. Ibid.

12. Ibid.

13. Ibid.

14. Ibid.

15. Ibid.

16. Ibid.

17. Ibid.

18. Ibid.

19. Ibid.

20. Ibid.

21. Ibid.

22. Ibid.

23. Ibid.

24. Ibid.

25. Ibid.

26. Ibid.

27. Ibid.

28. Ibid.

29. Ibid.

30. Ibid.

31. Ibid.

32. Ibid.

33. Ibid.

34. Ibid.

35. KV 2/464.

36. Ibid.

37. Lily Sergueiev, *Secret Service Rendered: An Agent in the Espionage Duel Preceding the Invasion of France* (London, 1968), p. 24.

38. KV 2/464.

39. Sergueiev, *Secret Service Rendered*, p. 53.

40. Ibid.

41. Ibid.

42. Ibid.

43. Ibid., p. 53.

44. Ibid.

45. Ibid., p. 53.

46. Ibid., p. 73.

※ 第五章　间谍俱乐部

1. Joshua Levine, *Operation Fortitude: The Story of the Spy Operation that Saved D-Day* (London, 2011), p. 125.

2. Robin 'Tin-eye' Stephens, *Camp 020: MI5 and the Nazi Spies*, introduction by Oliver Hoare (London, 2000), p. 156.

3. Ibid.

4. Levine, *Operation Fortitude*, p. 88.

5. J. C. Masterman, *The Double Cross System in the War 1939–1945* (London, 1972), p. 53.

6. KV 2/845.

7. Ibid.

8. Ibid.

9. Dusko Popov, *Spy/Counterspy* (New York, 1974), p. 95.

10. KV 2/845.

11. Ibid.

12. Ibid.

13. Ibid.

14. Ibid.

15. Ibid.

16. Ibid.

17. Ibid.

18. Popov, *Spy/Counterspy*, p. 66.

19. KV 2/845.

20. Ibid.

21. Ibid.

22. Ibid.

23. Ibid.

24. Ibid.

25. Ibid.

26. Ibid.

27. Ibid.

28. KV 2/860.

29. KV 2/845.

30. Ibid.

31. Ibid.

32. Ibid.

33. Ibid.

34. Ibid.

35. Ibid.

36. Ibid.

37. Ibid.

38. Ibid.

39. Masterman, *The Double Cross System*, p. 70.

40. Emily Wilson, 'The War in the Dark: The Security Service and the Abwehr 1940–1944', PhD Thesis (Cambridge, 2003), p. 96.

41. Masterman, *The Double Cross System*, p. 15.

42. Ibid.

43. Peggy Harmer, cited in Emily Wilson, 'The War in the Dark', p. 127.

44. Christopher Harmer to Hugh Astor, 28 October 1992, Collection of Robert Astor.

45. Christopher Andrew, *The Defence of the Realm: The Authorised History of MI5* (London, 2009), p. 242.

46. KV 2/1067.

47. Christopher Harmer to Hugh Astor, 28 October 1992, Collection of Robert Astor.

48. J. C. Masterman, *On the Chariot Wheel: An Autobiography* (Oxford, 1975), p. 219.

49. KV 4/70.

50. Masterman, *The Double Cross System*, p. 101.

51. Miranda Carter, *Anthony Blunt: His Lives* (London, 2001), p. 273.

52. Ibid.

53. Andrew, *Defence of the Realm*, p. 270.

54. Carter, *Blunt*, p. 284.

55. Andrew, *Defence of the Realm*, p. 272.

※ 第六章 "嘉宝"登台

1. Nigel West with Juan Pujol García, *Operation Garbo* (London, 2011), p. 88.

2. Christopher Andrew, *The Defence of the Realm: The Authorised History of MI5* (London, 2009), p. 254.

3. Tomás Harris, *Garbo: The Spy Who Saved D-Day* (London, 2004), p. 59.

4. Joshua Levine, *Operation Fortitude: The Story of the Spy Operation that Saved D-Day* (London, 2011), p.160.

5. Guy Liddell, *The Guy Liddell Diaries, 1939–1945*, ed. Nigel West (London, 2005), 26 March 1942.

6. Ibid.

7. Harris, *Garbo: The Spy Who Saved D-Day*, p. 77.

8. Ibid., p. 34.

9. Sefton Delmer, *The Counterfeit Spy* (London, 1973), p. 73.

10. J. C. Masterman, *The Double Cross System in the War 1939–1945* (London, 1972), p. 118.

11. KV 2/845.

12. Ibid.

13. KV 2/848.

14. KV 2/847.

15. Ibid.

16. KV 2/846.

17. KV 2/848.

18. KV 2/847.

19. Ibid.

20. KV 2/1067.

21. Ibid.

22. Ibid.

23. KV 2/848.

24. KV 2/847.

25. Ibid.

26. KV 2/845.

27. KV 2/847.

28. Dusko Popov, *Spy/Counterspy* (New York, 1974), p. 109.

29. KV 2/847.

30. Ibid.

31. Ibid.

32. Ibid.

33. Ibid.

34. Ibid.

35. KV 2/856.

36. Robert McCrum, *Wodehouse: A Life* (London 2004), p. 198.

37. KV 2/856.

38. KV 2/847.

39. KV 2/859.

40. KV 2/847.

41. Ibid.

42. Ibid.

43. KV 2/848.

44. Masterman, *The Double Cross System*, p. 17.

45. Levine, *Operation Fortitude*, p. 126.

46. KV 2/848.

47. Ibid.

48. Levine, *Operation Fortitude*, p. 138.

49. Masterman, *The Double Cross System*, p. 16.

※　第七章　波波夫大血拼

1. KV 2/846.

2. Dusko Popov, *Spy/Counterspy* (New York, 1974), p. 112.

3. Russell Miller, *Codename Tricycle* (London, 2005), p. 94.

4. KV 2/849.

5. Ibid.

6. Ewen Montagu, *Beyond Top Secret Ultra* (London, 1977), p. 89.

7. Joshua Levine, *Operation Fortitude: The Story of the Spy Operation that Saved D-Day* (London, 2011), p. 146.

8. J. C. Masterman, *The Double Cross System in the War 1939–1945* (London, 1972), p. 82.

9. Ibid.

10. Miller, *Codename Tricycle*, p. 98.

11. KV 2/850.

12. Ibid.

13. KV 2/849.

14. Montagu, *Beyond Top Secret Ultra*, p. 92.

15. Ibid.

16. Ibid.

17. KV 2/860.

18. KV 2/850.

19. Ibid.

20. Ibid.

21. KV 2/849.

22. Miller, *Codename Tricycle*, p. 132.

23. KV 2/850.

24. Ibid.

25. Ibid.

26. Author's interview with Wilson's daughter, Fiona Agassiz, 18 May 2011.

27. Ibid.

28. Ibid.

29. Ibid.

30. Ibid.

31. Ibid.

32. Ibid.

33. Ibid.

34. Ibid.

35. Ibid.

36. Montagu, *Beyond Top Secret Ultra*, p. 92.

37. KV 2/850.

38. Montagu, *Beyond Top Secret Ultra*, p. 92.

39. KV 2/849.

40. KV 2/850.

41. Ibid.

42. Ibid.

43. Ibid.

44. Popov, *Spy/Counterspy*, p. 184.

45. KV 2/851.

46. KV 2/850.

47. KV 2/851.

48. KV 2/850.

49. Ibid.

50. Ibid.

51. Ibid.

52. Ibid.

53. Ibid.

54. Ibid.

55. Ibid.

56. Ibid.

57. Ibid.

58. Ibid.

59. Ibid.

60. Ibid.

61. Ibid.

62. Ibid.

63. Ibid.

64. Ibid.

65. Ibid.

66. Ibid.

67. Ibid.

※　第八章　生死博弈

1. KV 2/72.

2. Ibid.

3. Ibid.

4. Ibid.

5. Ibid.

6. Ibid.

7. Ibid.

8. Ibid.

9. Ibid.

10. Ibid.

11. Roman Garby-Czerniawski, *The Big Network* (London, 1961), p. 126.

12. Lily Mathilde Carré, *I Was the Cat* (London, 1960), pp. 137–138.

13. Ibid., p. 143.

14. Ibid., p. 157.

15. KV 2/72.

16. Ibid.

17. Ibid.

18. Ibid.

19. Ibid.

20. Ibid.

21. Ibid.

22. Ibid.

23. Ibid.

24. Ibid.

25. Ibid.

26. Ibid.

27. Ibid.

28. Ibid.

29. Ibid.

30. Ibid.

31. Ibid.

32. Ibid.

33. Ibid.

34. Ibid.

35. Ibid.

36. Ibid.

37. Ibid.

38. Ibid.

39. Ibid.

40. Christopher Harmer to Hugh Astor, 28 October 1992, Collection of Robert Astor.

41. Ibid.

42. Ibid.

43. KV 2/72.

44. Ibid.

45. Ibid.

46. Ibid.

47. Joshua Levine, *Operation Fortitude: The Story of the Spy Operation that Saved D-Day* (London, 2011), p. 175.

※ 第九章　间谍与鸽子

1. Nigel West, 'High Society Spy', *Mail on Sunday*, 7 May 1995.

2. Ibid.

3. Ibid.

4. KV 2/2098.

5. Ibid.

6. Ibid.

7. Ibid.

8. Ibid.

9. Ibid.

10. Ibid.

11. Ibid.

12. Ibid.

13. Ibid.

14. Ibid.

15. Ibid.

16. Ibid.

17. Ibid.

18. West, 'High Society Spy', 7 May 1995.

19. Ibid.

20. Tomás Harris, *Garbo: The Spy Who Saved D-Day* (London, 2004), p. 77.

21. Ibid.

22. Ibid., p. 78.

23. Ibid., p. 318.

24. Ibid., p. 69.

25. Ibid., p. 95.

26. Ibid., p. 69.

27. Ibid., p. 71.

28. Ibid., p. 78.

29. Ibid., p. 70.

30. Ibid.

31. Ibid., p. 90.

32. Ibid.

33. Michael Howard, *Strategic Deception in the Second World War* (London, 1995), p. 12.

34. T. A. Robertson to Major H. Petaval, 24 June 1943, CAB 154/35 (TNA).

35. KV 4/10.

36. Ibid.

37. Ibid.

38. Ibid.

39. Ibid.

40. Ibid.

41. Emily Wilson, 'The War in the Dark: The Security Service and the Abwehr 1940–1944', PhD Thesis (Cambridge, 2003), p. 169.

42. KV 4/10.

43. Ibid.

44. Ibid.

45. Ibid.

46. Ibid.

47. Ibid.

48. Ibid.

※ 第十章 真特工，假卧底，双面间谍

1. J. C. Masterman, *The Double Cross System in the War 1939–1945* (London, 1972), p. 59.

2. Michael Howard, *Strategic Deception in the Second World War* (London, 1995), p. 20.

3. KV 4/70.

4. Ibid.

5. Ewen Montagu, *Beyond Top Secret Ultra* (London, 1977), p. 102.

6. Masterman, *The Double Cross System*, p. 72.

7. Emily Wilson, 'The War in the Dark: The Security Service and the Abwehr 1940–1944', PhD Thesis (Cambridge, 2003), p. 174.

8. Ibid.

9. KV 3/7.

10. KV 2/1067.

11. Masterman, *The Double Cross System*, p. 152.

12. Ibid.

13. Thaddeus Holt, *The Deceivers: Allied Military Deception in the*

Second World War (London, 2004), p. 185.

14. Ibid., p. 189.

15. Masterman, *The Double Cross System*, p. 108.

16. Ibid., p. 119.

17. Tomás Harris, *Garbo: The Spy Who Saved D-Day* (London, 2004), p. 103.

18. Ibid., p. 104.

19. Masterman, *The Double Cross System*, p. 111.

20. Ibid., p. 126.

21. Ibid., p. 72.

22. Christopher Harmer to Hugh Astor, 28 October 1992, Collection of Robert Astor.

23. Ibid.

24. Ibid.

25. KV 2/1067.

26. Masterman, *The Double Cross System*, p. 22.

27. Ibid., p. 23.

28. Ibid., p. 14.

29. KV 2/850.

30. Ibid.

31. Masterman, *The Double Cross System*, p. 28.

32. Ibid., p. 68.

33. Winston Churchill, *Thoughts and Adventures* (London, 1991), p. 55.

34. KV 4/70.

35. Guy Liddell, *The Guy Liddell Diaries, 1939–1945*, ed. Nigel West

(London, 2005), 10 March 1943.

36. KV 4/83.

37. Ibid.

38. Christopher Andrew, *The Defence of the Realm: The Authorised History of MI5* (London, 2009), p. 292.

39. KV 4/83.

40. Masterman, *The Double Cross System*, p. 123.

41. KV 2/2098.

42. Ibid.

43. Ibid.

44. Ibid.

45. Ibid.

46. Ibid.

47. Nigel West, 'High Society Spy', *Mail on Sunday*, 7 May 1995.

48. KV 2/2098.

49. Ibid.

50. Ibid.

51. Ibid.

52. Ibid.

53. Ibid.

54. KV 2/3639.

55. KV 2/2098.

56. Masterman, *The Double Cross System*, p. 9.

57. Nigel West, 'High Society Spy'.

58. Masterman, *The Double Cross System*, p. 9.

59. KV 2/2098.

60. Ibid.

61. Ibid.

62. Ibid.

63. Ibid.

64. Masterman, *The Double Cross System*, p. 145.

65. KV 2/72.

66. Ibid.

67. Ibid.

68. Ibid.

69. Ibid.

70. Ibid.

71. Ibid.

72. Ibid.

73. Joshua Levine, *Operation Fortitude: The Story of the Spy Operation that Saved D-Day* (London, 2011), p. 31.

74. KV 2/72.

75. Ibid.

76. Ibid.

77. Ibid.

78. Ibid.

79. Masterman, *The Double Cross System*, p. 146.

80. KV 2/72.

81. Ibid.

82. Ibid.

83. Ibid.

84. Ibid.

85. Ibid.

86. Ibid.

87. Ibid.

88. Ibid.

89. Ibid.

90. Ibid.

91. Ibid.

92. Masterman, *The Double Cross System*, p. 146.

93. KV 2/72.

94. Ibid.

95. Ibid.

96. Ibid.

97. Ibid.

98. Ibid.

99. Ibid.

100. Ibid.

※ 第十一章 "帽徽行动"

1. Guy Liddell, *The Guy Liddell Diaries, 1939–1945*, ed. Nigel West (London, 2005), 5 June 1943.

2. J. C. Masterman, *The Double Cross System in the War 1939–1945* (London, 1972), p. 146.

3. KV 4/83.

4. Tomás Harris, *Garbo: The Spy Who Saved D-Day*, (London, 2004), pp. 327–334.

5. Ibid.

6. Ibid.

7. Ibid.

8. Ibid.

9. Liddell, *Diaries*, 22 June 1943.

10. Harris, *Garbo: The Spy Who Saved D-Day*, pp. 327–334.

11. Ibid.

12. Ibid.

13. Ibid.

14. Ibid.

15. Ibid.

16. Russell Miller, *Codename Tricycle: The True Story of the Second World War's Most Extraordinary Double Agent* (London, 2005), p. 163.

17. KV 2/853.

18. KV 2/854.

19. KV 2/853.

20. Ibid.

21. Dusko Popov, *Spy/Counterspy* (New York, 1974), p. 193.

22. Ibid., p. 223.

23. KV 2/851.

24. Ibid.

25. Ibid.

26. Ibid.

27. Ibid.

28. KV 2/853.

29. KV 2/854.

30. KV 2/851.

31. Ibid.

32. Ibid.

33. Ibid.

34. Ibid.

35. KV 2/853.

36. KV 2/851.

37. Ibid.

38. KV 2/853.

39. KV 2/846.

40. KV 2/853.

41. Masterman, *The Double Cross System*, p. 24.

42. KV 2/854.

43. Ibid.

44. KV 2/853.

45. Ibid.

46. KV 2/854.

47. Ibid.

48. KV 2/3639.

49. Ibid.

50. Ibid.

51. CAB 154/35.

52. Ibid.

53. Ibid.

54. Ibid.

55. Thaddeus Holt, *The Deceivers: Allied Military Deception in the Second World War* (London, 2004), p. 488.

56. Ibid.

57. Ibid.

58. Ibid., p. 489.

59. Harris, *Garbo: The Spy Who Saved D-Day*, p. 147.

60. KV 2/42.

61. Masterman, *The Double Cross System*, p. 130.

62. CAB 154/35.

※ 第十二章 发现"珍宝"

1. Kenneth Benton, 'The ISOS Years: Madrid 1941–3', *Journal of Contemporary History*, vol. 30, no. 3 (July 1995), pp. 359–410.

2. Ibid.

3. Ibid.

4. KV 2/464.

5. Ibid.

6. Ibid.

7. Ibid.

8. Ibid.

9. Memoir of Mary Sherer, unpublished, by Prue Evill, 18 July 2011.

10. Ibid.

11. KV 2/464.

12. Kenneth Benton, 'The ISOS Years'.

13. Lily Sergueiev, *Secret Service Rendered: An Agent in the Espionage Duel Preceding the Invasion of France* (London, 1968), p. 80.

14. Ibid., p. 91.

15. KV 2/466.

16. Kenneth Benton, 'The ISOS Years'.

17. Lily Sergueiev, *Secret Service Rendered*, p. 92.

18. Ibid.

19. Ibid., p. 98.

20. Ibid., pp. 100–105.

21. KV 2/464.

22. Kenneth Benton, 'The ISOS Years'.

23. Sergueiev, *Secret Service Rendered*, p. 107.

24. KV 2/464.

25. Ibid.

26. Ibid.

27. Sergueiev, *Secret Service Rendered*, p. 10.

28. KV 2/464.

29. Ibid.

30. Ibid.

31. Sergueiev, *Secret Service Rendered*, p. 109.

32. Ibid.

33. Benton, 'The ISOS Years'.

34. Sergueiev, *Secret Service Rendered*, p. 87.

35. Ibid.

36. Ibid.

37. Ibid., p. 88.

38. Benton, 'The ISOS Years'.

39. Ibid.

40. Ibid.

41. Ibid.

42. Sergueiev, *Secret Service Rendered*, p. 110.

43. Ibid.

44. Ibid.

45. Ibid.

46. Ibid.

47. Sergueiev, *Secret Service Rendered*, p. 10.

48. Benton, 'The ISOS Years'.

49. Ibid.

※ 第十三章　不速之客

1. KV 2/859.

2. Ibid.

3. Ibid.

4. Ibid.

5. Ibid.

6. KV 2/854.

7. KV 2/859.

8. KV 4/83.

9. Russell Miller, *Codename Tricycle: The True Story of the Second World War's Most Extraordinary Double Agent* (London, 2005), p. 182.

10. KV 4/83.

11. Kenneth Benton, 'The ISOS Years: Madrid 1941–3', *Journal of Contemporary History*, vol. 30, no. 3 (July 1995), pp. 359–410.

12. Ibid.

13. KV 2/855.

14. Ibid.

15. Benton, 'The ISOS Years'.

16. Ibid.

17. KV 2/859.

18. Ibid.

19. Benton, 'The ISOS Years'.

20. Ibid.

21. Ibid.

22. Ibid.

23. Ibid.

24. Ibid.

25. Lily Sergueiev, *Secret Service Rendered: An Agent in the Espionage Duel Preceding the Invasion of France* (London, 1968), p. 112.

26. KV 2/465.

27. Ibid.

28. Ibid.

29. Ibid.

30. Sergueiev, *Secret Service Rendered*, p. 119.

31. Ibid.

32. Ibid., p. 123.

33. Ibid., p. 124.

34. Ibid., p. 125.

35. Ibid.

36. Ibid.

37. Ibid.

38. KV 2/464.

39. KV 4/83.

40. KV 2/464.

41. Benton, 'The ISOS Years'.

42. Geoffrey Elliott, *Gentleman Spymaster* (London, 2011), p. 246.

43. Sergueiev, *Secret Service Rendered*, p. 124.

44. Ibid.

45. Ibid., p. 126.

46. Ibid., p. 129.

※　第十四章　坚毅时刻

1. Thaddeus Holt, *The Deceivers: Allied Military Deception in the Second World War* (London, 2004), p. 505.

2. Ibid., p. 478.

3. Christopher Harmer to Hugh Astor, 28 October 1992, Collection of Robert Astor.

4. Ibid.

5. Holt, *The Deceivers*, p. 536.

6. J. C. Masterman, *The Double Cross System in the War 1939–1945* (London, 1972), p. 149.

7. Joshua Levine, *Operation Fortitude: The Story of the Spy Operation that Saved D-Day* (London, 2011), p. 196.

8. Masterman, *The Double Cross System*, p. 151.

9. Miranda Carter, *Anthony Blunt: His Lives* (London, 2001), p. 286.

10. Ibid.

11. Masterman, *The Double Cross System*, p. 148.

12. John Crossland, 'MI5 planned to threaten Hitler with A-bomb', *Sunday Times*, 1 December 2002.

13. Ibid.

14. CAB 154/35.

15. Ibid.

16. KV 4/10.

17. Ibid.

18. Ibid.

19. Ibid.

20. Ibid.

21. Ibid.

22. Holt, *The Deceivers*, p. 442.

23. Ibid.

24. Ibid., p. 456.

25. Ibid.

26. KV 2/856.

27. KV 2/197.

28. Ibid.

29. KV 4/66.

※ 第十五章 投喂"饲料"

1. Nigel West with Juan Pujol García, *Operation Garbo* (London, 2011), p. 122.

2. Tomás Harris, *The Spy Who Saved D-Day* (London, 2004), p. 290.

3. West and Pujol, *Operation Garbo*, p. 124.

4. Ibid., p. 130.

5. KV 2/2098.

6. Ibid.

7. Ibid.

8. Ibid.

9. KV 2/3639.

10. Ibid.

11. Ibid.

12. Ibid.

13. KV 2/2098.

14. Ibid.

15. Ibid.

16. Ibid.

17. Ibid.

18. Ibid.

19. Ibid.

20. Ibid.

21. Ibid.

22. Ibid.

23. Ibid.

24. Ibid.

25. KV 2/72.

26. Ibid.

27. Ibid.

28. Ibid.

29. Ibid.

30. Ibid.

31. Ibid.

32. Ibid.

33. Ibid.

34. Oscar Reile, *Geheime West Front* (Munich, 1962), p. 214.

35. Ibid.

36. Ibid.

37. KV 2/72.

38. Ibid.

39. Ibid.

40. Ibid.

41. Ibid.

42. Ibid.

43. Ibid.

44. Ibid.

45. Ibid.

46. Ibid.

47. Ibid.

48. Ibid.

49. Ibid.

50. Lily Sergueiev, *Secret Service Rendered: An Agent in the Espionage Duel Preceding the Invasion of France* (London, 1968), p. 134.

51. Ibid.

52. Ibid., p. 125.

53. Ibid., p. 135.

54. Ibid., p. 147.

55. Ibid.

56. KV 2/465.

57. Ibid.

58. Ibid.

59. Ibid.

60. Sergueiev, *Secret Service Rendered*, p. 131.

61. Ibid.

62. Ibid., pp. 135–136.

63. KV 2/465.

64. Sergueiev, *Secret Service Rendered*, pp. 140–141.

65. KV 2/465.

66. Sergueiev, *Secret Service Rendered*, p. 143.

67. KV 2/465.

68. Sergueiev, *Secret Service Rendered*, p. 143.

69. KV 2/465.

70. Ibid.

71. Ibid.

72. Sergueiev, *Secret Service Rendered*, p. 151.

73. Ibid., p. 146.

74. Ibid.

75. KV 2/465.

76. Ibid.

77. Sergueiev, *Secret Service Rendered*, p. 97.

※ 第十六章 "艺术家"的艺术

1. KV 2/855.

2. Ibid.

3. Ibid.

4. Ibid.

5. KV 2/859.

6. Ibid.

7. Ibid.

8. Guy Liddell, *The Guy Liddell Diaries, 1939–1945*, ed. Nigel West (London, 2005), 2 September 1943.

9. KV 4/83.

10. KV 2/855.

11. Ibid.

12. Ibid.

13. Ibid.

14. Kenneth Benton, 'The ISOS Years', *Journal of Contemporary History*, vol. 30, no. 3 (July 1995), pp. 359–410.

15. Ibid.

16. Obituary of Charles de Salis, *The Times*, 26 March 2007.

17. KV 2/855.

18. Tomás Harris, *Garbo: The Spy Who Saved D-Day* (London, 2004), p. 69.

19. KV 2/3568.

20. Ibid.

21. Ibid.

22. Ibid.

23. KV 2/855.

24. Ibid.

25. Ibid.

26. Ibid.

27. Ibid.

28. Ibid.

29. Ibid.

30. Ibid.

31. Ibid.

32. Ibid.

33. Ibid.

34. KV 2/854.

35. Ibid.

36. KV 2/855.

37. Ibid.

38. Ibid.

39. Ibid.

40. Ibid.

41. KV 2/856.

42. Ibid.

43. Ibid.

44. KV 2/855.

45. Ibid.

46. Ibid.

47. Ibid.

48. Ibid.

49. Ibid.

50. KV 2/856.

51. KV 2/855.

52. KV 2/856.

53. Ibid.

54. Ibid.

55. Ibid.

56. Ibid.

57. Ibid.

58. KV 2/855.

59. Ibid.

60. Ibid.

61. Ibid.

62. Ibid.

63. KV 2/856.

64. P. G. Wodehouse, *The Code of the Woosters* (London, 1938), p. 24.

65. KV 2/856.

66. KV 2/855.

67. KV 2/861.

68. KV 2/859.

69. Ibid.

70. Ibid.

71. KV 2/856.

72. KV 2/856.

73. KV 4/83.

74. KV 2/856.

75. Ibid.

76. Ibid.

77. Ibid.

78. Ibid.

79. Dusko Popov, *Spy/Counterspy* (New York, 1974), p. 185.

80. P. G. Wodehouse, 'Now, Talking About Cricket', Essay in *Tales of St Austin's: A Selection of the Early Works of P. G. Wodehouse* (London, 2008),

p. 143.

81. KV 2/856.

82. KV 2/855.

83. Ibid.

※ 第十七章 蒙蒂的替身

1. KV 2/3123.

2. Ibid.

3. Ibid.

4. Ibid.

5. Ibid.

6. Ibid.

7. Guy Liddell, *The Guy Liddell Diaries, 1939–1945*, ed. Nigel West (London, 2005), 6 May 1944.

8. Olivier Wieviorka, *Normandy: The landings to the liberation of Paris*, (London, 2008), p. 79.

9. Stanley Hirshon, *General Patton: A Soldier's Life* (New York, 2002), p. 203.

10. Thaddeus Holt, *The Deceivers: Allied Military Deception in the Second World War* (London, 2004), p. 541.

11. Joshua Levine, *Operation Fortitude: The Story of the Spy Operation that Saved D-Day* (London, 2011), p. 229.

12. Ibid.

13. Ibid., p. 231.

14. Ibid.

15. Ibid., p. 221.

16. Henrik O. Lunde, *Hitler's Pre-Emptive War: The Battle for Norway, 1940* (London, 2010), p. 550.

17. KV 4/70.

18. KV 2/856.

19. Ibid.

20. J. C. Masterman, *The Double Cross System in the War 1939–1945* (London, 1972), p. 153.

21. Ibid., p. 154.

22. Ibid., p. 155.

23. Ibid., p. 157.

24. Ibid., p. 132.

25. Ibid., p. 153.

26. Holt, *The Deceivers*, p. 538.

※ 第十八章 两个破折号

1. J. C. Masterman, *The Double Cross System in the War 1939–1945* (London, 1972), p. 114.

2. Roger Hesketh, *Fortitude: The D-Day Deception Campaign* (London, 1999), p. 126.

3. Ibid.

4. KV 2/72.

5. Ibid.

6. Ibid.

7. Ibid.

8. Ibid.

9. Nigel West with Juan Pujol García, *Operation Garbo* (London, 2011), p. 137.

10. Ibid., p. 138.

11. Ibid.

12. Ibid.

13. KV 2/863.

14. Ibid.

15. KV 2/856.

16. Ibid.

17. Ibid.

18. Ibid.

19. Ibid.

20. KV 2/857.

21. KV 2/2098.

22. KV 2/3639.

23. KV 2/2098.

24. Ibid.

25. Ibid.

26. Ibid.

27. Ibid.

28. Ibid.

29. Ibid.

30. Lily Sergueiev, *Secret Service Rendered: An Agent in the Espionage Duel Preceding the Invasion of France* (London, 1968), p. 196.

31. Ibid., p. 207.

32. Ibid., p. 159.

33. Ibid., p. 180.

34. Ibid., p. 157.

35. KV 2/464.

36. Sergueiev, *Secret Service Rendered*, p. 164.

37. Ibid., p. 170.

38. Ibid., p. 175

39. Ibid., p. 173

40. Ibid.

41. KV 2/464.

42. Sergueiev, *Secret Service Rendered*, p. 175.

43. KV 2/465.

44. Ibid.

45. Sergueiev, *Secret Service Rendered*, p. 180.

46. Ibid., p. 178.

47. Ibid.

48. Ibid., pp. 179–182.

49. Ibid.

50. Ibid.

51. Ibid.

52. Ibid.

53. Ibid., p. 183.

54. Ibid.

55. Ibid., p. 182.

56. Ibid.

57. Ibid.

58. Ibid., p. 187.

59. Ibid.

60. Ibid.

61. Ibid.

62. Ibid., p. 188.

63. Ibid.

64. Ibid., p. 173.

65. Ibid.

66. Ibid., p. 188.

67. Ibid., p. 192.

68. Ibid., p. 193.

69. KV 2/465.

70. Ibid.

71. Sergueiev, *Secret Service Rendered*, p. 190.

72. Ibid.

73. KV 2/465.

74. KV 2/464.

75. Ibid.

76. Sergueiev, *Secret Service Rendered*, p. 197.

77. Ibid., p. 200.

※ 第十九章 耶布森的新朋友

1. KV 2/856.

2. Ibid.

3. KV 2/855.

4. Ibid.

5. KV 2/856.

6. Ibid.

7. Ibid.

8. KV 2/861.

9. Ibid.

10. Ibid.

11. KV 2/856.

12. Ibid.

13. Ibid.

14. Ibid.

15. KV 2/855.

16. KV 2/856.

17. KV 2/3295.

18. Ibid.

19. KV 2/856.

20. KV 2/858.

21. KV 2/856.

22. Ibid.

23. Ibid.

24. Ibid.

25. KV 2/3295.

26. Ibid.

27. Ibid.

28. Ibid.

29. KV 2/856.

30. KV 2/857.

31. KV 2/856.

32. KV 2/3295.

33. KV 2/856.

34. Ibid.

35. KV 2/855.

36. J. C. Masterman, *The Double Cross System in the War 1939–1945* (London, 1972), p. 156.

37. KV 2/861.

38. KV 2/857.

39. KV 2/855.

40. Ibid.

41. Ibid.

42. Ibid.

43. Ibid.

44. KV 2/410.

45. Ibid.

46. Ibid.

47. Ibid.

48. KV 2/855.

49. KV 2/410.

50. KV 2/857.

51. Ibid.

52. Ibid.

53. KV 2/3568.

54. Ibid.

55. KV 2/856.

56. KV 2/3568.

57. Ibid.

58. Ibid.

59. Ibid.

60. KV 2/856.

61. Ibid.

62. Ibid.

63. KV 2/857.

64. Ibid.

65. Ibid.

66. Ibid.

67. Ibid.

68. Ibid.

69. Ibid.

70. Ibid.

71. Ibid.

72. KV 2/72.

73. KV 4/83.

74. Roger Hesketh, *Fortitude: The D-Day Deception Campaign* (London, 1999), p. 112.

75. KV 2/857.

76. KV 2/856.

77. KV 2/858.

78. Ibid.

79. KV 2/857.

80. Ibid.

81. Ibid.

82. Ibid.

83. Ibid.

84. Ibid.

85. Ibid.

86. Ibid.

87. Ibid.

※ 第二十章 "我不是一直都很小心吗？"

1. Tomás Harris, *Garbo: The Spy Who Saved D-Day* (London, 2004), p. 183.

2. Ibid., p. 176.

3. KV 2/858.

4. Roger Hesketh, *Fortitude: The D-Day Deception Campaign* (London,

1999), p. 95.

5. KV 2/72.

6. Ibid.

7. KV 2/72.

8. Hesketh, *Fortitude*, p. 126.

9. KV 2/3639.

10. Ibid.

11. Ibid.

12. Ibid.

13. Ibid.

14. Lily Sergueiev, *Secret Service Rendered: An Agent in the Espionage Duel Preceding the Invasion of France* (London, 1968), p. 204.

15. Ibid., p. 153.

16. KV 2/465.

17. Sergueiev, *Secret Service Rendered*, p. 201.

18. KV 2/465.

19. Sergueiev, *Secret Service Rendered*, p. 206.

20. KV 2/465.

21. Ibid.

22. Ibid.

23. Ibid.

24. J. C. Masterman, *The Double Cross System in the War 1939–1945* (London, 1972), p. 174.

25. Sergueiev, *Secret Service Rendered*, p. 201.

26. Ibid., p. 196.

27. KV 2/861.

28. KV 2/860.

29. KV 2/857.

30. Ibid.

31. Ibid.

32. Dusko Popov, *Spy/Counterspy* (New York, 1974), p. 245.

33. KV 2/857.

34. Ibid.

35. KV 2/856.

36. KV 2/857.

37. Ibid.

38. Ibid.

39. Ibid.

40. Ibid.

41. KV 2/860.

42. Ibid.

43. Ibid.

44. KV 2/857.

45. KV 2/858.

46. Ibid.

47. Ibid.

48. KV 2/860.

49. KV 2/857.

50. Ibid.

51. KV 2/858.

52. Ibid.

53. KV 2/857.

54. Ibid.

55. Ibid.

56. KV 2/858.

57. KV 2/861.

58. KV 2/857.

59. Ibid.

60. Ibid.

61. Ibid.

62. Ibid.

63. Obituary of Charles de Salis, *The Times*, 26 March 2007.

64. KV 2/858.

65. Ibid.

66. Ibid.

67. KV 2/859.

68. KV 2/857.

69. Ibid.

70. Ibid.

71. Ibid.

72. KV 2/858.

73. Ibid.

74. Ibid.

75. KV 2/857.

76. KV 4/83.

77. KV 2/858.

78. Ibid.

79. Ibid.

80. Ibid.

81. Ibid.

82. Ibid.

83. KV 2/3568.

84. Guy Liddell, *The Guy Liddell Diaries, 1939–1945*, ed. Nigel West (London, 2005), 26 April 1944.

85. Ibid.

86. Ibid.

87. Ibid.

※ 第二十一章 "多拉行动"

1. KV 2/3568.

2. Ibid.

3. Ibid.

4. Ibid.

5. Ibid.

6. Ibid.

7. Ibid.

8. KV 2/858.

9. KV 2/410.

10. Ibid.

11. KV 2/3568.

12. KV 2/861.

13. KV 2/3568.

14. Ibid.

15. Ibid.

16. Ibid.

17. KV 2/861.

18. KV 2/3568.

19. KV 2/410.

20. Ibid.

21. Ibid.

22. Ibid.

23. Ibid.

24. Ibid.

25. KV 2/860.

26. KV 2/859.

27. KV 2/861.

28. KV 2/3568.

29. Ibid.

30. KV 2/860.

31. KV 2/858.

32. Ibid.

33. KV 2/857.

34. KV 2/858.

35. Ibid.

36. KV 2/857.

37. KV 2/858.

38. Ibid.

39. Ibid.

40. Ibid.

41. Ibid.

42. Ibid.

43. Ibid.

44. Ibid.

45. Guy Liddell, *The Guy Liddell Diaries, 1939–1945*, ed. Nigel West (London, 2005), 10 May 1944.

46. KV 2/858.

47. Ibid.

48. Ibid.

49. Roger Hesketh, *Fortitude: The D-Day Deception Campaign* (London, 1999), p. 111.

50. KV 2/859.

51. Ibid.

52. Ibid.

53. Ibid.

54. Ibid.

55. Guy Liddell, *Diaries*, 10 May 1944.

56. KV 2/858.

57. KV 2/859.

58. KV 4/83.

59. Sefton Delmer, *The Counterfeit Spy* (London, 1973), p. 160.

60. Guy Liddell, *Diaries*, 10 May 1944.

61. Ibid., 18 May 1944.

62. Ibid.

63. Thaddeus Holt, *The Deceivers: Allied Military Deception in the Second World War* (London, 2004), p. 565.

64. J. C. Masterman, *The Double Cross System in the War 1939–1945* (London, 1972), p. 159.

65. KV 2/858.

※ 第二十二章　盖世太保的客人

1. David Kahn, *Hitler's Spies: German Military Intelligence in World War II* (New York, 1978), p. 424.

2. Ibid. See also Anthony Cave Brown, *Bodyguard of Lies*, vol. 1 (London, 1976), p. 497.

3. Ibid., p. 496.

4. KV 2/3639.

5. J. C. Masterman, *The Double Cross System in the War 1939–1945* (London, 1972), p. 159.

6. Nigel West with Juan Pujol García, *Operation Garbo* (London, 2011), p. 151.

7. Roger Hesketh, *Fortitude: The D-Day Deception Campaign* (London, 1999), p. 121.

8. Guy Liddell, *The Guy Liddell Diaries, 1939–1945*, ed. Nigel West

(London, 2005), 15 May 1944.

9. KV 2/859.

10. Ibid.

11. Ibid.

12. Ibid.

13. Ibid.

14. Ibid.

15. KV 2/860.

16. KV 2/858.

17. KV 2/859.

18. Ibid.

19. KV 2/860.

20. KV 2/859.

21. Ibid.

22. Ibid.

23. KV 2/860.

24. KV 2/858.

25. KV 2/860.

26. Ibid.

27. KV 2/861.

28. Christopher Hudson, 'Architects of Genocide', *Daily Mail*, 19 January 2002.

29. KV 2/860.

30. KV 2/861.

31. KV 2/859.

32. Ibid.

33. Ibid.

34. Ibid.

35. Ibid.

36. KV 2/860.

37. Ibid.

38. Rebecca Wittmann, *Beyond Justice: The Auschwitz Trial* (Harvard, 2005), p. 120.

39. KV 2/860.

40. Dusko Popov, *Spy/Counterspy* (New York, 1974), p. 261.

41. Ibid.

42. Ibid.

43. https://www.mi5.gov.uk/output/bad-nenndorf.html.

※ 第二十三章 "布朗克斯"牙痛

1. KV 4/83.

2. Ibid.

3. KV 2/72.

4. Ibid.

5. Ibid.

6. KV 2/464.

7. KV 4/83.

8. Ibid.

9. Lily Sergueiev, *Secret Service Rendered: An Agent in the Espionage*

Duel Preceding the Invasion of France (London, 1968), p. 207.

10. Ibid.

11. Ibid., p. 205.

12. Ibid.

13. KV 2/466.

14. Ibid.

15. Guy Liddell, *The Guy Liddell Diaries, 1939–1945*, ed. Nigel West (London, 2005), 28 May 1944.

16. KV 2/466.

17. KV 2/2098.

18. Ibid.

19. Ibid.

20. KV 2/3123.

21. Ibid.

22. Ibid.

23. Ibid.

24. Ibid.

25. Ibid.

26. Ibid.

27. Ibid.

28. Ibid.

29. Ibid.

30. Ibid.

31. Ibid.

32. Liddell, *Diaries*, 28 May 1944.

33. KV 2/3123.

34. Thaddeus Holt, *The Deceivers: Allied Military Deception in the Second World War* (London, 2004), p. 562.

35. Reinhard R. Doerries, Gerhard L. Weinberg, *Hitler's Intelligence Chief: Walter Schellenberg* (New York, 2009), p. 99.

36. Charles Fenyvesi, 'Japan's Unwitting D-Day Spy', *Washington Post*, 26 May 1998.

37. Ibid.

38. Ignatius Phayre, 'Hitler's Mountain Home', *Homes & Gardens*, November 1938.

39. Ibid.

40. *Trial of German Major War Criminals*, vol. 3, p. 387.

41. Holt, *The Deceivers*, p. 566.

42. Roger Hesketh, *Fortitude: The D-Day Deception Campaign* (London, 1999), p. 194.

※ 第二十四章 "嘉宝"的警告

1. Roderick Bailey, *Forgotten Voices of D-Day* (London, 2010), p. 38.

2. Ibid., p. 48.

3. Ibid., p. 66.

4. Ibid.

5. http://www.eisenhowermemorial.org/legacyreport/military-legacy. htm.

6. Ibid.

7. Ibid.

8. Tony Hall, Bernard C. Nalty, *D-Day: The Strategy, The Men, The Equipment* (London, 2002), p. 8.

9. Roger Hesketh, *Fortitude: The D-Day Deception Campaign* (London, 1999), p. 176.

10. Ibid.

11. Thaddeus Holt, *The Deceivers: Allied Military Deception in the Second World War* (London, 2004), p. 550.

12. Hesketh, *Fortitude*, p. 190.

13. Ibid.

14. Tomás Harris, *Garbo: The Spy Who Saved D-Day* (London, 2004), p. 189.

15. Ibid., p. 188.

16. Ibid.

17. Ibid.

18. Harris, *Garbo: The Spy Who Saved D-Day*, p. 188.

19. Hesketh, *Fortitude*, p. 187.

20. Ibid.

21. Guy Liddell, *The Guy Liddell Diaries, 1939–1945*, ed. Nigel West (London, 2005), 5 June 1944.

22. Juan Pujol and Nigel West, *Operation Garbo* (London, 2011), p. 154.

23. Sefton Delmer, *The Counterfeit Spy* (London, 1973), p. 176.

24. Ibid., p. 177.

25. Ibid.

26. Bailey, *Forgotten Voices of D-Day*, p. 192.

27. David Kahn, *Hitler's Spies: German Military Intelligence in World War II* (New York, 1978), p. 512.

28. Holt, *The Deceivers*, p. 579.

29. Ibid.

30. Kahn, *Hitler's Spies*, p. 513.

31. Bailey, *Forgotten Voices of D-Day*, p. 269.

32. KV 4/10.

33. Montague Taylor, 'Carrier Pigeons Ready', *Belfast Telegraph*, 6 June 1944.

34. Ibid.

※ 第二十五章　第二回合

1. Thaddeus Holt, *The Deceivers: Allied Military Deception in the Second World War* (London, 2004), p. 579.

2. Roger Hesketh, *Fortitude: The D-Day Deception Campaign* (London, 1999), p. 148.

3. KV 2/3639.

4. Nigel West with Juan Pujol García, *Operation Garbo* (London, 2011), p. 161.

5. Ibid., p. 162.

6. Christopher Andrew, *The Defence of the Realm: The Authorised History of MI5* (London, 2009), p. 305.

7. Hesketh, *Fortitude*, p. 199.

8. KV 2/72.

9. Hesketh, *Fortitude*, p. 199.

10. Ibid.

11. Tomás Harris, *Garbo: The Spy Who Saved D-Day* (London, 2004), p. 188.

12. West with Pujol, *Operation Garbo*, p. 166.

13. Ibid.

14. Ibid.

15. Ibid., p. 167.

16. KV 2/3639.

17. Ibid.

18. KV 2/72.

19. Lily Sergueiev, *Secret Service Rendered: An Agent in the Espionage Duel Preceding the Invasion of France* (London, 1968), pp. 209–211.

20. Ibid., p. 209.

21. Ibid., p. 212.

22. Ibid.

23. Ibid., p. 213.

24. Ibid., p. 212.

25. KV 2/72.

26. KV 2/3123.

27. Holt, *The Deceivers*, p. 561.

28. Ibid.

29. J. C. Masterman, *The Double Cross System in the War 1939–1945* (London, 1972), p. 167.

30. KV 2/72.

31. Personal account of Elvira Chaudoir, collection of Robert Astor.

32. KV 4/247.

33. Joshua Levine, *Operation Fortitude: The Story of the Spy Operation that Saved D-Day* (London, 2011), p. 224.

34. Holt, *The Deceivers*, p. 582.

35. Levine, *Operation Fortitude*, p. 285.

36. Thaddeus Holt, *The Deceivers*, p. 581.

37. Guy Liddell, *The Guy Liddell Diaries, 1939–1945*, ed. Nigel West (London, 2005), 30 June 1944.

38. Holt, *The Deceivers*, p. 582.

39. Ibid.

40. KV 4/247.

41. Holt, *The Deceivers*, p. 589.

42. Ibid.

43. Terry Crowdy, *Deceiving Hitler: Double Cross and Deception in World War II* (London, 2008), p. 272.

44. Holt, *The Deceivers*, p. 589.

45. Levine, *Operation Fortitude*, p. 295.

46. KV 4/247.

47. Crowdy, *Deceiving Hitler*, p. 272.

48. Andrew, *Defence of the Realm*, p. 309.

49. Ibid.

50. KV 4/83.

51. Masterman, *The Double Cross System*, p. 148.

52. Norman Holmes Pearson, introduction to Masterman, *The Double Cross System*.

53. Holt, *The Deceivers*, p. 590.

54. Kim Philby, *My Silent War* (London, 1968), p. 17.

55. West with Pujol, *Operation Garbo*, p. 183.

56. Ibid., p. 184.

※ 尾　声

1. KV 2/72.

2. Ibid.

3. Ibid.

4. Ibid.

5. Ibid.

6. Ibid.

7. Ibid.

8. Ibid.

9. Lily Mathilde Carré, *I Was the Cat* (London, 1960), p. 10.

10. Ibid., p. 132.

11. Ibid., p. 202.

12. Ibid., p. 219.

13. Ibid., p. 175.

14. Roman Garby-Czerniawski, *The Big Network* (London, 1961), p. 246.

15. Lily Sergueiev, *Secret Service Rendered: An Agent in the Espionage Duel Preceding the Invasion of France* (London, 1968), p. 214.

16. Ibid.

17. Ibid., p. 223.

18. KV 2/465.

19. Ibid.

20. Ibid.

21. Ibid.

22. Sergueiev, *Secret Service Rendered*, p. 7.

23. Nigel West with Juan Pujol García, *Operation Garbo* (London, 2011), p. 200.

24. Ibid., p. 207.

25. Ibid., p. 204.

26. Ibid., p. 206.

27. Emily Wilson, 'The War in the Dark: The Security Service and the Abwehr 1940–1944', PhD Thesis (Cambridge, 2003), p. 227.

28. West with Pujol, *Operation Garbo*, p. 216.

29. Ibid., p. 217.

30. KV 2/2098.

31. Ibid.

32. Ibid.

33. Ibid.

34. Ibid.

35. Ibid.

36. Ibid.

37. Ibid.

38. Ibid.

39. J. C. Masterman, *The Double Cross System in the War 1939–1945* (London, 1972), p. 167.

40. KV 2/2098.

41. Ibid.

42. Ibid.

43. Ibid.

44. Ibid.

45. Stella Rimington to Hugh Astor, 6 November 1995, Collection of Robert Astor.

46. Nigel West, 'High Society Spy', *Mail on Sunday*, 7 May 1995.

47. KV 2/861.

48. Ibid.

49. Ibid.

50. Ibid.

51. Ibid.

52. Ibid.

53. Memoir of Mary Sherer by Prue Evill, 18 July 2011.

54. Ibid.

55. Ibid.

56. KV 4/10.

57. Emily Wilson, 'The War in the Dark', p. 228.

58. 'Anthony Blunt: Confessions of a spy who passed secrets to Russia during the war', *Daily Telegraph*, 28 May 2010.

59. Ibid.

60. Chapman Pincher, *Too Secret Too Long* (London, 1984), p. 351.

61. Obituary of Wulf Schmidt, *Daily Mail*, 28 October 1992.

62. KV 2/278.

63. Ibid.

64. Guy Liddell, *The Guy Liddell Diaries, 1939–1945*, ed. Nigel West (London, 2005), 22 October 1944.

65. KV 2/278.

66. KV 2/410.

67. Ibid.

68. Ibid.

69. Ibid.

70. Ibid.

71. 'US may have used Gestapo chief as cold war warrior', *Sunday Times*, 8 April 2001.

72. KV 2/3295.

73. Ibid.

74. Ibid.

75. Dusko Popov, *Spy/Counterspy* (New York, 1974), p. 261.

76. KV 2/861.

77. Ibid.

78. Saki, *The Unbearable Bassington* (first published 1912; London, 2008), p. 108.

79. Communications from Lt Cdr Cumberlege, Code 92 File 10046 FO 371/48935.

80. Ibid.

81. KV 2/860.

82. KV 2/861.

83. KV 2/860.

84. Ibid.

85. KV 2/861.

86. KV 2/862.

87. KV 2/859.

88. Ibid.

89. KV 2/860.

90. Ibid.

91. Ibid.

92. Ibid.

93. Ibid.

94. KV 2/861.

95. Ibid.

96. Popov, *Spy/Counterspy*, p. 263.

97. KV 2/861.

98. Ibid.

99. Sefton Delmer, *The Counterfeit Spy* (London, 1973), p. 162.

100. KV 2/860.

101. Ibid.

102. Delmer, *The Counterfeit Spy*, p. 164.

参考文献

档案来源

British Library Newspaper Archive, Colindale
Bundesarchiv-Militärarchiv, Freiburg
Churchill Archives Centre, Churchill College, Cambridge
IWM Archives, Imperial War Museum, London
National Archives, Kew
National Archives, Washington DC

选目

Andrew, Christopher, *Secret Service: The Making of the British Intelligence Community* (London, 1985)
——————— *The Defence of the Realm: The Authorised History of MI5* (London, 2009)
Bailey, Roderick, *Forgotten Voices of D-Day* (London, 2010)
Barbier, Mary Kathryn, *D-Day Deception: Operation Fortitude and the Normandy Invasion* (Mechanicsburg, PA, 2009)
Barreiros, José António, *Nathalie Sergueiew: Uma Agente Dupla em Lisboa* (Lisbon, 2006)
Beesley, Patrick, *Very Special Admiral: The Life of Admiral J. H. Godfrey* (London, 1980)
Beevor, Antony, *D-Day* (London, 2009)
Bennett, Gill, *Churchill's Man of Mystery: Desmond Morton and the World of Intelligence* (London, 2007)
Bennett, Ralph, *Behind the Battle: Intelligence in the War with Germany 1939–45* (London, 1999)

—————*Ultra and Mediterranean Strategy 1941–1945* (London, 1989)

Benton, Kenneth, 'The ISOS Years: Madrid 1941–3', *Journal of Contemporary History*, vol. 30, no. 3 (July 1995)

Bower, Tom, *The Perfect English Spy: Sir Dick White and the Secret War, 1935–1990* (London, 1995)

Bristow, Desmond, with Bill Bristow, *A Game of Moles: The Deceptions of an MI6 Officer* (London, 1993)

Carré, Lily Mathilde, *I Was the Cat* (London, 1960)

Carter, Miranda, *Anthony Blunt: His Lives* (London, 2001)

Cave Brown, Anthony, *Bodyguard of Lies*, vol. 1 (London, 1975)

Crowdy, Terry, *Deceiving Hitler: Double Cross and Deception in World War II* (London, 2008)

Curry, J., *The Security Service 1908–1945: The Official History* (London, 1999)

Delmer, Sefton, *The Counterfeit Spy* (London, 1973)

Elliott, Geoffrey, *Gentleman Spymaster* (London, 2011)

Farago, Ladislas, *The Game of the Foxes: The Untold Story of German Espionage in the US and Great Britain During World War Two* (New York and London, 1972)

Fest, Joachim, *Plotting Hitler's Death: The German Resistance to Hitler 1933–1945* (London, 1996)

Foot, M. R. D., *SOE: The Special Operations Executive 1940–1946* (London, 1999)

Garby-Czerniawski, Roman, *The Big Network* (London, 1961)

Gilbert, Martin, *Winston S. Churchill, Vol. 6: Finest Hour, 1939–1941* (London, 1983)

Harris, Tomás, *Garbo: The Spy Who Saved D-Day*, introduction by Mark Seaman (London, 2004)

Hastings, Max, *Finest Years: Churchill as Warlord 1940–45* (London, 2009)
—————*Overlord: D-Day and the Battle for Normandy, 1944* (London, 1984)

Hennessy, Thomas, and Claire Thomas, *Spooks: The Unofficial History of MI5* (Stroud, 2010)

Hesketh, Roger, *Fortitude: The D-Day Deception Campaign* (London, 1999)

Hinsley, F. H., *British Intelligence in the Second World War: Its Influence on Strategy and Operations*, vol. 1 (London, 1979)

Hinsley, F. H., and C. A. G. Simkins, *British Intelligence in the Second World War: Security and Counter-Intelligence,* vol. 4 (London, 1990)

Holmes, Richard, *Churchill's Bunker: The Secret Headquarters at the Heart of Britain's Victory* (London, 2009)

Holt, Thaddeus, *The Deceivers: Allied Military Deception in the Second World War* (London, 2004)

Howard, Michael, *British Intelligence in the Second World War, vol. 5: Strategic Deception* (London 1990)

———— *Grand Strategy* (London, 1972)

Jeffery, Keith, *MI6: The History of the Secret Intelligence Service 1909–1949* (London, 2010)

Johnson, David Alan, *Betrayal: The True Story of J. Edgar Hoover and the Nazi Saboteurs Captured During WWII* (New York, 2007)

————*Righteous Deception: German Officers against Hitler* (Westport, Connecticut, 2001)

Kahn, David, *Hitler's Spies: German Military Intelligence in World War II* (New York, 1978)

Knightley, Philip, *The Second Oldest Profession* (London, 1986)

Levine, Joshua, *Operation Fortitude: The Story of the Spy Operation that Saved D-Day* (London, 2011)

Liddell, Guy, *The Guy Liddell Diaries, 1939–1945,* vols 1 & 2, ed. Nigel West (London, 2005)

McLachlan, Donald, *Room 39: Naval Intelligence in Action 1939–45* (London, 1968)

Masterman, J. C., *On the Chariot Wheel: An Autobiography* (Oxford, 1975)

————*The Double Cross System in the War 1939–1945* (London, 1972)

Miller, Russell, *Codename Tricycle: The True Story of the Second World War's Most Extraordinary Double Agent* (London, 2005)

Moen, Jan, *John Moe: Double Agent* (London, 1986)

Montagu, Ewen, *Beyond Top Secret Ultra* (London, 1977)

Mure, David, *Practise to Deceive* (London, 1997)

Paine, Lauran, *The Abwehr: German Military Intelligence in World War II* (London, 1984)

Philby, Kim, *My Silent War: The Autobiography of a Spy* (London, 1968)

Popov, Dusko, *Spy/Counterspy* (New York, 1974)

Rankin, Nicholas, *Churchill's Wizards: The British Genius for Deception 1914–1945* (London 2008)

Reile, Oscar, *Geheime West Front* (Munich, 1962)

Rose, Kenneth, *Elusive Rothschild: The Life of Victor, Third Baron* (London, 2003)

Sebag-Montefiore, Hugh, *Enigma: The Battle for the Code* (London, 2000)

Sergueiev, Lily, *Secret Service Rendered: An Agent in the Espionage Duel Preceding the Invasion of France* (London, 1968)

Smith, Michael, *Foley: The Spy Who Saved 10,000 Jews* (London, 1999)

Stafford, David, *Churchill and the Secret Service* (London, 1997)

——————*Roosevelt and Churchill: Men of Secrets* (London, 1999)

——————*Ten Days to D-Day* (London, 2004)

Stephens, Robin 'Tin-eye', *Camp 020: MI5 and the Nazi Spies*, introduction by Oliver Hoare (London, 2000)

Waller, John H., *The Unseen War in Europe: Espionage and Conspiracy in the Second World War* (New York and London, 1996)

West, Nigel, *At Her Majesty's Secret Service: The Chiefs of Britain's Intelligence Agency, MI6* (London, 2006)

——————*Mask: MI5's Penetration of the Communist Party of Great Britain* (London, 2005)

——————*MI5: British Security Service Operations 1909–45* (London, 1981)

——————*Venona: The Greatest Secret of the Cold War* (London, 1999)

West, Nigel, and Oleg Tsarev, eds, *Triplex: Secrets from the Cambridge Five* (Yale, 2009)

West, Nigel, with Juan Pujol García, *Operation Garbo* (London, 2011)

Wilson, Emily Jane, 'The War in the Dark: The Security Service and the Abwehr 1940–1944', PhD Thesis (Cambridge, 2003)

Winterbotham, F. W., *The Ultra Secret* (London, 1974)

致　谢

　　我再次诚挚感谢帮助我撰写这本书的诸多人士，他们慷慨地为我提供指导，热情款待我，善意嘲弄我，给予我饮食和友谊，还有各种文件、照片、访谈记录和回忆。我尤其感谢书中特工们的家属和英德双方的专案官员为我提供了如此丰富的宝贵材料，他们是：菲奥娜·阿加西斯（Fiona Agassiz）、罗伯特·阿斯特（Robert Astor）、马库斯·坎伯利奇（Marcus Cumberlege）、格里·切尔尼亚夫斯基（Gerry Czerniawski）、普吕·埃维尔（Prue Evill）、杰里米·哈默（Jeremy Harmer）、已故的佩吉·哈默、安尼塔·哈里斯（Anita Harris）、卡罗琳·霍尔布鲁克（Caroline Holbrook）、艾尔弗雷德·兰格（Alfred Lange）、卡尔·路德维格·兰格（Karl Ludwig Lange）、戴维·麦克沃伊（David McEvoy）、贝琳达·麦克沃伊（Belinda McEvoy）、马尔科·波波夫（Marco Popov）、米沙·波波夫（Misha Popov）、阿拉斯泰尔·罗伯逊（Alastair Robertson）。我从许多杰出的历史学家和作家那里获益匪浅，他们包括：克里斯托弗·安德鲁（Christopher Andrew）、迈克尔·富特（Michael Foot）、彼得·马特兰德（Peter Martland）、拉塞尔·米勒（Russell Miller）、奈杰尔·韦斯特。我要感谢乔·卡利尔（Jo Carlill）精湛的图片研究，本·布莱克莫尔（Ben Blackmore）在邱园的长期研究，玛丽·蒂维厄特（Mary Teviot）的宗谱调查，曼努埃尔·艾歇尔（Manuel Aicher）在德国的研究工作，贝戈尼亚·佩雷斯（Begoña Pérez）和里斯本的若泽·安东尼奥·巴雷罗斯（José António Barreiros）帮助我做的葡萄牙语资料翻译工作。我还要感谢休·亚历山大（Hugh Alexander）、大卫·A. 巴雷特（David A. Barrett）、保罗·贝尔沙姆（Paul Bellsham）、罗杰·博伊斯（Roger Boyes）、马丁·戴维森（Martin Davidson）、萨莉·乔治（Sally George）、菲尔·里德（Phil Reed）、斯蒂芬·沃克（Stephen Walker）、马修·怀特曼（Matthew Whiteman）以及我在《泰晤士报》的所有朋友和同事给予我建议、帮助和鼓励。我尤其要感谢特里·查曼（Terry Charman）、罗伯特·汉兹（Robert Hands）、马克·西曼（Mark Seaman）阅读了本书手稿，使我避免了一些令人苦恼的低级错误。本书中遗留的错误都是我的责任。对于那些不愿意透露姓名的人士，我对他们的帮助深表感谢。

我很高兴，也很荣幸布鲁姆斯伯里出版公司（Bloomsbury）出版此书；感谢安娜·辛普森（Anna Simpson）和凯蒂·约翰逊（Katie Johnson）一贯的效率和耐心；感谢我忠实的编辑和挚友迈克尔·菲什威克（Michael Fishwick）。在我的写作生涯中，经纪人埃德·维克多（Ed Victor）一直坚定地支持我。孩子们的支持和好脾气让我在另一本书的写作中得以保持头脑清醒。一如既往地，我要把全部的爱献给凯特（Kate）。

索 引

（以下页码为原书页码，即本书页边码；加粗页码为插图所在页。）

译后记

　　读罢此书，"三轮车"波波夫、"布鲁图斯"切尔尼亚夫斯基、"珍宝"莉莉、"嘉宝"普霍尔、"布朗克斯"埃尔薇拉，还有生死成谜的耶布森，这六位个性鲜明、亦正亦邪的真实间谍想必已给读者留下了深刻印象。假若再配合各式各样虚构的小说和电影渲染，我们想象中的情报人员大概就像传说中的屠龙勇士，身披"主角光环"，施展"绝世武功"，动用"奇谋妙计"，把敌人骗得团团转了。当然，我们在日常生活中是不可能碰到这样戏剧性的角色的，不过也许你身边就有秘密战线的工作人员呢？比如我就遇见过，而且是两位。

　　十几年前，我首次登门拜访未来的岳父岳母。岳父身材瘦弱，戴着高度眼镜，香烟从不离手，但具有老知识分子那种洒脱自信的气质；岳母梳着20世纪70年代妇女流行的短发，穿着朴素得不能再朴素的军绿色外套，拉着我家长里短说了一大堆话。从外貌上看，他们俩就跟普通的邻家大叔大妈一样，只是不会跳广场舞罢了，甚至还略显老土。两位老人半句未提诸如彩礼、房子车子之类的俗话，只是告诫我们要和睦生活，勤俭持家。

　　尽管我事先知道岳父母都是军队转业干部，那时已退休，但直到结婚后，才逐渐了解他们的部队履历和工作性质，这着实让我大吃一惊。简而言之，他们曾在中国的"布莱切利园"服役20多年，干的也许就是类似本书中"超级机密"那样的工作。

岳父原籍广西，20 世纪 60 年代中期毕业于广西大学机械系，因成绩优异，一毕业就应召入伍，直接奔赴大西南的一处山沟沟里。机械工程师能干什么事情呢？不妨看一部反映英国数学家，"计算机之父"图灵是如何破解纳粹德国恩尼格玛机的电影——《模仿游戏》，大概就能有感性认识。岳母是山东人，其父亲曾是抗日战争时期的某部政委。她从小颠沛流离，后来在 60 年代就读于当时设立在张家口的解放军外国语学院。

熟悉新中国历史的读者都知道，彼时的国际形势异常紧张，全面战争甚至核大战都一触即发。我国处在两个超级大国核威慑的阴影下，将诸多重要的工业设施、科研机构、军事部门向偏僻的内陆山区转移。于是岳母跟随原单位来到四川，与岳父在同一个大部门工作。他们那时还不认识，只是后来经同事介绍相识相知，这也是那个年代男女青年组建家庭的常规模式。所以我妻子的籍贯很成"谜"，母亲是北方人，父亲是南方人，生长在四川，就学于武汉，还有一口正宗的北京腔。

那个时候，社会上受过正规高等教育的人比例可能很小，但妻子告诉我，她小时候周边的成年人几乎全部是大学生，而且不乏清华北大的高才生，父母单位还有几位"学部委员"，相当于后来的两院院士，以至于她以为这就是常态。有一天，她看见一个小战士（应该是刚毕业的大学生）捧着一本厚厚的外文原版书读，便上去问书名是啥，答曰《三个火枪手》。

妻子和她的姐姐在军队办的学校一直上到初中。据她回忆，老师大多不是专职，只是从各部门抽调来临时代课的。数学老师是复旦大学数学系的，英语老师（那时还是改革开放之初，她在小学就开始学英语了！）毕业于北大。不过，老师自身能力虽强，但教学本领恐怕就不尽如人意了，上课基本上就是放鸭子，跟姜文的电影《阳光灿烂的日子》中的情形如出一辙。

下课后，两姐妹便和同学们上山捉虫捕鸟，下溪游泳摸鱼，时不时跑进防空洞玩捉迷藏。我听着好不羡慕。80 年代后期，妻子跟随父母来到地方后，成绩刚开始一塌糊涂，好在家教严明，奋发图强，很快就赶了上来。其实这就是当年投身国防建设的家庭的真实写照。在极端困难的条件下，所有人都做好了在深山扎根一辈子的打算，这才有那句"献了青春献终身，献了终身献子孙"的著名口号。这又是另一段可歌可泣的故事了。

我曾想给岳父母写一篇回忆录，谁知那时我刚一开口，就被顶了回来。他们严格遵守军队纪律，到底具体做什么工作，我从来没听他们说起过哪怕一个字。妻子也云里雾里，只记得生活区和工作区之间有高墙隔离，还有重重卫兵警戒，父母经常彻夜加班。他们很可能永远在这里工作生活，默默无闻地奉献一生。

从 20 世纪 70 年代末 80 年代初始，我国进入以经济建设为中心的新时期。原本"靠山、分散、进洞"的各大机构也开始陆续迁回大城市。岳父母单位的一部分人员留守山区，一部分前往北京和上海，大部分复员转业。他们也是在这段时间离开了军队，作为普通工程师在科研所继续参加建设。

我没有机会为在看不见的战线上默默坚守的先辈们著书立传，

只能借此机会向他们致以最崇高的敬意。如今，那段激情燃烧的岁月离世人越来越遥远，岳父岳母也已经仙逝。我不清楚他们任何一件具体的功绩，也看不到他们身上有一丁点英雄气概，但我把他们视为一群为了共和国安全，不惜隐姓埋名，不计功名利禄的军人代表。隐秘工作，首要原则就是隐秘，也许我们可以从这一角度来重新诠释"善战者无赫赫之功"这句古话吧！

张炜晨

2024 年 2 月 4 日

图书在版编目（CIP）数据

双十行动：诺曼底登陆背后的间谍故事／（英）本
·麦金泰尔（Ben Macintyre）著；张炜晨译. —北京：
社会科学文献出版社，2024.11
书名原文：Double Cross: The True Story of the
D-Day Spies
ISBN 978-7-5228-3408-5

Ⅰ.①双…　Ⅱ.①本…②张…　Ⅲ.①第二次世界大
战-间谍-情报活动-史料　Ⅳ.①D526②K152

中国国家版本馆 CIP 数据核字（2024）第 065427 号

审图号：GS（2024）2186 号。　此书中地图系原文插图。

双十行动：诺曼底登陆背后的间谍故事

著　　者／〔英〕本·麦金泰尔（Ben Macintyre）
译　　者／张炜晨

出 版 人／冀祥德
组稿编辑／董风云
责任编辑／沈　艺　姜子萌
责任印制／王京美

出　　版／社会科学文献出版社·甲骨文工作室（分社）（010）59366527
　　　　　　地址：北京市北三环中路甲 29 号院华龙大厦　邮编：100029
　　　　　　网址：www. ssap. com. cn
发　　行／社会科学文献出版社（010）59367028
印　　装／三河市东方印刷有限公司

规　　格／开本：889mm×1194mm　1/32
　　　　　　印　张：18.5　插页：1.0　字　数：374 千字
版　　次／2024 年 11 月第 1 版　2024 年 11 月第 1 次印刷
书　　号／ISBN 978-7-5228-3408-5
著作权合同
登 记 号／图字 01-2022-3704 号
定　　价／118.00 元

读者服务电话：4008918866